黔东南苗族侗族自治州卷

杨军昌 李小毛 杨蕴希 编著

贵州省非物质文化遗产田野调查丛书

徐静 杨军昌 主编

丛书由知识产权出版社出版基金资助出版
本卷获得贵州省教育厅人文社科基地项目资助
贵州省高等学校人文社会科学研究基地
——贵州大学人口·社会·法制研究中心
贵州省文化厅/贵州省非物质文化遗产保护中心

知识产权出版社
全国百佳图书出版单位

图书在版编目(CIP)数据

贵州省非物质文化遗产田野调查丛书. 黔东南苗族侗族自治州卷 / 徐静，杨军昌主编 ；杨军昌，李小毛，杨蕴希编著. — 北京 ：知识产权出版社，2018.9

ISBN 978-7-5130-5756-1

Ⅰ. ①贵… Ⅱ. ①徐… ②杨… ③李… ④杨… Ⅲ. ①非物质文化遗产—介绍—黔东南苗族侗族自治州 Ⅳ. ①G127.73

中国版本图书馆 CIP 数据核字(2018)第 187173 号

内容摘要

黔东南苗族侗族自治州是全国著名的苗、侗文化区，民族民间文化多姿多彩，非物质文化遗产入列世界级、国家级、省级分别为 1 项、41 项、175 项，是全国著名的非遗大区。该州非遗具有种类齐全体系完备、总体数量多国家级名录分量重、原生性突出多元性凸显、社会基础深厚传承活态性强、相互吸收自然融汇、和而不同美美共享、内涵深厚遐迩闻名等显著特征，是全州各族人民的智慧结晶和宝贵的共同财富，价值突出，影响深远。

责任编辑：王　辉　　　　**责任印制：**孙婷婷

贵州省非物质文化遗产田野调查丛书

徐静　杨军昌　主编

黔东南苗族侗族自治州卷

QIANDONGNAN MIAOZUDONGZUZIZHIZHOU JUAN

杨军昌　李小毛　杨蕴希　编著

出版发行：	知识产权出版社有限责任公司	**网　　址：**	http://www. ipph. cn
			http://www.laichushu.com
电　　话：	010-82004826		
社　　址：	北京市海淀区气象路 50 号院	**邮　　编：**	100081
责编电话：	010-82000860 转 8381	**责编邮箱：**	wanghui@ cnipr.com
发行电话：	010-82000860 转 8101	**发行传真：**	010-82000893
印　　刷：	北京建宏印刷有限公司	**经　　销：**	新华书店及相关销售网点
开　　本：	720 mm×1000 mm　1/16	**印　　张：**	26.25
版　　次：	2018 年 9 月第 1 版	**印　　次：**	2018 年 9 月第 1 次印刷
字　　数：	490 千字	**定　　价：**	92.00 元

ISBN 978-7-5130-5756-1

#《贵州省非物质文化遗产田野调查丛书》

编委会和编辑部人员名单

传承非遗　助力脱贫

——贵州省非物质文化遗产田野调查丛书

序

党的十九大报告中指出:文化是一个国家、一个民族的灵魂,文化兴国运兴、文化强民族强。没有高度的文化自信,没有文化的繁荣兴盛,就没有中华民族的伟大复兴。2017年1月,中共中央办公厅、国务院办公厅印发了《关于实施中华优秀传统文化传承发展工程的意见》,明确提出要保护传承文化遗产,实施非物质文化遗产传承发展工程。贵州是非物质文化遗产资源大省,更是脱贫攻坚主战场,如何保护好、传承好非物质文化遗产,利用好、发挥好非物质文化遗产在脱贫攻坚中的积极作用,一直是我们在理论和实践层面思考的重要课题,而《贵州省非物质文化遗产田野调查丛书》就是这一课题研究的重要成果之一。

非物质文化遗产是文化遗产的重要组成部分。非物质文化遗产是人类创造力、想象力、智慧和劳动的结晶,是人类文化多样性的生动展示,也是一个国家、一个民族兴旺发达的文明标志与精神支柱。早在2003年10月联合国教科文组织发布《保护非物质文化遗产公约》起,世界范围内的非物质文化遗产调查、整理、传承、保护、利用等工作得以迅速展开。我国也随即在2005年3月26日出台了《关于加强我国非物质文化遗产保护工作的意见》。相继全国各地按照《国家级非物质文化遗产保护名录》的类别划分,在民间文学、传统音乐、传统舞蹈、传统戏剧、曲艺,传统体育、游艺与杂技,传统美术、传统技艺、传统医药、民俗10个大类上,开展了一系列非物质文化遗产保护工作。

贵州是非物质文化遗产资源的富矿区,各民族在历史发展的长河中,创造了多姿多彩、独具特色的多元民族非物质文化遗产。截至2018年5月,列入人类非物质文化遗产代表作名录2项,国家级名录85项140处,省级名录561项708处,市、州级名录1134项，县级名录4000多项。国家级文化生态保护实验区1项，省级3项；国家级非物质文化遗产生产性保护示范基地3处，省级59处；国家级非物质文化遗产代表性传承人96人，省级402人。这些非物质文化遗产内容丰富，各具特色，是贵州各民族发展历史的真实写照，是各民族传统文化的重要载体，更是中华民族文化遗产的重要组成部分，充分体现了贵州省各民族人民的聪明才智和生存智慧，蕴含着丰富的历史价值、艺术价值、科学价值、文化价值等。保护和利用好非物质文化遗产，有利于继承和发扬民族优秀文化传统和民族精神，传递贵州文化声音，展示贵州文化风貌。如果以此为资源、资本，在生产性保护的基础上，发展文化特色产业，还可以增强乡村旅游魅力，拓宽农民脱贫致富路子，增强可持续发展能力。近年来，贵州省及时出台了《贵州省非物质文化遗产保护发展规划》等指导性文件，开展了非遗传承脱贫"十""百""千""万"培训工程，建成了国家级民族文化生态保护实验区1个，省级民族文化生态保护区2个；国家级非遗生产性保护示范基地3个，省级非遗生产性保护示范基地28个，带动了数万贫困户脱贫致富奔小康。

为了更好地保护和传承贵州省非物质文化遗产，使非物质文化遗产传承脱贫工程更有基础、更有素材、更有针对性，在中共贵州省委宣传部的指导下，在贵州大学、贵州省文化厅的支持下，贵州大学人口·社会·法制研究中心与贵州省非物质文化遗产保护中心共同实施了知识产权出版社出版资助项目、贵州省教育厅人文社科研究基地项目《贵州省非物质文化遗产田野调查丛书》，在各州市有关部门及广大非遗工作者的积极参与下，经过各卷调查与撰写专家、学者多年来的艰辛努力，终于圆满完成了项目任务并付梓出版。这是贵州省非物质文化遗产资源第一次系统而详细的收集、整理与集中展示，是外界了解贵州省悠久历史和多姿多彩民族文化的重要窗口，是贵州学者助推文化精准扶贫的辛勤耕耘的成果，必将在增强文化自觉、坚定文化自信、助推脱贫攻坚方面产生积极的现实意义。

是为序！

2018年5月

概　述

非物质文化遗产（以下简称“非遗”），又称为口头或无形遗产，是相对于有形遗产即物质遗产而言的。2003 年 10 月 17 日联合国教科文组织第 32 届会议通过的《保护非物质文化遗产公约》（以下简称《公约》）的解释为：指“来自某一文化社区的全部创作，这些创作以传统为根据，由某一群体或一些个体所表达，并被认为是符合社区期望的作为其文化和社会特性的表达形式，其准则和价值通过模仿或其他方式口头相传”。非物质文化遗产是人类文明的基石，是文化多样性的体现，是国家和民族赖以存在的基础和象征，是人们进行创造的源泉，是人类社会可持续发展的保障，具有历史、精神、文化、科学、审美、教育及经济等价值，是一种多维度、多层次的价值体系。

文化是一个国家软实力的综合体现，一个国家的话语权不仅与它的经济实力挂钩，更与它的文化影响力密不可分。金元和枪炮也许能使人屈服，却无法征服人心，而优秀的文化则具有强大的向心力和凝聚力，在春风化雨般的潜移默化中归服于无形，其以柔性的强势，增进了解，加深友谊，促进和谐。随着经济全球化和世界一体化进程的加快，民族文化丰富性和多样性的保持对提升国家和区域的“软实力”有着愈发重要的战略意义。黔东南苗族侗族自治州（以下简称“黔东南州”）作为多民族地区，作为民族文化高地和非物质文化遗产富集地，以及非物质文化遗产在全国乃至世界都有重要地位的民族自治州，如何站在推动社会主义文化大发展大繁荣、提高国家文化软实力、实现民族文化崛起的高度，如何更好地传承、保护非物质文化遗产资源，并在此基础上开发、利用之以服务于当前的文化精准扶贫工作，推进文化产业发展并以之带动区域经济实现可持续绿色发展，同时在其中确保非物质文化遗产的生命力，守护好这一人类的精神家园，是我们必须思考的问题。

一、黔东南州是我国非物质文化遗产的富集地

黔东南州位于贵州省东南部，东与湖南省怀化地区毗邻，南和广西柳州、河池

地区接壤，西连黔西南州，北抵遵义市、铜仁市，黔东南州总面积 30337.1 平方公里，占贵州省总面积的 17.2%，辖 1 市 15 县，黔东南州州府所在地凯里市。黔东南州内居住着苗、侗、汉、布依、壮、水、瑶、土家、西家等 30 余个民族，2016 年黔东南州户籍总人口 477.43 万，少数民族人口占总人口的 80.3%，其中苗族人口占黔东南州总人口的42.5%，约占全国苗族人总口的 18%；侗族人口占州总人口的 29.5%，约占全国侗族人口的 41%，是全国 30 个自治州中少数民族人口最多的自治州，也是全国苗族、侗族人口最集中的地区。

目前，黔东南州入列国家非物质文化遗产名录共 41 项，入列贵州省非物质文化遗产名录共 175 项。其中国家级非遗占贵州省国家级非遗总数的 48.24%，省级非遗占省级总数的 39.77%。总体来看，黔东南州非物质文化遗产具有如下显著特征。

一是种类齐全，体系完备。在黔东南州的非遗中，民间文学、传统音乐、传统舞蹈、传统戏剧、曲艺，传统体育、游艺与杂技，传统美术、传统技艺、传统医药、民俗 10 大门类齐备在案。市(州)、省、国家、世界 4 级非遗体系之完备不仅为贵州各市州所仅有，而且在全国市州一级也是不可多见。

二是总体数量多、国家级名录分量重。当前，国家、贵州省均分别评选、公布了四批非遗名录。黔东南州国家、省级非遗项目数量已达 200 有余，贵州其他 8 个市州无一难以与其伯仲。在非遗 10 个类别中，国家级有 9 类均有项目在册。其中，以民俗类 14 项位列前位，传统技艺类 8 项位居次席，传统美术 4 项居于第三。贵州唯一的世界级非遗、有着“清泉般闪光的音乐，掠过古梦边缘的旋律”美誉的侗族大歌更是声播海外，名响全球。

三是原生性突出，多元性凸显。从非遗内容来看，黔东南州是中国当今仍能较好、较完善地保留着原生的节庆文化、饮食文化、服饰文化、民俗文化、建筑文化、歌舞文化、医学文化、农耕文化、体育文化等于一体的区域之一，被认为是当今少数民族地区难以企及的“人类农耕文化保留最完整的文化基因库”。而且，黔东南州非遗的存在形态多元性特征突出，一些非遗项目，在不同的地域其存在形态不完全相同，因而一个项目往往有多个保护点，如侗族大歌有黎平、从江、榕江 3 个保护点，苗族服饰有剑河、台江、榕江、丹寨 4 个保护点，苗绣即有雷山、凯里、剑河 3 个保护点，而且黔东南州非遗与怀祖思亲、农耕生计、宗教崇拜、生境变迁等密切相关，这无疑使其形态的多样性和原生性有着深厚的土壤。

四是社会基础深厚，传承活态性强。黔东南州非遗是黔东南州各族人民在这块土地上数千年来的劳动与智慧的结晶，在没有文字的漫长岁月里，口传心授是苗侗等民族故事传说、生存智慧、民族史事、社会习俗有代代相传的主要形式，具有广泛群众参与性的节庆习俗是其传承的主要载体和场域，而今黔东南州每年近200个千人以上、近100个万人以上的民间节目鲜活地呈现着非遗传承的社会基础与活态表征。

五是相互吸收，自然融汇；和而不同，美美共享。黔东南州是全国苗、侗文化的中心区域，是包括汉族在内的多民族共同居住的大花园，各民族在生产生活的相互交往中，彼此吸收着不同文化的合理、科学的成分来创新、发展自己的文化，如在民族婚葬习俗、传统音乐、传统戏剧、传统美术、传统技艺的不少非遗中都体现着汉族与少数民族之间、各少数民族之间相互采借、涵化的成分和印迹，呈现出你中有我、我中有你的自然融汇状况。

六是内涵深厚，价值深远。黔东南州非遗是全州各族人民智慧的结晶和宝贵的共同财富，是区域民族社会得以延续的文化命脉，是黔东南州各族人民共同建构的文化宝库，内含着丰富的历史资源、文化资源、审美资源、科学资源、伦理资源、教育资源、经济资源和全州各族人民无限的情感，具有历史传承、审美艺术、科学认知、文化教育及经济、政治等多方面的价值。正是因为如此，黔东南州有了“百节之乡”“歌舞海洋”“绿色王国”之誉，成了海内外人们最为向往的文化旅游、科学考察、民俗采风、心灵洗涤的理想选地，被誉为“人类疲惫心灵栖息的最后家园”。

二、黔东南州非物质文化遗产的传承、保护

近年来，黔东南州各级人民政府对非物质文化遗产等民族文化保护高度重视，除认真执行《中国民族民间文化保护工程实施方案》《贵州省民族民间文化保护条例》和《贵州民间文化遗产抢救工程实施方案》等有关法规、条例外，出台、颁布了《民族文化村寨保护办法》《雷山县民族文化传承与保护的实施意见》《西江千户苗寨保护与管理的意见》《雷山县民族民间文化进课堂的实施意见》《民族村寨环境卫生治理意见》《民族民间文化进课堂实施方案》《关于加强隆里古镇保护管理的暂行规定》《黔东南州100名民族民间文化传承选拔管理办法》《黔东南民族文化村寨保护条例》《关于继续开展非物质文化遗产项目传承保护发展示范村和非物质文化遗产生产性保护示范基地建设工作的通知》等民族文化保护法规、实施条

例、管理办法，为黔东南州非物质文化遗产的保护奠定了良好的基础。

与此同时，黔东南州按照“保护为主，抢救第一”的原则，积极组织文化工作者深入基层、深入苗乡侗寨挖掘民族文化资源，认真开展了系列非物质文化遗产普查、整理和申报工作；整理、编辑出版《黔东南非物质文化遗产集锦》《神奇的节俗》《黔东南苗族村落文化景观》《黔东南侗族村落文化景观》《侗族大歌》等书籍；创作了《醉苗乡》《苗乡侗寨》等一批富有浓厚民族特色的原生态歌曲；策划、制作了《旭日》《勇者无惧》《云上太阳》等影视剧；着力实施了“四个一百”工程——100名民族民间文化传承拔尖人才扶助工程、100名原生态民族文化高级人才培养工程、100个重点民族文化村寨保护工程、100个原生态民族文化典型建筑保护工程；在坚持“适度”“合理”等原则下，打造了雷山西江、黎平肇兴、从江岜沙、从江小黄、雷山郎德、凯里南花、锦屏隆里、天柱三门塘、丹寨石桥等一大批民族文化村寨；积极推进民族文化进校园，各级各类学校不少编辑有传承保护文化遗产的校本教材，将侗族大歌、芦笙舞、铜鼓舞、木鼓舞、长鼓舞、侗戏、阳戏、刺绣、银饰制作、剪纸等民族非物质文化遗产引入校园、走进课堂。有效开展的上述系列活动，共同谱写出了民族文化传承保护、合理利用和科学发展的时代篇章。

三、黔东南州非物质文化遗产与文化精准扶贫

自2013年11月，习近平总书记在湖南湘西考察做出“精准扶贫”的指示后，各省市州县、各行各业围绕2020年实现全面小康的目标，开展了如火如荼的精准脱贫攻坚工作。贵州省是全国扶贫攻坚的主战场，伴随着“大扶贫、大数据、大生态”战略和“多彩贵州民族文化强省建设工程”的实施，文化精准扶贫也在强有力的推进。一方面，及时出台了《贵州省非物质文化遗产保护发展规划》《贵州省宣传文化系统助推扶贫攻坚行动计划》《文化产业扶贫“千村计划”实施方案》等指导性文件，另一方面，贵州省实施了“以大文化助推大扶贫”战略，开展了非遗传承人培训“十百千万”工程、文化产业扶贫“千村计划”、精准扶贫项目“文化+”等系列行动，在文化育民、文化励民、文化惠民、文化富民等方面产生产生了积极的影响。

在贵州省文化精准扶贫上述大背景下，黔东南州利用富集的各种文化资源开展了卓有成效的工作。在“十二五”时期，即建成了占地1500亩的“中国凯里民族文化产业园”，在文化精准扶贫上产生了规模与示范性的影响。在全省县域文化产业发展“三个一工程”中，有西江、卡拉、高枧、翁宝、新光等10余个村寨入选省文化

产业示范村，银饰、刺绣、苗绣、鸟笼等被评为特色文化产品。黔东南州现有丹寨县石桥黔山古法造纸专业合作社、丹寨宁航蜡染有限公司2个国家级非物质文化遗产生产性保护示范基地（贵州省仅3处），有黔东南州太阳鼓苗侗刺绣有限责任公司、从江神瑶保健品有限公司、剑河县龙女三九锡绣工作室、岑巩县南艺思砚石雕厂等省级非物质文化遗产生产性保护示范基地24个（占贵州省总数42%）；有贵州省唯一的国家级生态文化保护实验区——黔东南民族文化生态保护试验区和黔东南苗族文化生态保护、侗族文化生态保护2个省级文化生态保护区；建成有雷山县西江千户苗寨旅游发展有限公司、贵州省台江县施洞刺绣农民专业合作社、雷山县苗族银饰刺绣文化产业发展有限公司、贵州醉苗乡餐饮投资管理有限公司等10来个文化产业示范基地。可以说，黔东南州的文化精准扶贫工作已是上下重视，城乡联动，干群协力、政企共推，已初步形成了文化设施建设、文化服务方式、文化服务内容、文化对口帮扶、文化资源整合利用等精准化的格局，产生了突出的经济社会效益。例如，省级非物质文化遗产丹寨县卡拉村卡拉鸟笼制作技艺远近闻名。在文化精准扶贫进程中，卡拉村采取“支部+专业合作社+农户村集体”的发展模式生产鸟笼，151户579人的小村庄有290人从事着鸟笼制作或销售，除在本地销售外，利用网络平台将产品销往日本、马来西亚等国。2016年，卡拉鸟笼产业带来的产值超过了800万元，卡拉村村民人均年收入突破万元，贫困户脱贫30户。

四、黔东南州非遗的传承、保护的路径

文化精准扶贫是一种不可或缺的精准扶贫方式，是少数民族贫困地区精准扶贫攻坚的一条崭新通道。传统的非遗项目与文化产业结合，能让文化产生授之以渔的精准扶贫内在动力。一方面，其要求加大对贫困地区文化建设，补齐短板，推动文化公共服务均等化，同时摸清文化家底，整合文化资源，发展文化产业并以之促进脱贫致富；另一方面，为保证文化扶贫既“精”又“准”，还应坚持“扶志”与“扶智”同步进行，亦即“授人以鱼不如授人以渔”。实际上，文化精准扶贫涉及政策、观念、资源、对象、环境、行动等方方面面，需要多个方面的协同并进与共同发力，但不管如何，文化遗产资源本身在其中的地位与作用是最为重要和起关键作用的。在一定程度上可以说，没有民族传统文化的基础作用和价值发挥，文化精准扶贫就没有“精准”的土壤，至少难以达到理想的效果。这里，就必然涉及民族传统文化的当代传承、保护和发展问题。

众所周知,民族传统文化是在农耕经济基础上产生和发展起来的,是自然经济时代的产物。但随着当代全球化趋势的增强,经济和社会的急剧变迁,其生存发展土壤已在发生急剧的变化,而这种变化,既显示着非物质文化遗产的生存正面临着严峻考验,也昭示着对非遗的传承、保护不仅十分重要,而且非常迫切。在全球“政治多极化、经济一体化、文化多元化”的快速推进中,如何既能保护传承文化,又能让广大群众发展致富?如何既能保护非物质文化遗产、守护精神家园,又能让各族人民共同实现现代化、同步实现小康?这不但是令人困惑而且又是我们必须面对的现实问题,在全国如此,在贵州省、在黔东南州也是如此。

《国务院办公厅关于加强我国非物质文化遗产保护工作的意见》(以下简称《意见》)指出:“我国各族人民在长期生产生活实践中创造的丰富多彩的非物质文化遗产,是中华民族智慧与文明的结晶,是联结民族情感的纽带和维系国家统一的基础”“非物质文化遗产与物质文化遗产共同承载着人类社会的文明,是世界文化多样性的体现。我国非物质文化遗产所蕴含的中华民族特有的精神价值、思维方式、想象力和文化意识,是维护我国文化身份和文化主权的基本依据。加强非物质文化遗产保护,不仅是国家和民族发展的需要,也是国际社会文明对话和人类社会可持续发展的必然要求”。该《意见》明确提出了保护、传承和发扬非遗的工作指导方针为“保护为主,抢救第一,合理利用,传承发展”;工作原则为“政府主导、社会参与,明确职责、形成合力,长远规划、分步实施,点面结合、讲求实效”。

上述方针、原则,是新的时期黔东南州非遗传承、保护所应遵循的工作指南,具体可在实践中结合地情实际创造性地实践“施予性保护”“生产性保护”“发展性保护”等模式。但不管哪种模式的单一运用或集中模式的综合运用,都应强调规划的整体性和保护的系统性,政府的主导性和民间的参与性,大众的参与性和利益的兼顾性,针对不同类型的“非遗”采取相应的保护模式,以促进其价值内涵与外在形式的保护与传承。其中,在采用市场性性质的生产性保护模式时,应避免简单追求非遗产量及经济效益的过度产业化,而要在保护的前提下,深挖非遗项目的文化内涵,整合地区民族特色,赋予文化产品独特的价值内涵,并在此基础上得到创新发展。此外,非物质文化遗产项目各自具有鲜明的地域特征、民族特色,政府层面应该因时因地制宜,在政策上进行合理引导、扶持和保护。我们相信并期待黔东南民族传统文化在新的时期会得到进一步的传承、保护、开发、弘扬,在黔东南州精准脱贫、全面小康与绿色发展中发挥更好、更大的作用。

目录 CONTENTS

卷一　民间文学

国家级非物质文化遗产 …… 3
　苗族古歌(台江县) …… 3
　刻道 …… 6
　《仰阿莎》 …… 8
　《珠郎娘美》 …… 10
　苗族"贾理" …… 13
省级非物质文化遗产 …… 16
　黄平苗族"古歌古词"神话 …… 16
　苗族历法 …… 18
　苗族民间文学《阿蓉》 …… 20
　《金汉列美》 …… 22
　《丁郎龙女》 …… 24
　苗族《古歌》(施秉县) …… 25

卷二　传统音乐

世界级非物质文化遗产 …… 31
　侗族大歌 …… 31
国家级非物质文化遗产 …… 36
　侗族琵琶歌 …… 36

苗族飞歌 …… 39
侗族芦笙 …… 41
苗族芒筒芦笙 …… 44
苗族多声部民歌 …… 46
省级非物质文化遗产 …… 49
双倍嘎 …… 49
侗族河边腔 …… 51
河边腔苗歌 …… 53
十二诗腔苗歌 …… 54
侗族歌鼟 …… 56
苗族“游方歌” …… 58
侗族哆耶——踩歌堂 …… 60
侗族牛腿琴歌 …… 62
哥蒙芦笙乐 …… 64
苗笛 …… 65
侗族笛子歌 …… 67
注溪山歌 …… 68

卷三　传统舞蹈

国家级非物质文化遗产 …… 73
锦鸡舞 …… 73
苗族芦笙舞(雷山县) …… 76
反排苗族木鼓舞 …… 79
苗族铜鼓舞 …… 82
省级非物质文化遗产 …… 85
苗族格哈 …… 85
畲族粑槽舞 …… 87
苗族板凳舞 …… 89
苗族踩鼓舞 …… 91
瑶族长鼓舞 …… 93

踩亲舞 …… 95
苗族水鼓舞 …… 97
苗族古瓢舞 …… 99

卷四 传统戏剧

国家级非物质文化遗产 …… 103
侗戏 …… 103
省级非物质文化遗产 …… 106
思州傩戏傩技 …… 106
阳戏 …… 109
思州喜傩神 …… 111
镇远土家族傩戏 …… 114

卷五 曲 艺

省级非物质文化遗产 …… 119
嘎百福 …… 119
君琵琶 …… 121

卷六 传统体育、游艺与杂技

国家级非物质文化遗产 …… 125
赛龙舟 …… 125
省级非物质文化遗产 …… 127
隆里花脸龙 …… 127
勾林 …… 130
侗族月牙铛 …… 131
侗族摔跤 …… 133
苗族武术 …… 135
岩鹰高跷 …… 138

卷七 传统美术

国家级非物质文化遗产 …… 141
苗绣 …… 141
苗族泥哨 …… 145
苗族剪纸(剑河县) …… 147
侗族刺绣 …… 150
省级非物质文化遗产 …… 153
苗族剪纸(台江县) …… 153
苗族百鸟衣艺术 …… 155
苗族“嘎闹”支系服饰艺术 …… 157

卷八 传统技艺

国家级非物质文化遗产 …… 163
苗族蜡染技艺 …… 163
苗寨吊脚楼营造技艺 …… 167
苗族芦笙制作技艺 …… 171
苗族银饰锻制技艺 …… 173
皮纸制作技艺 …… 178
苗族织锦技艺 …… 181
枫香印染技艺 …… 185
侗族木构建筑营造技艺 …… 188
省级非物质文化遗产 …… 193
剑河锡绣制作工艺 …… 193
思州石砚制作工艺 …… 195
苗族马尾斗笠制作技艺 …… 197
苗族堆花绣 …… 199
蓝靛靛染工艺 …… 202
水族石雕 …… 204

土法造纸技艺 …… 206
民间火纸制作技艺 …… 208
竹编技艺 …… 210
木雕工艺 …… 212
苗族酸汤鱼制作技艺 …… 215
鸟笼制作技艺 …… 218
煨酒酿造技艺 …… 220
天柱宗祠浮雕彩绘技艺 …… 221
道菜制作工艺 …… 223

卷九　传统医药

国家级非物质文化遗产 …… 227
瑶族医药(药浴疗法) …… 227
苗族医药(骨伤蛇伤疗法与九节茶药制作工艺) …… 230
侗族医药(过路黄制作工艺) …… 233
省级非物质文化遗产 …… 235
半枫荷熏浴疗法 …… 235

卷十　民　俗

国家级非物质文化遗产 …… 241
苗族鼓藏节(雷山县) …… 241
苗族姊妹节 …… 245
侗族萨玛节 …… 248
苗族独木龙舟节 …… 251
苗族服饰 …… 254
侗年 …… 260
四十八寨歌节 …… 263
月也 …… 265
苗族栽岩习俗 …… 269

苗族鼓藏节(榕江县) …… 272
报京“三月三” …… 275
侗族款约 …… 278
侗族服饰 …… 281
省级非物质文化遗产 …… 284
哥蒙的“哈冲” …… 284
古思州“屯锣” …… 286
苗族茅人节 …… 288
注溪娃娃场 …… 291
社节 …… 293
占里侗族生育习俗 …… 294
苗族祭尤节 …… 297
瑶族服饰 …… 299
青山界四十八寨歌会 …… 301
土家族“八月八”唢呐节 …… 302
平秋重阳鞍瓦 …… 304
仫佬年 …… 306
瑶族隔冬 …… 308
苗族三月坡 …… 310
苗族扫寨 …… 311
土家族婚庆夜筵 …… 314
赶社 …… 316
小广侗族娶亲节 …… 317
瑶白摆古 …… 319
甘囊香苗族芦笙节 …… 322
苗族吃新节 …… 324
谷陇九月芦笙会 …… 326
镇远元宵龙灯会 …… 328
邑沙苗族成人礼 …… 330
苗族翻鼓节 …… 332
侗族婚俗 …… 334

瑶族婚俗 …… 335
苗族斗牛习俗 …… 338
侗族鼓楼习俗 …… 340
苗族招龙(榕江县) …… 343
苗族卧堆习俗 …… 345
记间习俗 …… 346
造林习俗 …… 348
苗族祭桥节 …… 351
求雨祭典 …… 353
瑶族度戒 …… 355
瑶族嫁郎 …… 356
壮年 …… 358
巴冶土王戊 …… 359
圣德山歌节 …… 360
苗族舞龙嘘花习俗 …… 362
畲族凤凰装制作 …… 363
新化舞狮 …… 365

附 录

附录一　贵州省国家级非物质文化遗产名录 …… 371
附录二　贵州省省级非物质文化遗产名录 …… 376

参考文献 …… 392
后　　记 …… 396

卷一 民间文学

国家级非物质文化遗产

苗族古歌(台江县)

苗族古歌是苗族文化的一个重要组成部分,是苗族人民叙述本民族神话、传说、古史的叙事诗,主要内容包括创世纪、洪水滔天、人类起源、远祖创业、原始部落战争、民族迁徙等。流行于黔东南台江县的苗族古歌有十二篇章,长1.5万余行,塑造了100多位有名有姓的人物,充满浪漫主义和理想主义色彩,被称为苗族的"百科全书"。

台江县位于黔东南的中部,雷公山北面,清水江中游南岸,史称"苗疆腹地"。全县有近400个苗族村寨,分布于秀丽的山川之中,苗族人口占全县总人口的97%,是中国乃至世界苗族人口比例最高的一个县,有"天下苗族第一县"之称。该县境内崇山峻岭,长期远离"官道",清朝雍正年间设台拱厅之前,一直与外界处于相对隔绝的状态,社会治理方式还是"向以苗例",不受朝廷律令管制,因而受外来文化的影响相对较小,苗族固有的文化在这里得到了较为完好的保存,现今仍然处在十分完整的活态文化体系之中。

台江的苗族古歌内容包罗万象,从宇宙的诞生、人类和物种的起源、开天辟地、初民时期的滔天洪水,到苗族的大迁徙、苗族的古代社会制度和日常生产生活等无所不包,是苗族古代神话的总汇和文化的灵魂。

古歌由四组十二章节组成:第一组为《开天辟地》,包括《开天辟地》《运金运银》《铸天造月》三个章节。叙述天地最初是混沌的一团"水气"物质,空中飘浮着神兽修纽生的两片薄片儿申纽蛋,被乌云孵化生出盘古,盘古开天辟地,用手和脚将天地撑开。开辟了天地后,盘古倒下,修纽继续开辟山河、平原,但是天不稳定,摇摇欲坠,全靠纽香婆婆和府方公公用手撑住才掉不下来,后来他们用化稿树和五倍子来撑天也还是不行,九昌昂公公来撑天也撑不住。于是宝公、雄公、且公、当公四公想办法从遥远的东方运来金子、银子分别打造成金柱、银柱撑天,打了12天12夜,打成了12根撑天巨柱。一根撑在抬拱,一根立在方西(今榕江),一根立在翁仰,一根立在都匀,一根立在幸纽,一根立在香炉山,一根立在雷公山,一根立在大海，剩下4根分别撑在东、西、南、北四个方位，天撑住了，从此万物得以生长。天虽是造好了，但没有太阳和月亮，大地仍是一片漆黑。于是，四公又以三冲三岭为架，熔化金子、银子，造了12个太阳和月亮，请来里功、雄盯抬太阳、月亮上天不成功，又请榜养、朋荣抬太阳、月亮到天上，但却忘记交代太阳、月亮出来的顺序，12个太阳和月亮一齐出来，大地处于炙热之中，烤死了牲畜和庄稼。最后，四公砍来神树做弓，雄公铸了12支箭，桑扎爬到马桑树上射掉11个太阳和11个月亮，从此天地又恢复了正常。

第二组为《枫树歌》，由《枫香树种》《犁东耙西》《栽枫香树》《砍枫香树》《妹乔妹留》《十二个蛋》6个章节组成。这部分主要叙述开天辟地之初，万物都放在天神劳公公的仓库里，由于长手婆婆舂碓震动天门掉下天火，烧毁了劳公公的仓库，万物从天上掉到人间。枫香树也随着飘洒到世间，几经转折来到八角塘。劳公公把枫香树栽到友婆婆池塘边，长成参天大树，树下男女青年游方，树上鸟儿筑巢，池塘里的鱼被鹭鸶、白鹤偷吃，友婆婆请来理老判枫香树是祸主，于是砍倒了枫香树，树心变成蝴蝶妈妈，12岁时，蝴蝶妈妈与水泡游方生下12个蛋，请来姬宇鸟孵出姜央兄妹和雷公、老虎、蛇、龙、牛、大象等动物及一批鬼怪。

古歌演唱前的仪式

第三组为《洪水滔天》，包括《洪水滔天》《兄妹开亲》两个章节。该部分主要叙述蝴蝶妈妈生下12个蛋后，孵出姜央兄妹和雷公等动物及一批鬼怪，为争当老大，姜央和雷公争强斗狠，雷公斗不过姜央被关进铁笼，雷公用计逃出铁笼后，发誓要报复。雷公为报复姜央，施法降了9天9夜的大雨，江河变成了湖泊，大地被洪水淹没，姜央兄妹为逃生，藏进葫芦随波逐流。洪水滔天后，世人几近死绝，只剩下姜央和妹妹妮姬妲，为了繁衍人类，他们以水竹为媒，兄妹开亲，生下了一个肉团，姜央把肉团砍成九块，撒向九座山变成九批小孩，世上重新有了人烟。

第四组为《跋山涉水》，主要反映了苗族先民的大迁徙历程。姜央兄妹开亲，从此苗族先民越来越多，人多了寨子容不下，便开始了艰难的沿河西迁，过艾宁到瓦石坡，翻九块石、七层岩，经茅草坪、野猪冲、野鸡坡、水龙潭、九岔河、细沙滩，继续西行到九千寨、崩坡湾、断额梁、油相岭来到抬拱寨。在抬拱议榔分支居住，一支住养岗，一支住欧西，一支住欧绍，一支住脚留，一支住南宫，一支住交密，从此生生不息，繁衍家业。

苗族古歌是苗族文化的核心，是苗族古代社会的百科全书和“圣经”，体现了一个民族的心灵记忆，是苗族思想、艺术和娱乐等多方面价值的展现。

其一，古歌保存着完整的苗族活态文化系统，表现了万物有灵、生命神圣、众生平等及人与自然共存共荣、和谐发展的哲学思想，它集中体现了苗族的世界观、价值观、社会观、宗教观、法制观和审美观，对苗族社会的方方面面具有导向和整合的作用。

其二，苗族古歌是一种亦诗亦歌的体裁独特的文种，由许多相对独立且完整的部分组成，文学价值独特。古歌通常分为 4 组 12 支（苗语 jox 的直译，相当于汉语的“部”“篇”），有的“支”下面还分为若干“串”或“朵”（苗语 god 的直译，相当于汉语的“章”“节”）。整部史诗均属五言体结构，押苗韵，诗中大量运用比喻、夸张、排比、拟人、反问等多种修辞手法，生动地反映了苗族先民对天地、万物及人类起源的解释和先民艰苦奋斗的历史功绩，具有活泼奔放、新奇而自然贴切的文学特色。

其三，古歌的演唱形式和演唱功能与社会生活息息相关，发挥着较高的社会联系与整合的作用。苗族古歌大多是在鼓社祭祀、婚丧活动、亲友聚会和节日等场合演唱。演唱一般分为祭祀性演唱和娱乐性演唱两种，祭祀性演唱主要是“娱神”；娱乐性演唱一般在接亲嫁女、起房建屋等喜事和过年过节时演唱。演唱者多为中老年人、巫师、歌手等，酒席是演唱古歌的重要场合。苗族古歌一般以盘问对唱为主要演唱形式，演唱时，可以主客：一组为主队，一组为客队；也可以其他方式分为两组。主队处于演唱的主导地位，先由主队用歌来试探客队可否演唱古歌，得到客队的明确答复后，主队向客队提出各种问题，主队唱完之后，客队以“嗬——咳”的助词接歌，重复一遍主队的问题后再对问题进行解答，如此循环往复，直至一首古歌完结。

古歌演唱

其四，通过口耳相传的苗族古歌，是民族心灵记忆承袭的重要载体，苗族是一个历史上没有文字的古老民族，口传心授是苗族文化传承的重要手段。苗族村寨中，歌师极受人尊重，被视为智者和有见识的人，古歌大多在民俗活动中通过比赛的形式进行，可以几天几夜连续表演，口传心授，师徒传承，代代相继。

目前，由于受到经济全球化和现代文化的冲击，苗族古歌已濒临失传。现在台江的 13 万苗族同胞中，能唱完整部古歌的人已寥寥无几，目前只有 200 余人能唱一些不完整的古歌,而且都是中老年人。目前台江著名的古歌大师为王安江,还有被公认为古歌师的邵胜建、姜故代等30余人。同时,苗族古歌直到现在还没有完整性的记录或被录制下来,唱苗族古歌在一些地方有局限性和禁忌性,抢救性保护工作任务艰巨。

刻　道

刻道(kiei det)系苗族称谓,即刻在一根木棒上的歌,又译成"歌棒",汉语译为《苗族开亲歌》,主要流传于施秉县境内的苗族村寨,是当地苗族群众十分喜爱的传统组歌之一。据清乾隆《镇远府志》记载,苗族"俗无文字,交质用竹木刻数寸,名为'刻木'"。婚嫁则"姑之女定为舅媳。倘无子,必重献于舅,谓之外甥钱,否则终身不得嫁或招少年往来"。《贵州志略》亦有苗族"刻木示信,犹存古风"等的记载。施秉县苗族刻道符号具有象形、指示、会意等意义,是至今唯一保留下来的刻木记事符号。

刻道演唱　(粟周榕　摄)

苗族刻道(即《苗族开亲歌》),产生于苗族从母系氏族过渡到父系氏族之后的一段历史时期,所反映的主要是舅权制下的婚姻状况,用酒歌的形式记载苗族婚姻的起源、演绎及其发展进步,被民族学家和民俗学家称为"苗族最古老的婚姻活化石"。

刻道内容分为"生亲"和"开亲"两部分。"生亲"部分叙述了远古时期人类没有"亲","亲"在太阳升起的地方的一个石旮旯里,没有人注意到它,它靠吃石头生出的乳汁长大,有一天一群小孩去玩耍时看到了它,觉得不吉利,便放火将之烧毁,这一烧反而把它烧出三路"亲"来。一路下了海,又长上天,成了"神鬼界的亲";一路上山坡入深谷,成了"年幼亲";一路上了昂窝岭,成了"众多亲"。"开亲"部分是全诗的主体,全面、具体地叙述了各种动物、天上神仙、人类的婚姻进程。歌词在叙述"神界亲"时,采用比拟手法,以鱼、蟹、龙及天上诸神做比喻,形象地描绘了苗族

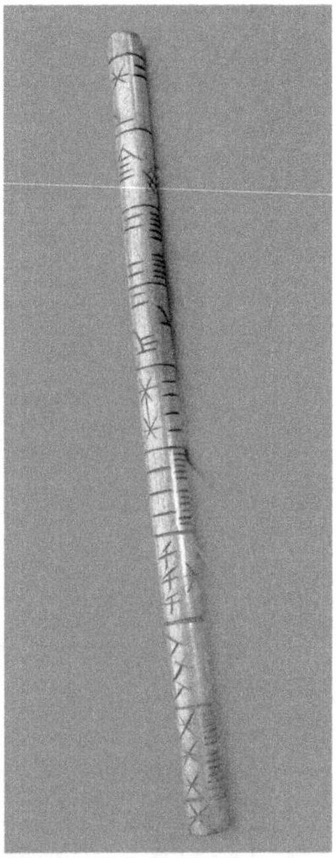
刻道棒　（粟周榕　摄）

古代群婚制度；歌词在叙述“年幼亲”时，生动地描绘了苗族社会进入母权制时代的婚姻制度；叙述“众多亲”时，则利用悲、欢、离、合的故事来叙述父权制时代的婚姻制度。

相传刻道主要是源于卞几姑娘的婚姻悲剧，内容是对姑舅表婚制度的控诉，对封建包办婚姻罪恶的鞭挞和苗族族群对姑表婚制的控诉。刻道歌叙述道：在舅权横行的年代，姑妈的女儿卞几生下来就定为舅家的媳妇，卞几长成姑娘后就到舅家做媳妇，可是卞几到了舅家没看到自己男人在什么地方，就多次询问，得到答案是在很远的地方读书。后来卞几很是怀疑这种说法，开始反抗，舅家才老实告诉她，她的男人还没有生出来。卞几很生气，她决定与舅家对抗到底，于是舅家就用一根木棒刻出了礼单，并说如果卞几家能够拿出礼单上的数目，就可以解除婚约。卞几拿着这根刻有礼单的木棒回到娘家，请人看了礼数后告诉她说，舅家的礼单数太重，没办法满足。后来通过两个家族的人共同协商，讨价还价后才把礼数减下来，卞几娘家最终得以承受，卞几也才得以嫁给他人，姑舅表婚就此解除，自由婚姻才得以实现。刻道上的符号内容有金、银、肉、米、鸡、鸭、牛、马、骡、酒、布匹、衣物等的数额，歌棒上的文字是那时舅爷向姑妈索取聘礼时刻在枫木棒上的象形符号。文字符号和刻棒流传下来以后，刻棒即成为苗家历代传唱这段故事和苗族婚俗由来的“书籍”和“歌本”。

苗族古老的刻道用方形或圆形的木、竹等材料制成，也有用牛骨或象牙制成的，名称叫作“刻木”。“刻木”上的符号共刻三面，符号有“×”“人”“二”“＊”“△”等，每面共有9格、一共37格，木格的符号并不复杂，笔画以横、竖、叉为主，但每一格中的上下符号不能倒置，否则会错乱，造成答非所问，每格根据内容不同所刻画的符号不同，排列也各异，分别代表不同的含义，而且正面、侧面、斜面即使符号相同，代表的意思也各不相同。刻木的目的主要是防止“久不唱歌忘记歌”，因为苗族婚姻嫁娶及姑娘回门都在冬季，一年之中唱“刻木”的次数并不多，刻后可以随时温习，临出门作客时，可以再看上一遍，也可以将其带在身上不易被人发现。刻道这根奇妙的歌棒，虽然刻的符号简单，但却是苗族歌手必备的一部“古书”。施秉地区的苗族歌手，过去曾流传着“官家识字九百九，没有哪个能把刻道认得透”之说，因为它涉及面广，无所不包，与施秉已经成书的12首苗族古歌均有联系，因此，歌手们往往把会不会唱刻道作为衡量是不是高明歌师的标准。

刻道在嫁姑娘、接媳妇或姑娘回门时进行演唱。唱时，主客各选两名歌手，一

刻道符号 （粟周榕 摄）

人为主一问一答，其唱法大致为三种：第一种是从正面“平道”唱起，直线上升从第一格唱到第九格，再从侧面第一格唱到第九格，然后从斜面第一格到第九格；第二种唱法是“平道”后，每一格都先唱正面然后从侧面到斜面，唱完一格再唱二格，如此类推上升至九格，再从九格往回唱；第三种唱法与第二种唱法相反，从第九格唱起倒转来唱，这种唱法难度很大，能掌握这种唱法便能横唱顺唱，对答如流，得心应手。通常的唱法是每小格之间三问三答，即六首歌。一问刻的什么形状，二问刻在哪一面，三问刻的是什么内容，一问一答共需要唱 168 首歌，每首歌无固定行数，问短答长，若以每首歌平均 12 行算，计 2016 行。唱时，往往从“开亲说古”唱起，再加上歌手的即兴盘问，旁生枝节，故有“三天三夜也唱不完，少讲也有一万行”之说。

刻道是苗族古歌中历史最长、规模最大、流传最广的酒歌，在经济全球化趋势下，苗族的婚姻习俗已经有部分被现代生活方式所同化，对不能产生经济效益的刻道感兴趣者越来越少，有的村寨已经出现断代的局面，如果不采取措施加以保护，刻道将随着传承老人的离世而淹没在绿水青山中，其多方面的价值也将因此而被消解，急需对其进行保护和传承。

《仰阿莎》

《仰阿莎》是在清水江流域和都柳江部分苗族聚居区传唱的一首苗族神话叙事歌，是苗族地区流传最广的古代爱情叙事长诗。在苗族歌手心中，仰阿莎与传统的十二支古歌是并列的。他们将古歌中的《运金运银》当成最富的歌，将《榜妹榜略》看成最大的歌，将《仰阿莎》则看成最美的歌。因而，《仰阿莎》也就成了我国少数民族民间文学的一朵奇葩，在我国民族民间文学史上占有一席之地。

《仰阿莎》是对“女人是水做的最早的诠释”。仰阿莎苗名为“Niangx Eb Seil”，

《仰阿莎》清唱

意思是“清水姑娘”，也有的叫“露珠姑娘”或者“彩虹姑娘”。传说中仰阿莎是从一口水井中出生的，是井水的女儿，是一个水姑娘，跟水结下了不解之缘，因而成了女人是水做的和冰清玉洁的最早诠释。

相传在很久以前，在一个清幽山谷中，有一个绿邃的水潭，山的两边有苍翠的树木和奇丽的花草，井里的泉水清澈，能照得见天空的云霞、飞鸟，也能照得见井旁的树木和花草。有一天，从东方飞来一群鹭鸶，从西方飞来一群水鸭，它们一见到这个美丽的水井，就想到里面去找鱼虾，气得看守水井的地神跳起来吼道：“呸！你们到这里来干哪样？这不是鱼塘，这是仰阿莎出生的地方，明天她就要出世了，你们可不要啄呵！谁敢动她一根毫毛，我就要叫它尸骨不归家！”鹭鸶和水鸭只好夹起尾巴飞走了。第二天，忽然天昏地暗、电光闪闪、雷声隆隆，瓢泼的大雨落下来了，井里冒着水泡，发出“波一波一波”的声响，过了不久，雨止了，天也晴了，五彩斑斓的云霞，像苗家姑娘绣的奇花异朵，飘浮在晴朗的天空。这时候，仰阿莎从水井中冒出来了，成群的蝴蝶围着她飞舞，数不清的鸟儿绕着她歌唱：“石头生沙子，沙子生泥巴，泥巴生水井，水井生出仰阿莎。”仰阿莎是水井之女，是大地母亲的后代，不一般的仰阿莎，“头天理容貌，第二天就笑，第三天就唱，歌声响遍了山谷，花朵开遍了树丫”。

仰阿莎是苗族美神的完美塑造。《仰阿莎》采用神话的方式，用多种比兴手法，生动、贴切、形象地刻画了仰阿莎是如何从水井中诞生的过程，以及她是如何的美丽无比，是苗族美丽女神的象征，完成了仰阿莎作为苗族美神的形象塑造。

仰阿莎除了是苗族美神完美的塑造，还反映了苗族人民对婚姻自由和幸福的理想，表现了苗族人民为追求理想而斗争的决心。作品以诗体语言讲述仰阿莎、太阳、月亮这几个主要人物的形象和人物之间的关系，构成完整的故事情节，人物的性格在故事情节中得到合理的展开，进而演绎了感天动地的爱情故事，成就了苗族神话叙事诗中的美神创造，以及为爱情和婚姻自由而战的女神形象。

近年来，为了着力打造仰阿莎文化旅游品牌，扩大仰阿莎文化影响力，仰阿莎神话故事的起源地剑河县，以及黔东南州和贵州省有关部门和机构都做了大量努力，仰阿莎逐渐成为苗族乃至贵州省的一块烫金的文化品牌。

（1）将大型苗族歌舞剧《仰阿莎》进行改编并搬上了舞台。对《仰阿莎》这个题材的改编，改革开放后一直在进行。2005 年，苗族作家韦文扬根据古老诗歌创作了大型苗族歌舞剧《仰阿莎》剧本，摘得“第四届中国戏剧文学奖”金奖。此后，又先后在黔东南、贵阳和北京启动了大型苗族歌舞剧《仰阿莎》的舞台演出。该剧融黔东南苗族歌曲、舞蹈、服饰三大资源优势为一体，再创苗族音乐美、舞蹈美、服饰美，升华出一个美丽动人的苗族美神仰阿莎和她的爱情故事，使其成为具有国家级水准的歌舞剧文艺精品。

（2）仰阿莎神话故事的起源地剑河县于 2007 年举办了第一届“贵州·剑河仰阿莎文化节”。此后每年都举办。

（3）把剑河县三板溪库区定名为仰阿莎湖，提高了剑河县文化旅游知名度。三板溪库区电站大坝于 2006 年建成，坝高 185.5 米，为国内第二、世界第三高坝，湖区航道达 120 千米，形成方圆 85 平方千米的湖面。三板溪库区定名为仰阿莎湖，使美丽的仰阿莎终于带着优美的神话传说，变成了冰肌玉骨般的水美人，荡漾在青山绿野之中，成为剑河县一个知名文化旅游品牌。

《珠郎娘美》

侗戏是一个具有独特风格的剧种，已有近两百年的历史，主要流行于侗族南部地区的榕江、从江一带，其文化可谓丰富多彩。目前侗戏剧目有 500 多个，其中传统侗剧 200 余个，改编历史剧目和新编剧目 300 多个。侗戏《珠郎娘美》只是其中的一个剧目，属于传统侗剧，为清末贵州省从江县侗族戏师梁耀庭、梁少华根据黔东南侗族聚居地区流传的珠郎娘美故事与民间叙事歌改编而成，剧中人物 86 人，全部唱词 7600 多句，近 10 万个唱词，是侗戏中影响较大的作品。《珠郎娘美》被誉为侗戏历史中的一颗璀璨的明珠，被颂为侗族文学史上的一块丰碑。

《珠郎娘美》的主要内容是基于榕江县三宝地区真人真事的文学再现。相传很久很久以前，在古州（今榕江县）三宝“寨头寨”有位美丽善良、心灵手巧、侗歌唱得好的姑娘，名叫娘美，在歌堂里爱上了章鲁寨上英俊、善良、侗歌同样唱得好的侗族小伙子珠郎，两人私订终身。然而，侗族传统的“姑舅表亲”旧俗使得他俩前程未卜，双方的父母亲都急切地给他们施加压力，无奈他俩按照民族习惯，把一枚铜钱劈成两半，各持一半，以示永不反悔，这就是所谓的破钱盟誓订终身——“提灯笼照心肠，劈头颅看脑髓，破铜钱结夫妻”。当娘美的母亲和舅舅发现此事后，立即合谋逼她嫁给表兄。为了争取婚姻爱情的自由，珠郎和娘美在好友兰蔫的帮助下，风餐露宿，一路逃到从江县的七百贯洞（当时贯洞寨有700户人家）。贯洞大财主银宜的老婆孟亮是当地人所共称的第一大美人，当娘美出现在贯洞时，人们却发现娘美远漂亮于孟亮，财主银宜遂歹心顿起，欲霸占娘美为妾，就使用接待他们夫妻俩到他家落脚当长工、结拜珠郎为房族兄弟、派珠郎到既远又难以还债的苗族拜青寨子去收债等阴谋手段来达其目的。趁珠郎外出收债之际，银宜利用金银财物诱惑、强行调戏娘美无效后，银宜便勾结贪财的寨老蛮松和当地款首（款组织领导者）蛮怂定下毒计：诬陷珠郎充当内奸“勾生吃熟”，借助在江箭坡起款会上吃枪尖肉的机会杀死珠郎，让娘美孑然一身无依无靠，逼她束手就范。在珠郎与全寨子男子一起来到江箭坡上聚款之前，娘美已对银宜的阴谋有所觉察，便婉言劝信珠郎和她逃离，珠郎却信银宜不会害外乡人，结果珠郎落入银宜早已设下的圈套，死于江箭坡上。

剧里的珠郎娘美

娘美含悲忍泪，以自己的聪明智慧查明了一心想霸占自己而害死亲夫的仇人银宜的全部阴谋，她便从“议款场”捡回夫骨，登上鼓楼击鼓聚众，以“七百贯洞谁仗义，替我埋夫我愿与他再成亲”的话，引出了贪色害夫的银宜。娘美建议两人连夜找坟地，一路上娘美

《珠郎娘美》小品　（瞿冠英　摄）

多次以“伤死之人不能听到鸡犬声”的理由把银宜带到远离贯洞村的荒山野地来挖坟墓地。在挖墓坑时，她又以“野死之人坑挖得深”的话，让银宜耗尽精力，然后乘其弓腰挖坟坑之际，一刀劈死银宜，逃离贯洞。娘美不仅为丈夫报了血仇，还为贯洞除了一大祸害。

三宝侗寨的珠郎娘美雕塑

款首蛮怂知道银宜被娘美杀死后，连夜派人捉拿娘美，在麻风病人吉缪的帮助下，娘美躲过了蛮怂一伙的追杀。娘美给吉缪吃了一条梭子蛇便治好了他的麻风病，后来他俩结为夫妻并生下两个男孩，由于家境清贫只能将小儿子送养他人。为了避难，他们常常四处流浪，他们的孩子则寄养在面颊善良的人家，在那里长大、读书。人到中年，加上终年流浪之苦，娘美思念家乡之情油然而生。娘美、吉缪心想，曾为夫报仇杀死财主银宜之事已久，可能不会被追究，于是便带着大儿子回到了久别的贯洞。不料旧怨未消，娘美母子身陷囹固，然而令人感到意外的是，在法庭上的主审官竟然是娘美的小儿子——二尼，由于二尼长期寄养在好心人家，他读书很用功，已有很多年没有跟他母亲团聚，说的是一口汉话，母亲无法听出是自己的儿子，加上是囚犯，娘美也不敢正视法官，因而母子未曾相认。后二尼凭据事实，判娘美母子实被诬陷，派兵将丧尽天良的款首蛮怂捉拿归案，结案后，母子相认，悲喜交集。

《珠郎娘美》叙事歌的原版本用侗语创作，在民间也用侗语传唱。1957 年，《珠郎娘美》由侗乡走出山门，代表侗族到北京参加“全国第二届民间音乐、舞蹈会演”；1959 年，贵州省侗戏工作组张泽鑫、龙廷恩、吴金崧（戏师）、梁普安（戏师）等将戏本记录下来并译成汉语；1960 年，贵州省黔剧团将侗戏剧本《珠郎娘美》改编成黔剧《秦娘美》演出，同年被海燕电影制片厂拍成同名舞台艺术片在全国放映，产生更大的影响；1963 年 12 月，《珠郎娘美》参加“全国少数民族群众艺术观摩演出”，毛主席等党和国家领导人接见了全体代表，并合影留念；20 世纪 60 年代，根据《珠郎娘美》叙事歌改编的侗戏、黔剧先后拍成电影纪录片、艺术片在全国播放，娘美成了侗女的形象代表，为人们广为知晓。

《珠郎娘美》是较早的侗族故事的典范，集民族性、本土性、教育性、娱乐性于一体，故事包含侗族文化的方方面面（建筑、艺术、民俗、制度等），是侗族民俗文化的充分展现，是侗族人民集体智慧的结晶。故事拥有民间故事、叙事歌、说唱、叙事长诗、侗戏剧本、歌剧剧本、黔剧等多种形式，在文本研究、文化生态研究、“活态文化”的保护、文本的传播、文化的变迁、汉语借词、侗语音韵规律等方面都有极强的学术研究价值，是一座有待开发的侗族文化宝藏。

如今，珠郎、娘美虽然人去音消，但三宝侗寨的侗族乡亲，在古榕下为珠郎、娘美立了雕塑，当年娘美与寨上姑娘们捶侗布的大青石依然静静地摆放在故居遗址，她当年佩戴的银饰依然熠熠生辉。2003 年 4 月 18 日，珠郎老家——王岭寨上的乡亲们也为珠郎墓立了石碑，《珠郎娘美》故事将千古流传。

苗族“贾理”

苗族“贾理”，苗语称为“Jax”，音译为贾理，有的译为佳、嘉、迦或译为理词、理辞、古理歌等，在苗语中，“贾”具有“讲、说、论、辩”等含义，而理就是道理的意思。贾理在苗族社会生活中发挥了极为重要的作用，在苗族社会中最具权威、影响深远，是一部文化内涵十分厚重而濒临失传的苗族口述古籍经典，在贵州省黔东南等地世代口头流传，集苗族古代文学、史学、法学、语言学、自然科学、巫学等于一身，被誉为苗族古代社会的“圣经”和“法典”。中国国家非物质文化遗产保护工作专家委员会副主任委员乌丙安教授曾称赞苗族贾理是“国宝中的国宝，很有价值”。

贾师传授贾理 （吴佺新 摄）

贾理有着深刻的文化内涵，民间说“贾就是理”但决不说“理就是贾”，可见，贾比理的内涵大，理则是贾所派生的。关于贾和理的区别与联系，民间倒有个蛮形象的比喻，说："贾好比一座谷仓，理就像一个茅棚；千种贾好比梳齿，百种理就像头发；千种贾如是头发，百种理就是胡须；枋头穿入柱榫，柱榫套住枋头。"因此，可以说贾无形无象，虽看不见、摸不着，但你会强烈地感受到它，它就在理的字里行间，就在理词之外。

贾理的主要内容是通过对一个个故事、事件具体而平实的叙述，寓褒贬于其中，让人们领悟苗族最基本的人生观、价值观和文化观，树立评判功罪是非与美丑善恶的依据和准则，从而构建了一套基本准则和苗族所一致尊崇的"贾理"，使贾理在漫长的历史时期里成了苗族民众的"圣经"和调处评判纠纷的"法典"，在苗族社会生活中发挥了极为重要的作用。因此，乾隆皇帝在张广泗关于贵州六厅"苗疆事宜"的奏折曾这样奏批道："苗民风俗与内地百姓迥别，嗣后苗众一切自相争讼之事，俱照苗例，不必绳以官法。"这里所说的"苗例"，就是苗族的贾理，足见其重要影响。

用贾的遗址"鼓社"（吴佺新　摄）

贾理在苗族习惯法中享有最高的权威，是古代苗民用来维护社会秩序的一种最高法规，其他法规都是依据"贾"的精神来制定，不得超越。"贾老"是指制定"贾"的人或精通"贾"的人，相当于现代的法官，"贾"主要用来处理重大案件，一般都是通过"理"判决不了的案件才使用它，操纵"贾理词"的人必须精通苗族的古规、古理，懂得"贾""巫词"等，理老的威信是在群众中自然形成的，民间发生纠纷都请他们去调解。

苗族传统"理词"的主体部分，共有 14 个案例，即：①给将公驱"贾鬼"案；②夏修公与夏亮太案（开天立地）；③太阳与月亮案；④闹仰乜逃婚案；⑤河水与河石案；⑥水与火案；⑦野猫与鸡案；⑧狗与强盗案；⑨水獭与鱼案；⑩虎与猪案；⑪南瓜案；⑫盘乜叨案；⑬香哆公案；⑭吾够鬼案。其中，①~⑬案属于收"贾鬼"案，即判理断决案；第⑭案属于放贾鬼案，即属放鬼惩处冤家案，它们都是利用自然界的一些现象引申成法的道理，作为"贾老"断案根据和以此说服苗民守法。

贾理内容的精妙之处，在于朴实的语句中往往隐含着哲理。例如，说到人与自然和谐时的"共生才繁荣，共存才美好"；说到个人修养时的"弹墨线才造成屋，懂贾理才做成人”；说到要宽容别人时的“气话别计较，气语别铭心”“气生气有消，水涨水有落”；说到婚姻伦理时的“哥娶是哥妻，弟娶是弟媳”“勿牧两头牛，勿敲两个鼓，勿吃两箩粑”；说到参与调处社会矛盾纠纷时的“拿水来灭火，不是拿火来烧水”“见牛斗去拉鼻串，见马斗去拉缰绳”“不让粑棰偏，不让碓嘴歪”等，无不闪耀着苗族先人的思想光芒，给人以深刻的教育和启迪。

贾理的传承方式主要是口头传承，具体的传承形式主要有家庭传承、拜师学习和办班传授三种，无论是哪一种传承形式，在开始时都要有一个仪式。

贾理的传承人一般为理老、寨老、巫师等，凡习得苗族贾理的人都要求有公益心，乐于义务为群众服务。“做雾罩山冲，做老护地方，不让船底翻，不让碓窝偏。”若谁担当了理老、巫师等角色，更是要热心为群众解难排忧，要用贾理来教育人、解纠纷、断案件、祭神灵、维护社会和谐。因此，千百年来，苗族人民以懂贾理为荣，以授贾理、学贾理为美事，以尊崇贾理中的“理”为美德。深感“汉族离不开书，苗族离不开贾”，主张“知贾做地方头人，懂理做村寨长老”，认为“贾拿在手中，理存在胸内，眼就如针利，心就似灯明”，要求子孙“竹破水渗进，老传幼继承。传承祖辈贾，像接蜡染笔”，告诫后人必须“循祖宗脚跟，蹈老辈脚印，传贾勿丢失，承理勿走样，违则锄丧脚，犯则针扎手”。因此，苗族地区学习、传授、应用贾理的风气相当浓厚，人们以懂得贾理、遵从贾理为荣，其传承风气一直在延续。距今300年以前，就出现了以丹寨县扬武乡干河村著名的贾师龙里乌戈为代表的“贾”的传承人，以至流传下来“干河的贾，干改的歌”等民谚。20世纪20年代，丹寨县境内涌现出一大批闻名一方的贾师，如扬武乡的余金贵与余育熙父子、马戈宪、吴玉金、余万贤与余育中父子、龙尼发等。

贾师在念祭词 （吴佺新 摄）

贾理是产生和流传于苗族原始文明和农耕文明条件下，主要服务于苗族传统社会的一种文化，随着时代的前进、社会与经济的变革，贾理文化受到强烈的冲击，目前已处于断代失传的境况。由于苗族地区受到广播电视等媒体和外出打工潮等的影响，青年人对学贾理传贾理的兴趣已经不大，贾理的进一步传承和发展遭遇到空前的尴尬，急需对其进行保护和传承。例如，丹寨县五一村解放初期曾有十多位贾师，如今仅有一人稍懂且后继无人。不过，可喜的是，自从非物质文化遗产项目公布和成为公众自觉行动以来，地方政府部门拨出专项经费，扶持贾师们办班开展传授活动，苗族贾理又迎来了传承与保护的机遇。

省级非物质文化遗产

黄平苗族“古歌古词”神话

苗族聚居区普遍流传着一种以创世为主题内容的诗体神话，俗称“古歌”或“古歌古词”。苗族古歌古词神话大多在鼓社祭、婚丧活动、亲友聚会和节日等场合演唱，演唱者除了巫师歌手外，还有一部分中老年人，酒席是演唱古歌的重要场合。苗族的古歌古词神话是一个民族的心灵记忆，是苗族古代社会的百科全书和“经典”，具有史学、民族学、哲学、人类学等多方面的价值。

苗族古歌的颂唱以萧筒、芒筒甚至板凳作为乐器为颂唱者伴乐，黄平苗族古歌是苗族古代先民在长期的生产劳动中创造出来的史诗，内容包罗万象，从宇宙的诞生、人类和物种的起源、初民时期的滔天洪水，到苗族的大迁徙、苗族的古代社会制度和日常生产生活等，无所不包，成为苗族古代神话的总汇。

黄平古歌古词演唱

据史料记载，黄平苗族神话“古歌古词”大约在中国夏王朝时期的古三苗国就有了雏形，苗族迁徙到黄平定居后，经过历代苗民的创作，不断丰富才定型成今天人们所看到的作品。由于苗族在20世纪50年代以前没有自己的文字，这部神话完全靠歌师艺人口传心授才得以传承下来，到20世纪80年代末，黄平县民委组织专家到民间歌师中搜集整理并将之翻译成书。苗族古歌流传区域几乎遍及所有苗族聚居区，因传承的方式是师徒传承，所以各地流传下来的古歌从形式和内容上都有一定的区别。概而言之，黄平县境内的苗歌古词包含苗族生命快乐、生命繁衍、生命艰辛、生命永恒等8个方面内容叙述。

（1）生命神圣——枫树图腾与蝴蝶妈妈。黄平苗族神话说：“沃土养树脚，雨水养树梢，润育枫树神。”枫树心生育蝴蝶妈妈，蝴蝶妈妈与风神相爱生下12个蛋，她请姬宇鸟抱孵生下了人类的始祖阿耶，其余的蛋“绿的成雷、雪亮的成龙、长的成蛇、花点的成野猪、条纹的成老虎、圆的成太阳、扁的成月亮、褐黄的成鼠狼、灰色的成小兽、浅灰的成养以、赤色的成白散”。神话又说，植物的生命在“种”神那里，“种”神在天上，太阳神开路，让“种”神降临人间。歌里唱道：“这回要撒种，一步撒三把，二步撒六把，生出大山林，满山绿茵茵。”

（2）生命快乐——节日的神话说，神界过年，过年迎新春，全寨齐欢喜，八月稻挞斗，九月谷钻家，十月来定亲，冬月办婚嫁，吃酒去客家，腊月就过年，年过春来到，人人乐哈哈。

（3）生命繁衍——婚姻的神话说，“亲”是婚姻神，“亲”神生在东方的石旮旯之中，“亲”神下海上天，教导神界开亲，神界才繁衍了众多神灵，“亲”神降临人间，人间得到婚姻，人类才得以繁衍后代。

（4）生命美丽——美神仰阿莎。古歌中唱道：“最美仰阿莎，最靓仰阿莎，苗条如桑枝，头发像青丝，颜面白又胖，裙边似渔网，花带若马缰，旁海芦笙节。要涉清水江，过河挽花裙，挽过脚腿上，露出长腿来，健美白又长，人见人人爱，盼与她成双，想也想晕头，爱她爱发狂。”仰阿莎是从井水中诞生的女神，美丽无比，无人能及，是苗族美丽女神的象征。

（5）生命艰辛——苦神扁瑟缟。传说苦神扁瑟缟是蝴蝶妈妈生的12个蛋中第三个蛋所生，她生长的环境十分恶劣，受尽了世间的苦难。

（6）生命健康——驱鬼神的故事。驱鬼神话展现了苗族传统宗教中的鬼神体系。古歌唱道：“远古的时候，鬼生在东方，神生在西方，鬼吃纸长大，神吃香长大。”“如今祭鬼神，喊鬼鬼就应，阻鬼鬼就停，驱鬼鬼就走，人生病就好，大家才消灾，按古礼祭鬼，照古规祀神。”

（7）生命法律——理词。理词是苗族习惯法，用理词来维护社会秩序，黄平苗族古歌对理词作了较为详尽的阐述。

(8)生命永恒——寿神扁香尤。苗族神话人物扁香尤是长寿之神,古歌里唱道:“天角四方好,天肚脐来养,生扁香尤蛋。”扁香尤是天蛋所生,他长大后偷吃长生果,所以长生不老。

黄平苗族的古歌古词,上至天文下至地理,无所不包,堪称百科全书,能唱能诵,歌以五言句式为主,词以对偶长短句为主,在饮酒、祭祀等场合都可以吟唱。苗族生命古歌内容几乎用神话来表现,贯穿神话的主题是对宇宙生命的探索与解释。古歌古词中塑造了数百个琳琅满目的艺术形象,其中有神、半神半人、神化了的人,神化了的草、木、鱼、虫、山岩、巨兽、风、云、雷、电,众神中有许多巨神形象是顶天立地的英雄,创世的女神具有生命中的天然美丽。古歌古词通过对众神的塑造,展示了生命神圣和生命欢乐的神话。这部神话的表现形式灵活多变,有的用盘歌形式盘问对唱,有的用叙事的形式朗读、吟唱,有的则用道白的形式问答,歌可以用大歌也可以用酒歌的曲调演唱,歌以五言句式为主,词以对偶的长短句式为主,歌唱的曲调变化丰富,押调是苗族古歌的旋律特色,不讲究押韵只讲押调。这部神话是研究苗族文学和音乐的“经典”。

黄平苗族神话“古歌古词”是活形态的神话,是一个富含生命神圣、生命欢乐和宇宙所有生命平等的文化意义的“网”。黄平苗族经过数千年的迁徙,为什么仍然执着地坚守着自己的文化,这是因为他们创造了这部“经典”,无论他们走到哪里,这部口传的“经典”都须臾不离,与他们相伴同行。

苗族历法

作为古老农耕民族的苗族先民们为了生产、生活的需要,通过观察天时、物候,不断积累天文知识,集体创制了苗族历法。苗族历法以口传方式长期在苗族社会中使用与传承,至今仍然在一些地区的民间不同程度地保存与使用,主要流传于丹寨县全境及凯里市、麻江县、雷山县、黄平县、都匀市、三都县的部分地区。

根据古歌《多往申》(*Dob Wangx Senl*)的传说,苗族历法源于一个名为香秀的苗族青年。香秀将历书从天上带到人间,但不慎被烧毁,人们不知道日子季节,见木姜树和枇杷树开花以为春天到了,撒播的粮种烂掉,田里无秧可插,生产生活无序,面对生存窘境,香秀便用掌握的历法知识,重新编写历书。“写出前五岁,编成后五岁，日月全清楚，季节都分明。”

一些汉文籍中披露出苗族使用苗历的事实。如檀萃《说蛮》：“花苗在新贵（今贵阳市境）、广顺（今长顺县境）……不知正朔，以十二辰为期……以季夏为岁首。”郭子章《黔记·诸夷·苗人》：“不知正朔……以鼠马记子午，言日亦如之，岁首以冬三月，各尚其一，日开年……东苗、西苗……以十月望日为岁首。”民国《八寨县志稿》：“婚丧择吉，推二十八宿十支（原文如此，为十二地支之误）而用之，谓之苗甲子。”这些记述证明直到近现代，至少是一部分苗族人民仍然不使用朝廷颁行的“正朔”，而使用一种以十二生肖与二十八宿配合来表述时间的岁首历法。

苗族历法主要采用十二进制，还采用了独具一格的八十四进制。苗族纪年法为十二辰纪年法，也就是太岁纪年法，古人把黄道附近的周天划为 12 等分，并以十二地支的名称来依序命名，每 12 年为一个周期，如此周而复始。

苗历的时间单位为时、日、月、季、年、斗六个，时称为“西”（hib）（黔东南方言苗语音译）；日称为“奶”（hnaib）；月称为“腊”（hlat）；季称为“董”（dongt）；年称为“纽”（hniut）；又称为“仰”（nlangx）；斗是苗语 def 的音译名称，含义为“结集”。虽然时间单位少，却也构成了自己完整的体系。十二进制表现在时与日、日与斗、月与年、年与斗之间。《浑河黑水》记述：“十二时一日，十二辰一天，十二日一斗，十二天一轮，十二月一岁，十二月一年，十二年一斗，十二岁一纪。”

苗历的“季”带有自然历法的明显痕迹，日子，以鼠日为序首，十二日称为一“斗”日。由于苗族民间有“两头算”的计虚数习惯，故也有一“斗”为十三数，二“斗”为二十五数的说法。苗历的历月，以虎月为序首，又按月序称为一月、二月……余下照推，月内的日子序数称谓，苗族习惯称为“夜”（hmangt），而不称之为“日”（hnaib），反映了苗历历月长度纯粹以夜间对月亮的观察也即以朔望月为根据。苗历之年，以鼠为序首，即鼠年、牛年……余下照推，反复循环，十二年称为一“斗”年。苗历的“进”含有“中”或“值”的意思，是指特定时间内星宿在天体中运行所处的坐标位置。

苗历是阴阳历性质的历法，但它与夏历等阴阳历有所不同，主要表现在历月上。苗历是朔望月，有大月小月之分，“大月三十天，小月二十九天”，并用增设闰月的办法来调节历月与历年的关系。

时至今日，苗族历法对部分苗族人民仍然有着深刻的影响，生产、生活、节庆、祭祀等方面，无不依据苗历择吉进行，但是令人遗憾的是，能掌握苗历的人已经很少，大都是六七十岁以上的祭师、巫师、贾师，并且大部分只知道那些代表吉凶的特殊“嘎进”在婚丧等方面的使用。苗族历法的传承也因现代文明的冲击和影响，处于濒危的境地，加上苗族没有本民族文字，苗历无法通过有形的载体获得广泛的传播与传承，苗历在国内已经濒临消亡。已经确定的省级传承人只有一人，就是丹寨县扬武乡的韦应洪，但是至今没人能够推算、编写出苗族古历。

苗族民间文学《阿蓉》

《阿蓉》是一首古老的苗族爱情叙事歌，是非物质文化遗产保护项目苗族曲艺“嘎百福”的代表曲目之一，叙述的是苗族青年阿蓉和阿珙为追求幸福，经过艰难曲折的斗争，最终结为夫妻的故事。该故事主要流传在黔桂交界处的柳江畔、月亮山、大苗山和雷公山下的榕江、从江、雷山、丹寨、三都、荔波等县的苗族地区，以及广西壮族自治区的融水县（大苗山）、三江县、环江县苗族村寨。不同之地又有不同的传说，在此仅择一例为示。

在古代，古州“整玲吾郭”杨家湾有一个大苗寨，寨中羲公和欧奶生有一女，名蓉耶，人称阿蓉。阿蓉长得洁白漂亮，亭亭玉立，既聪明伶俐，又心灵手巧，更有一副好歌喉，远近闻名。人刚刚长大，远近求亲者既踏破门槛，但她没看上一个。传说身高只有三堆牛屎高的阿蓉表哥沙牛和吾郭生宁寨相貌奇丑的富家子弟老稿，都想娶阿蓉为妻。

都柳江上游摆内寨有个苗家后生叫阿珙，长得十分英俊、彪悍，是个出名的好歌师和芦笙手。他吹芦笙，声调悠悠，情意绵绵，“姑娘听见了，纺花停了手；后生听见了，劈柴撂斧头；奶奶听见了，织布停梭斗；公公听见了，抽烟忘张口”。一天，阿珙来到吾郭撒网打鱼，遇见阿蓉，两人一见钟情，在古榕树下，对歌叙话，难舍难分，从此他俩经常约会，感情至深，订下了终身。

那年，“整玲吾郭”吃鼓藏，四乡八寨的客亲和众男女青年相邀前往，鼓藏场上人山人海，队队芦笙声悠悠，悦耳动听，群群靓女舞蹁跹。铁炮声中，老稿身穿精制的百鸟衣骑着配有金笼套、银马鞍的高头大马来到鼓藏场，明言要娶阿蓉为妻，但被阿蓉断然拒绝。阿珙来后，阿蓉便与之双双进场，翩翩起舞，技压群芳，老稿气急败坏，便将几砣银子硬塞在阿蓉母亲的手里，说是给阿蓉的定亲礼，意欲强娶。夜晚来临，阿蓉邀阿珙去她家做客，老稿、沙牛也赶来论理，于是三人便在阿蓉家争吵起来。阿珙说，阿蓉和他情深意长，蓉耶是他的人，一定要娶她。老稿说，你拿什么娶？我有的是钱，我才能让阿蓉幸福，阿蓉是我的。沙牛说，你们都休想，我是她表哥，我不要才轮到你们，阿蓉是我的。三人争执不下，拿起刀斧，打斗起来。老稿一刀砍断了寨上的古藤，古藤流出了鲜红的红水，并嘘嘘地叫不停，激起众人公愤，见此情景，寨老发话：打杀只为争蓉耶，谁买大水牯来祭树，接好古藤阿蓉嫁给他！

阿珙家贫，没钱买水牯，回家忧郁病倒了。老稿买来大水牯，接好了古藤，说回去修平大路就来娶阿蓉。阿蓉嫁阿珙心铁心切，便置寨老的威严和父母的反对于不顾，跑到阿珙家，与阿珙结成夫妻。舅家听说阿珙争阿蓉，忙对吾郭务欧（款师）讲：古老有规矩，祖先留有话，表哥娶表妹，表妹定要嫁，若把舅家嫌，快送古理钱，水牯要三头，好马要三匹，银子要三挑，金子要三箩，一月送不到，舅家把人接。

为还古理钱，阿珙伐木放排下柳州，然限期到时仍杳无音信，舅家便按古理派人强接阿蓉与沙牛成婚，不料阿蓉半路逃脱，回到了阿珙家，沙牛又派人把阿蓉捉回家中欲强迫成亲。老稿在修路，听说阿蓉要嫁沙牛，急忙挑金扛银去“逗引”（今都匀）状告沙牛抢娶其未婚妻子。官家得了老稿银子，提审沙牛、阿蓉，打沙牛三百棒，判阿蓉嫁给老稿。回乡半路上，趁老稿不注意，阿蓉又脱逃到了阿珙家。

原来阿珙放排途中遇风暴，排散人落水，幸被好人救起，养好伤回到家后，两人倾诉缘由，抱头痛哭。此时，官家又得老稿贿银，派兵把蓉耶、阿珙关进大牢，打阿珙 300 板，再判蓉耶嫁给老稿。到半路，阿蓉和阿珙双双逃走，又被官家捉去，问她为什么三番五次地跑，阿蓉讲述了她与阿珙忠贞不渝的爱情，发誓这辈子除了阿珙，宁死不嫁他人。官家看她真心爱阿珙，说要拿 3000 两银子来才放她跟阿珙走。众亲友被阿蓉和阿珙的真情所感动，筹集了 3000 两银子送到官府，促成了蓉耶和阿珙这一对恩爱情人终成眷属。

《阿蓉》封面

阿蓉可歌可泣的爱情故事，已被上述苗族地区的人们编成说唱艺术形式广为流传至今。嘎良（今榕江）的蓉耶塑像，似乎时时都在诉说着她与阿拱爱情的执着、艰辛与甜蜜，激发苗族人民对爱情的忠贞和对幸福的追求，激励着人们去克服人生道路上的艰难险阻。

《阿蓉》是产生较早的民族题材故事的典范，集民族性、本土性、娱乐性、教育性、趣味性为一体，是苗族人民集体智慧的结晶。《阿蓉》对于研究月亮山苗族鼓藏节、婚姻、亲属等民族习俗具有重要的价值。在月亮山地区苗族每 13 年举行一次的大型祭祖活动——吃鼓藏中，就有祭祀“蓉耶”的“吃蓉耶鼓藏”。

《金汉列美》

侗族民间故事《金汉列美》与《珠郎娘美》一样，广泛流传于贵州省南部方言区的黎平、从江和榕江三县的广大侗族聚居区及湖南省通道侗族自治县、广西三江、龙胜侗族自治县的部分侗族聚居地区，并以多种形式渗透在侗族文艺作品中，成为侗族传统作品的代表作，其最早创作者为侗族歌师张宏干。

张宏干（1779—1839年）是贵州省永从县（今从江县）贯洞田坝寨人，侗族著名歌师。贯洞一带是六洞的中心，十分盛行大歌。张宏干青年时期是当地有名的大歌领唱，亦会弹琵琶、唱叙事歌，人到中年，常教青少年唱大歌，并开始编歌，以情歌为主，也编叙事歌，其中，叙事歌《金汉列美》是他的代表作。晚年，张宏干将《金汉列美》改编成侗戏，并将大歌曲调引进侗戏，首创"戏曲大歌"，为丰富侗戏音乐做出了积极的贡献。《金汉列美》是第一出侗族题材的侗戏，开创了侗戏的新篇章，上演后深受侗族人民的欢迎，张宏干也随着《金汉列美》的传播而名扬四方。

在田野调查中我们了解到，《金汉列美》又叫《吉金烈美》《吉金》《金汉》或《金罕》，讲述的是男主人公"金汉"和女主人公"列美"坚贞的爱情故事。金汉是贯洞寨的富家子弟，列美则是贫苦人家的女孩，双方的父母早已按照"姑表亲"婚俗为他们各自订了婚，可是他们俩在"行歌坐月"的交往中产生了感情，并有了爱情的结晶。他们试图冲破"姑表亲"的婚姻旧俗，但无奈封建势力太强大，最后成为封建势力的牺牲品，两人的爱情成为一场悲剧，阳间得不到真爱，他们便到阴间寻找爱的歌堂，演绎了一段超越生死、超越贫富、超越时空的爱情赞歌。《金汉列美》以爱情故事为线索，将天上与地下、社会与自然融为一体，体现了侗民追求幸福生活的人性探索。据当地人讲，《金汉列美》原始戏文唱本塑造了70多个形象各异的人物形象，全诗有3000多行，当时在鼓楼上演需要"七天七夜"。

《金汉列美》的剧情梗概：剧中主人公金汉的父亲松堂是从江贯洞一带的巨富，家有"良田三千"，但遗憾的是，他50多岁了仍膝下无子，眼看自己的万贯家财无人继承，他急得四处寻找算命先生，请教得子方法。他的妻子担心他在请教得子方法时有纳妾的打算，三番五次劝他三年内暂时不要纳妾，先等她怀上孕后看能否生出男孩，如果生不出男孩，他再娶不迟。松堂背着妻子在遥远的衡州找到一位叫金仙中海的算命先生，金仙中海要松堂不纳妾而修阴积德，以求神赐儿。

松堂依言而行，最后终于感动众鬼神，众鬼神去向玉帝求情，玉帝考虑再三，决定派正宝到松堂家投胎。正宝觉得自己一个人下界太无聊，要求玉帝把圣女也派往人间。玉帝派正宝和圣女二人下凡后，一个在松堂家投胎为子，取名为金汉；一个在发银家投胎为女，取名为列美。

侗族自古实行姑表亲的婚姻制度，姑舅表兄弟姊妹之间有优先婚配的权利，具体表现在婚姻制度上，就是姑妈的女儿要先由舅舅选为儿媳，而舅父的女儿也要先由姑妈选为儿媳，这种姑表亲属于包办婚姻。侗族在推行“姑表亲”婚制的同时，允许青年男女自由恋爱，亦即“行歌坐月”。金汉和列美在“行歌坐月”相识时，已经是按侗族传统婚制举行了婚礼的人，其中金汉娶的是表妹，列美嫁的是表哥，但他们对这种包办婚姻非常不满，便在“行歌坐月”中相知相恋。他俩要求各自离婚然后结合在一起，但遭到了各自父母的强烈反对，加上来自列美夫家的压力，最后他们选择逃婚走在了一起，实现了结为夫妻的愿望。但金汉却是一个管不住自己的富家子弟，当他与列美结为夫妻并生有一女之后，又应朋友宝二之邀，到娥娘家去参加行歌坐月。娥娘长得年轻貌美，使他动了非分之心，娥娘则出于攀富和对金汉心慕已久的心理，答应愿做金汉之妾。而金汉花花公子的本性使他在达到目的之后，借故到衡州买鱼苗而一走了之，留下娥娘在屈辱中苦苦等待，后来实在不堪社会的指责和金汉父母的蔑视，被迫寻短见自绝。娥娘死后，仍阴魂不散，天天守在金汉回来的路上，当金汉一出现她便缠住金汉，一起到了阴间的“高顺俄安寨”（侗语：仙鹤居住的地方）鹅雁村头去过快乐无忧的生活。而列美自从与金汉结为夫妻以后，就一直守着她那一份纯洁的爱情，在家里尽心尽责地做一个贤妻良母，虽然她有时对金汉晚晚夜出未归也很生气，但她却始终不怪罪金汉，在她看来，金汉夜出未归是娥娘勾引他造成的。后来，列美听说自己的丈夫是被娥娘阴魂纠缠致死，她的满腔愤怒更是泼向了娥娘，最后她决定冒着生命危险，私闯阴间地府，把丈夫救出来，以圆他们白头偕老之梦。

侗族鼓楼

列美到阴间告到阎罗殿上，阎王爷传三人到堂审问，听了各自陈诉，觉得个个有理，二女争要一男人，个个有冤情，不知如何判公平。在质询中，得知列美“要金汉人一个”,娥娘“要金汉一颗心”后,阎王爷便对牛头鬼和马面鬼说:“快将金汉破肚开胸掏出心。”当牛头鬼推着木偶似的金汉交给列美,马面鬼把那颗血淋淋的人心交付娥娘时,二女望着各自的追求所得,突然放声大哭起来,阎王爷不解地道:“人啊,人! 得不到时,苦苦追求,得到了又哭,哈哈哈!”戏在阎王爷的笑声中结束,追求幸福的三个人最终都不能随心所愿得到完整意义的真爱。这种得不到时苦苦追求与得到后的大失所望形成强烈的反差,有着强烈的冲击和震撼,而开放式的结局又给人留下无限的想象和思考空间。

2009 年 8 月,余秋雨看了《金汉列美》侗戏故事文本之后,被其中感天动地的爱情故事深深震撼,惊叹道:“可惜侗族没有文字,要是有,早在海明威前一百年就获得诺贝尔奖了!”

《丁郎龙女》

侗戏《丁郎龙女》是根据侗族家喻户晓的民间故事改编的神话故事剧,说的是侗族穷后生丁郎砍柴回家,从牧童手中救了一条金丝鲤鱼,原来被救的金丝鲤鱼是东海龙王的女儿,她为报答丁郎救命之恩与丁郎结为夫妻。三年来男耕女织,生活幸福,这时丁郎的表妹素梅却挑唆丁郎与龙女的关系,说娶龙女三年还没有后代是违背古理的报应。古理规定:姑妈家的姑娘,本应嫁给舅家崽。丁郎在古理规定与表妹素梅逼婚的双重压力下逐渐变心,最终娶素梅做妾,自此龙女不断受欺挨打,艰辛创立的家业也被丁郎、素梅所霸占。后来龙王得信,派虾兵蟹将将龙女接回龙宫,素梅因抢龙女包袱被虾兵蟹将吓得掉进滚滚大江,丁郎吓得瘫倒在地,眼睁睁看着人去财散。

故事中表现龙女化作小金鱼的造型并不似汉族使用鱼鳞裙,而是用金鱼型的帽子,服装从背部看,有鱼尾、鱼鳍、鱼鳞……活脱脱像是一条小金鱼。服装的变化带来舞步的变化,演员模仿鱼儿在水中游动、摇尾、转身、摆头、划水,十分有趣。龙女化作侗家女纺纱的场面也是别具一格,侗家的纺车不是用手摇,而是用足踏,于是产生了手之舞之、足之蹈之的纺纱舞。这些动作源于生活,却又不是简单生活形态的照搬,而是经过提炼、加工,使之舞蹈化,相当精彩。

传统《丁郎龙女》的表演从最初的坐唱形式,发展到二人转或二人台,后来又发展到多人八步表演和男女同台表演,但主要的和基本的表演形式还是二人转或

《丁郎龙女》舞台剧

二人台，比较注重唱腔内容，不讲究表演中的手、眼、口、身、步五法，也不注重做、念、打、数功。传统《丁郎龙女》剧目剧本长、唱词多，一般得演三天时间，而演员大都是业余的，记不下词。为了解决这个矛盾，演员们通过一句过门、一句一换位和戏师在台中或台侧临场提词的办法进行弥补，这就是传统侗戏走8字的来历。《丁郎龙女》的表演服饰、道具基本都是本民族的日常用具，有的只是在日常用品的基础上加以美化而成。1984年，《丁郎龙女》作为试点进行侗戏改革。改革中吸收了现代话剧的特点，突出主要人物，压缩次要场次，根据剧情和舞台调度的需要，设计了舞台美术，此外，打破走横8字和二人转的老框框台位，而是根据剧情需要设计戏剧台步。

1985年10月，《丁郎龙女》获第一届全国少数民族题材创作“团结奖”，1986年再获全国“创作奖”。

苗族《古歌》（施秉县）

苗族古歌作为苗族文化的一个重要组成部分，是苗族人民叙述本民族神话、传说、古史的叙事诗，主要内容包括创世纪、洪水滔天、人类起源、远祖创业、原始部落战争、民族迁徙等。施秉县境内流传的苗族大歌是苗族古歌的精品，苗语称为《霞确》。“霞”苗语即歌，“确”即大之意，直译为“歌大”，意译为“大歌”，主要流传于该县境内的杨柳塘、双井、城关等乡镇的苗族村寨（俗称“高坡苗”），目前保存得比较完整的要数施秉县杨柳塘镇屯上苗寨。

施秉苗族古歌主要是苗族男青年在大年腊月投宿客寨时演唱，歌分为“十二路”，计31000多行，内容庞大，篇幅较长，以叙事为主，是当地苗族口传叙事诗歌中路数最多、流传最广、影响最深的叙事史诗。其内容可分为以下几大类。

（1）开天辟地的英雄群像。这路歌有《掘窝》《运金银》《铸造日月》。《掘窝》叙述了人类始祖蔓扁蔓榴（蝴蝶妈妈）诞生、成长、结婚和养儿育女的过程。《运金银》《铸造日月》是叙述神仙和阴阳，以及望波、勾雄、巴确、勾当等英雄好汉开天辟地、开采金银和冶金造日月的过程。

(2)战天斗地的英雄群像。这路歌有《洪水滔天》和《扁香尤》。《洪水滔天》讲述的是雷公与姜史(阿耶)兄弟分家，雷公分得天上所有的财产；姜史分得人世间，姜史不服，便以借牛犁田为名，杀了雷公的牛戏弄雷公，雷公发大水来惩治人间的过程。雷公虽然神力无比，姜史却聪明过人，最后终于把雷公治服了。《扁香尤》讲述一位敢于触犯天条、大闹天庭的叛逆英雄，歌名就是英雄人物扁香尤的名字，他偷吃天上神果，长生不老，违犯天条，被迫到处追赶逃到天庭后，仍不“改邪归正”，竟与天王的小姐游方，最后被捉惨死于天乡。

(3)拟人化的英雄鬼神群像。这路歌有《扁瑟缟》《五好汉》《十二宝》。《扁瑟缟》是蔓扁蔓榴生下的十二个蛋中的第三个蛋变成的人，她是受苦人的代表，生长环境十分恶劣，疾病缠身，遭人遗弃，被人们列入穷恶的鬼神之列。《五好汉》是12个蛋中的第五、第六两个蛋生的鬼神，他们勇敢善战，驱魔捉鬼，被人们列为保家神。《十二宝》叙述了除《扁瑟缟》《五好汉》《洪水滔天》中的人、神、雷、蛇、虎、蜈蚣等之外其他众多的鬼神，他们都有名有姓(多以女性为主)，常常捉弄人类、挑拨是非，引起战祸，无恶不作，弄得人们倾家荡产，死于非命。在排歌中都明确地讲明，这几路歌不是师傅理老绝不可乱唱。

(4)反映婚姻自由的英雄群像。《仰阿莎》是苗族十二路大歌中的一部婚姻史诗，是一部古代爱情叙事长诗，在民间素有“最美丽之歌”之称。《仰阿莎》主要叙述了仰阿莎的出生—选对象—嫁太阳—改嫁月亮的过程，反映不幸福的婚姻给人类带来的桎梏和灾难，歌颂争取婚姻自由和幸福生活的美好愿望。

(5)反映除恶去暴的英雄群像。这路歌主要有《香筒马》《斩龙》。《香筒马》叙述了香筒马的外公为了夺王位，将香筒马的义父杀掉，而后又将香筒马的母亲投入死牢，以除后患。《斩龙》叙述了一位敢于下深潭杀恶龙，为民除害的英雄人物金推磊(或称为“久哈”)。这路歌经过历代苗族群众的传唱，不断修改、补充、完善，形成了具有苗族独特风格的一路诗歌。

苗族古歌唱诵

(6)反映聪明伶俐、才智过人的英雄群像。这路歌有

《嘎尼拉》等。《嘎尼拉》记叙了知识渊博、能歌善唱的一位歌师和一位理祖(老祖)的故事,反映了苗族人民的聪明才智。

施秉苗族古歌的音阶产生于五度相生律制,是我国民族五声音阶体系中的一个支系,富有独特的苗族色彩,以四度或五度居多,徽调式为主,并用苗语演唱,尤其是苗族男青年演唱。其表演形式以对唱为主,二人为一组,一人主唱一人伴唱,曲调统一,和谐、深沉、苍劲,歌声高亢悠扬,豪迈奔放,具有强烈的感染力。

20 世纪 50 年代,施秉县苗学专家杨通胜开始搜集部分苗族古歌,20 世纪 80 年代,施秉、黄平、镇远三县民委对流传在三县民间的苗族古歌进行了挖掘、整理、归类。此后,很多学者都根据苗族古歌所提供的原始资料,从不同角度对苗族史诗的发展历程、哲学思想、婚姻制度、宗教观念、审美意识和文学艺术作品的构成、历史背景、传承情况、文化内涵、社会功能等方面作了进一步的研究。

苗族古歌以口传心授为主要传承方式,1948 年出生的施秉县杨柳塘镇屯上村的吴通胜老人是知名的苗族古歌代表性传承人。

卷二 传统音乐

世界级非物质文化遗产

侗族大歌

侗族大歌是侗族人民在长期的历史发展过程中创造的非物质文化，是侗族民间世世代代以口传心授的方式流传下来的，具有独特完整的多声部复调音乐体系，无伴奏、无指挥，属于自然和声的原生性的民间合唱音乐，是南部方言区黎平、从江、榕江一带最具代表性、流传最广的民间歌种，被誉为“清泉闪亮的音乐”“天籁之音”“掠过古梦边缘的旋律”。

千人侗族大歌

侗族大歌起源于我国春秋战国时期，距今已有2500多年的历史，历史上侗族没有自己的文字，许多优秀的文化传统、生活习俗、社交礼仪等都是靠优美的歌声一代代往下传。“汉人有字传书本，侗族无字传歌声，祖辈传唱到父辈，父辈传唱到儿孙”，是侗族人民生活的真实写照。侗族大歌早在宋代就已经发展到比较成熟的阶段，宋代著名诗人陆游在其《老学庵笔记》中记载了仡伶（侗人自称）集体做客唱歌的情况：至一二百人为曹，手相握而歌。至明代，邝露在其所著《赤雅》一书中更加明确地记载了“侗人善音乐，弹胡琴，吹六管，长歌闭目，顿首摇足”的情景，于此可见，侗族大歌在明代就已在侗族部分地区传播、流行。现主要流传区域为南侗地区黎平县大部及从江、榕江、都柳江以北的部分地区，流传区域约 1000 平方千米。

大歌，侗族叫“嘎老”或“嘎玛”。“嘎”是“歌”，“老”和“玛”是“大”的意思，“嘎老”“嘎玛”即“大歌”，音乐工作者将侗族民间这种多声部民歌“嘎老”称为“侗族大歌”。侗族大歌种类很多，通常可分为鼓楼大歌、声音大歌、礼俗大歌、戏曲大歌、叙事大歌、儿童大歌等。侗族大歌的演唱一般由高音和低音两部分组成，也有高、中、低三个声部的，第一声部叫“唆胖”，即高音，由歌队中声音质量好的歌手领唱；第二个声部叫“唆吞姆”，即低中音，由众人齐唱，形成多声部。

民间传说，很久以前，有一群侗族后生和姑娘在山上耕作，休息时大家坐在树下有说有笑，他们的笑声逗乐了山上的鸟虫，顿时百鸟齐鸣，百虫齐唱，声音此起彼伏。后生们被这优美的声音吸引，侧目静听，然后自觉或不自觉地模仿各种虫鸟的声音学唱，有的唱高音，有的唱低音，越学越有味，就这样年复一年，日复一日，“嘎吉约”“嘎能勒”“嘎念”“嘎国朵”“嘎杜谷能勒”等模仿蝉鸣鸟叫的歌声就产生了。侗族大歌之所以被称为“人与自然的和声”，正是因为其演唱起来如行云流水、百鸟争鸣，把人带到一个依山傍水、百花盛开、鸟语花香的意境，这正是侗家人生态环境的真实写照。

寨门前的迎宾大歌

侗族大歌演唱内容包括劝教戒世、歌功颂德、叙古论今、人世起源、祖宗迁徙、创家立业、祭祀崇拜、婚姻爱情、生产劳作、赞美自然等，内容广泛，曲调优美，歌词押韵，多用比兴手法，意蕴深刻。

大歌的结构一般由“果（组）”“枚（首）”“僧（段）”“角（句）”来构成，即由若干句构成一段，若干段组成一首。每首歌开始有一个独立性段落，称为序歌，中间部分由若干句组成，最后有一个尾声部分，形成首尾呼应的结构。侗族大歌按其风格、旋律、内容、演唱方式及民间习惯可分为六类。

（1）鼓楼大歌——侗语称“嘎得楼”。用于迎接宾客时在鼓楼里演唱的大歌，由主客男女双方歌队对歌，内容以情歌、叙事歌为主。

(2)声音大歌——侗语称“嘎唆”“嘎套唆”。具有很强的艺术性,注重表现曲调、声音的优美,加入了许多衬词,旋律多模仿自然界的音响,如流水、鸟鸣、蝉声等。

(3)叙事大歌——侗语称“嘎君”“嘎啥”。一般是歌队出寨走客,应主人邀请而演唱,多以神话故事、历史传说作为歌词。

(4)礼俗大歌——侗语称“嘎耶”。每年正月初二祭祖母堂时,手拉手或手搭肩踩堂唱的歌,节奏明快。

(5)童声大歌——侗语称“嘎腊温”。由儿童演唱,内容多为儿童的游戏及知识传授,歌词短小,节奏明朗,曲调欢快,朗朗上口。

(6)戏曲大歌——侗语称“嘎瓦”,即群众歌。一般在侗戏开场前或收场,以齐唱为主,最后一句拖腔时才合唱,气氛热烈。

儿童鼓楼大歌

此外,侗族大歌也可按性别和年龄分为男声大歌、女声大歌、童声大歌等种类。随着时代的变迁,侗家歌师们为丰富大歌的内容和种类,满足人们文化生活的需求,又创作出许多歌唱新生活、赞美新时代的混声大歌。

在过去漫长的封建社会直至中华人民共和国成立初期,侗族社会一直处于封闭式的自给自足的小农经济状态,交通闭塞,商品经济观念极其淡薄,学校很少,读书的人不多,教育十分落后,大歌以口传心授的方式在民间流传,世代相承。那时候,人们以“会唱歌”“会歌多”为荣,谁掌握的歌越多,谁的知识就越丰富,歌师、歌手受到人们的尊敬,当时侗族人民认为读不读书没有关系,但不学歌就不行,因而有“用歌替书”之说。

20世纪50年代后，侗族大歌被音乐家肖家驹、郭可诹等发现，他们组织音乐工作者深入黎平县侗族山区收集发掘、记录整理，侗族大歌从此由大山深处走向世界。20世纪50年代初，黎平岩洞侗族歌手吴培信代表侗族出访苏联，第一次将侗族大歌带出国门；1955年黎平岩洞吴全妹等侗族歌手组织民间合唱团到北京为国家领导人和音乐界人士演唱侗族大歌，轰动音乐界，受到周恩来总理的接见；1986年10月，以黎平为主的侗家姑娘一行9人参加法国巴黎金秋艺术节，在夏乐宫演出，轰动了巴黎，被称赞为“清泉般闪光的音乐”；1994年和2001年春节联欢晚会上，黎平县侗族大歌队演唱的《蝉之歌》《布谷催春》等侗族民间歌曲，更使藏于深山中的民间艺术奇葩名扬海内外。2002年黎平侗族大歌艺术团参加北京音乐厅举办的“高原如歌——中国边远少数民族音乐寻根之旅”的第二套节目，进行90分钟的专场演出；2002年第二届“黎平·中国侗族鼓楼文化艺术节”开幕式上，2000多人同唱侗族大歌的场面成为千古绝唱，节日期间举办了“中国音乐家学会第九届年会暨侗族大歌国际学术讨论会”。2003年，侗族大歌被文化部列入中国首批非物质文化遗产。2009年9月28日，联合国教科文组织保护非物质文化遗产政府间委员会第四次会议在阿拉伯联合酋长国首都阿布扎比开幕，侗族大歌以“一个民族的声音，一种人类的文化”的理由，成功入选《人类非物质文化遗产代表作名录》。

课外大歌　（杨秋平　摄）

历史上，侗族大歌的传承主要为家族传承，传承载体为大歌“歌队”，传承的核心为歌师、歌头，歌师、歌头、歌队三者的存在状况及水平高低直接决定了侗族大歌的存在状况与水平高低。歌队，是指侗寨中存在的大大小小的演唱小组，每个歌队少则几人多则上百人不等，按年龄组合成儿童歌队、男声歌队、女声歌队、老年歌队等，歌队成员白日干农活，夜晚或闲暇之际聚习唱歌。歌头是歌队的带头人，是侗族大歌高音声部的完成者，唱技高超，反应敏捷，能够带领歌队走寨对歌。歌师是侗族大歌的灵魂，平时的任务是负责全寨歌班的训练工作。侗族孩子四五岁时入歌班学唱大歌，除了生产劳动，大部分时间都在歌师的教育下成长，正是侗族自古

鼓楼大歌 （王霓　摄）

及今小孩学歌、青年唱歌、老年教歌的传统，使得侗族在千百年的历史长河中，保存了侗族大歌这一独特的文化形式。

作为多声部民间歌曲，侗族大歌在其多声思维、多声形态、合唱技艺、文化内涵等方面都属举世罕见。作为一种在特殊地域和特殊人群中使用的民间歌种，大歌与地方文化和谐共生，表现出强烈的“族性、地方性和功能性”特征。

与世界上众多“民间口传音乐传统”相比较，大歌在技巧应用和技术才能上具有特殊性和杰出性，主要表现为：①“音乐艺术”上，“多声部技术”的灵活运用，大歌音乐的重要特征是在没有指挥的情况下两个声部协作演唱，注重对“自然声音”的模仿和提炼。这种歌唱多以自然界鸟叫、蝉鸣、林涛流水之声为模拟对象，在长期的实践中形成一套特有的语词与声音表现方式。低声部的持续音像流水一样持续不断，高声部就像溪岸边的蝉鸣此起彼伏；大歌整体“九度音域”的文化意义显现为侗族的“全民歌唱”和经常歌唱。②“口传文学”上，传统大歌均由南部侗族第二土语区方言演唱，歌词的使用与当地语言紧密相关。大歌歌词长短不一，短者十余行，长者数百行，其结构模式为“偶数行单数字句，句子长短不齐，篇幅可大可小”，由此形成自然而严格的韵律，即“脚韵”“腰韵”相押的“二十四大韵”韵律规则。语言是大歌的根基，大歌传统也因语言的依赖和提炼而成为侗族语言乃至文化最有效的传承和保护途径。③“口头传承”上，大歌在较为封闭的文化环境中体现了口头传承中的“身教”与“互动”智慧。“言传”与“身教”相结合，“习得”与节庆“展演”相默契的、具体的、动态的、竞争的传承情景，强化了歌徒们对大歌的理解和记忆，展演中的语言、唱腔、身体、心情幻化为个人心中难以磨灭的种种场景，使对歌的生硬记忆被精彩的生命体验所替代，大歌也随之与歌者在心灵真正合而为一。可以说，侗族大歌社区是一个面对面的口头文化社区，其间歌的传播和交流构成了基本的社会互动，每个人都作为歌者与听者投入歌唱、文化和生命的习得、传承及再生产之中，而大歌的“口头传统”为音乐及歌词个人化、地方化的变异提供了更加广阔的心理空间，成为联系不同辈分族人间的重要纽带。

2009 年 9 月 28 日，由贵州省文化厅、黎平县政府承担申报工作的贵州侗族大歌,在联合国教科文组织保护非物质文化遗产政府间委员会在阿拉伯联合酋长国首都阿布扎比召开的第四次会议上,以"一个民族的声音,一种人类的文化"被列入《人类非物质文化遗产代表作名录》,这是贵州首个进入世界非物质文化遗产名录的项目。

自然生态需要保护,人文生态也需要保护。2012 年 6 月,黎平县侗族大歌国家级传承人吴品仙获中华非物质文化遗产传承人"薪传奖"殊荣。68 岁的吴品仙是贵州省永从三龙村人,6 岁开始学歌,13 岁考进县文工团,1959 年被选入中央民族歌舞团当演员,后回乡从事文艺工作。近半个世纪以来,整理出 1700 多首侗族大歌,并熟练掌握其中 800 余首的吴品仙,风雨无阻地往返于周边侗寨的歌堂,无偿为男女老少教唱侗歌,培养弟子 2000 多人;还到黔桂湘侗族聚居区和 20 多个国家和地区演出,为侗族大歌的传承做出了重大贡献。目前,在侗族大歌的主要流行地区黎平岩洞、从江小黄等地已建立侗族大歌保护试点基地,侗族大歌的传承、保护工作得到社会的广泛关注与重视。

国家级非物质文化遗产

侗族琵琶歌

侗族琵琶歌流行于黔东南榕江、黎平、从江一带,是以侗语南部方言演唱,用琵琶伴奏的单旋律、单声部,独唱或对唱的一种音乐形式。贵州省榕江县的侗族琵琶歌因其流布较广、演唱形式多样,成为侗族琵琶歌的主要代表。

侗族先民是一个善于歌唱的民族,历史上侗族没有文字,却能以"歌以传志"的方式传承侗族的历史和文化,以此丰富生活,激励、教育后代。在侗族琵琶歌的早期发展阶段,明弘治《贵州图经新志·黎平府·风俗》记载:"侗人暇则吹芦笙、木叶,弹琵琶、二弦琴……以为乐。"这一阶段侗族琵琶歌只有男女青年行歌坐夜唱的抒情琵琶歌,如三宝琵琶歌、六洞琵琶歌等。到了清代雍正年间,侗语南部方言地区改土归流已经基本完成,社会相对稳定,历史上有名的侗族歌师开始出现,少数接受了汉文化教育的歌师开始借用汉字来创作和记录侗歌,民间的歌唱活动十分活跃。清李宗昉《黔记》记载:"车寨苗,在古州,男弦女歌最清美。"这里的"男弦

侗族琵琶歌弹唱(一)

女歌”就是指车寨侗家人演唱的三宝琵琶歌。这一阶段抒情琵琶歌走向了成熟,叙事琵琶歌开始兴盛,一些有经验的中老年歌手用琵琶、果吉(牛腿琴)来伴奏叙事歌,受到人们的欢迎,先后涌现了一批有影响的民间艺人。据传,光绪年间四十八寨地区高孖村有个名叫固岚(学名杨枝曜)的侗族文人歌师,首创了男女歌手进歌堂对歌的演唱形式,继承和发展了四十八寨琵琶歌,推动了侗族琵琶歌的发展。

侗族琵琶歌分为抒情琵琶歌和叙事琵琶歌两大类,全国文艺集成志书多把抒情琵琶歌列入民间歌曲范畴,把叙事琵琶歌列入曲艺范畴(称琵琶弹唱)。各地琵琶歌使用的琵琶型号、定弦不同,土语、演目场所和运用嗓音也有差异,因此形成了许多不同的风格。三宝琵琶歌(又称“车江琵琶歌”)是抒情琵琶歌的一种,用中型四弦琵琶伴奏,外加果吉(牛腿琴)协奏,由男子操琴男奏男唱或男奏女唱,男声用本嗓,女声用小嗓,在行歌坐夜的场合演唱,主要流行在以榕江县三宝为中心的地区。晚寨琵琶歌(又名“四十八寨琵琶歌”)既是抒情琵琶歌的一种,也是琵琶弹唱的一种,男声用三弦或五弦大型或中型琵琶伴奏,女声用三弦或五弦中型或小型琵琶伴奏,均为自弹自唱。在整个侗族地区只有 48 寨地区才有女声弹琵琶唱歌,平常多为单个艺人或歌手自弹自唱,场地多在村民家中的堂屋或长廊,以唱叙事歌或说理歌为主。若男女歌手应邀到歌堂对歌,则在晒坪或广场临时设的歌堂转圈走唱,男女声均用本嗓,主要流行在榕江东北、黎平西北两县毗连的 48 寨地区和榕江县西北的 72 寨地区,以榕江晚寨和黎平尚重盖宝最具代表性。洪州琵琶流行于榕江县洪州镇的平架和仰冲及附近村寨,是唯一用高音假唱的琵琶歌,以曲调的优美悦耳、音域的宽广敞亮、旋律的悠扬婉转、情感的激越忧伤、别具一格的演唱风格在音乐界被誉为侗歌中的美声唱法。演唱

侗族琵琶歌弹唱(二)

时，伴奏少则二人，多者十余人，大多为合唱，人数最多可达数十乃至上百人。

侗族琵琶歌在侗族民间歌曲中有相对规范的结构，唱腔由“歌头”“歌身”“歌尾”组成，其调式、旋律、节奏、速度都有其鲜明的个性，传承大多是在民间口传心授，没有固定的唱本，演唱时表演者可以自由取舍，唱腔比较固定，说白则可以即兴发挥。

琵琶歌表演

侗族琵琶歌是侗族音乐中的一项艺术精品，它将声乐与器乐密切结合，弹唱自如、潇洒自由，生活气息浓烈，其歌唱内容几乎涵盖了侗族历史、神话、传说、故事、古规古理、生产经验、婚恋情爱、风尚习俗、社会交往等各个方面，世代传承，歌脉悠远。侗族琵琶歌是侗族音乐文化的瑰宝，也是整个中华民族音乐文化的瑰宝。2004 年春天，在中央电视台举办的西部民歌大赛上，三宝侗族琵琶歌一举夺得银奖。近年来，侗族琵琶歌名声远播，唱到了北京亚运村，唱到了法国巴黎……琵琶歌唱词体现了侗族诗歌的最高水平，对研究侗族社会人类学、民族学、民俗学等具有重要价值。

随着现代化进程的加快，侗族琵琶歌正面临着外来文化和市场经济的全面冲击，侗歌赖以生存的经济基础和文化土壤正遭遇前所未有的变化，许多著名的侗歌歌手、歌师均已年过古稀，大多数侗族青年外出打工或在校读书，参加侗歌演唱活动的青年人已越来越少，侗歌正面临着后继无人、濒临失传的危险境地。

苗族飞歌

苗族飞歌，苗语称为“Hxak Yeet”，是苗族歌曲的一种，流行于黔东南雷山、剑河、台江、凯里等县市。飞歌的音调高亢嘹亮，豪迈、奔放、明快，唱时声振山谷，有强烈的感染力，多用在喜庆、迎送等大众场合见物即兴现编现唱，歌词内容以颂扬、感谢、鼓动、赞美等为主，有“以礼赞著称的飞歌”之称，过苗年、划龙舟等节日及喜庆活动多要演唱。

苗族飞歌是黔东南苗歌中瑰丽的钻石、歌曲艺术的珍品，音调高亢嘹亮、豪迈奔放、曲调明快，有强烈的感染力，唱起来声振山谷、山鸣谷应，几里外都能听到。飞歌曲调有20余种，调式不一，各有特点，但其共性也很突出。格调上，基本是高亢激昂的，其曲调结构多为上下二段体，上段即歌头，往往由两个乐句组成，节奏自由、舒缓而宽广；下段收尾，节奏鲜明、活泼带有跳跃感，作为陈述歌词的主要部分，歌尾在结束前，常以渐慢速度作拖腔，与上段的自由节奏相呼应，形成完整的曲调。

飞歌曲调在黔东南一带最著名的有挂丁、凯棠、湾水三种。挂丁飞歌流行于巴拉河流域，属徵调式民歌，刚健，爽朗、热情、奔放；凯棠飞歌主要流行于凯棠、翁项、地午一带，属羽调式民歌，用大体相同的一个旋律，两个声部一先一后出现，模仿式二部重唱、合唱，高音区放在任意延长位置，高昂明亮、开朗激扬；湾水飞歌流行于清水江以北的湾水、万潮、炉山一带，属四音阶宫调式民歌，旋律进行连续四度、五度大跳，音型贯穿全曲，乐曲终止音低。

飞歌对唱　（杨建国　摄）

飞歌的歌词每首一般在30句左右，一首歌中常有三字句、五字句、七字句、八字句等，但多数是五字句，曲调有大致固定的谱子，拍节的长短与快慢有大致固定的格式，有时可以在原有的基础上进行发挥。在一首歌曲中开头较慢，第一句先快后慢拖音渐高而长，第二句先快后慢但拖音渐低而长，从第三句或第四句开始用中速唱下去逐渐加快，唱到主要部分时用快速连唱，高潮唱完之后，用渐慢渐拖音唱一小部分，即接近尾声了。唱到最后一二句时，拖音渐低而长，飞歌开头一二句、中间接近高潮前气息句和收尾的一二句一般有拖音，歌唱者可以尽情拖唱音的长短，由歌唱人一口气的长短而定。从总体上看，飞歌具有如下特点。

（1）曲调多样。飞歌曲调有20余种，调式不一，各有特点。格调上，基本是高亢激昂的，其曲调结构多为上下二段体。上段即歌头，往往由两个乐句组成，节奏自由，舒缓而宽广；下段收尾，节奏鲜明、活泼有跳跃感，作为陈述歌词的主要部分，歌尾在结束前，常以渐慢速度作拖腔，与上段的自由节奏相呼应，形成完整的曲调。整个飞歌实际上只用了“135”三个音，“6”音的出现只作为过渡性的辅助音而非骨干音，“135”横向展衍的旋律完全是中国式的五声性曲调，属中国少数民族五声调式音乐范畴，有其独特个性，这与它运用的旋律有关，也同苗族的语言声韵和演唱风格有关。

苗族飞歌表演 （杨玄青 摄）

（2）综合调式的运用。综合调式的运用使得短短的飞歌调式并不单一。“135”诸音构成的曲调主音一般是“1”，稳定感很强，苗族飞歌里采取下滑音的手法把“1”音给淡化了，削弱其终止感和稳定性，进而通过运用“降3”变化音作较长时值的下滑至“5”，作为段末落音和全曲的结束音，形成了中国五声调式音乐中所见的综合调式，是宫—徵调式的综合运用。

（3）调式的色彩变换。飞歌里最引人瞩目、最使人感觉新鲜奇特而留下深刻印象的是“3”和“降3”两音的交替出现，尤其是“降3~降5”的长音拖腔下滑的奇妙音调，给人以既古朴又现代的美感，其独特个性无与伦比，让人听后不禁叫绝，赞赏不已。“3”和“降3”的先后出现形成和声与调性色彩的交替变换，是大、小两种调性的综合运用，本身就蕴藏着丰富的和声因素。飞歌里“3”和“降3”运用的形态与法则是：当曲调的走向是上行时用“3”，这是大调性的，色彩很明朗；第二乐句的结尾出现“降3”，这里的调性色彩变得相对柔和而模糊，使其调式调性色彩变换自然而丰富。

（4）下滑音的运用。下滑音主要出现在句末的“1”和句中行腔的“降3”两个音上，所有出现在句末或句逗的“1”都是下滑的，高音区的“1”下滑幅度大些，时值长些；中声区的“1”下滑幅度小些，时值短些。这与苗语的自然声调音韵紧密相关，冲淡了“1”的稳定性和终止感，使之具有动力和特殊韵味。

（5）相邻律移律替代的运用。苗族飞歌旋律中最具特色的是歌调句尾的色彩音作相邻律之逐律移律替代，以色彩音“3”为轴，逐律上行移至调头音呈上句之尾，以色彩音“3”为轴，逐律下行移至功能音呈下句之尾，真实地再现苗族人民居住地的山地环境。苗族飞歌中的相邻律移律替代，为中国音乐体系之基本理论增添和产生了风格特征的新内涵，突出了民族的生命精神。

在黔东南苗族飞歌中，以剑河革东镇所在地的飞歌最为优美。革东飞歌高音部分全部使用真嗓发音，音调高亢嘹亮、豪迈奔放、曲调明快、穿透力强，有很强的感染力，唱起来声振山谷、山鸣谷应，几里外都能听到。演唱的场合可在户内或户外，演唱的内容决定于活动内容，田间劳作、结婚、嫁女、生子、起房造屋、谈情说爱、过年过节、走亲访友等方面的飞歌，革东苗族人民都能演唱。2010年，“革东苗族飞歌组合”代表贵州省军区参加成都军区省军区系统业余歌手比赛荣获二等奖，2008年革东镇被国家文化部命名为“中国民间文化艺术（苗族飞歌）之乡”。

侗族芦笙

侗族芦笙是侗族民间的一种吹奏乐器，用竹、木、铜片自制而成，侗族俗称为“更”或“伦”，是侗族人民生活的一部分。侗族把芦笙和芦笙音乐视为“喜”和“乐”的象征，在不同的场合以各种形式表演不同的芦笙曲目来表达他们的民族情感，深受侗族同胞喜爱。

侗族芦笙的形制与苗族芦笙相同，多为六管，以竹子为笙管，外侧开按音孔，内装铜制簧片插入木制笙斗内。侗族芦笙通常使用竹管细、竹节长的芦笙竹做笙管，一般有六管，也有多达十管或十二管的。六管芦笙只有五管或三管装笙簧，其余为无簧的装饰管，管外装三个竹筒或以薄竹壳制成三角形共鸣器，以扩大音量，再以松木做笙斗外缠竹篾圈加固，外接细竹管为吹口，用经过"火炙"的响铜做簧片。

芦笙节

侗族芦笙规格较多、大小各异，一般分为六种不同规格，分别在6个不同的八度上。侗族称最高音芦笙为"洁列"，笙管最高35~40厘米，最矮20厘米，六管六音；高音芦笙，侗族称"琉六"，笙管最高者65~70厘米，六管六音；中音芦笙，侗语称"根耶"，笙管最高者105~110厘米，四管四音；次中音芦笙，侗语称"林娄"，笙管最高者160~170厘米，四管三音；低音芦笙，侗族称"琉伴"，笙管最高者450~500厘米，四管三音；倍低音芦笙，侗语称"林秀"，笙管最高者700~900厘米，四管三音。其中，高音芦笙和最高音芦笙既可用于独奏还可用于齐奏，擅长演奏欢快活泼、婉转抒情的旋律。中音芦笙直至倍低音芦笙，只用于芦笙乐队合奏、伴奏，不单独使用。高音芦笙的音色清脆明亮，中音芦笙的音色圆润柔和，低音芦笙的音色浑厚深沉。

相传侗族芦笙曲牌共有12首，按农历12个月来定，侗语即：美伦一、美伦二、美伦三、美伦四、美伦五、美伦六、美伦七、美伦八、美伦九、美伦十、美伦十一和美伦十二，目前遗留下来的仅有9首。芦笙曲牌在不同时期的发展过程中，经各地芦笙师傅的不断创新、改进，曲目达到90首，芦笙音乐、形式、演奏技巧等得到很大发展，内容也十分丰富。现在，常用的芦笙曲牌主要有《集合曲》《进堂曲》《踩堂曲》

《扫堂曲》《同去曲》《上路曲》《比赛曲》《走曲》《圆圈曲》等。

芦笙记谱及符号是侗族人民用以记录芦笙音乐的文字符号，但因侗族没有文字且各地方言的差异，在记录芦笙曲谱时各有差别。芦笙记谱有三种，即汉文译音记谱、现代简谱记谱和侗文记谱。

芦笙舞表演画

侗族芦笙演奏与苗族芦笙的方法、技巧相同，但演奏者常做左右大幅度摇摆，独舞和对奏时时而旋转，时而蹲跳，在音响效果上富有特色的是碎音颤奏。在侗族地区还流行着八音芦笙，常用于侗笛、月琴等乐器组成的小型侗族乐队，多在春节或婚礼喜庆等场合演奏。

侗族的芦笙乐队大小不同，有高、中、低音芦笙各 1 支，加 3 支芒筒的乐队，民间称其为半套；有高、中、低音芦笙各 2 支，加 26 支芒筒的乐队，民间称其为整套。大型的芦笙乐队是由最高音到倍低音六种不同规格的同调芦笙组成，加入若干芒筒组成，人数达一二百人。为使音量平衡，常用 1 支最高音芦笙作为领奏和指挥乐器，其他芦笙数量为：高音芦笙 2 支、中音芦笙 3 支、次中音芦笙 10 支、低音芦笙 2 支、倍低音芦笙 1 支、芒筒 1 支，也有的侗寨为得到宽厚的低音，使用三四支甚至十余支芒筒，侗族人民多按这个比例组成各种规模的芦笙乐队。芦笙队多在本寨鼓楼前的坪地上表演，每年正月和秋收后串寨做客比赛，芦笙队路过邻寨要吹《过路曲》，到了目的地就吹《应邀曲》，主队吹起《迎客曲》，带领客人来到鼓楼旁宽敞的公坪上，主客队热烈地比赛起来，侗乡霎时成为欢乐的海洋。侗族这种古老的风俗，被嘹亮的芦笙音乐赋予了青春的活力。夜幕降临以后，燃起熊熊篝火，笙歌对答此落彼起。按程序，主客队要合奏三曲，表示团结友好，然后各吹三遍《比赛曲》，声音洪亮者得胜，临行前吹起《告辞曲》，称赞主

芦笙舞

人热情好客,主人送别时则吹《送客曲》依依惜别。

芦笙舞姿提炼于动物活动与人们的生产劳动,花式很多,如围圈、换背、赶老虎、鱼上滩、鸡打架、踩八卦等。吹奏芦笙的地区,每个寨子都有芦笙队,大的寨子有几支芦笙队,一般以鼓楼为单位组成,芦笙队的规模大小不一,少则十几人,多则百余人。对侗族来说,吹奏芦笙不仅是娱乐,还是各种隆重场合中的礼仪性乐舞。凡祭祖祭神、踩桥盛典、迎接贵宾、外出为客都要以芦笙为前导,在特别隆重的场合,周围几个村寨的芦笙队集合在一起,数百架甚至上千架芦笙聚于一堂,其声势之浩大、场面之壮观、声音之响亮,令人惊叹。

苗族芒筒芦笙

芒筒又称芦笙筒、地筒、莽筒,芒筒和芦笙是丹寨苗族的传统乐器。从芒筒、芦笙的普及程度、制作工艺、独特演奏方式及其宏大场面看,丹寨堪称"中国芒筒芦笙之乡"。

芒筒有着悠久的历史。传说在宋代(公元970年前后),丹寨苗族祖先"嘎由"利用当地楠竹和水竹,制成了一种重低音共鸣乐器,用来与芦笙一同演奏,取名为"莽筒",即是后来的"芒筒"。之后,其他地区的芦笙爱好者闻名而来,学习制作和吹奏"芒筒",使芒筒芦笙合奏的表演形式广为流传。如今,在丹寨县排牙村仍然保留着两支巨大的"芒筒",通体长450厘米,直径25厘米,重达40千克,堪称世界之最,被称为"世界第一芒筒"。在排牙还流传着这样一个传说,这里苗族的祖先是吹着芦笙、芒筒,举着火把,从遥远的东方迁徙而来的。可见,芒筒芦笙在丹寨有着悠久的历史,它们被称为来自遥远古代的"神奇远古之音"。

芒筒制作

丹寨苗族芒筒芦笙的制作以排调镇的麻鸟、羊先村寨技艺最古老、产量最多,并且维修芒筒芦笙技巧高明;龙泉镇排牙村则擅长制作多管芦笙,其产品远销海外各地，省内诸多芒筒芦笙都出自该处。

芒筒高奏

芒筒的制作极其讲究。砍竹制作芒筒，首先要“择日子”焚香祭祀竹林，并由寨中年长的老者开砍第一刀。芒筒制作完毕，要举行“开音”仪式，二人将巨芒扛到寨坝中间系上红绸，祭师朝太阳出来的地方祝词，以米酒喷洒芒筒，寨中资格最老的吹奏手吹9次长鸣，才算为芒筒开了音。芒筒管身为竹制，由簧管和共鸣筒两部分组成。簧管多采用一根细竹管制作，共鸣筒用粗大毛竹筒制作。簧管上端管口作吹口，打通中间竹节，下端留节封闭，节上开一长方孔、镶一枚铜制簧片而成，无按音孔可发一个单音。芦笙管也可用为簧管，共鸣筒上端管口削成45度斜坡形，中间竹节打通，底端留节封闭，也有在底端节上一侧开半圆或三角形通孔的，将簧管置入共鸣筒底部，嘴吹簧管上端吹口，气流振动簧片发音，并通过共鸣筒扩大音量，从而发出雄浑、深厚的音响。芒筒的规格以共鸣筒为据，大小不一。小者通高30~70厘米，大者通高100~150厘米，外径10~20厘米，内径8~18厘米，最大的芒筒，共鸣筒可用树干挖空制成，通高200厘米左右。芒筒依共鸣筒的大小、高矮，其音高可分为高音、中音、次中音、低音和倍低音等几种，在同调的乐队里依次构成若干个八度，其调高均与参加合奏的芦笙相同。

芒筒舞

演奏芒筒芦笙时，根据芒筒的大小不同，奏法各异。低音芒筒要站立演奏，将共鸣筒斜置于地上，奏者左手扶持筒身，右手执簧管于筒中吹奏；演奏中、高音芒筒时，奏者左手提共鸣筒，右手持簧管吹奏，可边奏边舞。芒筒发音浑厚、粗壮，弱奏音色圆润、柔和。倍低音芒筒吹奏时，声如排山倒海，滚滚而来，其音数里之外可闻。芒筒作为低音乐器用于芦笙乐队合奏，常依大小组合在一起，称为芒筒队。大型芒筒队由18~24支芒筒组成，分为倍低音、低音、次中音、中音和高音芒筒5组，每组芒筒有3~5支。芒筒队与大小芦笙组成的芦笙队共同组合成芦笙乐队，芒筒发出的持续长音，使整个乐队的音响丰满而深沉，具有鲜明的民族特色。芒筒常用于芦笙乐队合奏或为芦笙舞伴奏。苗族民间每逢年节、婚丧喜庆、盖新房或农闲时也常吹奏芒筒，低音、倍低音芒筒多由男子吹奏，高音、中音芒筒男女均可吹奏。

笙筒吹奏

排牙是丹寨苗族芒筒芦笙舞的发源地和发展地，排牙的人们吹奏粗犷而优雅的芒筒芦笙曲，跳着欢快的多种舞蹈，演唱苗族各式各类歌曲蜚声国内外。芒筒芦笙队曾参加1994年中央电视台春节联欢晚会，先后外出到11个国家和地区演出，深受国内外宾朋的喜爱和赞扬。

在漫长的历史长河中，丹寨孕育了一代又一代苗族芒筒芦笙民间艺人。目前有夺得全国芦笙大赛金奖的杨正能，有号称"芦笙王"的著名演奏家杨正平，有省内知名芦笙手杨氏兄弟杨兆征、杨长沙等，他们曾代表中国民间音乐，到北美、西欧、东南亚及日本等国家和地区进行了多次文化交流，把苗家悠扬激越的芒筒芦笙吹响在异国金碧辉煌的舞台上。

苗族多声部民歌

苗族多声部情歌主要流传于贵州省黔东南苗族侗族自治州剑河县久仰乡地区。久仰乡是苗族多声部情歌的流传地之一，"久仰"系苗语谐音，意为居住在盛长水草之地。久仰乡山峦起伏，沟壑纵横，全乡大部分村寨未修通公路，是苗族聚居地。

剑河苗族多声部情歌属和声式二声部合唱，在苗族地区的每一个村寨，一般都有一个较为固定的青年男女谈情说爱的场所，当地人叫"游方场"。久仰苗族情歌

苗族多声部民歌(一)

演唱的场所一般是游方场,当夜幕降临,寨子里的青年男女便会邀约来到游方场谈情说爱,用歌声传递爱慕之情,用歌声倾诉衷肠。苗族多声部情歌是一种地域性很强的、有独特的旋律和和音、无伴奏的五声音阶民歌,以宫、商、羽、徵、角为主要音列,和音为大三度和大六度,属和声式二声部合唱。和声以男女二声部五度、八度和谐之长拖音为特色,节奏由 4/4、3/4、2/4 交替进行,音调跌宕而宽广、悠长而婉转,节拍相对自由,曲调优美动听,情感细腻感人。演唱中有的句段用真嗓,有的句段用假嗓,随着情感的变化假嗓与喉颤音并用,恰到好处,使聆听者犹入远古神秘的年代。每首歌一般不超过 15 句,其中一个重要特征就是"调随词走",旋律相对自由。在演唱过程中,随着演唱者感情和歌词的变化,节拍、曲调和旋律也在不断地发生细微的变化,同一组合在不同时间演唱同一首歌,在旋律、节拍、速度等方面,第一次演唱与第二次演唱的效果是不一样的。特殊形式与音调,表现了高山深谷间男女隔山求爱、互相呼应、互相热恋之意境,歌词和曲体均古朴、奇异而率真之隽永。

苗族多声部情歌的演唱多为情侣间在室外游方(恋爱交往)时进行,其起源至今无从考究。该地区苗族民歌可分为飞歌(山歌)、情歌、酒歌和古歌。其中飞歌曲调高亢、悠扬;情歌、酒歌及古歌则委婉、低沉、节奏性强,似合着苗族迁徙过程中沉重的脚步,哼唱过程中常使用绵长的颤音,反映了苗族在漫长的迁徙历程中所经历的种种苦难、无奈、哀怨和坚韧,音调跌宕绵长,如泣如诉,具有穿越时空和灵魂的冲击力。2008 年,剑河苗族多声部情歌被国务院收录进第二批国家级非物质文化遗产名录。

苗族多声部民歌(二)

苗族多声部情歌是当地苗族现存传统文化中最重要的组成部分,它的萌生、发展和最终形成,经历了漫长的过程,与苗族的民族史、文化史及民俗学息息相关。剑河苗族多声部情歌是"苗族历史上遗留的产物,是母系氏族社会风情的产物,是氏族外的群体制的遗留物",民族音乐理论家樊祖荫教授、民族音乐学家萧梅教授对剑河苗族多声部情歌的点评,充分肯定了剑河苗族多声部情歌在民族民间声乐艺术的地位。

剑河苗族多声部情歌的演唱及声乐技巧要求高,演唱难度大、演唱方法独特,曲调悠扬、旋律低回婉转,变化明显,如天籁之音,娓娓动听,以男女青年社交恋爱为载体,以社会传承为主要传承方式,以口传心授为手段,为我们研究和揭示苗族文化的传承规律和发展规律提供了历史的见证。两种演唱方式为我们展示了民间复调音乐的雏形和成形的两种不同的形态,为我们研究和揭示民间复调音乐形成和发展的规律提供了鲜活的实证。真假嗓结合的演唱、大量运用上下滑音和颤音、和谐自然的和声等演唱技巧,体现了苗族人民杰出的艺术天分。曲调悠扬动听、旋律优美婉转、和声和谐自然,以及曲调与歌词然浑天成的结合,在民族民间声乐艺术领域里独树一帜,独特的艺术形式体现了苗族人民的生活习俗和精神风貌,反映出苗族文化的深厚内涵,具有极高的艺术价值。

苗族多声部民歌(三)

2004 年元月参加中央电视台举办的"CCTV 全国西部民歌电视大赛",获对唱组铜奖,被誉为该次民歌电视大赛的两个"重大发现"之一;同年 9 月,福建电视台《东南发现》栏目组赴久仰乡巫交村拍摄苗族多声部情歌,并于当年的春节期间在东南卫视黄金时段播出;2005 年 3 月,上海半度音像制作有限公司到久仰地区采录苗族多声部情歌并出版发行;同年 5 月,在黔东南第十届少数民族文艺会演中,久仰苗族多声部情歌获表演二等奖。

苗族多声部情歌是苗族青年交流思想、倾诉男女爱慕和思恋之情的表达方式和载体,在日常生活中,通过青年男女的情感交流活动,以耳濡目染的方式代代相传。苗族多声部情歌曲调悠扬动听、旋律优美婉转、和声和谐自然,曲调与歌词结合浑然天成,给人以美的洗礼和享受,具有极高的审美价值,对净化心灵、陶冶情操、传承苗族的传统美德具有重要作用。

省级非物质文化遗产

双倍嘎

双倍嘎(项目),原列入贵州省第一批非物质文化遗产"文化空间"类名录。

双倍嘎(侗语 Sangx Beis Kga1,"相互对歌"之意)是从江县高增乡小黄村特有的歌俗,又名小黄侗歌、小黄双倍嘎,是小黄村每年农历正月初一至三十、四月初八、六月初六、八月十五都要举行的对歌活动。

双倍嘎

小黄村是由金吐、你百、宰岭三个自然寨构成的一个处处有歌、事事用歌、歌比话多的侗族村落,素有"侗歌窝"之美称,1996 年被文化部命名为"民间文化艺术之乡"。"饭养身、歌养心"是小黄侗族社会生活的真实写照,千百年来侗家人的生活、生产都以歌相伴,这里的人们一般从四五岁就开始学歌唱歌,至六七十岁还在老年歌队参加演唱。年轻人谈情说爱叫"行歌坐月",在月堂里,男女青年围着火塘对唱情歌,以歌会友、传情,以歌为媒定终身。在"月贺"(集体做客)时,主客从寨门拦路开始对歌到鼓楼对歌,到晚上"行歌坐月"、酒席上敬酒,都用歌声来表达。能唱会编的歌师备受欢迎、尊重,被视为村寨的智者和能人,小黄村人一生都是在歌声中度过。

小黄村侗族大歌分为鼓楼大歌、声音大歌、童声大歌、混声大歌、礼俗大歌以及戏曲大歌等,另外还有大小琵琶歌、牛腿琴歌、河歌、酒歌、儿歌等形式。歌队是侗歌传承的基本组织,建立在学歌、唱歌、对歌的基础之上,一般以同寨、同性、同龄、同辈等原则组建,歌队有相对稳定的歌手和歌师,歌队中的歌手分别担任"起歌"

"高音""低音齐唱"三部分角色。目前小黄村歌队仍有25个左右,歌手上千人,著名歌师十余人。小黄村男女侗歌队、侗戏班节日期间,不但在本地鼓楼进行双倍嘎、演侗戏活动,还经常到邻近的二千九、六洞、九洞、十洞等地侗寨双倍嘎、传歌、演侗戏,节日期间还邀请其他侗寨的侗歌队、侗戏班到小黄村演出和双倍嘎,借以丰富自身的歌谣曲目。自1996年起,每年八月十五小黄村民间举办一届侗歌节,届时邀请县内外的侗歌队、侗戏班到小黄村参加比赛,除侗歌侗戏比赛外,还有吹芦笙表演。其中,2004年小黄村侗歌赛,有33个男女歌队参加,参加的歌手有415人。同年11月28日,从江县在小黄村举办中国侗族大歌节,小黄村共有1200多人同声演唱侗族大歌,年龄最大的86岁,最小的4岁半,场面壮观震撼。

一年的双倍嘎起于农历正月初一,该日在圣母祠堂前祭祖多耶后,就开始为期一个月的鼓楼双倍嘎活动。歌队以年龄段划分,先是青年队、少年队、儿童队,然后是已婚的成年队、老年队。已婚男女歌队双倍嘎习俗始于清朝初年,规定:凡是生一个或多个女孩的,最小的数月,最大的不到6岁,或还没有正式参加过童歌队的女孩,由她们的妈妈代替参加妇女歌队,去和"已婚男歌队"双倍嘎,因此在双倍嘎时有时会出现妇女面前抱着一个小女孩,或有一个小姑娘站立前面的现象。每年腊月或正月里,妇女歌队邀请男歌队、男歌队邀请妇女歌队,均在鼓楼歌堂双倍嘎,往往从下午三四点钟对唱到晚上九十点钟。在双倍嘎进餐时,妇女三五成群找对象唱敬酒歌,如果有老人在场先向老人敬酒,老人也和大家一样要唱对酒歌,随后是青年对青年、成年对成年,互相对唱酒歌,唱一首喝一杯,和声一阵。鼓楼双倍嘎晚宴结束后,邀请方要燃放三响铁炮,芦笙锣鼓齐鸣,燃着火把,列着长队为被邀请歌队送行,送行中还有4~6人展演"老还童"。

小黄村已婚男女双倍嘎还有一种活动方式,那就是正月二十八、二十九两天,男歌队直接邀请女歌队上山野餐,约定日期后,男队一部分人负责生活,另一部分与女队双倍嘎。届时早饭后,妇女们将自己和女孩子打扮得整整齐齐,铁炮三响,男队敲锣打鼓,吹起芦笙去迎接女队。列队到山上后,有的砍柴,有的做饭,有的双倍嘎,下午四五点开始野餐,大家边吃边谈边唱,歌声、笑声、高呼声响彻山谷。

月堂双倍嘎,古规是:男女不受年龄限制,不拘辈分。一个月堂的男女双倍嘎,男性30~60岁都可以与姑娘双倍嘎、谈笑,而女性不行,因为妇女是青年人的长辈,要以母亲辈分看待给予尊重,不能乱伦理。在唱《嘎老》场合中,50~70岁男性老人也可以与罗汉(侗语的音译,意为年轻后生)们一起唱,可以和除嫡亲外甥或外甥孙女外的其他姑娘们唱歌、说笑。

"吃相思"双倍嘎,"吃相思"是两个在传统上互相交往密切的村寨彼此循环往返的集体作客,时间以农历正月间为多。约定时间后,客寨将莅临主寨时要吹奏芦笙，主寨则要在寨门设障栏路、唱栏路歌，客寨唱不赢要被罚酒方能进寨，铁炮三响后芦笙前导将客人迎进鼓楼多耶、双倍嘎，再将客人分在各家各户招待。“吃相思”期间，鼓楼双倍嘎常常通宵达旦，带有戏班的客人还要演侗戏。客人离寨时，要包糯饭、腌鱼、腌肉和把毛巾、鞋垫挂在带枝桠的竹子上送给客人，送一头牛或一只羊“留尾巴”，以示将继续保持这种互相往来的友好关系。

此外，四月初八、六月初六、斗牛、新建鼓楼、新立寨门、新制楼鼓等也有双倍嘎活动。

双倍嘎在小黄村有着广泛而深厚的基础，这里的老年人以唱歌传歌为荣、以歌养寿，幼年学歌以增长知识，青年唱歌以歌传情。空闲时歌师歌手组成歌队盛装外出走亲访友，集体作客；农忙时白天生产劳作，晚上鼓楼双倍嘎，用歌声来鼓舞生产、消除疲劳；逢年过节，对唱侗歌，通宵达旦。双倍嘎这一民俗事象，对民族民间文化——侗歌起到了记忆、交流和传承保护的作用。双倍嘎经过历代歌师的口传心授，不断完善演唱技艺和提高普及率，使侗歌在音乐艺术、口传文学、口头传承上获得了广阔的生存与发展空间，是本土传统文化传承保护的内在推动力。小黄村双倍嘎是本土传统文化在当代活态的重要见证，也是本土传统文化延续的重要载体，为小黄村乃至南侗地区的民俗学研究中提供了独具特色的个案，具有重要的研究价值。

侗族河边腔

侗族河边腔，又称侗族河歌。侗语称“嘎孖”或者“嘎尼阿”，属侗族无伴奏音乐“小歌”类中的歌调之一，是侗族青年男女在劳动之余行歌坐夜寻求伴侣，以及老年人在劝世训诫时演唱的一种歌调，其体系完整、内容丰富。侗族河边腔主要流行于贵州省黎平县龙额、地坪、水口，从江县西山等乡镇，以及广西壮族自治区三江、融水的融江河（都柳江中下游）沿岸的侗族村寨。都柳江及其支流一带，是“河歌”兴盛之地。

河边情歌浓郁而优美，歌声婉转独特，是侗族艺苑中的一颗明珠。

侗族由古代越族群的一支发展而成，越人是一个善于唱歌的古老民族，西汉刘向《说苑》篇中记述了越人唱歌的情景，并借用汉字记音的方式记录了一首《越人歌》。除文献记载外，侗族民间还流传有许多关于歌舞起源的神话传说。侗家和苗

侗族河边腔(一) (张才林 摄)

家一起派人上天去寻找歌神,他们历尽千辛万苦,找到了歌神,住在坡上的唱山歌,住在河边的唱河边腔。“河歌”是侗族人延续传统并不断创造所形成的侗歌种类之一。

侗族河边腔的曲调基本上相同,歌词以都柳江(孖融)为衬,加以演唱者自己学来或即兴创作的赞美词,以表达演唱者的爱慕之情,从而达到结交异性、愉悦生活及传播民族文化的目的。侗族河边腔即“嘎孖”是一种无伴奏的演唱形式,演唱时,男女青年均用真嗓,不用任何乐器伴奏,曲调平和、流畅,节奏自由、活泼,歌词抒情含蓄。“嘎孖”流行的侗族村寨,一般具有依山傍水的特点,社交活动较多,其歌声犹如滔滔都柳江水,平和悠扬、委婉动听。“嘎孖”的作品相当多,其中最具代表性且侗乡皆知的是《能涞孖融》。黎平县龙额、地坪两乡地处贵州、广西两省(区)交界处,两地山水相连、风俗相近,境内村寨侗族河边腔盛行且闻达于侗乡,其中龙额的河歌文化底蕴最为深厚,传承最为完整。每年的春社都隆重举行“侗族河边腔文化节”,“春社”是龙额一带侗族纪念“社神”木阿的传统节日,历来是龙额寨上一年中最隆重的节日,传统上由姚姓人家主持。春社期间,龙额要举行为期三天三夜的河边腔比赛,湘、黔、桂方圆200千米的侗族河边腔歌手都会聚在龙额村参加竞赛,龙额汇成了一片歌的海洋。2007年和2008年,龙额乡先后被贵州省文化厅、国家文化部命名为“侗族河歌艺术之乡”。

侗族河边腔流行于民间,大多数人会演唱,主要是在民间自发组织的兴趣爱好组合中相互传授,父子或亲属中并不直接传授。老人教歌、青年唱歌、儿童学歌,是侗乡的传统美德和风俗习尚,侗族河边腔在本土的薪火相传中,向世人展示着她的迷人魅力。

侗族河边腔(二)　(张才林　摄)

侗族河边腔是侗族情歌中的绝品,是古老民歌的遗产,千百年来,河边腔歌师层出不穷,编创的歌曲在黔桂交界广泛流传。

河边腔苗歌

河边腔苗歌是流传在贵州省锦屏县清水江流域的一种即兴创作的山歌对唱形式,腔调高亢激昂,以模仿澎湃的河水声、山涧瀑布的波涛声、涓涓的溪流声为主。

锦屏县河口乡的裕河村、韶霭村是河边腔苗歌的主要发源地。河口乡位于锦屏县西南部,是一个少数民族聚居地,河边腔以河口为中心,向清水江沿岸辐射,该地域节日婚丧礼仪都伴有河边腔的旋律。

清朝时期,由长江中下游迁徙来的一支苗族居住在清水江沿岸,当时称"苗光"即瑶光,由于长年累月与高山峡谷、大河、险滩打交道,从大自然中领略并模仿澎湃的河水声逐渐创作出来高亢激昂的腔调,形成这一地区独特的苗歌"河边腔"。河边腔曲普

河边腔苗歌演唱(一)

单一、内容多样、声音高亢激昂，尾音长，音波大，节奏舒缓，种类有“过山”腔、平腔、诗腔、保同腔等。诸声调中以“过山”腔为最高亢，一般在山间独唱或距离较远的对唱，有“注目在高山，引来凤凰；唱在水边，唤醒龙王”之说。例如，《为人在世要歌唱》就是“过山”腔。根据节奏快慢不同，河边腔可分为“大河边”和“小河边”。“大河边”调较慢且长，“小河边”调快而短，现在人们大多喜唱“小河边”调，代表曲目有《十爱歌》《开天辟地歌》《十二月问花》《十会歌》《快把乾坤定落脚》等。根据内容不同，可分为情歌、赞美歌、劝世歌等。河边腔为即兴创作，从河边腔的内容来看，有情歌、赞美歌、劝世歌等，丰富而多样；形式上声音高亢激昂，尾音长，音波大，旋律优美动听，每唱完一段乐器都有一个尾音。曲式结构有自己的民族特点，独唱、合唱、对唱均有，演唱时讲究较强的即兴性，见什么唱什么，也有即兴作答、互问互答，无指挥、无伴奏。由于与汉族有较多的交流和影响，河边腔具有汉语和苗语两种语言的演唱形式。

河边腔苗歌演唱(二)

河边腔流行范围较广，以河口为中心，向清水江沿岸辐射，下起岔处、平略、彰华、平敖、文斗、加池、河口，上至剑河县的南加、柳基，乌江沿岸从瑶光、韶霭、培亮、八受、八里至黎平县的罗里、孟彦一带，其中心在锦屏县河口乡的裕河、韶霭等村寨。

在田野调查中发现，尽管河边腔经过几代传承人的延续，但在当地会唱歌的人已屈指可数，现在只是一些 40 多岁的中老年人会唱。同时，大部分年轻人外出打工，留存当地的村民农忙之余大部分时间的娱乐方式是观看电视、聊天摆古，河边腔苗歌面临着传承危机。

十二诗腔苗歌

十二诗腔苗歌是诗腔的一种，是居住在锦屏青山界一带苗族人民世代相传的较为突出、艺术性较高的民歌曲调，主要流传于锦屏县河口乡、固本乡及黎平、剑河一带，是居住在青山界苗族人民文化交往及表达情感的一种形式，以河口乡裕和村十二诗腔苗歌最为著名。

明洪武年间，裕河苗家从江西省太和县经湖南进入贵州锦屏亮司后到青山界裕河一代居住，当时苗家人唱的是一种叫“四朵”的苗歌。“四朵”具有曲调复杂多样、富于变化、说唱结合等诸多特点，这是十二诗腔苗歌的源头。清朝初年大量汉人（苗族人称其为“客家”）涌入，采买皇木，相伴而来的是汉文化和当地文化的交流与融合。作为一个热情好客、喜欢唱歌的民族，苗歌是他们和客家人沟通的方式，为消除语言障碍，使“客家”人能听懂苗歌，便在歌词中夹杂粗浅的汉语进行表达，于是“四朵”演变为以苗语为主并夹杂汉语的十二诗腔苗歌。清朝中期以后，大量“客家”人定居下来，演目中更增加了很多衬词，像念诗一样朗朗上口，最后形成了现在的十二诗腔。

十二诗腔苗歌

十二诗腔的演唱以齐唱为主，根据歌词内容分为情歌、劳动歌、娱乐歌、礼俗歌、婚嫁歌等，歌词简短精练，用苗汉语融合的衬词连贯，一气呵成婉转动听。

十二诗腔苗歌在艺术上的特点主要有：一是衬词多。十二诗腔苗歌是民歌中衬词最多的一种，有的歌在短短的四句歌词中，竟用了 280 多个衬词，衬词为苗汉语交杂，音调连贯流畅。如歌的开头“那哈勒地又地那嗬是那哟哟嗬罗”全是衬词，歌词处在衬词的环绕中，衬词还可以根据歌词的内容以及情绪扩展或缩减。二是内容多样。此曲调可用于情歌也可用于礼俗歌等，在衬词上稍有变化，如男女交往衬词为“哟我的青少年啰嗬”，在礼俗迎客时为“哟，我的那新贵客勒荷”，在赛歌场上也用此曲调进行对唱。三是音域不宽，曲调起伏不大。十二诗腔苗歌音域只在一个八度中进行，属五声民族徵调式，曲调都是在四度之内起伏不大，需要一定的演唱技巧才能唱好，音乐节奏较为自由，律优美流畅，既有其他苗族地区的风格又有本地的特色。四是歌词传统性和即兴性相结合。十二诗腔苗歌传承以“口传心授”为主要方式，歌词有传统的，也有在不同场合随机应变即兴创作的，通俗易懂、大体押韵，曲调根据歌词的平仄大体不倒字而稍有变化。由于衬词多，歌词一般为七字句，四句为一首，受汉文化影响，歌词大都是汉语，衬腔汉苗交融为一体。

十二诗腔伴奏乐器为木叶,以"口传心授"为主要方式,传承人有杨燕梅、杨合梅、胡朝良、朱香莲、杨长兰、欧品桃等。

十二诗腔苗歌是苗族文化传承口头文学的一个重要组成部分,是苗族人民在生活中创造并代代传承下来的民族文化遗产,歌曲衬词的苗汉结合反映了苗族风情、民俗,也反映了苗族文化与汉文化的相与融合,极具研究价值。但由于受汉文化的影响和现代音乐的冲击,加上十二诗腔演唱技巧较高,现在能唱这种曲调的大都是40岁以上中老年人,曲调传承面临着危机。

侗族歌鼟

侗族歌鼟是流行于锦屏县平秋、彦洞及天柱县、剑河县周边侗族地区的一种民间歌唱形式,其中平秋侗族歌鼟为其代表。平秋镇位于清水江与小江河的分水岭上,溪河峡谷纵横交错,散布着许许多多的侗族村寨,在平秋人口中侗家人占99.3%。优美清新的自然环境及单纯欢快的生活,促使侗族先民对鸟鸣、蝉唱、流水、林涛等丰富多彩的大自然的"和声"产生浓厚的兴趣和联想,模拟编成高低重叠的悦耳歌声。从此,侗族歌鼟便以极具民族特色的音乐形式流传于世。

侗族歌鼟表演 (杨胜福 摄)

"鼟"在字义上是击鼓的"鼟鼟"之响声,侗乡"鼟"是作为"级"来使用。平秋侗家人能歌善舞,无论是悲是喜,都以歌抒怀,因而侗歌在侗家人的生产生活中自然而然地产生,且自成腔调。平秋侗族歌鼟内容丰富、旋律优美、曲调多样,主要有情歌、白话、酒歌、山歌、摆古歌等。

情歌是侗族男女青年认识、恋爱、结婚全过程必不可少的桥梁和纽带,他们以歌交流、以歌传情。唱初会歌时男女各坐一方,形式有唱有和,韵律有起有落,节拍有快有慢,对歌达到高潮时,全寨男女老少围观聆听,歌声、笑声、掌声连成一片,一派幸福喜悦的情景。经过初次会歌后,男女青年还要多次相约对唱,继以架桥歌、相思歌、成双歌等形式逐渐建立感情，其后姑娘和小伙互赠信物，签下百年之盟。情歌曲调押韵和谐，富有抒情感，用木叶伴奏。

侗族歌鼟——拦山歌　（杨胜福　摄）

白话是介于唱歌和道白之间的一种说唱形式。主要是情歌对唱或赶歌场时说唱，有的可对上几天几夜，要求唱同押韵，抑扬顿挫协调，句内要叠词重。

酒歌分阿哦哩（小歌）和阿老（大歌），每遇婚嫁、乔迁、生子等喜庆日子，平秋都要唱酒歌。喜酒正席的晚上，主人于堂屋中央摆两桌联席，本族和前来恭贺的亲戚中各推选一名代表，一主一客结合主人家庭情况即兴对唱。阿哦哩每两句为一节，先由客人领唱第一句，然后众声合唱第一句前四字，领唱重复第一句后三字，众声合唱后三字，循环反复，客人唱完两句，主人以同样形式回敬两句。阿哦哩一般为女声伴唱，曲调委婉缠绵，阿老（大歌）则为男声合唱伴唱，曲调激昂、雄浑、奔放、豪迈。

侗族歌鼟——玩门歌　（杨胜福　摄）

山歌是侗家人上山劳动时为解除疲劳、烦恼、苦闷、孤独而歌唱，是自娱自乐的劳动生产歌，曲调自由、抒情、悠闲，可用木叶伴奏。

摆古歌从盘古开天地唱起，唱三皇五帝、唐宗宋祖，唱刘备用兵、武松打虎，唱贾宝玉与林黛玉、梁山伯与祝英台，内容丰富，无所不唱，且曲调多样，一两首歌唱罢，配以一篇白话，锦上添花。

平秋侗族歌鼟是当地侗族文化的灵魂，是侗族人民感情交流的载体，无论喜怒哀乐，侗家人都以歌交流、以歌抒怀、以歌传情，其种类和曲调繁多、内容丰富，是侗族优秀的民间音乐文化，对研究中国民间音乐史具有重要作用。

苗族“游方歌”

苗族“游方歌”是流传在贵州黔东南苗族村寨男女青年最喜爱的一种民间传统音乐形式。贵州苗族多聚族而居，同寨同姓，苗族有同姓同宗不婚的习俗，严禁在寨内求偶，因此居住在施秉及黄平、镇远、凯里等地苗族村寨的未婚男青年每年农历的十月和二月节日或农闲时，都要三五成群到邻寨或更远的地方唱歌、寻偶，也就是俗称的“游方”。苗语的“游”即串，“方”即通婚的寨子，苗语称“霞哟”，“霞”意为歌，“哟”即“玩”“邀”“摇”之意，译为“游方歌”“情歌”“马郎歌”等。

苗族“游方歌”(一) (钟光明 摄)

游方活动地点多在专为青年男女交际而设的“游方坪”(位于寨子附近的空地，有的设在山坡，又叫“游方坡”)。在施秉县境内的苗族村寨，几乎每一个村寨都有固定的游方坡，少则一个，多则几个。游方坡是苗族男女青年对歌寻求爱情的乐园，象征着美好、自由、吉祥，以及对幸福生活的执着追求。每年农历十月、腊月和来年的二月之间，本寨的男青年到别的村寨游方，其他村寨的男青年亦来屯上游方对歌，同宗家族不能游方对歌，且只能在白天游方坡对歌，这是不能破坏的古规。苗族青年男女在游方坡上通过游方歌会友、传情，互相表达爱慕之心，寻找称心如意的终身伴侣。因演唱的情景、对象等不同，演

苗族“游方歌”(二) (钟光明 摄)

唱的形式也有所不同，主要有合唱、齐唱、对唱、独唱等形式，内容也会因之而变化，有时演唱古情歌，有时演唱见面歌，有时唱相思歌、告别歌等。

苗族“游方歌”(三)　(钟光明　摄)

游方以对歌贯穿始终，一对青年男女从认识到结合，一般要经过集体对唱和单独接触两个阶段，从素不相识到相互熟悉，渐至情深，都是通过对歌促成的。比较简单的唱法是一段体曲式即一句乐曲作无限反复，只在结束时才加上1~2小节用前词唱的尾声收尾的曲式，语言简练有力，情意绵绵，曲调节奏分明。调式丰富，有一段式、二段式、三段式，节拍为2/4、4/4等节奏型，演唱有快有慢，常出现延长音符和上下滑音，曲调悠扬、动听、传情。歌词主要靠临场发挥来即兴创作，常用比喻、拟人、对比、排比、夸张等手法进行。不需任何一件乐器伴奏，也是苗族游方歌的另一个基本特征。

从内容上来看，游方歌又可以分为下列类别。

(1)求面歌。是男青年到别的寨游方时，为了邀请姑娘出来会面，与寨子里的姑娘对唱的歌谣。

(2)会面歌。如果男子顺利将姑娘请出家门，这时大家互不相识，都在寻找比较合眼缘的，找到之后便开始唱“会面歌”，试探性地询问对方(如姓名、年龄、喜好等)，但是一般不做正面的回答，歌词大多比较含蓄、羞涩、委婉。

(3)赞美歌。如果双方都找到了心仪的对象，便会开始赞美对方。

(4)求爱歌。当男子感觉到自己心仪的女子也对自己有好感时，男子便会唱起“求爱歌”。如果姑娘同意，双方则交换定情信物，结为情侣。

(5)相恋歌。男女交换定情信物之后，男子便会常到寨子里来与心爱的女子约会，互吐思念之情，这时她们所唱起的歌叫作“相恋歌”。

(6)婚誓歌。经过多次的游方约会之后，已经到了难舍难分之时，如有婚誓之意，便遥唱“婚誓歌”。如果女子及父母同意，便选定良辰吉日迎娶心上人，这就是为什么说“游方歌”能“歌唱定终生”的原因。

(7)送别歌。指每次约会之后，男子送女子回家时，表达他们不舍之意而唱的歌曲。

苗族游方歌是以“男女青年歌唱爱情、赞美爱情、追求爱情、向往爱情”为主要内容的民间文化艺术，以或动人，或简练，或古老，或现代的歌词为载体，以人类感情的需要为价值基础，以声音为表现形式，以独具特色的苗族文化环境为依托，历经岁月沧桑而成为一种具有无穷魅力的文化现象。现在施秉县主要传承人有龙和平、吴通贤、雷安珍、吴通莲、石光明、吴东华等。

侗族哆耶——踩歌堂

踩堂即踩歌堂，侗语曰“外确”。踩堂时所唱之歌曰踩堂歌，因其歌开头及歌中衬词为“耶哈耶”，故侗语称“哆耶”，是黔东南侗族南部方言区祭祀侗神祖母、庆节及结群交往时所进行的群众娱乐活动。

踩歌堂(一)

踩歌堂一般在农历春节期间举行，一次至少三天，多则五天，按规模有大踩和小踩之分，大踩有舞有歌，小踩有歌无舞，整个活动分祭神堂和踩歌堂两个部分，重点在踩歌堂部分。活动在接近中午时分开始，先在神堂举行祭祀祈福，之后放铁炮三响，由道士(鬼师)和族中长老领先，率“罗汉”(侗语译音，即青年后生)队和姑娘队组成的行列，在芦笙吹奏声中离开神堂缓缓向歌坪进发。罗汉持芦笙，姑娘撑布伞，皆着传统古典节日盛装，围观的群众(亦即活动的参与者和重要组成部分)簇拥着队伍一道前进。歌坪即鼓楼，鼓楼前有一块空旷平坦的场地，场地中心栽培着一棵碗口粗细的常青树，象征着吉祥和福荫，四周安放着供长老和道士们就座的长凳，观众在歌坪外层团团围定。队伍进入歌坪后，先左向绕行三圈，由坪边逐渐向坪心收拢，然后再反向绕行三圈，之后，道士和长老入座，罗汉队随即吹响芦笙，姑娘队在音乐声中起舞，即“踩芦笙”（小踩则无此项目）。片刻，放铁炮三响，舞蹈停止，罗汉和姑娘们把芦笙和布伞放在常青树下，分两队围成圆圈，互相扣住手指，唱起“踩歌堂”特定的节日歌曲，左向绕场移动，每唱一句即移踩一步，这样缓缓地边唱边踩。踩歌所占的时间最长，是整个活动最重要的核心部分。

结束前放铁炮三响，踩歌停止，罗汉队拿起芦笙，姑娘队撑起布伞，队伍仍按进场的顺序在芦笙吹奏声中缓缓出场，由原路返回神堂，卸去节日仪式盛装，然后各自散去（小踩则不必如此隆重，结束的铁炮一响即可自行散场）。

踩歌堂（二）

《踩歌堂》歌词主要部分有160余首，可以说是一部长篇抒情叙事诗。其内容可分为三个部分：第一部分叙述歌堂的来源，共45首，从金比上天看歌堂的经过，以及踩歌堂的进行情况，历述了踩歌堂的来由及始末。第二部分共63首，内容和踩歌堂本身没有直接的联系，借春秋四季的节令变化和农事的作息，抒发青年男女的相互爱慕，反映出侗族人民对劳动、爱情、人生的一些积极思想，具有朴素的哲理性和浓郁的生活气息，为全歌词中最富有价值的一个组成部分。第三部分是活动接近尾声时唱的，共52首，叙述神堂的来源，其中幻想的成分和宗教迷信观念交织在一起，比前两个部分表现了较为复杂的思想。总的来看，第一、第二部分的内容反映了侗族人民丰富优美的幻想和朴素健康的生活情趣，第三部分则较多地反映了他们的宗教迷信意识。

踩歌堂全部歌词按一定的顺序排列，必须依次演唱，不能随意颠倒。有时外寨的罗汉、姑娘来本寨“吃乡食”举行的踩歌堂，可请客人参加，在这种主、客队双方参加的情况下，歌唱的内容可自由一些，往往即兴插入一些戏谑性的内容，带有比歌、赛歌的性质。踩歌堂的音乐分芦笙和歌唱两个部分，歌唱部分只有一个曲调，全部歌词都以它来演唱。罗汉队和姑娘队演唱的曲调稍有不同：姑娘队唱得比较舒缓，表现优美抒情，并有简单的二声部衬腔；罗汉队唱得比较紧凑，表现活跃、诙谐、粗犷而有生气。

踩歌堂是侗族在节庆活动结束前的一种集体歌舞，它象征着侗家人的团结友爱，也被称为“东方圆舞曲”。

侗族牛腿琴歌

侗族牛腿琴歌,侗语叫"嘎给衣"(ga gi),"嘎"即歌,"给衣"即牛腿琴。牛腿琴歌历史悠久,早在明史中就有记载。明弘治《贵州图经新志》载:"侗人暇则吹芦笙、木叶、弹琵琶、二弦琴……以为乐。"其中的"二弦琴"即今之牛腿琴,迄今已有五六百年的历史。

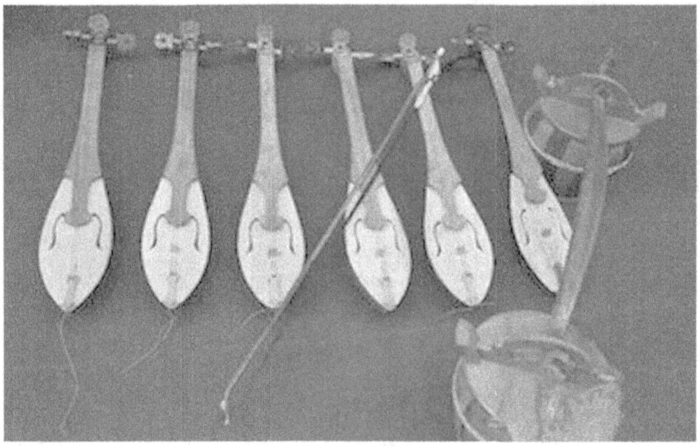

侗族牛腿琴

牛腿琴是侗族人民最喜爱、最常用、流传最广的弓弦乐器,因其外形酷似牛腿而得名,全长1.3~1.5尺不等。

牛腿琴有高音琴和中音琴两种。高音牛腿琴主要流行在榕江一带,其中以三宝侗寨演奏的最有特色,常和琵琶一起配合演奏,善于表现速度轻快、情绪活跃的曲子。中音牛腿琴主要流行在从江、黎平一带,这种琴的琴身比高音牛腿琴稍显肥大,音色柔和优美,单独演奏时多为叙事歌伴奏,善于表现深情缠绵的曲调,一般情况下,多与高音牛腿琴及琵琶配合伴奏,音乐轻松优美,主要流行于六洞地区。

牛腿琴歌的演唱形式并不复杂,或歌者手持牛腿琴自拉自唱,或为他人作伴奏,一般为独唱和对唱两种,独唱多是叙事内容,对唱多为男女间的情歌。

牛腿琴歌的曲式结构,虽然没有统一固定的模式,但都较完整。如从江、黎平两县的牛腿琴歌一般为"上下句"反复吟唱得多句体,都有歌头、歌尾和中间主体部分(其中间部分常常为模仿式的多句反复),句式的多少往往视歌词句数多少而定, 少则二句(上下句),多则四、八、十句,乃至数十句不等,但需成偶数,构成长短不一的乐段。歌者演唱起来非常自由,不受旋律格式的限制,可视每句歌词字数长短和字词声调自由发挥(近似即兴作曲)。因此,通常出现同是一种牛腿琴歌, 但因所唱歌词不同而曲调也不尽相同的现象, 甚至同是一首歌词, 不同的演唱者有不同的唱法,各显千秋,就连一个人对一首歌的第一遍演唱和第二遍演唱曲调也不

侗族牛腿琴弹唱(一)

完全一样。但牛腿琴歌的歌头一般来说是固定的,有一句固定的表示亲切友好的歌词,且旋律也是相对固定的。

侗族牛腿琴调式因地区不同而有所区别,从江、黎平两县的牛腿琴歌一般为五声羽调式,风格色彩也相近,榕江地区的牛腿琴歌则为徵宫调式,受汉族花灯音乐影响较深。榕江侗族牛腿琴歌最有特色的要数天府侗孖尧牛腿琴歌和七十二寨的牛腿琴歌。孖尧牛腿琴歌属徵调式,其旋律行腔明显受汉族花灯调的影响,且在行腔中大胆吸收了汉语作衬词,与歌中的侗语词汇有机地结合在一起,听起来自然柔转而有余韵。七十二寨牛腿琴歌属宫调式,其演唱形式与其他侗族地区大不相同。其他地区的纳罕、纳缅是同在一个"月堂"里相坐对歌,对家中父母、兄弟不需回避;七十二寨的纳罕、纳缅"行歌坐月"则是隔窗谈情,他们不但不能和姑娘同坐在堂屋或火塘边公开对歌、谈情说爱,而且要避开姑娘的父母和兄弟才能交往。因此,这里的纳罕们只能在夜深人静时,特别是等到姑娘的父母和哥弟们"熟睡"了以后,才带着牛腿琴,在姑娘家的屋檐窗下架好木梯后,爬上梯子面对窗户轻声地唱起"喊姑娘歌",姑娘则站在窗内隔窗对歌,因此叫"喊窗歌"(又叫"爬窗歌",侗话叫"嘎报")。此外,这里的男女青年的整个社交活动过程中,还伴有一种专供牛腿琴、琵琶独奏的乐曲,用以表现侗族纳罕、纳缅不同境遇下的心情,这是其他侗族地区所没有的。七十二寨牛腿琴歌因在演唱形式上的独特风俗而有"侗寨小夜曲"之誉。

侗族牛腿琴歌弹唱(二)　(石仕玺　摄)

牛腿琴歌作为侗族的一种传统文化,虽然至今仍在侗族地区广泛流行,但范围仅限于交通闭塞、文化相对落后的地区。随着改革开放的深入、商品经济的发展和现代文明的冲击,一些侗族青年对本民族的传统音乐正在走向淡漠,尤其是接受汉文化熏陶较深的侗族后裔,几乎完全丧失了对本地民族传统音乐文化的传承兴趣和能力,这在很大程度上使民族传统音乐从过去的普及繁荣进入到现在的淡化与边缘的困境，出现了前所未有的危机。如何增强民族文化自觉自新意识，使其能在现代文明的大潮中得以继承、创新和发展，这是摆在人们面前的重要难题，值得全社会高度重视。

哥蒙芦笙乐

黄平县枫香寨一带的僅(僅，音 gě)家自称“哥蒙”，哥蒙芦笙乐亦即为僅家芦笙乐。

哥蒙芦笙乐(一)

僅家人，中国贵州的一个少数民族族群，现在人口约有5万，主要分布在黔东南的黄平、凯里、关岭，其中黄平是僅家人聚居集中、人口最多的一个县，人口2万余，约占近一半的全国僅家人口。在黄平，僅家人主要集中于从东部谷陇镇的白斋、干塘、干坪、黄猫起，经哈龙、马鞍山、塘都、野落、枫香、富桐、咬寨、望坝、荆竹、皎沙、龙塘、苗甫等延伸至重安江边，北面则向舞阳河罗朗、槐花、花山坡、长岭、旧州、松洞、浪洞、云雾山、纸房等地延伸，其中枫香寨位于黄平县城东35千米的重兴乡境内，寨居700多户，3000多人口，是黄平僅家的大本营。

僅家男人有三件宝：一是芦笙，二是刀，三是红弓白箭不离腰。僅家芦笙，形制与该地区不带共鸣筒的苗族小号六管芦笙相似，属于六管六音直角芦笙，音列均为以 la 为主音的五声序列，乐曲多为节拍鲜明的单乐段结构的舞曲，僅家芦笙曲调跳跃欢快、舞步遒劲粗犷。

僅家芦笙乐曲以《芦笙词》《僅家芦笙舞曲》《僅家人民喜丰收》《僅家踩亲舞》等最为著名，其中，《芦笙词》以反映僅家的历史、生产、劳动、生活为主要内容。《僅家人民喜丰收》为芦笙新曲，是僅家丰收后喜悦心情的生动反映。《僅家芦笙舞曲》是僅家芦笙的综合曲子，用于祭祀、庆典、节日等多种场合，曲调悠扬动听、曲

哥蒙芦笙乐(二)

式完整,声音清脆干净,节奏明快动感,主要在芦笙节吹奏。芦笙节,又名跳踩亲节,是僅家青年男女春节期间在僅家芦笙集会上的主要娱乐活动,集会的地点选在僅家人居住集中的村寨,各村寨举行集会的时间有前有后,一般大村寨是农历正月初一至初五这段时间举行,小村寨是农历正月十五至十九举行。踩亲舞是僅家青年男女社交活动中的一种独特舞蹈。在集会上,当僅家小伙吹起清脆、欢快的芦笙曲步入芦笙坪时,身着盛装的僅家姑娘也随即跟上伴舞。为了试探姑娘的心思,小伙子边吹芦笙边用脚跟轻轻地踩住跟在身后伴舞的姑娘的脚尖,如果姑娘钟情,她就用手轻轻地敲打小伙子的后背作为回应,他们边跳边舞,沉浸在欢乐之中。

僅家芦笙乐的民间传承是比较规范的口传心授。教学时把芦笙乐分解为:有词意的芦笙曲主调、和音与副旋律、舞步与舞步相配合的节奏打音三个部分,分作三个步骤施教,即第一步,学唱芦笙歌、懂得芦笙曲的内容,并学习吹奏芦笙歌、掌握芦笙曲的主调;第二步学习在主调上加和音、副旋律,并学习边走边吹奏的技能;第三步学习“花舌音”和规范的舞步,同时学习打音的运用以配合舞步。只有合格地通过这三个阶段的学习者才有资格到芦笙场吹奏,并在熟练的芦笙手带领下,逐步提高技艺。

僅家芦笙曲、芦笙舞有着良好的社会土壤,群众性强,传承代不乏人。

苗 笛

在黔东南从江县的西山苗族民间广泛流行着苗笛,它不仅是青年男女谈情说爱、交游对歌时离不开的“伙伴”,还是“芦笙会”“跳坡”时必备的乐器。不论青年男女,都会吹奏苗笛和唱笛子歌,每当对唱笛子歌,轮到小伙子们时,姑娘们便操起苗笛担任伴奏,姑娘们吹笛技巧都很娴熟,笛声美妙动人,丝毫不亚于男子的技艺。

在这里，苗笛和幸福紧密相连，假如哪个小伙子或姑娘不会吹笛或唱不好笛子歌，都很难得到对方的爱情。

苗族横吹单簧气鸣乐器，流行于黔东南苗族侗族自治州和桂北苗族聚居地区。苗笛，苗语称“丢目”。用竹材制作，多用一节竹子制成，管长约40厘米，管径1厘米左右，笛管首端留有竹节，节下的内侧开有长方形吹孔，上嵌刀形或三角形的铜制芦笙簧片，管身下部开有三个，或四个，或六个，或七个按音孔，簧片与按音孔成90度平面夹角，有的在尾端开有一个出音孔。苗笛与芦笙有着密切的关系，它们像孪生的一样，凡是有芦笙的地方就有苗笛流传，但因民族支系和流传地域的不同，苗笛的规格、式样、音列和演奏方法也有很大差别。苗笛主要有四孔苗笛、六孔苗笛、七孔苗笛等类型，不同的苗笛具有不同的音色，有的清脆明亮，有的柔和抒情，有的圆润甜美，有的浑厚深沉。苗笛吹吸均可发音，常用于独奏自娱、节日庆祝或为苗族情歌伴奏，是苗家青年男女社交活动和情感生活中离不开的气鸣乐器。

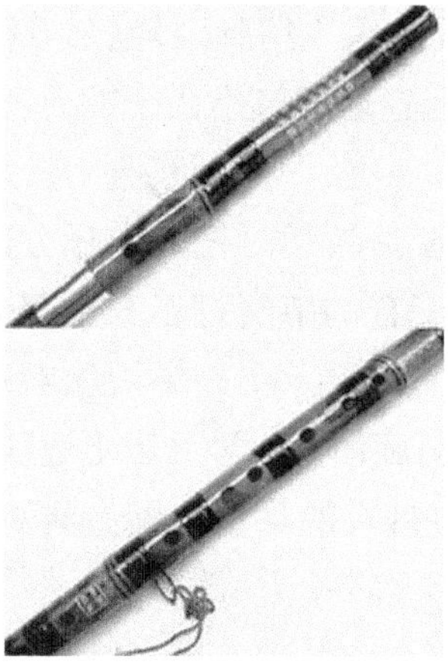

单簧苗笛

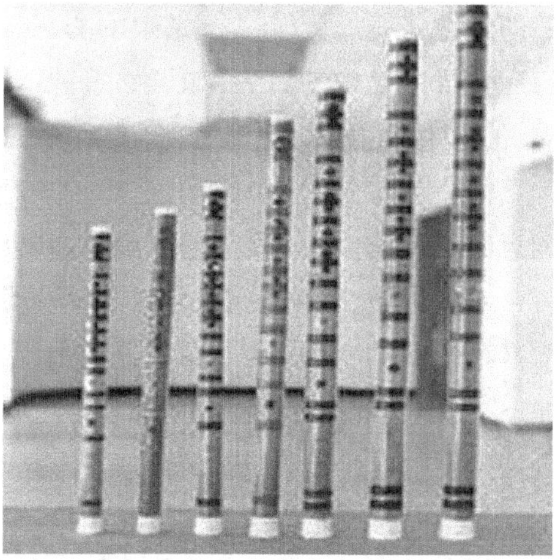

苗笛

这里仅对七孔苗笛演奏做简要介绍。演奏七孔苗笛时，管身横置，向右倾斜45度，双手握笛，右手无名指、中指、食指分别按第一、二、三孔，左手无名指、中指、食指分别按第四、五、六孔，拇指按背孔，口含管首吹孔簧片或斜吹，均可发音。苗族青年男子常在社交活动、跳坡节上和恋爱生活中用笛声向姑娘倾诉爱情，一般没有专门的乐曲，吹奏的多为当地的山歌或情歌曲调。

侗族笛子歌

美更村侗族笛子歌演唱

侗族笛子歌以“侗笛发祥地”之一——黎平县龙额镇美更村为中心，辐射龙额镇的古邦村、平金村、亚改村和德过村，以及水口镇的归双村和雷洞乡、顺化乡的部分村寨。

侗族笛子歌以侗族民间笛子伴奏而得名，由一人伴奏、一人独唱或多人齐唱演唱，其歌曲类型主要有情歌、叙事歌、叹息歌等。情歌是侗族年轻人在“行歌坐夜”时男女对唱，主要表达男女之间的爱慕之情，其内容与其他侗族情歌相似，不同之处就是用侗笛伴奏，用侗笛独有的旋律表达；叙事歌主要是对美好生活向往的赞歌或对历史事件、人物进行描述；叹息歌则是指对生活中不尽如人意的事进行哀叹的歌种，这种歌通常在公共场合演唱。

龙额镇当地侗笛由美更村侗笛制作传承人杨红新制作，其制作工艺已达到一定水平。侗笛歌的代表作主要有《八月半》《伴花扬嘎》《宁道鸟或》《娘家好》《正主恰今》等多首歌曲。

侗族笛子歌的传承方式主要是口口相传，无文字记载。关于侗笛的起源，除侗族古歌中有“地平金富人造笛”外，在侗族叙事歌《祖公河上》中也有记载：在“苗娘（姑娘名）还不会打扮，银汉（男子名）也不会玩，年老的不会结亲家，姑娘们不会嫁丈夫的年代里，金转造芦笙，金烧造笛子……姑娘听了笛声跟着唱……”这就是民间流传有关侗笛和笛子歌的传说。明朝弘治《贵州图经新志》载：“侗人暇则吹芦笙、木叶、弹琵琶、二弦琴……以为乐。”到了清朝和民国时期，侗人

龙额镇美更村侗寨拦路歌

演唱笛子歌常见于文献之中。

侗族笛子歌主要流行的区域由山清水秀、自然风光优美的水口河、龙额河直至都柳江流域沿岸，这里沟壑纵横、山高水长、交通闭塞，故其民族风情浓郁、民族文化保存完好。这一带每年春节期间都要举行“侗笛歌大赛”，不论大人小孩，人人都会唱侗笛歌、吹侗笛。

侗笛歌优美独特、曲调悠扬婉转，在侗族地区广为流传，如今已延伸至黔东南的榕江县、从江县及广西三江县的大部分地区和龙胜县部分地区，湖南省的靖州县、通道县也有部分地区唱侗笛歌。

注溪山歌

天柱注溪山歌，又名注溪溜溜歌，是侗族北部方言区第二土语区的一种民间小调，广泛流传于以注溪乡为中心的贵州省天柱县与湖南省新晃县交界地带，涵盖湖南省新晃县的贡溪乡、中寨乡、三十里坡十八寨，以及天柱县的蓝田镇、邦洞镇、坪地镇等范围。

注溪乡属于清水江下游流域，交通便利、文化发达，“饭养身，歌养心”，这里人杰地灵，造就了勤劳智慧、温顺善良、能歌善舞的侗家人。由于北侗地区的侗民没有文字，智慧的侗族人以歌的形式记事、传情或倾吐疾苦、欢乐，用歌结伴交友、庆功贺喜，用歌叙述理想和愿望，用歌启人归正、披露邪恶，用歌攀比才智、消遣娱乐，用歌赞美新时代、新生活，用歌表达他们的审美观、宗教信仰和风情习俗，把唱歌作为他们生活中必不可少的情感表达方式和精神食粮。

山歌传承人与学生们

注溪流行溜溜歌，“溜溜”是衬词，“大歌”是指其气势在本地区众山歌中的地位。“溜溜歌”分为“母歌”和“子歌”，“母歌”（侗语：嘎多委）旋律（调子）只有一种，“子歌”由“母歌”发展延伸而来，旋律更加多变、自由，除了一首“母歌”之外，其余均为“子歌”。“溜溜歌”旋律悠扬，适时地加入不同的装饰音，更具特点与难度。演唱时不分地方和场合，从门前、屋边、席上到田野、山间，随处都可听到质朴而美妙的歌声。

注溪少年"溜溜歌"演唱

注溪"溜溜歌"的演唱形式有歌场对歌、男女对歌、男与男对歌、女与女对歌、独唱、齐唱、合唱等形式，属于中国民歌五声调式中的徵调式。歌词结构主要有四句式、七句式和衬词，节拍为 2/4 拍、3/4 拍、4/4拍、6/8 拍，音域多为 11 度，歌调分类多样化，有优美、舒展、细腻的玩山歌、高亢悠扬的山歌、热情好客的迎客歌、喜气洋洋的三朝歌等。注溪"溜溜歌"原生态特点浓厚；曲调优美舒畅；节奏自由而富于变化，可快可慢、可高可低，在演唱过程中有独特的演唱方法和丰富的表现力。

"溜溜歌"具有重大的文化艺术价值，目前天柱县人民政府已将其纳入重点歌种保护范围，并组织"溜溜歌"队参加县、州、省等各项大型歌舞活动，传承发展状况良好。

卷三 传统舞蹈

国家级非物质文化遗产

锦鸡舞

锦鸡舞是苗族芦笙舞中一种别具一格的民间传统舞蹈,发源于贵州省丹寨县排调镇境内,主要流传于苗族“嘎闹”支系中穿麻鸟型超短裙服饰的排调、也改、加配、党早、麻鸟、羊先、羊告、也都和雅灰乡境内的雅灰、送陇等苗族村寨,有“天下第一锦鸡舞”之称。

锦鸡苗背面

苗族锦鸡舞源远流长。关于锦鸡舞,在清代谢圣纶所著的《滇黔志略·贵州·苗蛮》中引陆次云《跳月记》云:“苗人之婚礼,曰跳月,跳月者,及春月而跳舞求偶也。载阳民侯,杏花柳梯,庶蛰蠕蠕,箐处穴居者,蒸然蠢动。其父母各率子女,择佳地而相为跳月之会。父母群处平原之上,子与子左,女与女右,分列于原荫之下。原之上,相宴乐,烧生兽而啖焉,操匕不以箸也;漓咂酒而饮焉,吸管不以杯也。原之下,男则椎髻当前,缠以苗悦,袄不迨腰,挥不蔽膝,挥袄之际,锦带而束焉;植鸡羽于髻颠,飘飘然当风而颤;执芦笙,楚六管,长有二尺——盖有六律,无六同者焉。女亦植鸡羽于髻如男,尺簪寸环,衫襟袖领,悉锦为缘。其锦藻绘逊于中国,而古文异致,无近态焉。联珠以为缨珠,累累绕两鬟;缀贝以为络贝,摇摇之翻两肩。裙细褶,如碟版。男反裤

锦鸡苗侧面

不裙，女反裙不裤，裙衫之际，亦锦带束焉。”从记载可知，锦鸡舞在清代就已在苗族地区广泛流行。

关于锦鸡舞，在丹寨县有一个广泛流传且至今不衰的传说。传说“嘎闹”支系苗族的祖先最先住在东方大平原上，后来迁到一个叫“展坳对社”的沙滩边居住，后因洪灾而沿江上行来到丹寨。在丹寨定居后，苗族的先民们一边开田，一边打猎充饥度日。由于在迁徙的历史进程中，美丽的锦鸡帮助先祖们找到了最后定居的丹寨，还为先祖们带来了稻谷的种子，帮助他们度过饥荒，并为他们创造了欢乐的飞歌，于是锦鸡便成了苗族人心中的命运吉星。于是，他们仿照锦鸡的模样打扮自己，并模拟锦鸡的求偶步态跳起了芦笙舞，尤其在每年的盛大节日时，他们都要举行隆重的吹笙跳月活动，敲击铜鼓、欢跳锦鸡舞及放牯子牛斗角，以纪念先祖和给他们带来自由、祥和与欢乐的美丽的锦鸡。就这样，锦鸡舞一代一代地传了下来，一直流传至今。

锦鸡苗族服饰（女装）绚丽多姿，保留着古朴典雅的民族特色，其银饰、绣裙都以美丽的锦鸡为审美参照，高绾的发髻形如粽子，光滑圆润，裙长10~22厘米，所挂的彩带有20多条，垂到脚跟。盛装时，头戴发簪，发鬓插锦鸡飞舞造型的银饰、银梳、银雀花等，戴项圈、银耳环、银手镯、银戒指等，上身穿3~5件短领对襟短衣，最外一件有银扣装饰，犹如一只美丽的锦鸡。

锦鸡舞以芦笙为伴奏乐器，多以特大号、大号、中号、小号等四支规格不同的芦笙为主要吹奏乐器，吹奏出特高、高、中、低等多音混合曲，其节奏有序、欢快流畅，音调委婉悠扬。锦鸡舞以芦笙曲为基调，分为怀祖曲、邀约曲、欢跳曲和散场曲等，一般是一套或几套芦笙吹奏，边吹边舞。表演舞蹈时，男性（少则三五人，多则二三十人）吹奏芦笙于前领舞，女性（以姑娘和中年妇女为主，其他女性也可以随意参加）排成一字长蛇队跟在后面，随着芦笙曲调翩翩起舞，舞步不断变化，时而缓缓前移，时而逆时针方向转圆圈跳，时前时后、时进时退，左右移动。以腰、膝的自然摇动为舞蹈的基本特点。双脚按芦笙曲调节奏变换出优美姿势，双手于两侧稍往外自然摇摆，表现出锦鸡的悠然漫舞，其舞蹈动作有三、四、七步不等，以四步舞为主、六步舞转身。以四步舞为例，跳四步舞时，起舞左脚

锦鸡舞（一）

先动，即左脚行向左侧轻迈一步，右脚随踏上靠拢，然后右脚向右迈一步，左脚向右踏上靠拢，又轮到左脚向左迈一步，右脚跟上，到第四回即用六步舞转身 180 度，如此往返，侧身相随围成圆圈缓慢前行，每跳一步双膝同时自然向前颤动，犹如蜻蜓点水，双手于两侧自然放置、悠然摇摆，人多时芦笙手在中间围成圆圈吹跳，女性在外围围成圆圈漫舞。

锦鸡舞（二）

苗族锦鸡舞的芦笙曲调丰富，有一百多首乐曲，演奏起来轻快流畅、优美动听，根据芦笙曲调的特点，可分为怀祖舞、邀约舞、欢跳舞和散场舞。怀祖舞是祭祖迎接、欢送木鼓时跳的舞蹈，整个舞蹈场面较为庄重，一般为一字长形，碎粼细步缓缓前移，多为左四步、右四步的四步舞，躯体、手、膝的扭动幅度较小、速度较慢，邀约舞的动作幅度稍大、节奏稍快，队员间距较大以便于参舞者选择适当空间进入，欢跳舞是整个舞蹈的高潮，有三步、四步、七步舞和向左向右翻转等，动作幅度较大，以易于服饰的展示和银饰的碰击，芦笙曲、银铃声、锦鸡服交相辉映，形成一种服饰、银饰展示会。散场舞有疏有密，参舞者不断变换位置，以寻找自己称心的舞伴，有的呈内外圆圈，内为女性、外为男性，舞步多为三步，舞者缓缓前行，称心的情人趁此时共同携手离开舞场。

锦鸡舞在传播的过程中已逐步演变，经文艺工作者的再创造，其舞蹈动作模仿大自然的锦鸡动作，有锦鸡觅食、嬉戏、展翅翱翔等，动作轻盈流畅、优雅自然，很受人们的喜爱。深闺人未识的锦鸡舞从山旮旯里走进了都市，从民间走上了舞台，从国内走向了国外，深受国内外艺术家的赞誉。20 世纪 80 年代，锦鸡舞被黔东南州歌舞团采编后带到意大利、匈牙利、南斯拉夫、奥地利和罗马尼亚参加国际艺术节演出,使西方观众惊叹不已;2002 年 10 月,锦鸡舞在"中国凯里国际芦笙节暨民族服饰文化节"上,获得了芦笙舞蹈艺术大赛一等奖;2007 年,在贵州省"多彩贵州舞蹈大赛"上,锦鸡舞获得了金奖;2008 年 8 月,锦鸡舞作为贵州代表节目参加奥运会非物质文化遗产展演,在北京参加演出期间,所到之处都受到观众喜爱和好评。

苗族芦笙舞(雷山县)

芦笙舞,是黔东南苗族等少数民族文化生活的重要组成部分。在黔东南苗族地区,村村有芦笙,寨寨有芦笙场,无论男女老少,人人都能跳芦笙舞,因此,黔东南有"芦笙舞之乡"之誉。其中雷山、榕江芦笙舞入列国家非物质文化遗产,凯里、榕江芦笙舞被公布为省级非物质文化遗产。

苗族俗语曰:"芦笙不吹响,谷子不发秧。芦笙一吹响,脚板就发痒。"自古以来,芦笙吹奏要配合舞蹈边吹边舞。榕江一带的苗族芦笙舞主要有如下种类。

(1)情感交际性"芦笙舞"。如榕江县苗族的"踩歌堂",苗族小伙子通常跳"芦笙舞"来表达对姑娘的爱慕之情。该舞曲子优美抒情,姑娘若喜欢跳芦笙的小伙子,便解下花带系在小伙的芦笙上,并和着小伙子吹奏的曲子一起欢跳。

(2)表演性"芦笙舞"。一般是在节日或集会上以比赛的形式进行,舞者以旋转、跳跃等高难度的动作和复杂快速的节奏进行比斗,芦笙手们一边吹奏,一边熟练地做出倒立、滚翻、吊挂、倒背、爬竿、叠罗汉等高难动作,灵活敏捷、稳健刚劲,场面时常喝彩连连、掌声阵阵。

苗族芦笙舞(一)

(3)集体自娱性"芦笙舞"。最常见的芦笙舞形式。舞时以几人或几十人持芦笙为舞队之首,众人尾随其后围成圆圈,首尾相顾而不相连,领舞者不仅带领舞队行进,还根据乐曲指挥变换各种跳法。芦笙队伍演奏的芦笙音乐丰富、乐声雄厚、气势磅礴、动人心魄，表现了苗族人民在节日喜庆中的欢乐情绪和追求幸福生活的美好愿望。

（4）芦笙独舞、双人舞。该舞旋律明快、节奏自由、技巧娴熟、引人入胜。多种类型的芦笙技艺，是黔东南富有民族特色的艺术奇葩，代代相传，永不衰退。

苗族芦笙舞(二)（陈沛亮　摄）

苗族芦笙舞表现形式主要有行进游动式、原地环形跳动式两种。行进游动式是芦笙队伍向离村寨三五里的芦笙堂出发时的长龙队伍，所有队员精神抖擞、英姿飒爽，犹如出征般威严整肃。作为先行的是精致标准而音量清脆的前导芦笙队，首先吹奏一曲动员的韵律，接着吹奏预备出发的旋律，随即中小芦笙、芒筒齐声合奏，吹奏者左右摇摆身躯，并启动脚步随节拍向前移动。按照传统组合队列长龙般徐徐向芦笙堂行进，按芦笙前导队、芒筒伴奏队、道具伴舞队、娘子伴舞队等顺序排成队伍。芦笙队出寨，要在三响铁炮鸣放后方能启程，在行进过程中路经或穿过客寨时，前导芦笙队要吹奏一曲“原地踏步”或“暂停前进”的曲调，然后吹奏一曲“借路通过”的恳求曲，客寨听到后，立即组织村民鸣铁炮三响或鸣火药枪迎送，芦笙队旋即吹奏一曲“告辞鸣谢”的曲调表示感谢后才继续前进。当芦笙队进入芦笙堂时，先导的小芦笙即换奏环形转堂的曲调，待尾队在堂内转满三圈后，前导芦笙队吹奏一曲休憩的曲调，全队便停下来休息，休息约半小时后，全芦笙堂的铁炮声、鸟枪声、鞭炮声和群众的欢呼声交融在一起，犹如一曲壮美的交响乐。待铁炮声、鸟枪声、鞭炮声一停，娘子伴舞队则另择宽敞的场地，跟随一对或两对雌雄芦笙吹奏者，随着低音的曲调节拍开始跳踩堂舞，其舞步是一步向后转一圈，用圆圈的步伐随着雌雄芦笙引导的节拍作环形前进，姑娘们听到变换动作旋律时，即将双手移到胸前拼成半环形围胸部左右摇动，舞步轻盈欢快，人人面带笑容，深情脉脉的眼神时左时右、时上时下，向周围人群投送着欢快的喜悦。姑娘们身上华丽的装饰，在婀娜多姿的舞步的颤动下闪闪发光、叮当作响，犹如“风动环佩仙人至”的迷人景状。原地环形跳动式芦笙舞则是在原地踩歌堂的环形中，以小芦笙为主导，大、中芦笙依次排成一个核心圆圈，道具伴舞队围绕环形圆圈组成第二个圆圈，芒筒队在外围形成第三个圆圈，各圈相距 1 米左右。小芦笙发出清脆的笙歌引导大、中芦笙吹奏起环形踩歌堂曲调，边吹奏边游动，由左边摆到右边，又由右边摆到左边，道具伴舞队随着边摆边舞，芒筒队原地不动伴奏，围观群众常在这如花似锦的笙歌、笙舞中陶醉。

苗族芦笙舞（三）（陈沛亮 摄）

雷山芦笙舞有芦笙词、芦笙曲和芦笙舞之分。芦笙词由“衬词”和“歌词”两部分组成。“衬词”是指每一首芦笙词都陪衬有一首口唱词（或称“口读谱”），人们一旦学会“口读谱”，吹起芦笙就容易得手，是一种传习方法；“歌词”是一种类似语句的芦笙音调，可以有筒音的表意功能，是一种“以乐传文”的“乐词”。芦笙曲是通过笙管音域的高低、运气的长短和嘴舌吐气的变化、强弱的有效控制，以高低不同声部的旋律线为纵轴，配以多声部的乐器组合，把节奏的缓急、停顿、持续、强弱以及谐和音的运用等组织统一起来，从而表达一定思想感情的曲调。芦笙常用和声音程有纯八度、纯五度、纯四度和大二度。芦笙舞曲内容可分为礼乐曲、叙事曲、进行曲、歌体曲与舞曲等，芦笙演奏与芦笙舞的形式可分为吹笙伴舞、吹笙领舞与吹笙自舞，前两者吹笙可以是 7 人、9 人、11 人或更多人。吹笙伴舞及吹笙者不舞或在场中小舞，周围男女群众层层环绕舞蹈，吹笙领舞及吹笙者在前边吹边舞，男女群体结队绕圈踏声舞蹈，场面蔚为壮观。吹笙自舞指小集体、双个或单个吹笙者用小芦笙表演，亦吹亦舞，舞蹈动作难度高、配合默契。芦笙舞蹈动作可概括为走、移、跨、转、立、踢、别、勾、翻等，动作表现或庄重肃穆、节奏紧凑、动作激烈，或轻松明快、活跃敏捷，因适用场合的不同而有异。

在雷山芦笙舞中，以南猛芦笙舞为典型代表。南猛的芦笙曲调有 50 多种，芦笙舞常用跳法有30多种，曲调和舞姿形式都来自于现实生活，富有生活气息。如"斗鸡舞""斗雀舞""斗牛舞"，即为现实生活中的斗鸡、斗雀、斗牛等动作的加工升华，表演惟妙惟肖、极有情趣，还有"滚山珠""老虎戏猪""溪边水车天天转""双人交换吹同跳"等难度大的民间芦笙舞技艺，民族色彩和地方色彩浓厚，动作频率高且难度大。表演者口吹足舞，随曲调的变化时而缓和时而激越，时而幽雅如舒云漫卷，时而腾挪如骏马奔腾；时而仰首时而快步激进，有时连连翻滚，有时倒立伸腿；还有借助芦笙曲调传情，鹊桥相会的"讨花带""秋波暗送"等，诙谐极致。

雷山南猛村是文化部1957年命名的"芦笙舞艺术之乡"，其芦笙舞在雷山县别具一格。1957年南猛村苗族芦笙艺术表演队队员杨炳福、杨炳芳受邀参加国家文化部组团代表中国到莫斯科出席世界青年和平联欢节，其古朴高昂的芦笙舞曲让外国人感受到东方苗族文化魅力，第一次把芦笙艺术带到国际舞台。1982年5月，该村女子芦笙队队员杨胜兰、杨胜春、王正春、余珍4人，出席内蒙古自治区首府呼和浩特市举行的"全国首届少数民族传统体育运动会"开幕式，以自吹自跳的崭新形式、别具一格的舞姿、洁白靓丽的服饰、神采飞扬的表情表演的"苗族女子芦笙舞"被誉为"苗岭飞来的四只白天鹅"；2001年在"中国凯里国际芦笙节"取得了第二名的好成绩；2010年在贵阳举行的"多彩贵州"原生态舞蹈大赛中获得铜奖；2010年5月参加文化部在广州市举办的第九届中国艺术节舞蹈比赛中获得"群星奖"。

反排苗族木鼓舞

木鼓舞（苗语称"Zuk niel"），主要盛行于贵州省台江县的反排村，是苗族族群规模隆重的祭祖舞蹈，是苗族舞蹈的精华和活化石，同时也是世界民族文化中的一朵奇葩。

反排木鼓舞是苗族舞蹈艺术中最著名的一种民间舞蹈，兴起于贵州省台江县反排村。"反排"源自苗语"方白"，意为"在高坡上的苗族支系"。反排村坐落在群山环抱的小山洼里，这里远山如黛、近峰青幽，寨边林木森森，是台江县的重要林区。村寨以踩鼓场为中心，正东面是反排鼓设的祭鼓山，安放着苗家人每13年过一次的祭鼓节的祭祖鼓，南、北、西三面是木楼建筑群，200多栋工艺精湛的木楼在幽静宽敞的山凹中铺排。一条清澈明亮的小溪从山上流淌下来，蜿蜒曲折地穿寨而过，河上架着两座沧桑老旧的风雨桥供村人憩息，溪水两岸稍为平敞的土地上，

反排木鼓舞(一)

错落有致地耸立着质朴典雅的平底木楼群,平底木楼群之上的小山头和山冲,修建着独具特色的木质结构吊脚楼,一座座,一排排,一层层,像打开的扇子一样从踩鼓场边延伸而上,鳞次栉比,一直铺到山口上或山冲里的树林边。这些木楼一般是三间三层,上两层住人,底层吊脚楼圈牲畜、放置农具。房屋枋勾榫接、穿梁转角,不用一钉一铆,淋漓尽致地展现了苗族传统手工技艺。屋顶上或盖着杉木皮,或盖着瓦片,传达出一种厚实古朴的神韵,令人为之倾倒。

关于反排木鼓舞有一个美丽凄婉的传说。在远古时候,反排村苗族的始祖放耶古及其部落原来住在东方,遭受其他部落的攻击,全族几乎覆灭,放耶古的儿子勇耶古和女儿仰妮耶古随族人余部逃到反排,过着野人般的生活。由于长年生活在深山里,劳动之余,兄妹俩常以虫鸣鸟叫为管乐,手舞足蹈自娱自乐。他们听了蝉鸣就学蝉歌,看见虫在水里兜圈也跟着虫转,见到蜜蜂飞舞也学蜜蜂舞蹈。有一次,他们听到啄木鸟发出"笃笃"的声音,节奏明快、清脆悦耳,遂缘木而上,发现此树原来已经空心,击之便能发出共鸣响声,于是将其砍倒制成木鼓,作为舞蹈的伴奏乐器。某个丑年,勇耶古和仰妮耶古为使失散的族人团聚,他们举行了斗牛活动,将斗败的牛宰杀来祭祖和款待族人,酒足饭饱之后,他们将平时在深山学得的舞蹈动作传授给大家,全族人狂欢舞蹈,庆贺团聚。反排木鼓舞由此诞生,每逢丑年就要大跳一次,这天必须宰牛祭祀举行盛大的节庆活动。现在反排村还供奉着两对传世楠木鼓,用以纪念勇耶古、仰妮耶古兄妹的"圣鼓"。

反排木鼓舞(二)

反排木鼓舞以鼓为乐点,舞随鼓点的变化而变化,鼓舞启、承、转、合结构完整,舞蹈动作简练、组合丰富且风格热烈豪迈,表现先民的生活场面和地理环境,叙述先民的由来。舞蹈采用递进方式逐步把情节推向高潮，每个情节层次分明、过渡自然，歌舞演员随着鼓点节奏并进，五体皆动，甩同边手、踏二四拍，舞姿粗犷奔放、洒脱优美，头、手、脚开合度大、摆动幅度宽，整个舞蹈动作模仿虫、鸟、鱼、兽、禽的动作，变化时动作粗犷豪迈、矫健敏捷、灵巧活泼，可谓是“开有鲲鹏展翅之势，收有雄鹰护窝之威，跃如猿猴攀越之捷，旋似鹞子翻身之疾”的气势。舞蹈时不分男女老少，都围着木鼓或一圈或多圈轮回转舞，也有部分人边歌边舞，以此助兴。

反排木鼓舞（三）

反排木鼓舞由“牛高抖”“牛扎厦”“厦地福”“高抖大”“扎厦耨”五个鼓点章节组成。“牛高抖”表现以前祖先由东向西迁徙时，跋山涉水、披荆斩棘、昼夜兼程的艰难历程，舞步为左右各跳一步，第四步转身；“牛扎厦”表示怀念领导迁徙的祖先，舞步为每跳四步至五步转身；“厦地福”是表示远方兄弟、亲朋好友欢聚的舞蹈，舞步欢快、跳跃，左右各翻四步；“高抖大”表现祖先定居砍伐山林、开垦田土、安居乐业，再用木鼓舞来追忆祖先，舞步为每三步一转身；“扎厦耨”表示怀念祖先踩虫、打猎生活的场景，舞步为各跳三步，上前一步后转身还原。这些舞蹈动作大都根据人的劳动姿态、动物的活动形象创造而成，其动作姿势有老鹰式、鹞子式、栽茄式、打猎式等，其特点是踏二四拍，用手、脚、胯于同一节拍进行同边甩，通过侧身顺走变化身体形态，要求头、肩、腰、臀各部间的动作均匀、稳定，在同一节拍中统一进行，使人体在不协调运动中达到高度的和谐一致。另外，整个舞蹈的鼓点采用单击、合击、交错敲击等演奏手法，鼓点错落有致、节奏明快，与舞蹈有机地结合在一起。

木鼓舞出现在族群全体参与的大型祭祀活动。木鼓作为族群的象征，以敲木鼓、跳木鼓为核心的祭祀活动充满了强烈的祖先崇拜、自然崇拜的寓意，具有鲜明的原始文化的特征，是苗族族群找到民族归属感的重要道具。历史悠久的祭鼓节的产生主要基于原始的万物有灵的宗教意识，几乎遍及苗族所有地区，在苗族人民的生产生活与民族认同中是一个非常重要的环节。

反排木鼓舞的舞蹈动作粗犷豪放、洒脱和谐、潇洒刚劲、激越豪迈、热情奔放，表现了山区苗族人民顽强的气质和生命力。1986 年，反排木鼓舞在全国第三届少数民族体育运动会上进行精彩表演后，名声大振；1990 年参加北京亚运会艺术节表演并应邀进入中南海献艺，受到江泽民、李鹏等党和国家领导人的亲切接见，轰动全国，蜚声海外。之后，反排木鼓舞表演队多次赴西欧、北美、澳洲、东南亚等地演出，其精湛的舞技深得国外友人的青睐，被誉为“东方迪斯科”。现在反排木鼓舞已演变为集祭祀与健身为一体的民族性舞蹈。

苗族铜鼓舞

铜鼓在古代有多种用途，既是乐器、祭器和礼器，又曾是权力和财富的象征，后来，铜鼓主要用于祈神、祭祀、治病、丧葬、娱乐等活动，用鼓声传递信息。苗族铜鼓舞（苗族称“究略高”），分为女性铜鼓舞和男性铜鼓舞，女性铜鼓舞活泼轻盈，男性铜鼓舞粗犷强悍。表演的舞步有 10 种以上，每种舞步皆节奏明快，场面热烈。苗族铜鼓舞以雷山县掌坳村最为有名。

铜鼓

掌坳，为苗语，意为生长八月竹的地方，掌坳苗寨位于贵州雷山县城南往榕江方向 7 千米处的山坡上，面临巴拉河，属大塘乡管辖，全村 176 户 700 余人口，全为吴姓苗族。掌坳以铜鼓和铜鼓舞闻名于世。铜鼓舞风格古朴、奔放热烈，男子跳舞强悍、豪迈，女子舞步轻曼、明练，跳铜鼓舞已成为掌坳的风俗，无论青年男女还是老幼妇孺，都能随着乐曲舞蹈。

敲响铜鼓——起舞

掌坳铜鼓有着悠久的历史。传说该寨的苗族先民们用七七四十九天的工夫,从大山中扛回一截有九尺长、七抱粗的枫木,将其抠通制成一个长圆柱形的大木鼓,用木槌敲击能发出各种清脆悦耳的声音,节奏奇妙。消息传出后,招来了附近各寨的男女老少,围着大木鼓欢跳狂舞,掌坳的鼓舞名声便传遍了雷公山周围的苗族村寨。清朝雍正时,派贵州巡抚张广泗拓建苗疆六厅,清兵来到掌坳,看到木鼓一敲就有人群聚集,非常害怕木鼓的声音,于是便把木鼓烧掉了。清兵撤离后,为了让鼓能久敲不破和便于保管,掌坳苗寨的先民们挨家挨户凑钱购置黄铜,冶铸了独具特色的铜鼓。掌坳寨的铜鼓重 29 斤,鼓身长 36 厘米,鼓面直径为 46.5 厘米,鼓面正中所铸的是一轮凸起的太阳,围着太阳的是 12 道凸显的光芒。连接太阳光芒的是一圈一圈的光晕,共为 9 圈,圈与圈之间还有一些图案相连。这 12 道太阳光芒,代表的是太阳普照大地哺育生命的光辉,它表示《苗族古歌》传唱中苗族的祖奶孕育的 12 种生命,都能在阳光下生存成长,生生不息。如今,掌坳苗族还保存着较完整的铜鼓演奏形式和舞蹈形式。掌坳铜鼓舞原始舞步有 12 种,流传至今 9 种,每种由 50 多个动作组成,其动作粗犷激越、刚柔相济,跳转结合,舞姿优美。

掌坳苗寨保存着两个传统鼓场,每个场地可容观众 2000 余人。掌坳铜鼓舞表演时,铜鼓架设在场地中心。敲击铜鼓的方法是:用绳将鼓侧的两只鼓耳系好,悬挂于铜鼓场中央鼓柱的挑手枋架上,悬挂的高低以方便击鼓手操作为宜。鼓手右手执鼓槌击鼓面,左手持小木棒击鼓的圆柱身部,鼓便有节奏地发出两种和谐的音响,犹如男女合唱,敲击时还需一名副手手提一只如木桶大小的协音桶,俗称回音桶,桶口对着铜鼓口,对每击一次的鼓点都来回“接调”和“送调”,鼓点的音量使鼓音变得雄浑悠远。正如《八寨县志稿》所说:“以

儿童铜鼓舞

成年铜鼓舞

绳耳悬之，一人执木槌力击，一人以木桶合之，一击一合，使其声洪而应远。”敲打铜鼓一般都有固定的鼓点、读法及呼喊声，由于群众非常熟悉这些鼓点和读法所包含的内容，所以鼓声具有“鼓语”的特点。鼓手执双槌棒击鼓点有专门的读法：“咚”表示右手击鼓心，“嘎”表示左手击鼓边，“的”表示双槌相击。例如“翻高豆”，意为“赶斑鸠”，舞蹈表现农民听说飞来的斑鸠正在刨出黄豆种啄食，于是骑着马来到田里驱赶斑鸠；又如“平冷潘拉冬高冬”，苗语意为“迎客舞”，表现主人以舞蹈欢迎客人的到来，据说此鼓点是受山林中啄木鸟“笃笃”啄木声的启发而编成的，客人到来时，主人和迎客者立于路边两旁，拍手欢舞，迎客人进寨。还有表现“获猎归来”“儿童放鸭”“捞虾”“捉蟹”，以及“吃牯脏”中表演的祭祀性“刀舞”等，都有不同的鼓点读法和苗语鼓词。

铜鼓舞动作主要来源于狩猎生活、农业生产劳动和对动物形态动作的模拟，如骑马、赶鸭、捕鱼、捞虾等。苗族铜鼓舞动作以胯部的扭动和上身的摆动为主要特点。铜鼓舞表演时，舞者人数不限，经常是越百上千围成几个大圆圈，合着铜鼓的敲击变化互相呼应，表演以日常劳动生活为内容的舞蹈。铜鼓舞舞步，有的如蜻蜓点水，有的如猛虎下山，有时飞步横跨，有时腾跃转身，手拍足蹈口中还发出阵阵“嗨嘁嘁，嗨嘁嘁”的声音。这些古朴粗犷的舞步来自生活又高于生活。如“鸡打架舞”，它表现的是现实生活中雄鸡格斗的姿态，反映苗族人民勇敢顽强、敢于拼搏的精神；“捉螃蟹舞”反映的是劳动之后为消暑而下河捉螃蟹的愉悦之情；“送鼓舞”反映的是节日即将过去，将铜鼓送回藏洞中存放，待来年过节再敲的依依之情；“集体舞”是一种以固定的男女青年围成圆圈队形而表演的舞蹈，队形有半圆形、一字形、纵形、交叉对跳、四方形等。铜鼓舞舞步矫健有力、舞姿粗犷灵活，动作幅度大，情绪饱满，跳至高潮时鼓手还常常伴以欢快的叫喊和激动的呼叫，充分体现了苗族豪放、朴实的民族性格和纯洁快乐的思想感情。

20 世纪 90 年代，《人民日报》载文将雷山县掌坳村誉为“铜鼓舞之发源地”；在 2007 年“多彩贵州”原生态舞蹈大赛中，掌坳铜鼓舞夺得了全省第三名；2008 年，文化部把雷山苗族铜鼓舞列入第二批国家级非物质文化遗产名录。

省级非物质文化遗产

苗族格哈

苗语的“格”，汉语义即芦笙，苗语的“哈”，汉语义即为瓢琴，“格哈”原意为葫芦瓢琴，因其外形像木瓢，后逐渐发展演变成为古瓢琴，因此，格哈舞又名古瓢琴舞、古瓢舞，民间也称“走给哈”或“跳给哈”舞。苗族格哈舞，流传于丹寨县雅灰乡的雅灰、送陇和排路三个村寨。

有专家称，苗族格哈舞是为纪念并祭祀葫芦兄妹繁衍人类而作的舞蹈。传说在远古时代，都柳江边苗族青年阿高精心栽种了许多葫芦瓜，谁知道一场暴雨整整下了七七四十九天，洪水成灾，死伤的人不知其数，阿高因抱瓜泅水捡回一条命，从此，阿高将葫芦瓜视为救命恩人，像朋友一样对待葫芦瓜。一天，阿高上山打猎，不慎跌到山岩下，瓜被砸成两半，失去了“伙伴”的阿高痛苦万分，他只能用半个葫芦瓜舀了一瓢泉水解渴，手的抖动使瓜瓤里的水发出咚咚响声，他随手捡了根树杈拨弄瓢中的水，水声哗哗，阿高十分高兴。自此，他每晚来到岩石边，用树杈横着在葫芦上拉来拉去，葫芦发出的咕咚响声寄托着他绵绵的思友之情。这声音吸引了寨里的阿黑姑娘，她天天在岩石后观察阿高的神态，并模仿阿高开心时踏跳的舞步。有一天，阿黑惊动了阿高，他猛一回头，见是一个美丽的姑娘，便被惊呆了，阿黑见阿高回头，忙从身上扯下一根飘带丢在葫芦瓜上，然后飞也似的逃开。阿高把花带分两条系在葫芦瓜上，再用树杈在飘带上拉时，声音变得十分优美动听……不久，阿高与阿黑相爱并成了亲，他们用半个葫芦作瓢

苗族格哈舞

舀水，半个葫芦作瓢琴，琴弦就是阿黑的两根飘带。此后，很多人都来向他们学习拉格哈琴、跳格哈舞，古瓢舞就这样世代流传下来。

古瓢舞因用古瓢琴伴奏而得名，每当春秋时节或重大节日，苗族同胞在优美的古瓢琴旋律的伴奏下，跳起欢快的古瓢舞。古瓢琴的制作是男子的事，苗族男子选取一段大约50厘米长的材质好的泡桐树或松树，镂空其中一端成瓢状，画上一条中轴线，然后用工具将木材掏空，多余的木材作琴把并盖上一块木板作面板，琴身短而粗，用一薄木片蒙在瓢形的木琴上制成共鸣箱，起到共鸣的作用。共鸣箱上绷上两根精心制作的牛筋为弦，以马尾或棕丝做成弓弦，裹上松脂而成，演奏时按照当地的语音，以手指压弦，每根弦发出四个音，符合当地苗语八个音调。演奏一首歌时按歌词的音调压弦，只要懂得歌词的人都能听懂弦音，即可按照弦音和领舞者（即拉琴领头者）的舞步起舞。古瓢琴既可用作男青年们舞蹈时手上的道具，也是古瓢舞中最重要的伴奏乐器。

格哈舞与古瓢琴

苗族格哈舞大多在每年农历四月上旬、农历九月十日的新谷节或其他重要节日中进行。是时，舞场以拉古瓢琴者为中心，女性围于内圈，男性围于外圈，边歌边舞。几个或数十个男给哈手身穿“百鸟衣”，在前面边拉边舞（领舞），女性头戴牛角银饰，身穿绣有龙凤的白羽毛花衣裙，按逆时针方向排成一字形翩翩起舞，舞步为每节三拍、六个音，左右脚各起三步，或各起三步后向左、向右翻转复踏，双手上下摆动于胸前，模拟各种生产劳动动作。其中模拟渔猎生活的舞蹈形式古朴典雅，动作朴素大方，充满生活气息。主要的动作名称有跳圆、格呆（踩步）、格吊（前后左右转）、格览（踩二胡路声调）、拼向（模仿鬼跳舞）等，演奏的舞曲主要有《邀约曲》《赞美曲》《欢舞曲》《生产劳动曲》（反映渔猎内容的）和《分别曲》等数十种。舞者根据格哈琴演奏的旋律而舞，不需任何编导，人人都能心领神会，而且各种舞蹈动作变化自如，祖先的舞步好像都刻画在他们头脑深处一样，能潜移默化地影响着他们的人生，并且成为他们的精神支柱。

由于苗族历史上的长期迁徙，人口与地域发生了重大变化，格哈舞几乎濒危失传。到清朝，苗族各支系还保留有格哈及格哈舞，但后来逐渐被芦笙所取代，在官方的汉文字记载中也多以芦笙代称，致使格哈及格哈舞得以传承的文化空间越来越小。现居住在雅灰村和送陇村等地区的苗族人民，由于长期居住在深山丛林中，交通闭塞，与外界交流甚少，其他民族的娱乐方式和文化也无法渗透进来，使得这种古老的格哈舞得以传承下来。据寨中老人称，一代代传承，至今已有 70 多代人。格哈琴艺人王学海说，其父辈小时候就看他祖父拉格哈琴、跳格哈舞，并教他们怎样跳格哈舞。20 世纪五六十年代，这两个村的中年男性基本上都会演奏格哈琴，进入 20 世纪后，随着电视在农村的普及，以及人们娱乐方式的改变，加上年轻人要入学和进城外出打工，现在会演奏格哈琴的年轻人已寥寥无几，格哈舞再次面临失传。现在文化部门正通过各种努力，保护前人给我们留下的这份难得的非物质文化遗产。

畲族粑槽舞

粑槽舞因舞者围绕粑槽边敲边舞而得名，是畲族人独创的一种古老舞蹈。该舞蹈集祭祀、娱乐为一体，主要流传于麻江县境内，相传已有 400 多年的历史。粑槽舞畲族语音称为“姑梦”，意为唱畲家歌或跳畲家舞之意，原始的粑槽舞是在老人去世、众族人为老人送终守灵时而跳，为老人在阴间驱邪驱鬼，后来渐渐演变成喜庆舞蹈。

据传，古时候畲族先人由远方迁来，居住在深山老林，环境恶劣，四周常有野兽出没，人们为了防止野兽的侵袭，得找一些能发出响声的东西来吓唬野兽。当时条件简陋，能利用的就是每家都有的用来打糍粑的粑槽，每当夜幕降临，人们就在居住的地方燃起一堆火，把粑槽反扑起来，用打糍粑的木棒舂击粑槽，人们围在火堆旁，随着敲击声且歌且舞，打发漫漫长夜。

跳粑槽舞前的祭祀　（聂凯华　摄）

后来人们又发现，取一节空木头，两头蒙上牛皮，制成牛皮鼓，敲击的时候，发出的声音更加浑厚、洪亮，人们就配以牛皮鼓敲击，随着火药的发明和应用,又以铁炮等配之。在长期的活动中,粑槽舞舞步不断推陈出新,舞姿完美,配上喇叭、芦笙乐器,形成了独特的粑槽舞。

冲粑槽原先是吓唬野兽用的,后来有人死了人们送亡人上路,要送一些纸钱,人们担心亡人路上被妖魔鬼怪所抢,在送亡人上路的葬礼上也舂粑槽,意为给亡人壮胆,让他大胆地走别再来"裹搅"活人,同时随着舂粑槽和鼓点且歌且舞,给丧礼减少一些悲伤的气氛,体现出了畲族人民对生死观的正确看待,他们认为有死才有生,把丧事称为"白喜"。后来的粑槽舞远远超出了远古的含义,逐渐用到祭祀、民族庆典、庆祝丰收等活动上,但其曲调与丧葬有区别。

畲族粑槽舞的相关器具有:粑槽,一种槽状木器,长约 1.3 米,宽约 0.5 米,高约 0.3 米;木鼓,用木凿空蒙上牛皮而成,长约 1.3 米,直径约 0.4 米,有鼓棒。鼓棒,多用硬木,长约 1.5 米,直径 0.07 米。

粑槽舞时的铜鼓乐 (聂凯华 摄)

跳粑槽舞主要分三个部分完成。第一部分是祭祖,先由一位巫师在跳舞的场坝边上燃香三炷、烧纸三张,口中念念有词,其大意是:"列祖列宗,某某人已去世,即将跟随你们而去,现在我们按传统习俗为他(她)跳粑槽舞,把他(她)送到你们身边……"将一个生鸡蛋放入粑槽内,由巫师执棍将其舂烂(当地人认为如不舂烂鸡蛋,则对跳舞者不利),最后将粑槽翻扑于地,跳舞开始。第二部分是跳舞,也是粑槽舞的高潮部分,由于跳粑槽舞是一项高强度的剧烈运动,参加跳舞的人员仅限男子,跳舞者(6 名)可轮换上场。击木鼓、铜鼓各一人(多为老人),舂击粑槽跳舞者 4 人(多为青壮年),舞蹈必须在木鼓的指挥下进行,打击木鼓有套固定的节拍,大多以口诀的形式代代相传,时而击鼓面时而击鼓身,击鼓面时,跳舞者用木棍舂击粑槽底部,击鼓身时,跳舞者用木棍击打自己左或右跳舞者的木棍。整个舞蹈分为上下各 12 小节,在每一节终了要按其节次绕粑槽转圈,同时以棍相击,舞到酣处只见棍棒翻飞、鼓声粑槽声震天、舞者大汗淋漓,甚为壮观。一般跳完一次需一个半小时,送亡人上山前还需再跳一次。第三部分是结束,最后一次跳完粑槽舞,舞者合力将粑槽翻回来,然后齐声说"公(太)得去了",意为死者已带着祝愿随着祖先而去,这时,死者方可被抬去下葬,整个过程结束。

粑槽舞主要以木鼓和铜鼓作为伴奏乐器,一般是在木鼓的引领和指挥下进行,

粑槽舞　（夏庆发　摄）

铜鼓只作协奏。木鼓与铜鼓各有一套固定的鼓点，大多是以口传的方式代代相传。铜鼓在畲族语里称为“雅钩”，击打铜鼓时一般分为12节，与一年12个月有着密切的联系，一节代表一个月，每节鼓点节奏与表达内容基本一样，只有个别章节有细微的变化。其鼓点口诀为：“可利可勒留立留立，可利和哟，和哟，和哟可，留立可利可，留立可，留立留立可利可……”据介绍，目前整个畲族居住的区域，只有宣威镇岩莺村保存有一公一母两面铜鼓，均属于集体共有，指定专人进行保管。畲族人使用铜鼓，除丧葬仪式外，春节期间也要拿出来敲击，以烘托节日欢庆的气氛。春节敲击铜鼓的鼓点与老人去世时使用的鼓点不一样，春节敲击的鼓点如今已经失传，只保存了老人去世时所敲击的鼓点。

畲族人没有文字，其历史变迁除了口传身授之外，多在粑槽舞等习俗上体现，因此，粑槽舞不仅是畲族人的精神纽带，也是畲族人信仰、价值取向的重要载体，具有不可替代的研究价值。粑槽舞以生活器具粑槽作道具，击声古朴、舞姿粗犷，该舞虽然限定人员，但只要是男子均可轮流参与，具有很强的群众参与性。畲族粑槽舞传承以口诀和身教传承为主，本族的人只要勤学、有悟性者均可学，多在聚居地内同族老少间传承。近年来，农村青壮年大多外出打工和城市化、工业化一同兴盛的各类流行文化的渗入，年轻一代的价值取向的转移，畲族传统文化受到强烈的冲击，处于失传的边缘。目前，跳粑槽舞的地区有麻江县的岩莺、营山、六堡三个村的某些村寨，参加的人大多是中老年人。主要传承人有六堡村的赵传亨；岩莺村的吴光台、吴光智、吴和方、吴和勇。

苗族板凳舞

板凳舞是黔东南苗族侗族自治州镇远、施秉、黄平三县一带的舞阳河流域苗族（俗称“高坡苗”）最喜爱的一种民间舞蹈，其特点是节奏热烈、舞姿变化不大而又饶具风趣,道具简便,参与性强。板凳舞内容健康、易懂易学,四季可跳,舞者少则三五人,多则几十人,不受场地和时间限制。苗族板凳舞一般在正月里比较盛行,亲朋好友拜年访客饮酒之余、微醉之际主客即跳起板凳舞以助兴。舞蹈属纯娱乐性,场面壮观、动作大方、节奏热烈,可称为苗族的狂欢舞。

板凳舞 （丁新成 摄）

苗族板凳舞的流传源远流长,其产生的历史缺少记载,多数苗族人认为,板凳舞与芦笙舞一样,萌发于刀耕火种的原始社会。相传很久以前,清水江的龙太子被望坡老人杀死,导致大地干旱,百草凋谢、五谷不生,于是,当地人请来三位德高望重的老人来到江边,分别用 12 个蛋、12 支香、12 坨粑粑供奉天神和龙王,向其赔罪,请求降雨人间,人们成群结队沿着江边祈祷。天上的姜央听到人们的呼喊请求便开恩下雨,然而雷公不理反而责骂姜央。为解除百姓苦难,姜央砍来竹子吹奏优美的曲子,雷公听后十分高兴,拿起两只小板凳敲打起来并不停地欢跳,雷公的板凳舞感动了天神龙王,于是给人间降下雨来。人间的人们兴高采烈,也拿起板凳跟着雷公跳起舞来。从此以后,板凳舞就在清水江一带和高坡上的苗族中流传下来了。

在苗族村寨,每逢“满月”酒、过春节等,酒后欢喜便跳板凳舞。跳舞的苗族妇女上穿对襟衣,下穿中短裙,每人双手各拿一只小板凳,边敲板凳边从场坝的两边跳向中央围成圈。舞蹈动作是:先出右脚向前,脚跟踩三下(有的地方只点两下),手中的凳子也敲三下(有的地方只敲两下),然后换左脚重复右脚的动作,节奏是 3/4 拍或 4/4 拍,之后队形变成两队面对面地跳,跳的动作和节奏如前,边跳边用手中的板凳相互撞击,以发出清脆悦耳的“嗒嗒”声。

板凳舞 （丁新成 摄）

跳舞时,舞者故意相

互踩对方的脚，屁股对屁股相互撞击，身上的裙子飞扬，妙趣横生，如此反复狂舞狂敲。跳舞中，谁的脚步错了或走错了队形就要被罚酒，喝酒后妇女人借着酒兴又狂跳起来，尽兴方休。板凳舞主人可跳客人也可跳，节奏可快可慢，全由舞者自定，热情好客的苗家人用他们这一独特的舞蹈表达他们的真情实感。

苗族板凳舞道具简朴，不受场地限制，酒后舞者取小板凳便可轻松起舞，板凳舞与酒相存，无酒不舞，是苗家人喝酒助兴的舞蹈。妇女们借酒兴而起舞，同时舞兴助酒兴，直到人醉兴尽，因此板凳舞又是苗族的醉舞。板凳舞是苗族妇女酒后自娱性的舞蹈，因酒兴而起，动作、力度较大，显示出粗犷、激扬、豪放的风格，表现了苗家人热情、豪放的性格。

黔东南苗族板凳舞表演形式大同小异。2006 年 9 月 16 日，黄平县苗族板凳舞表演队应邀参加"2006 中国・贵州黄果树瀑布节"开幕式大型文艺演出。

苗族踩鼓舞

苗族民间自娱性质的舞蹈"踩鼓舞"是年节、喜庆集会，尤其是农历三月"姊妹节"时必不可少的女子"鼓舞"。苗族踩鼓舞主要流传于中国历史文化名城——镇远的金堡苗族乡，全乡面积 179 平方千米，属苗族群众聚居之地，共有 10 个村，分 160 个村民组。踩鼓舞以爱河村为中心，辐射周边村组，在镇远县城西南 8 千米的涌溪乡也流行"踩鼓舞"。

镇远是苗族先民从中原往西南边陲第三次大迁徙的集结地，故保存有大量的苗族传统文化，其中踩鼓舞最引人注目。晨曦微露的春日下，苗家少女乘着劳动的欢愉，踏起自然的节拍轻轻起舞，青春的岁月本就饱含着淳朴的希望和欢乐，何况还有谁家少年在一旁不经意地相和呢！这样的情景在吴敬梓的《儒林外史》中有生动的描述，他在书中

苗族踩鼓舞(一)

将金堡称为“歌舞地”，踩鼓舞的影响可见一斑，编写于乾隆年间的《镇远府志》也有太平年间踩鼓舞参与大型娱乐活动的记载。

鼓为苗族先民祭祀活动必不可少的礼器，是娱人活动中的象征物，“踩鼓舞”也是如此。相传苗家先人央金在大箐山砍柴，听到密林深处传来阵阵清脆的声音，央金循声找去原来是“稿纠豆”（啄木鸟）啄树的声响，他回寨后就模仿那个节律敲鼓，寨中乡亲听到悦耳的旋律鼓点便情不自禁地围在一起舞起来，从此以后，聚会欢庆时人们总要合着鼓声围圈舞蹈，并在舞蹈时用模拟翻山越岭、前行后退、选择路线等来描述民族迁徙流变的历史信息，“踩鼓舞”由此产生。

每逢盛大庆典和节日，主办山寨选好踩鼓活动场，方圆几十里的亲友便纷沓而至。参舞者以场地中心的锣鼓为圆心，在鼓声节律中循逆时针方向踏步起舞，舞步稳沉而又激越、欢乐而奔放，苗家少女佩饰着华丽的盛装和银饰在阳光下裙袂飞扬，将苗家人豁达、率真的传统精神气质展现得淋漓尽致。踩鼓活动有大小型之分。大型活动通常在芦笙场进行，舞蹈人数不限，且可随时退场或上场参与其中，其间为助兴，舞前和舞中多有米酒相劝。妇女即兴在一旁飞歌，芦笙队在舞场外吹奏，芦笙与飞歌并不讲究与鼓点合拍，主要是起烘托气氛之用。在邀亲友小聚或本寨、邻寨青年相聚时，主要是以小型舞蹈相伴，尤其是宴饮过后，邀客人跳踩鼓舞更是不可缺少的礼仪。小型聚会舞蹈有更多的随意性与自娱性，常常是不拘形式地在院坝中、小草坪上击鼓欢舞。

苗族踩鼓舞（二）

“踩鼓舞”的舞步和鼓的节奏都有讲究，并相互对应。男女可交叉组队，背对面成圆圈起步，踏鼓点节奏，双手向外伸展快速向前走四大步，退台走四小步稳步，原地踏步转向 180 度然后又疾行上前，小步退回旋转 360 度，如此不断反复。舞蹈表现先民迁徙途中行军的情景，由年龄较大很有舞蹈经验的舞师鼓师执棒。舞蹈再现了农耕场面，模拟一系列农耕劳动作业，播种—插秧—薅秧—收割—挑谷入仓等，舞队有一系列动作变化，如舞者向圆心聚散，变圆圈为单、双排，手上的动作随之变化丰富。舞蹈音乐伴奏以锣鼓为主，双棒交替击鼓梆，重大喜庆节日也有芦笙参与伴奏，舞蹈有特殊的韵律，通常强弱节奏循环，舞者急步上前或退步，手往右再往左上扬,鼓点刚好落在韵拍上,形成奇特的变弱为强的节奏。

祭鼓本是苗族先民的祭祀活动,以娱神为主,金堡苗族踩鼓舞完好地保存了长途大迁徙的苗族的人文历史信息。同时由于苗族村寨深居山间、交通阻滞,人们来往不便,利用聚会可达到社交的目的,苗族“踩鼓舞”是大型社交场合最好的礼仪交流情感方式,在其后的发展中,娱人、自娱的作用逐渐彰显。中华人民共和国成立以来,金堡苗族踩鼓舞以极高的艺术欣赏价值为人们所瞩目。1959 年,金堡爱河踩鼓舞者田茂银等人,在贵阳参加全省首届民兵会演获一等奖;1964 年,金堡爱河踩鼓舞入选贵州省文艺队,经过贵州省文化局辅导老师的指导,在保留原始四方舞、六方舞的基础上又增加了丰收舞,使“踩鼓舞”有了较大的变化。现今,金堡爱河踩鼓舞深受镇远人民的喜爱,多次参加各种大型的庆典表演,该乡中小学已将“踩鼓舞”纳入课堂教学。

金堡苗族“踩鼓舞”的主要传承人有李万享、田茂银、田秀兰、田茂英、田茂兰、潘盛饧、潘应花等。现今,老艺人们年事已高,邀请他们参加活动的机会少,传承有日益淡漠之趋势,老人们相继逝去,年轻人亦渐失去对本土文化的深爱,再不加以保护,金堡苗族“踩鼓舞”将失去昔日的光彩,甚至慢慢被外来文化替代直至消失。

踩鼓舞上的鼓手

瑶族长鼓舞

从江瑶族瑶语自称“尤勉”,其“长鼓舞”是当地瑶族人民在长期的游耕、狩猎生活中形成的一种独特的祭祀和娱乐舞蹈,反映了瑶族质朴、浪漫的历史和文化,以及瑶族人民的个性和情致,是瑶族民间歌舞的典型代表。瑶语称为“播工”,是瑶民祖先独创、族内独有、相沿成习的传统民间舞蹈。

瑶族长鼓舞的历史渊源,文字记载可追溯到南宋绍兴二年(1132 年)颁发的

《十二姓瑶人过山榜文》,该文记载:“天子殿前,国王长衫大袖,长腰木鼓,斑衣赤领,琵琶吹歌。”瑶族民间流传:景定元年(南宋1260年)尤勉支瑶胞祖先渡海求生获盘王保佑而平安登陆上岸,获得安身繁衍,自此还愿盘王、祭祖“度戒”成了尤勉瑶族重要的宗教祭祀活动和习俗。又传尤勉瑶族上岸安居后,经迁徙辗转至今湖南江永县千家硐乡居住,明朝洪武(朱元璋)登基,偏听奸臣胡言乱语,认为“珠瑶”(尤勉瑶族在朱元璋登基前叫珠瑶)二字均为王旁,这个民族必定要与朱家争朝。“瑶民不滚,朝坐不稳”,于是朱元璋下旨先斩珠瑶,后斩朝中奸臣。瑶民在逃难前把牛角分成十二节,十二姓每姓一节,今后要认同一民族,就拿牛角来拼,如是拼成同一牛角就是瑶族。为了免遭追杀,有的在逃难中改叫板瑶,有的改叫过山瑶。至今,瑶族在“度戒”或“还愿”期间除了规定时间头饰戴角帽外,其余时间用帕子将头包似猪头(表示珠瑶),同时,角帽也挂七串珠子,这些都作为对祖宗根源的铭记。在文字记载与传说中,长鼓舞始终伴随着瑶族的迁徙辗转与生产生活,是瑶族所有祭祖活动和春节期间不可或缺的表演活动,一代一代传承,保存至今。

长鼓

长鼓按其形状分为大鼓和小鼓两种,小鼓亦称为短鼓或长腰鼓,长80~100厘米,鼓腰直径为4~6厘米,两端鼓面直径为8~12厘米;大鼓亦称为盘王鼓或母鼓,长400~500厘米,鼓腰直径50~60厘米,两端鼓面直径约100厘米。目前,从江县的瑶族村寨只有翠里乡的高华村保存有大鼓,鼓长500厘米,两端鼓面直径100厘米,鼓腰直径50厘米。长腰鼓主要用空心树作材料,以牛皮、羊皮或青蛙皮蒙鼓面。

长鼓舞

瑶族长鼓舞表演时,鼓手左手握住长鼓的鼓腰上下翻转,右手随之拍击,边舞边击,表演形式主要有多人合舞、4人合舞及双人合舞。多人合舞在春节期间跳,4人合舞和双人合舞主要用于祭祀活动,动作主要有迁徙、开荒、种地、砍树、造屋、制鼓、打鼓、祭祀等。

从江翠里“尤勉”瑶族长鼓舞表演，又有“播工”之谓，其动作大打72套、中打36套、小打24套，是祭祖和祭祀盘王时不可缺少的表演活动。

从江“尤勉”瑶族长鼓舞分单人舞、双人舞和群舞等类型。跳长鼓舞时唱专门的长鼓舞歌，其舞蹈动作与歌词大意一致，动作特征是粗狂、勇猛、奔放、刚强、雄劲、彪悍、洒脱，不管是跳、跃、蹲、挫或旋转、翻扑、大蹦、仰腾等动态，都表现了瑶族人民热情奔放、坚强勇敢的性格特征。

踩亲舞

跳踩亲舞是黄平县僅家男女青年春节期间在僅家芦笙集会上的主要娱乐活动，每年的正月上旬和中旬，黄平塘都、枫香、富桐、望坝、黄猫等僅家大寨都要举行盛大的芦笙集会，僅家踩亲舞是芦笙集会中青年男女们必跳的一种舞蹈。

踩亲舞又叫“踩姑娘舞”，动作既豪放又粗犷，既简朴又忘情，既轻柔又协调，特别是在相互认定“心上人”之后，双双就会把美妙的舞姿发挥得淋漓尽致，达到“醉山、醉水、醉人、醉心”的忘我艺术境界，是僅家青年男女在公共场合一种特殊的肢体语言和求爱方式。

踩亲舞起步

在芦笙会上，以双男双女或双男多女为一组，小伙们吹奏着小号的踩亲芦笙，于前自东向西沿着芦笙堂转圈，循环往复地随着吹笙节奏踏舞前行，身后跟随2~6个不等的姑娘随步踏跳。小伙们一边吹笙跳舞，一边趁侧身踏舞步之机，斜睨身后的姑娘，心里暗暗目测自己的意中人。若喜欢上的，为表钟情，小伙就用脚尖往某姑娘的脚尖上轻轻地踩一下，如果姑娘对小伙有好感，就害羞地用手朝他背上轻轻地拍一下，如果姑娘不喜欢该小伙，就装着若无其事的样子，不加理会。但跳踩亲舞的青年男女，并不仅限于情侣之间，因为它是僅家青年

踩亲舞之踩脚尖

男女社交活动中的交际舞,即使是不相识男女青年,同样可以同场舞蹈,一场舞下来,有的会成为朋友或者恋人。僅家踩亲舞是男女青年的美好向往,是对幸福生活执着追求的写照。僅家踩亲舞风趣幽默、雅俗共赏,不仅深受青年男女的喜爱,也颇受僅家男女老幼的青睐,每当青年们在集会上跳起这种舞蹈时,周围总围着不少老中年人为他们助兴。

踩亲舞具有固定的舞蹈排列方式、舞法和舞种,均是由男子在前面起舞,姑娘随男子舞步的节奏于后面踩跳,基本舞法为两步一退或五步三回头,同时兼左右轻踩姑娘脚尖、360 度旋转等,舞种有《小曲舞》《大曲舞》《新月》《送日舞》《猴子舞》《捉蚂蚱舞》《地雀展翅舞》《踩堂舞》等。

僅家踩亲舞作为鲜活的、丰富多样的文化资源,反映了僅家人的共同心理结构、思维习惯、生活理念等内容,规范着一个族群的生活方式、思想价值取向,能产生强大的民族凝聚力,促进民族共识和认同,这也是重要的社会和谐价值观。

踩亲舞

僅家踩亲舞具有广泛的群体基础,传承的群体性特征突出。作为贵州芦笙舞家族中最为独特的社交舞蹈,它伴随着僅家历史社会的发展而发展,与僅家的社会、经济、文化、制度、劳动、生活等息息相关,是僅家历史的活态记录。2012 年 9 月,该舞代表贵州省参加在甘肃省平凉市举办的全国第九届中国民间艺术节,以“主题鲜明、舞姿粗狂、热情奔放、舞态夸张、极富表现力”的好评而荣获中国民间文艺山花奖舞蹈大赛金奖——山花奖。

苗族水鼓舞

剑河县革东镇稿午村苗族“水鼓舞”是全国最为独特的水中舞蹈,是以祭祀祖先祈求风调雨顺、村寨平安的水、鼓、舞相结合的民族民间舞蹈。据口述资料并结合历史文献考证,水鼓舞已有不下五六百年的历史,被专家、学者誉为民族原始舞蹈的“活化石”。

起鼓仪式

水鼓舞苗语称“zuk niel eb”“zuk niel”意为踩鼓,“eb”意为水。它的起源有一个美丽的传说。传说很久以前某年因久旱不雨,有位叫告翌仲的老祖公在今天起鼓的地方挖井,不慎被倒塌的泥土掩埋,后来他托梦给子女说,这个地方很好,就让他在此长眠,子女们便带上香纸前去“坟”上祭奠,随后上天普降甘露,于是人们便在水沟里踩鼓庆贺,并相沿成俗。

鼓是苗族的“重器”,被认为是祖先灵魂的安居之地。大稿午村的鼓文化与邻近其他苗寨不尽相同——这里行的是没有禁忌的“白鼓藏”,而他寨多行“黑鼓藏”,有非鼓社祭之年不允许随便敲鼓、踩鼓等清规戒律。同时,在许多苗族社区传统观念中,还有春播至秋收之间不吹芦笙、不敲木鼓的禁忌,大稿午村则在其他社区禁笙鼓期间踩鼓,尤其是其将鼓与水结合在一起,在全国苗族中绝无仅有。

水鼓舞分为祭祀、起鼓、踩鼓、狂欢四个部分,现简化为起鼓、踩鼓两部分,“起鼓”仪式,即开幕式,这是水鼓舞的核心。

当天上午人们从“甘栋榔”(苗语,寨中一地名)开始“走寨”,之后聚集到村前

水鼓舞

的小溪边(即老祖公被掩埋之地)举行“起鼓”仪式。“起鼓”仪式庄重而神圣。首先是一老人右手拿刀左手提鸭,一边吟诵祭词,一边杀死鸭子,并把鸭血洒向四周以祭先人,同时众人焚香烧纸,顿时整个田野人声鼎沸,烟雾缭绕。之后,由两男子抬着木鼓置于小溪的中央,由一名鼓手两手各执一根长约50厘米的鼓棒,交替敲击鼓面和鼓身,众男子伴随鼓点在溪中一边踩鼓,一边拊水掷泥嬉戏,男人头戴斗笠倒披蓑衣,身穿当地女性衣裙,挂着干鱼,打扮夸张怪异,动作粗犷豪放,辅以踩、跺、跳跃、扭胯、摆手、转体、追逐嬉闹等原始舞蹈动作。“起鼓”仪式过去只有男子参加,现在妇女也参加拊水打泥巴仗或在河岸上唱歌助兴。敬过祖先,踩鼓舞蹈后便上岸喝酒娱乐,酒过三巡又到河中踩上几圈,又不时从附近田中抓来稀泥打起泥仗,喝酒吃肉、踩鼓、打泥仗交叉往复,直到酒酣人累,日渐西下,方才收场。13天后,再在村踩鼓坪中举行踩鼓集会,是时,周围数十个村寨的上万人穿上盛装前来踩鼓,三天后方散去。踩鼓时,木鼓旋转于踩鼓坪中央,由鼓手敲击,人们围而舞之。

水鼓舞的鼓点分为预备鼓点和起步鼓点,预备鼓点:嗒嗒嗒嗒 咚咚—/嗒嗒 滴答 咚咚—/滴滴答答 咚咚—三个小节;起步鼓点:咚 嗒 咚咚咚—/咚 嗒 咚咚咚—/咚嗒 嗒—/咚 咚 咚 嗒 咚咚咚—/咚 嗒 咚咚咚—/咚 嗒 咚咚咚—/咚嗒嗒—七个小节无限重复敲击。舞蹈动作先上左脚前两步退一步,重复四个小节然后踢左脚,转圈换右脚前跺两步退一步,重复四个小节然后踢右脚,无限重复。踩鼓队伍中,内圈多为姑娘和新媳妇,少则三五圈,多则七八圈,人人均着盛装,光彩照人。其次为穿着长衫的中老年人,外围则为身着家机布衣的青年后生。期间还有斗牛、赛马、斗鸟等活动,夜间歌声不断,老年人

水鼓舞——踩鼓

以古歌为主,年轻人则情歌声声,不绝于耳。

水鼓舞是苗族水文化、鼓文化、稻作文化、祖先崇拜文化的反映,具有全国唯一性、文化多样性、活动连续性、群众参与性等特点。2009 年 10 月代表贵州省参加第五届 CCTV 全国舞蹈大赛荣获群文组金奖;2010 年受邀赴加拿大国家博览会展演,引起国内外广泛关注。

苗族古瓢舞

古瓢舞是以瓢琴为伴奏的一种舞蹈,主要流传在雷山县达地乡的也蒙、古月等地苗寨,辐射到周边的丹寨雅灰、榕江摆贝等地,其中以也蒙最为著名。也蒙地处雷山县达地水族自治乡的东南角,与榕江、三都、丹寨毗邻,全村 70 多户,360 余人,全部是苗族,村子里男人会制作且会拉古瓢琴,妇女会跳古瓢舞,节日时着盛装百鸟衣,故有人称他们为“百鸟衣苗”。

古瓢琴舞渊源久远,《宋史·南蛮曲南蛮传》载:“一人吹瓢笙,如蚊蚋声,数十人联袂宛转而舞,以足顿地为节。”古瓢舞用古瓢琴伴奏而得名。古瓢琴用桐木雕成,状似家用水瓢,琴的面板有四个音孔,一根音柱,音柱由板面直插入共鸣箱内,古瓢琴既是男青年舞蹈时手上的道具,也是舞蹈中的唯一伴奏乐器。古瓢舞的特点是男子拉瓢琴伴奏妇女跳舞。古瓢舞一般是围着圆圈跳,由两个男子拉古瓢和四个以上的姑娘一起跳,更多的是人们围成两圈:年长的、小伙子在外手持瓢琴边拉边跳,姑娘在里踏着“踩歌堂”的舞步,两膝盖微带颤动,不论舞步怎样变化,姑娘的手始终是两肘弯曲架在胸腹前不停地上下左右移动,伴随扭腰、摇胯、转身等动作。舞步的变化是根据音乐的变化而变化,有二拍子、三拍子、五拍子、七拍子的,节奏是 2/4 拍、3/4拍的不规律组合,节奏多样,舞步有三步、四步、五步等基本步伐。三步舞是三步一转,直步前行,后退并左右换步;四步舞节奏明快,舞步变化鲜明,四步一转顿足变化,拉古瓢

古瓢琴表演(一)

古瓢琴舞(一)

舞者以上下起伏变化,女舞者双手于胯部成弧形左右摆动,快慢结合;五步舞以圆圈为形、以顿足来回走动、上前、退后,时散时聚,五步、六步为一转或退散。舞蹈队伍向右转圈,循环进行,可同时拉古瓢琴、吹芦笙在同一芦笙场上翩翩起舞,缓缓趋步向前,舞姿优美发人生情。当人很多时,小伙们就使出绝技,拉出花样琴声来,成为一个喜庆的潮点。主要动作是听着节拍跳的,花样都是古老原生态舞,有跳圆、格呆(踩步)、格吊(前后左右转)、格览(踩二胡路声调)、拚向(模仿鬼跳舞)、回舞(走五步退三步)等。

古瓢琴舞(二)

古瓢舞包含词曲,古瓢词是由"唱词"和"歌词"两部分组成,"唱词"是指每一首古瓢词都陪衬有一首口唱词,或称"口读谱",学会"口读谱",就容易拉古瓢琴。古瓢曲是通过两根弦音域以高低不同声部的旋律线为纵轴,配以和声的乐器组合,把节奏的缓急、停顿、持续、强弱,以及谐和音的运用等统一起来,从而表达一定思想感情的曲调,分为喊姑娘调、起步调、送姑娘调等。

古瓢舞源于苗民久远的历史生活,群体性、参与性特征突出,透露出苗族古老文化的深厚底蕴。2002 年 9 月贵州电视台《发现贵州》栏目组在也蒙村采拍的专题片播出后,这一藏在苗岭深山的古瓢舞像一朵绚丽的花朵绽放出诱人的清香,很快引起专家、学者的极大关注。

卷四 传统戏剧

国家级非物质文化遗产

侗　戏

侗戏是侗族文学、音乐、舞蹈的综合艺术，是我国戏曲中的一个独立剧种，产生于清朝道光年间，是在侗族民间说唱艺术“嘎锦”（叙事歌）和“嘎琵琶”（琵琶歌）基础上，接受汉族的戏曲影响而形成。侗戏具有鲜明的民族风格，是侗族人民喜闻乐见的传统戏曲剧种，盛行于黎平、榕江、从江等县侗寨及广西壮族自治区的三江和湖南的通道等侗族聚居地区。

侗戏表演

“侗戏鼻祖”是黎平县茅贡乡腊洞村的吴文彩。吴文彩（1798—1845 年）是清代嘉庆至道光年间腊洞有名的秀才和远近闻名的歌师，他在 29 岁被请到城里传唱侗歌接触汉戏后，便借鉴汉族传书《朱砂记》和《二度梅》的风格，在侗族长篇说唱叙事歌的基础上，以侗族山歌为基调，创作出最早的侗戏《李旦凤姣》和《梅良玉》，并设计了别具特色的闹台、引腔、上下句、过门、转台、尾声等一整套唱腔和器乐伴奏曲谱，以及“8”字形的表演动作，侗族从此有了自己的戏剧。随后，从江县（当时称永从县）的六洞地区侗族戏师张鸿干（1779—1839 年）根据侗族民间口传的叙事诗《金罕》改编成第一部侗族题材的侗戏《金汉列美》。

儿童参与的侗戏表演

在贵州黔东南黎平、榕江、从江

三县侗族地区,几乎每个侗族村寨都建有戏楼(当地侗族又称戏台),在从江县境内的330个侗族聚居的自然寨中,就有戏楼240座。现存最古老的戏台是高近戏楼,始建于清朝道光年间,距今已有160多年历史。古戏楼包括三部分:主戏台、厢房和看戏场。主戏台是演出的主场所;厢房布置在戏台两侧,属于达官贵人观看席;看戏场全用卵石铺镶成各种图案。这些融汇侗族古今文化,演绎人间万象的戏楼,成为当地文化内涵最为丰富的一道景观。

侗戏表演时的民俗

侗戏流传的剧目较多,来源也比较广。侗族广为流传的琵琶歌、民间故事和汉族故事,都是改编侗戏的素材,汉族戏曲剧目也经常被改编和移植成侗戏。根据侗族民间传说故事改编的剧目有《刘美》《金俊与娘瑞》等;根据汉族故事改编的剧目有《陈世美》《梁祝姻缘》等;历史故事剧有《吴勉王》《李万当》等;移植汉族戏曲的剧目有《生死牌》《十五贯》《白毛女》等;创作的现代剧目有《团圆》《一个南瓜》《杨娃》《好外孙》等。这些剧目故事情节与其他剧种的剧本大致相同,但基本的结构与格式按侗戏的特点编写。侗戏剧本词句生动,韵律严格,讲究尾韵、腰韵、连环韵,一出戏就是一首叙事长诗,与其他剧种比较,侗戏在这方面别具一格。

侗戏动作朴实、形式简单,剧曲独具一格。侗戏在形成、发展过程中,由于受贵州的花灯戏、湖南的阳戏和花鼓戏、广西的桂戏和彩调等的影响,其唱词十分讲究音韵,其尾韵统一、腰韵严谨,侗戏的主要曲调有平板和哀腔等。平板或称普通调,上下句结构,用于叙事性唱词,前有引子、起板;哀腔是由侗歌中的"哼歌""格以琴"等演变而来,节奏自由、旋律哀怨,适合表现悲痛的感情。此外,在有些剧目中,花旦或丑角还常采用侗歌、汉族民间曲调等。主奏乐器为二胡,还有牛腿琴、琵琶、月琴、低胡、扬琴等,打击乐器有鼓、锣、钹、小镲,但只在开台、催台及角色上下场时用以伴奏。

侗戏表演从最初的坐唱形式发展到二人转或二人台,后来又发展到多人八步表演和男女同台表演,二人转或二人台是常见和基本的表演形式。侗戏比较注重唱腔内容,不重表演,不像其他剧种那样讲究手、眼、口、身、步五法,除唱以外不注重做念打数功,基本上采用绕"8"字加说唱的传统表演形式,观众主要是听侗歌、听侗戏。从表演风格来看,侗戏的表演朴实,基本的舞台调度是两人对唱,每唱完最后一句,在音乐过门中走横"8"字交换位置,然后接唱下一句,如此反复至一段唱词结束,这时候如果场上有两个以上演员,便分组走横“8”字。侗戏的表演在身段、台步、手势等方面均与其他剧种不同,具有浓厚的侗族特点。侗戏的服饰、道具都是本民族的日常用具,有的只是在日常用品的基础上加以美化而成。侗戏的道白和演唱一般都用侗语,戏师们采取生活中有韵的语言进行加工提高,使舞台语言艺术化并与唱词的格律协调,因此侗戏中的道白与众不同,一般强调韵律。侗戏的表演具有朴实无华的特点,其表演技艺主要来自三个方面:一是侗族歌舞;二是从劳动和生活中提炼出来的表演程式;三是通过戏曲地方大戏剧种的演技演变过来的程式。

戏班的组织以鼓楼为单位,一般一个鼓楼一个戏班,属业余性质,一个戏班至少有十几个人,多的也有二三十人的,包括师傅、歌师、戏演员和伴奏人员,伴奏人员也可以上台当演员。原来戏班里没有女演员,后来逐渐改变了这一习惯。戏班除在本寨演出外也到外面去“走寨”演出,演出时间主要集中在春节、二月初二、三月初三、秋后或本寨的会期,活动方式有“尾夜”和“多夜”两种。“尾夜”是村寨之间进行联欢,旨在联络双方感情,演出时间一般从上午开始直到吃夜饭,散戏之后,戏班的小伙子们便与姑娘们去“行歌坐月”;“多夜”是以文艺活动为主的联欢形式,戏班不代表村寨,不必由头人带队。

侗戏演出分为“立坛请师”“开台戏”“正场戏”“送午饭”“下晚调”“喊加官”“打彩”等。立坛请师由掌簿师主持,在后台摆设案桌,摆上供品焚香念咒,请侗戏祖师爷吴文彩、张鸿干等师傅保佑演出顺利;开台戏相当于介绍正戏的故事概况,由二彩女唱开台歌;正场戏是演出剧目的主要内容;送午饭由姑娘们负责;下晚调是唱到天色将晚时二彩女唱一些谦虚词语,算是一种礼俗,不唱晚调的戏班被认为不知礼;喊加官是戏演到最后一天快结束时,由二彩女手持一块上书“天官赐福”“一品当朝”的红布条幅跳舞,当师傅喊“加官”时,彩女便将红幅亮一下,加官词先喊寨老姓名,然后依其声望和地位职业等选择适当美词加官。被喊加官的人都是事先按主寨寨老们商量好的,被加官的人必须准备好红包礼仪,礼仪多半包钱,也有包彩缎或戏服侗布之类,礼仪钱财多少不限,但人们尽力而为,因为谁都有面子,这是戏班唯一的“收费办法”。当戏班离开主寨必夹

侗戏表演场景

道欢送,姑娘们以自己亲手制的花带、鞋垫、毛巾、亮布等赠予戏班,戏班将接到的彩礼用竹竿高高挂起,路过村寨时还吹笙鸣炮以炫其荣。

侗戏是民族民间戏剧艺术的瑰宝之一,尽管发展缓慢但民族特色和地方特色鲜明,有深厚的群众基础。随着社会经济的发展,侗戏不断推陈出新,特别是中华人民共和国成立以来,涌现了继吴文彩之后茅贡籍的吴定国、赵永佳、吴远隆等一批在侗戏创作与编导上有新成果的后起之秀,他们创作与编导的《善郎娥梅》《孤独的王乔星》等一批优秀侗戏剧目,在州、省乃至全国都获过奖,曾登过高规格的舞台。目前侗戏在侗族民间仍十分活跃,侗戏发源地茅贡浓厚的“少儿学戏,青年唱戏,老人看戏”的文化现象,引起了国际及国内有关专家学者的关注。近年来在茅贡乡召开的中国侗族稻作与祭祀国际学术研讨会、中国少数民族音乐家协会第九届年会上,来自国内外的与会专家学者观看侗戏后都赞叹不已,称赞侗戏是“一朵夺目的民间艺术奇葩”。

由于侗族没有文字,过去戏师们全凭记忆把整出甚至数出戏记于脑中,再传授给演员,还有的则利用汉字记音,借用汉字把传统的侗戏记录下来。这种方式的脆弱性影响到侗戏的顺利传承,加上社会的变革和现代传媒发展的影响,侗戏传承已呈窘困之态。

省级非物质文化遗产

思州傩戏傩技

傩戏和祭傩是我国极古老的传统文化现象,属巫文化范畴,其产生与原始崇拜和信仰有极大关系,其以巫术的形式在人神之间建立起沟通的渠道,借以驱逐邪恶。尚寨乡傩戏是土家族与其他民族文化相融合而又独立发展的一种文化娱乐方式,是当地人据远古楚人之巫乐、祭祀,结合本地风俗习惯、农耕生涯、生老病死、喜怒哀乐情况,独自形成的祭神戏剧。《镇远府志》记载:明代“俗尚鬼”“疾病不服药,唯祭鬼神而已”“七月七日祭先祖甚敬”“得兽祭鬼”“得钱则祭鬼而后食”,其中迎神是祭傩的表现形式。土家族傩戏至今仍然流传在贵州省镇远县尚寨土家族民族乡一带,对相邻的岑巩县边沿地带亦有影响。

20 世纪 80 年代，岑巩县对思州傩戏傩技进行全面调查时，获取了一份古籍抄本《历代名师录》，其记载："周法兵，生于西晋太康七年（286 年），死于东晋太和二年（367 年），建武元年（317 年）于江西玄武威灵学武朝佛。后来引用朝中喜傩神来思州，并创立傩愿叫'冲傩喜傩神'；吴法仙，生于宋神宗元年（1068 年），死于宋高绍兴元年（1131 年），后前居思州龙鳌河军屯。元祐年间到河南开封学武朝佛，回思州创立侗族'喜愿''跳鼓愿''老鹰愿'；龙法贵，生于明嘉靖二十四年（1545 年），殃于万历四十一年（1613 年），万历初年到湖南麻阳学武朝佛，返回思州不久创立了苗族傩愿'童子愿'；杨法明，生于元世祖二十四年，殃于元至顺三年，古思州小鲁溪人，大德年间于山东泰山学玉皇教，回来后创立了侗族傩愿'祭祖愿'。"由此可见，思州傩戏傩技源起时间最早约在东晋十六国咸康初年。

傩戏表演（一）

思州傩戏傩技的整个表演活动，可分为法事表演、傩技表演和正戏表演。

法事表演：喜傩神表演通常要先布置傩堂，本地人叫"铺堂挂彩"，傩堂一般设在还愿主东家堂屋或院子内，不搭高台，只搭五个桌台，即"八宝仙台""对台""五猖台""锣鼓师台""香炉师台"，主要供奉傩神爷伏羲、傩神娘女娲，同时供奉道教、佛教诸神及一些名不见经传的地域神祇，傩堂还绘制神图、八卦符文、幡、旗、图、楹联、吊联、刻剪纸人、纸马、神兽、纸花等。祭祀活动开始后，先由锣鼓师打起锣鼓，香炉师点燃香纸，再由法师身穿经法衣，头戴三清帽，摇师刀、舞牌印，念请诸位神圣入傩堂，再"开光点相""架桥迎兵""立楼扎寨"等，以傩坛掌坛师单人开展说唱、舞蹈表演为主。

傩技表演（二）

傩技表演：在整场法事表演中最有特色和代表性的要算傩堂"特技表演"，如"上刀梯""过火海"等几十种；上刀梯是傩艺人赤手赤脚在数丈高的刀梯钢刀锋刃上自如攀登，还可表演"朝天一炷香""倒挂金钩""悬星挂斗""青蛙跳梯"

“背崽上刀梯”等花样；过刀桥是傩艺人赤脚在装置有数十把钢刀和刀桥刀锋刃上走动，可踩横刀、踩顺刀、走双刀、走单刀等，还可手提、肩挑重物自如通过；脚踢钢刀是傩艺人赤脚将插在木板或地上的锋利的钢刀一脚踢到数丈远之外。

傩技表演（三）

正戏表演：喜傩神供奉东山圣公为红脸、笑面的古代伏羲氏，在傩堂上称为“傩神爷”，南岳圣母为白脸、慈面的古代女娲，在傩堂上称为“傩神娘”。戏剧中的其他角色有：报子，是出场报信息的人物；赶牲，又叫秦童，专做猪生意，长相滑稽，鼻斜口歪、双眉紧皱，好似万般苦衷在心中，是生活艰辛的下层人民的写照；八郎，忠厚老实神态，脸色蜡黄，也是个下层的清贫之人；开山，头生一对鹰勾角，额宽鼻高，狮子口、圆鼓眼，一对虎獠牙外露，一副威武雄姿像，手拿一把大斧，力大无穷，行动粗鲁、朴实憨厚，是喜傩神中的主要人物。此外，还有小鬼、打卦、铁匠、仙锋、土地、笑和尚、瘪口龙、春官、判官等角色。喜傩神的全部表演法事程序有 30 场，正戏有《跑报》《赶牲八郎》《开山》《搬山锋》《笑和尚戏仙峰》《梁山土地》《判官审案》《春官贺喜》等。

思州傩戏傩技的傩愿活动具有封闭型的定时、定点、定向活动的特点。定时，一是傩愿活动一般在农历九月重阳至次年清明节前的农闲时期进行；二是傩戏演出须在规定的开箱时间（农闲期内的吉日）内进行；三是指傩愿活动少至一天，多至十天半月，一般为三天三夜。定点，不可在任何公开场所随意演出或作商业性演出，而是在指定的本傩戏愿脚姓氏人家开展活动。定向，以还愿人家所指定愿脚的法事祭仪为主，参与娱神娱人的歌舞戏剧表演内容，目的是祭祖、驱邪、祈福免灾。

作为一种古老原始的文化形态，思州傩戏傩技在人类历史的文化轨迹中占有重要的一席之地并无法替代，无论是傩技表演还是傩戏表演，都有其独特的审美价值和意蕴，因而思州傩戏被人们誉为“世界上最可宝贵的文化遗产”。

思州傩戏傩技创立至今已有 1500 百多年的历史，在众多的傩愿脚中是最早创立的一个，现查实有记载的传承人有：曾祖太婆杨氏、曾祖太公周法雷、曾太公周法煊、太公周法旺、公周法能、周法明、周良中等。受经济利益影响，许多傩艺人纷纷外出打工或改行，古思州傩艺人正在逐渐减少，目前岑巩县境内现仅存傩 3 个、掌坛师 3 人、傩艺人 20 人左右。随着老一辈傩艺人相继去世，一部分特技表演项目、剧目种类正在逐渐消亡，思州傩戏傩技面临着后继无人的尴尬局面。

阳 戏

天柱阳戏是流传于天柱民间的一个剧种，主要分布在渡马乡江东寨、度慕，凤城镇润松、老寨，邦洞镇岩脚寨、血团寨，石洞镇汉寨、大坪，地湖乡吴家寨等地。阳戏班最盛时曾有50余个。

阳戏《返乡》（蒋加林 摄）

流经天柱的岔处、远口、白市、瓮洞的清水江沿岸有木商、布商等商人创办的“湖南会馆”“贵州会馆”“福建会馆”等会馆及“杨公庙”等庙宇。会馆既是经商的联络地，又是文化交流的桥梁纽带；庙宇是商人祈求平安的地方，也是商人观看及演唱阳戏的休闲之所。通过清水江和沿江的会馆、庙宇，阳戏于清道光年间由湖南黔阳传入天柱瓮洞关上，至今已有170年的历史。

天柱阳戏传统剧目有60多个，改编剧目20余个，新编剧目近30个，总计120个。其传统剧目内容为颂扬自由爱恋、抨击封建礼教、宣扬善恶有报、揭露假丑恶、披露人间苦情，也有少量内容不健康的剧目，新编的戏多为歌颂新人、新事、新风尚的内容。传统阳戏剧目有《打菜》《南桥会》《刘海砍樵》等。剧目多为民间故事题材，剧中人物一般2~5人，角色分生、旦、净、丑，个别剧目只有生、旦两个角色。乐器20余种，以情论调，有喜、怒、哀、乐调；以角色论调，有生、旦、净、丑调；以场记论调，有出场、进场、过场、文场、武场等调。

阳戏《南山耕春》（蒋加林 摄）

天柱阳戏乐曲声腔独具地方特色，演唱时以剧中人物的情绪所需而运用其声腔曲调，乐曲多为上下两句加间奏的多次重复，绝大部分调子系中国五声调式，亦有少量调子系七声调式。若以情绪论调，则有喜、怒、哀、乐的曲调；以角色论调，有生、旦、净、丑的曲调，以场次论调，有出场、过场、进场、文场、武场的曲调和锣鼓点子。除哀调和阴腔外，曲调大多明快流畅，有的曲调近似花灯调（谓之“阳戏夹花灯”），有的曲调中带有湖南花鼓戏调子中的乐节，声腔中含有清水江边酸汤话和湖南地区湖南话两种方言音腔。阳戏曲调近30种，主要有“喜调”“苦板”“四字调”“六字调”“七字调”“开四门调”“杨柳调”“阴腔”“正工调”“流水调”“散板”“补缸调”“踩堂调”“出场调”“过场调”“人场调”“武打调”等曲调。南部方言地区的侗戏，有的曲调与天柱阳戏曲调相同。

阳戏《打菜》（蒋加林　摄）

阳戏伴奏人员一般5～8人，乐器有民乐二胡、大胡、京胡、唢呐、竹笛，打击乐有大（小）鼓、中（小）锣、中（小）钹等。锣鼓点子较多，主要有“闹台锣鼓”“出场锣鼓”“过场锣鼓”“人场锣鼓”“收场锣鼓”“文场锣鼓”和“武场锣鼓”。打击乐与伴奏乐器或齐奏或交叉使用，行唱时打击乐多停止，而在间奏时与乐曲同步伴奏，出场、过场、进场、收场均与音乐伴奏交相辉映，突出的武打场面只用打击乐烘托其气氛。

天柱阳戏班组织不跨村、不跨寨，一般以一个村或一个寨组成阳戏班，戏班一般由18～20人组成，以在本村、本寨自娱自乐演出为主，有时应邀出村演出。演出形式灵活多样，不择场地，戏台、场坝、楼堂均可演出，布景、道具简单，不需幕布吊挡，演出不分场不换景，“台上千条路，万种物；左手招风风即到，右手招雨雨即来”。

目前，因多种原因，天柱阳戏仅有30名左右阳戏师傅，大多年岁较高，仍有三五个阳戏班队在开展活动，需要扶持和保护。

思州喜傩神

贵州岑巩县，古名思州。思州喜傩神因流传于古思州治地而得名，是中国傩文化事项中的众多愿脚之一，是以驱邪逐魔、祈福消灾为内容的一种原始宗教祭祀活动，也是集祭、技、歌、舞、乐、戏为一体的群众喜闻乐见的综合性群众文化活动。

思州喜傩神历史悠久，文化内涵丰富。据《师门会兵科》《道门会牲科》等古籍记载：喜傩神始创于永寿元年，即东汉桓帝永寿元年（155 年），距离今天有1800 多年的历史。在 20 世纪 80 年代，岑巩县文化部门对思州傩戏进行全面普查时，思州《历代名师录》手抄本上载：周法兵，生于西晋太康七年，死于东晋太和二年，他在建武元年到江西玄武威灵学武朝佛，后来引用朝中喜傩神来思州，并创立侗族傩愿叫“冲傩喜傩神”。

喜傩神面具

思州傩戏，源于江西、山东、河南、湖南等地，属江西、山东的玉皇教，河南的开封教及湖南的麻阳教，在三教基础上，思州治地内各民族根据自己的民俗，针对家宅不宁、人畜不旺、久婚不育、怪异作祟、家有重病、久病垂危、偷盗奸淫、行凶诈骗等问题以及进行求祥祈福等，创立了各种民族姓氏的傩愿脚。有如周法元在明洪武年间创立了仡佬族“白虎愿”，苗民龙法贵在明万历年间创立了苗族傩愿脚“童子愿”，吴法仙于元祐年间创立了侗族傩愿脚“喜愿”“跳鼓愿”“老鹰愿”等。古思州治地各民族创立

喜傩神表演（一）

了个民族姓氏的傩愿脚有110多个,至今广为流传的有43个愿脚。

思州喜傩神的整个表演活动可分为法事表演、傩技表演和正戏表演三大部分。法事表演之前通常先布置傩堂,当地人称“铺堂挂彩”,傩堂均设在还愿主东家的堂屋或院内,搭五个桌台,即“八宝仙台”“对台”“五猖台”“锣鼓师台”“香炉师台”,各台上主要供奉傩神爷伏羲,傩神娘女娲,道教、佛教诸神及一些地域神祇。傩堂还挂绘制的神图、八卦符文、幡、旗、图、楹联、吊联、刻剪纸人、纸马、神兽和纸花等,把整个傩堂装点得庄严肃穆且五彩缤纷。祭祀活动开始,先由锣鼓师打起锣鼓,香炉师点燃香纸,掌法师身着法衣,头戴三清帽,摇摆着师刀,挥舞着牌印,念请诸位神圣入傩堂,然后逐一按照“开光点相”“架桥迎兵”“立楼扎寨”等程序进行,喜摊神的全部法事表演程序有30多场。

傩技表演是傩堂祭祀活动中最具特色的表演,颇有几分神秘的色彩。傩技表演有上刀梯、过刀桥、踢钢刀、踩红犁、过火海、开红山、喊竹和水上追魂等20多种。如“上刀梯”傩技表演,即傩艺人赤脚在排列数十米高的刀梯上自如攀登,表演“朝天一炷香”“倒挂金钩”“悬星挂斗”“青蛙跳梯”“背崽上刀梯”等花样。

正戏表演,喜傩神的正戏表演的内容最丰富,也最具地方特色。戏剧中的角色有报子、赶牲、八郎、开山、小鬼、打卦、铁匠、仙锋、土地、笑和尚、瘪口龙、春官和判官等一系列人物。正戏有“跑报”“赶牲八郎”“开山”“搬仙锋”“笑和尚戏仙锋”“梁山土地”“判审案”“春官贺喜”等9场。

思州喜傩神相关的器具有傩面具,俗称“鬼脸子”或“木脸壳”。在喜傩神的9场正戏表演中,共有14个不同性别、职业、形象的神,每一个神都有固定的面具,在他们当中,有的眉开眼笑,有的怒发冲冠,有的头上长角,有的鼻歪口斜,有的龇牙咧嘴,有的轮睛鼓眼,尽显千姿百态,形象栩栩如生。这些面具,有的比人头稍大,最大的面长25厘米,面宽15厘米;最小的面长15厘米,面宽13厘米。傩面具的制作,即选择当地最好的水杨柳或乌柏树为材料,经取样、画形、挖瓢、雕面、打磨、油炸、上彩和开光8道工序精制而成,均为立体空心浮雕,工艺精湛,为研究我国古代工艺美术提供了宝贵的物证。傩堂中常用的道具还有雷印、牌印、尺牌、竹卦、长纸钱辫、朝筒、马板、笔加、

喜傩神表演(二)

大红笔、大钺斧、竹马鞭、大蒲扇、杀猪刀、刀梯、净水、铧犁、耙齿、钢圈、油锅、铁链、钢刀、草席和祖师棍等。

喜傩神表演(三)

思州傩戏人物的表演服装都很朴实和生活化。正戏人物着青、白、蓝大襟长短衫,红布头巾,红围腰或五彩裙,法师着红色大襟衫,头戴官匝。傩戏表演使用锣、鼓、钹打击乐器,外加号角和师刀,在进行法事表演时,以师刀、号角伴奏为主,在进行正戏表演时,则以锣、鼓、钹为主,师刀、号角为辅。音乐唱腔多数以人物命名,如有"法师唱腔""报子唱腔""开山唱腔"等,这些唱腔来源于民间山歌、酒歌和庙堂音乐,锣鼓伴奏音乐绝大多数采用民间传统曲牌"三棒锣""幺二一""南佛锣鼓""鸡拍翅""龙王闹海"等 30 多种。

据调查统计,岑巩县境内有傩戏班 102 个,每个傩戏班 3~5 人,其组织形式有两种:一是以家庭成员组班,一是以家庭寨友组班,以利于法事、保密、传授等方面的活动。傩戏活动范围相对狭窄封闭,不走乡串寨不随意公开表演,不计演出报酬,每年的重阳节至次年清明节前为傩戏活动演出时间,表演时固定在东道主家,历时 3~7 天不等,最长的演出达 15 个日夜。

自古以来,思州喜傩神作为一种古老原始的文化形态在人类历史发展的轨迹中占有重要地位,与人类学、历史学、考古学、民族学、语言学、民俗学和美学等学科都有紧密的联系,具有重要价值。

镇远土家族傩戏

镇远土家族傩戏是该县尚寨乡一带土家族民众据远古楚人巫乐、祭祀之俗，结合本地风俗习惯、农耕生涯、生老病死、喜怒哀乐等情况，独自形成的祭神戏剧。

面具供奉　（李勋　摄）

尚寨乡位于镇远县城北部偏西，距县城48千米，总面积75平方千米，全乡总人口7200余人，其中土家族占93%。尚寨乡傩戏主要有三种形式。

一是尚寨地戏，源出明代卫所军傩。明代镇远设246个军屯，盛行军傩，当时主要演武戏，剧目多是杨家将故事、三国故事、说岳故事，歌颂勇武忠臣保家卫国的精神。随着战事消解，所有的战鼓一下子停了，豪气冲天的战士为排解那无边的孤寂，于是将消遣、怡情、养气一并付之于军傩，在舞台上，风吹旌旗发出猎猎声，军士们尽情地展现着少年的侠气、满腔的热血。尚寨地戏还结合时势演出时代英雄和事迹，虽然也是裹着面具，但内容是新的，有唱词、有对白、有动作，随着剧情发展，锣鼓齐鸣，演员（法师等）翻上翻下，挺枪跃马，甚为壮观，表现了一种爱国主义精神，同时也褒扬了尚武习俗。

场地表演　（李勋　摄）

二是尚寨愿戏，也称为“喜傩戏”，源于尚寨土家族的一个特殊习俗。尚寨土家族人民有个习俗，他们为了实现自己的愿望，常常对上苍祈愿，“老天保佑我实现这个愿望吧！我一定要唱出大戏来答谢您！”日久天长，愿望实现，便要唱戏答谢还愿，因此此戏称为愿戏。愿戏在世代相传的过程中，逐渐与道教结合，因而带有更多的神秘色彩。愿戏戏种主要有傩愿、魈愿、半魈半傩、竹愿、请傩神等，主要乐器是锣、鼓和钹，演奏起来声音和谐悦耳，激昂而悠扬，每场演出人员无定数，最少一人最多四人。演出时，锣鼓师配合众人帮腔，演员头戴各种奇形怪状的彩雕面具和奇特的戏装，扮演各种角色。现在尚寨土家族傩堂愿戏的面具有一百余种，雕刻精细，形态夸张、古老奇特。愿戏的曲调含有很浓的楚民歌风味。舞蹈动作古朴明快，主要有跑跳、缩腿、手腕挠花，身体以倾斜、弯曲为主，既有生产生活动作的模拟，又有拳术动作的舞姿。演出时间也不确定，视还愿者经济力量而定。表现内容有铺堂、打山场、迎圣下马、开光点灯、架桥、迎宾等30场法事和正戏。土家族傩堂愿戏与傩祭傩舞密不可分，既有不少神秘怪诞的巫坛祀神法事，娱乐成分也占了相当大的比例。演出时，演员任意诙谐、精练、幽默的插科对白往往令人忍俊不禁，不时还有帮腔。愿戏常常让人捧腹大笑，连孩童都能听懂，把神秘的还愿变成了人人都可以接受的大众文化，深受群众的喜爱和欢迎。

舞台表演　（李勋　摄）

三是尚寨苗屯傩戏。苗屯距尚寨几千米，原是镇远卫的一个屯，苗屯傩戏有木雕人物脸谱面具、服装、道具，还有汉字记录下来的剧目唱本。演出时边唱边翻唱本，踩刀梯、踩烧红的铁铧口、手下油锅捞东西，其时有唢呐芦笙伴奏，在危险演出中却有一种轻松的气氛。苗屯傩戏内容有游地狱、说是非、送神、求子、治病、撤楼、游五更、开硐、翻案、解灾、敬神、敬祖等一切与生活有关的祈祷。在表现手法上，集中了舞蹈、唱词、对白、打击乐和管乐等。经过代代相传，现在尚寨土家族乡仍有部分传人，较为完整的傩戏剧本保存在丰收村苗屯刘安银处。

尚寨土家族傩戏在传承方面比较严格。由于尚寨土家族傩戏不仅可以作为一种谋生手段，而且傩戏中所需的专门法师或艺术人才也深受当地人民的尊重，因而这些法师或专门的艺术人才的技能一般是通过世代传袭获得的，并且对传承人的选择也有一定的规矩，传男不传女，传善不传恶。

当前，电视、电影等文化媒体已普及尚寨乡每家每户，其娱乐程度和科技知识远远超过了傩戏所要解决的问题，且影视又与乡民生存状况休戚相关，傩戏的优势已不突出。不过在崇拜古俗、红白喜事、还愿等民俗方面，影视是不能代替的，所以这种活动（演出）仍在进行，但已十分衰弱。

卷五 曲艺

省级非物质文化遗产

嘎百福

“嘎百”苗语意为“成片的”或“成串的”,“福”即圈套。“嘎百福”是苗语“hxak ghab bil ful”的音译,是一种结构独特的民间曲艺形式,是在吸取了古歌、盘歌、酒歌、情歌、故事、寓言等养分的基础上,综合说唱、音乐、表演等民间艺术而产生出来的曲艺种类。主要流行于贵州榕江、凯里、雷山、台江、剑河、施秉、丹寨等地。因“嘎百福”在演唱的时候,前一首歌给后一首歌设下疑问或者“圈套”,而且,这些“圈套”是一套一套衔接的,一环扣一环,形如一排排的“圈套”,故苗语称“嘎百福”歌,意为“圈套成片的歌”。

嘎百福传授

从嘎百福内容涉及的地点、人物来看,其产生的年代是在宋、元、明、清时期,因这些时期,苗族已在雷公山周围形成了一个较为广阔、相对稳定的聚居区域,而且是封建统治阶级鞭长莫及的“化外生苗区”,一切都“自立自主”,生产得到发展,生活相对稳定。在这种“世外桃源”式的生活环境中,在人际关系、婚姻爱情、生产生活、财产纠纷等诸多事情中,就会出现一些特殊的、复杂的、曲折的、难忘的、动人的事例,为苗族艺人口头创作嘎百福歌提供了丰富的资料。由于通俗易懂,把哲理寓于故事中,很容易为苗族群众接受,得以在苗族社会中传唱。

流传于贵州省黔东南苗族地区的民间曲艺嘎百福,以反映苗族的世俗生活为主,兼有古代神话传说、寓言为题材的曲目,内容极为丰富。如反映青年男女为追求纯真爱情和婚姻自由,控诉包办婚姻的斗争;反映家庭中夫妻、婆媳和前娘、后娘之间的关系；夸耀和批判理老；叙述说媒婚嫁；描绘酒席场合的欢乐场面；表扬社会上的好人好事，抨击歪风邪气；揭示人生哲理，抒发天伦之情等。可以说，人际关系中的丑与美、善与恶、高尚与卑下，“嘎百福”都有涉及。

嘎百福（一）（孙亚光　摄）

嘎百福的特点是散韵结合，散文部分讲述故事，韵文部分五言押调，韵文不限句数，根据内容可多可少，首句为兴句，语音固定，一般为“嗬嗬依呵，嗬嗬依呵”，无实际意义。听众如果是客人、青年或阿公阿婆等，可以把客人们、青年们或阿公阿婆等插入兴句最后一个音节前，成为“嗬嗬依呵，嗬嗬依客人们呵”等。第二句前三个音节的语音固定为“商侯哩”（“呵嗬哟”）或“迭依哩”（“现在哟”），然后紧接正式歌词，唱完一层意思后，起句的前三个音节必须加入“商侯哩”或“迭依哩”，甲唱完乙如回答，需要重复甲所唱的歌词，再加入自己要唱的新内容。

嘎百福的音乐结构都由“引子”和“主腔”两部分组成。在每段韵文的开头引子音乐都有衬词，一般带虚词和提名唤姓，韵文衬腔音调，不仅用在唱段的开头，根据内容和情绪的需要在唱段的中间也有使用，属于讲理的演唱曲目，吟唱部分有的要加重语气。其唱腔和唱词在节奏上主要为一字一音，在唱腔的旋律中，延长音大多是在句末，使之段落分明，演唱者可以调整气息。

嘎百福一般由一个歌师来表演，既说又唱，也有由数个歌师扮演角色演唱的。“说”就是叙述事件的起因、时间、地点、人物、结局，“唱”就是律词排比事件的具体内容。说唱的节奏、曲调有一个相对稳定的格调，就像越剧、黄梅剧等很多地方戏曲一样，通常是宴请宾客时在酒桌旁演唱，因而在过去它也属酒歌范畴。

嘎百福的曲目丰富，有讽刺包办婚姻、歌颂与封建势力斗争的《榜藏农》《娥兰农》，有赞美自由婚姻的《博翁勇和谷纪妮翁省》，有歌颂纯洁爱情、讽刺嫌贫爱富的《娥妮和久金》《榜纪黎和久博弓》，也有讽刺邪恶势力的《雄学》等。中华人民共和国成立后，嘎百福的传统艺术得到了进一步发展，榕江歌手江开银以这种形式改编、演出苗戏《格问久》，深受群众欢迎。

嘎百福具有群众性、娱乐性、艺术性、说教性等基本特征。嘎百福演唱的场所较多，作用广泛，诸如排难解纷、酒席场合、群众聚会，均可择其需要而演唱。嘎百

嘎百福(二) (陈沛亮 摄)

福的表演者能把人物的动态美丑表演得淋漓尽致,能把词、曲、舞三者和谐地运用起来,既要演这又要演那,既要说明又要演唱,精彩时赞声不绝,悲痛处泣不成声。嘎百福展现了苗族的伦理思想,既是苗族社会的历史画卷,又是苗族自我教育的教科书。

君琵琶

“君琵琶”是侗语,为“琵琶弹唱”之意,因用侗族弹弦乐器琵琶伴奏而得名,主要流布于贵州省黎平县的肇兴、龙额、水口、尚重、岩洞、茅贡等乡镇的侗族村寨和相邻的榕江县、从江县及黔、湘、桂接边的广西龙胜、三江和湖南通道一带的侗族地区。由于土语和唱腔的不同,因而形成“六洞弹唱”“溶江弹唱”“浔江弹唱”“四十八寨弹唱”“七十二寨弹唱”“平架弹唱”6 个风格区。

“君”是侗族社会内部对叙事体文学的自称,分为说类和唱类两大部分。说类产生在前,约萌芽于唐宋时期,定型于元明时期,繁荣于清代;唱类(包括又说又唱在内)产生在后,约萌芽于元代,定型于明代,繁荣于清代。

“君”的曲目按文学体裁可分为韵白式的“款词”、散文式的“故事”、只唱不说的“唱词”和又说又唱的“说唱”等。代表性的曲目有《金汉列美》《元东金美》《善郎娥美》《秀银吉妹》《李妮和清》《门龙绍女》《梅良玉》《憨巨与婢翠》《鱼换裳》等。

“君琵琶”流传于民间，传承方式主要是在民间自发组织的兴趣爱好组合中互相教授，父子或亲属中并不直接传授，代表传承人有吴令、吴金松、杨昌全、潘老替、萨凤姣、萨生祥、萨小明、普虹、陈国凡、吴永勋等。

君琵琶 （冯四方 摄）

琵琶弹唱多为一人多角，有说词和唱词，注重声音和乐器的协调和配合，对说唱者个人的素质要求也很高，所以说唱艺人在侗族民间都是出类拔萃的。多声说唱讲究合唱者的配合和声音的协调，一般有一名领唱，演唱主要的故事情节，其他演奏者伴唱，使演唱呈现出丰富多样的特点，叙事气氛浓厚。多声说唱中，也有说唱结合，有的形式是集体表演说词，唱词部分由领唱完成，其余演唱者用哼鸣或固定的尾音来伴唱。

“君”有自己固定的曲调和唱腔。讲故事时，演唱者用单一的曲调先将故事叙述出来，然后用比较复杂的演唱形式，款词也是如此，曲调单一重复，唱词字句工整、前后押韵，唱腔单一。

多声说唱的表演群体主要是中老年的妇女群体，一般由 4~6 人组成，有一个高声领唱，其也负责说词的部分，其他的人负责在尾音时伴唱，或在唱的部分与高音一起合唱，形式比较灵活。农闲时节，妇女们在晚饭后相约在一处，围坐在火塘或院子里聊天纳凉，到高兴时大家一起唱“君”，成为生活中重要的娱乐活动。多声说唱的曲目一般是侗族群众耳熟能详的民间故事，如《金汉列美》。

“君”的大部分表演没有特定的地点和场合，鼓楼、晒坪、火塘、民居都可以弹唱，大部分在晚上进行，没有专门的演出服装，除弹唱艺人进歌堂对唱需要穿盛装外，其余均为日常生活着装。

卷六　传统体育、游艺与杂技

国家级非物质文化遗产

赛龙舟

赛龙舟是贵州少数民族尤其是苗族最为喜爱的民俗活动之一,其渊源于纪念爱国诗人屈原和苗族图腾祭祀,其中以黔东南州镇远县的赛龙舟最为有名。

镇远的赛龙舟最早可以追溯到公元前278年的战国时代,当时镇远属楚国领地,龙舟活动多沿袭"楚风"。明朝时,镇远在中国就有"龙舟之乡"的美誉。明嘉靖《贵州通志》记载:"镇远府,端阳竞渡。府临河水,舟楫便利,居人先期制造龙船,绘画首尾,集众搬演剧戏。以箬叶裹米为粽,弃水中。拽船急先得渡者,是岁做事俱利焉。"清乾隆《镇远府志》记载:"镇远府,端午日作龙舟戏,结彩两岸,观者如堵,以祈岁稔。"同时《府志》记载了镇远"划龙船,以木雕龙头,龙尾系于船之前后,放乎中流,多则十余只,少亦八九只……舟上龙有五色,在前者胜。苗人男吹笙,女旋绕而跳,其音铿然,观者如云"的龙舟赛盛况。

中华人民共和国成立后,镇远赛龙舟这项古老的活动更加生机勃勃,比较有代表性的是每年农历五月初五镇远的端午节龙舟活动。节日期间,来自凯里、黄平、施秉、三穗、剑河等地各族人民穿着节日盛装,云集在舞阳河畔,尽情欢度端午赛龙舟节日。20世纪90年代中期以后,镇远端阳龙舟节正式命名。随着镇远旅游业的兴起,镇远龙舟文化又为贵州省东线旅游增加了一个五彩缤纷的新看点。

赛龙舟(一)

镇远县龙舟节活动的主体包括祭龙仪式、陆上游行、游江、赛龙舟、抢鸭子、放河灯等节目。镇远城东的中和山上,有一座融合汇聚了道、儒、佛三种宗教的青龙洞古建筑群,赛龙舟之前的"祭龙仪式",则是向龙王敬献香烛纸钱,鸣放鞭

赛龙舟(二)

炮,祈求赛舟顺利夺魁。下水仪式是最重要和最庄重的,要择良辰吉日举行祭天地、祭龙神:一求风调雨顺,不要旱日炎炎,不要洪水滔天;二求人间平和,不要生战乱,不要生盗贼;三求人间家家钱米满仓,不要生病害虫灾,不要畜禽不兴。这种祭祀一般由辈分和资格老、威望高的人主祭和主持,主祭往往是地方有名的"告翔"(巫师),"告翔"在江边摆一张香案,上放一束芭茅草、一升米、一把遮阳伞和几杯酒作祭品,并杀一只大白公鸡,祭祀山神、水神和龙神,以求护佑龙船下水平安。仪式毕后,运动员将标志性巨大龙头护送下山门,开始了从大工场、经新大桥至主会场的陆上游行活动。龙舟赛在轰隆隆的铁炮声中宣告开始,会徽船、龙舟、故事船、彩船、表演船等在迤逦的舞阳河面上百舸争流,场面壮观,竞争激烈。抢鸭子是镇远龙舟赛中最扣人心弦的一幕,等到主持人宣布开始抢鸭时,一个个早早地就扑下河去了,100 只活鲜鲜的白色鸭子被恐吓得四处逃窜,星星点点,嘎嘎乱叫。

镇远的端阳龙舟赛宣扬的是重在参与,人们对胜负既在乎也不太在乎,更在乎的是谁最受观众欢迎,还有龙舟赛的热闹与龙舟队的号子声。比赛开始,齐头并联的两支赛船龙头指挥用脚蹬在对方船头,听令一声吼:"起!"双方将并在一起的船蹬开,直到最后的冲刺,号子声与急促的锣鼓声和岸上人的吼叫声如雷声交响一片,声音悠远而漫长,仿若划破时空,回到久远。赛龙舟不计时,以积分方式进行比赛,集表演、竞渡为一体,注重赛龙舟带来的乐趣。每条龙舟必须有人揪龙头,有旗手、吆喝、锣鼓、战旗,所有参与选手不必计较成败输赢,强调观众一起参与,充分烘托出端午节日的狂欢气氛。

镇远赛龙舟活动的开展呈现出以下几个特点和价值:一是龙舟活动是体育、旅游、文化有机结合的亮点;二是有利于增强人民群众的健康素质、丰富人们的文化生活;三是形成了独特的龙舟文化景象。在赛龙舟期间,舞阳河沿岸的苗家寨,在寨中、村头或者寨前,都立着一幢长条形、没有板壁装潢的房子,房中高高地架空放着一条船,有的寨子还东一幢西一幢地有好几幢,这便是苗家寨的龙船房,是平时搁置龙船,为保护独木龙舟不受腐蚀而专门修建的房子。苗家寨的龙船房一般修建在大路边或者靠近河水边以方便搬运,往往一船一房,当然也有两船或者三船一房的，不过这种放置几条独木龙舟的龙船房要比一般的宽大得多。苗族龙船房的修建不用专门的图纸，都由掌墨木匠师傅根据地形施工，房子为内杆栏式房架，不费一钉一铆，通通用木榫衔接，上面盖小青瓦，一般内宽3米，长20多米，整体上呈长条形，名字叫“房”实际是廊，为防风雨剥蚀，每年都用桐油把柱子、穿枋、穿料涂抹一次，把房子擦得锃亮锃亮，一幢龙船房一般都可以管用一二百年。在龙船房中，龙船的搁置都是离地三五尺架空而放，底朝天高高横架在龙船房的横梁上，龙船房搁置的是龙船身，龙船头搁置在人家户里，由此形成了独特的龙舟文化景象。

龙头上的荣耀

省级非物质文化遗产

隆里花脸龙

隆里花脸龙（项目），原列入贵州省第一批非物质文化遗产“文化空间”类名录。龙是中华民族的图腾象征，舞龙是流传在民间的一项传统艺术。居住在贵州省黔东南苗族侗族自治州锦屏县隆里乡隆里村（隆里古城）人玩的龙是别具一格的“花脸龙”。

隆里，原称龙里，清代名为隆里，谓“隆盛之理所”。位于锦屏县西南边沿，距县城45千米，距黎平机场19千米，隆里地带为一片开阔的山间盆地，良田千亩，阡陌纵横，四周群山环抱，浓荫覆盖。龙溪河水由西至北从盆地中间穿过，是锦屏县进入黎平侗乡风景名胜区的重要通道。这座美丽的古城始建于明洪武十九年（1386年），为明代重要的军事城堡，居民多为明代屯军士兵的后裔，其祖先大多来自江南地区，他们在垦屯戍边的同时，也把江南的文化带到这里，同时与当地的苗侗文化交融，形成了糅杂百家的隆里特色文化，是少数民族地区的汉文化社区典型

祭龙

代表。

隆里花脸龙的起源，据《龙标志略》记载，是从宋朝宋太祖赵匡胤建功立业后“蓝季子会大哥”（又名“戏皇嫂”）一则戏的传统故事演化而来。传说宋太祖赵匡胤原有12个结拜兄弟，陈桥兵变黄袍加身，建立大宋王朝之后，大宋群臣论功行赏，春风得意满座欢欣，然而却忘了封赐最小的那位义弟蓝季子。蓝季子气愤在心不好直说，只得闷头饮酒，唉声叹气，喝醉后抹成花脸癫癫狂狂，用暗语刺激赵匡胤大哥，并故意戏弄皇嫂，借此发泄胸中之气，这便是“蓝季子会大哥”的一则传说，也是花脸龙的由来。至今隆里还流传着一歇后语“蓝季子会大哥——饱餐一顿”的谚语。

花脸龙，顾名思义即在舞龙人的脸上用颜色画上五彩脸谱，生、旦、净、末、丑尽全，玩舞游街时兴腻粑粑（腻，方言即强行往别人嘴里塞东西），故称“腻粑龙”。花脸龙的造型有迎宾龙、大盘龙、小盘龙、滚地龙、串花龙、梅花龙、中国龙、龙船龙、龙下海、龙盘树、龙翻身、双龙抢宝、五龙抱柱、青龙抱柱、黄龙吐丝、天龙穿雾、坐龙轿、二龙戏珠等。表演时，有锣鼓队、狮子队、蚌壳队、花灯队、金钱棍队及相关的戏曲人物参与。

花脸龙多时有12条，少时有5条。平时一般为赤、白、黑、黄各2条，一共8条组成。城中每个门各出2条，每条龙连龙头共13节，“龙头”当然是赵匡胤，“龙尾”象征蓝季子，其龙灯制作精巧、鲜艳美观、风格独特。舞龙人数为13人，男女都有，通常龙头由女子把玩。舞龙的人有专门的行头，要穿青布蓝条对襟衫、绿裤子，头扎黄巾，全都以五彩涂面，按照戏剧中的角色画得花花绿绿。旦角持龙头，丑角持龙尾，丑角要脱光一膀，高挽一条裤脚到大腿，腰挂葫芦，足蹬草鞋，面部用锅烟或墨水涂黑，浑身画上斑点，手中还持有一把糯

花脸龙队伍 （杨胜福 摄）

米草。

花脸龙队伍中的男丑角 （杨胜福 摄）

每年正月十五元宵节玩花脸龙，开锣玩龙的时间由东西南北各门事先约定，锣鼓一响，若干条龙齐发，从城里来到西门外的龙溪河畔的状元祠，在这里“出龙”。舞龙人把龙身绕在状元祠的大树下，使龙首高高昂起，再由寨老长者或司仪主持出龙仪式，致贺岁词。仪式结束，爆竹惊空，金鼓齐鸣，各路舞龙会聚城中广场，花脸龙开始翻飞腾挪，兴云布雨，时而舒展时而劲疾，时而祥和时而风啸电闪。玩舞绝技多达十余种，如串花龙、滚地龙等场面恢宏壮观，势若翻江倒海，活灵活现，令人目不暇接。

玩龙的高潮戏则是由位居龙尾的蓝季子挑起，这位滑稽可笑的丑角，摇身一变成为队伍的龙头，他时而取出篓中的糍粑自己吃，时而用糍粑去抹围观人群的嘴巴，时而利用扫帚蘸着在节日被人们视为观音菩萨的净水的阴沟水，洒向观众装疯卖傻，丑态百出，而原来的龙头却成了配角，配合龙身随其进退。

蓝季子的灵巧发挥在这出戏中至关重要，他手中的扫帚抹到谁身上，来年谁就会有好运气，百病消除、四季平安、大吉大利。只见他声东击西左窜右跳，引得观众四处逃窜，观众表面是怕脏，心里却是乐意被抹上幸水，于是这一追一退把整个舞龙的场面演绎得紧张、活泼、热闹、诙谐，人们情绪饱满，欢快热烈。

正月十六晚，玩龙尽兴后送“龙”，将龙制品带到河边焚烧，意谓将龙王爷礼送回府。但现在龙道具因费时费力制作，且价格不菲，都不愿意烧掉，可谓“龙”长留人间。

五龙抱柱 （杨胜福 摄）

在以苗侗文化为主流的黔东南地区，隆里古城作为处于南北分水岭线上的一个社区，却坚守花脸龙这一“文化孤岛”现象，在中国传统历史文化发展的百花园中独具一格。同时，花脸龙这个特殊的民间艺术形象，是一种舞龙与戏曲相结合的表演形式，内涵丰富，是集舞龙和戏曲表演之大成创造出来的艺术结晶，在当地人的文化生活中占有极为重要的地位，具有强大的生命力和艺术感染力。2002 年 3 月，隆里乡被贵州省文化厅命名为“舞龙艺术之乡”。

隆里花脸龙在当地的传承以家传为主，师传较少，主要名间艺人有王植基、李茂春、胡炳珍、细杨妹、何阿晚、童林祥、江妹莲、杨银莲、杨秀花、王新盛、王植勇等。

随着社会的不断推进，隆里花脸龙的发展同样存在着传承危机，玩花脸龙这一传统的民俗事象，随着隆里社会生活方式的变化也慢慢地发生着变化。现在，每年的正月十五都有玩花脸龙的表演，但活动的规模和气氛已大不如前，以前当地过每一个节日都要玩花脸龙，现在人们对这些节日逐渐简化，新的文化内涵的注入，花脸龙的表演活动阵地也逐渐缩小，大型的花脸长龙表演场面更是不复再现。同时，一些颇有造诣的舞龙艺人因年事已高逐步退出舞台，有的相继谢世，有些绝技难以得到传承，加之年轻人外出务工，这也使隆里村的劳动力出现严重不足，玩花脸龙习俗因缺乏“玩龙”之人而逐渐冷淡。

勾　林

勾林分布在天柱县蓝田镇三合片的十八侗族村寨，是北部侗族地区独特的一种传统体育竞技项目，集武术、舞蹈为一体，是北部侗族人民耐人寻味的生产、生活画卷的反映，距今已有 400 多年的历史。勾林是当地侗家兄弟姐妹用作疏通山路、排除荆棘、上山打柴、收割打菜和对抗野兽、抵御外敌、防身守家护寨的工具。随着勾林的广泛运用和技巧的不断提高，日常生活方式的不断丰富和发展，青年男女利用勾林相会、对歌，比武传情，把勾林这一传统体育竞技项目推向繁盛时期。

勾林(一)

勾林的“勾”呈“钩”状，刀口长 25~30 厘米，宽 3~4 厘米，弯长 5~10 厘米，柄长 30~40 厘米，多为男用；“林”即“镰”，为“月”形，长 20~24 厘米，宽 5~6 厘米，弯 90 度，柄长与钩相似，多为女用。两者形虽各异，但活动起来，砍、削、钩、拉、劈、拍、打、扎、磕并举，小巧灵活，运用自如。每件器械各配一个竹篓或藤篓，上山下河时，一般将其放于篓中，便于携带。勾林男生刀法有 25 招，女生刀法有 19 招。

男生刀法：共 21 式，即樵夫问路、将军看榜、饿虎扑食、猛虎回头、猿跃南岭、猴跳西川、金龙出海、猛虎出山、南山开路、鸡公回头、直劈云岭、惊鹿回顾、金鸡独立、拔草寻蛇、推窗望月、金猫捕鼠、左右逢源、怒视南山、莲花山、莲花刀、巨蟒翻身。

勾林（二）

女生刀法：共 13 式，即麻姑拜寿、美女探刀、南山挑刺、北坡打柴、白鹤飞天、劈山开路、鲤鱼下涌、燕子觅食、鸳鸯戏水、美女纺花、回头望月、莲花盖顶、丁树盘根。

勾林体育竞技发展于本乡本土，主要靠当地武师言传身教，具有武术和舞蹈表演功能，传统民族文化的载体功能。勾林于 2002 年贵州省第五届少数民族传统体育运动会上荣获表演项目一等奖，于 2003 年中华人民共和国第六届少数民族传统体育运动会获二等奖。2011 年 12 月成立的天柱县首家乡镇民族文化协会——蓝田镇民族文化协会，对勾林的深入挖掘及传习排练发挥了积极的作用。

侗族月牙镗

月牙镗因其器械形似弯月而得名，是侗族传承的一种武术，留存于天柱县高酿镇老海村。该村位于天柱县东南部，距县城 30 千米，距高酿镇集市地高酿街上 15

千米。这里崇山峻岭，沟壑纵横，林木茂盛，溪涧交错，森林覆盖率为90%，年平均降水量1300毫米，海拔450米，地处偏僻，交通不便，近年修有简易村级公路穿村而过。

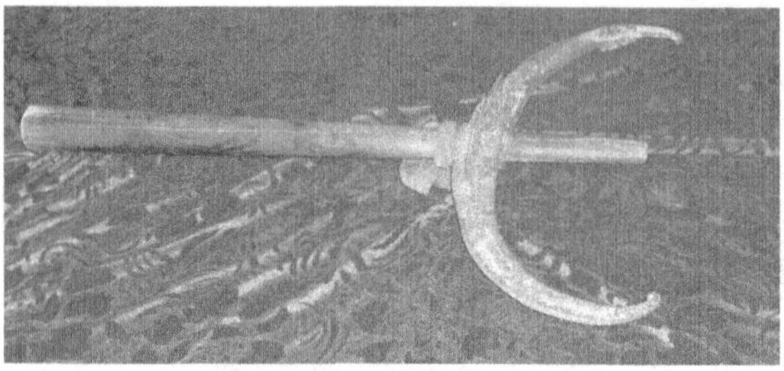

月牙铛 （蒋家林 摄）

据传，月牙铛武术在清朝道光年间，由武术大师龙大正发明创造，已经有170多年的历史。传说有一年冬天的一个午夜，老虎摸进侗寨，先吃了一只猪仔，然后跃进侗家叼走一个五六岁的小孩，龙大正闻讯，拿起一把掏牛粪用的钉耙就追，在乡民们的帮助下，最后将猛虎杀毙。从此，他根据钉耙的原理，专门打制对付凶猛野兽的月牙铛，将所学武术融会贯通创造出月牙铛武术套路，于农闲时传授给侗家子孙，月牙铛于是流传至今。

器械月牙铛呈弯月形，大小不等，一般重10~15千克，径长2~3尺，柄长3尺，铛尖有倒钩刺，铛脊、铛心分别安有状如斧的刀片，一边一块，有的安装2~3块，两翼都有。月牙铛主要用上好的钢材反复锻造而成，又称月牙冀齿铛。

月牙铛武术动作威猛、刚劲有力，表演时身械并用，虎虎生风，动作招式有“水中练塘”“雄鹰叼鸟”“金箭离弦”“神猴捞月”等，主要分铛铛尺对打、铛棍对打、铛铛对打、单人咬铛、单人抛铛、单人扫铛、集体混打等十余种。表演形式中的击刺、架隔、扑、拍、拿、遮、握、转、支、拦等动作，利于强身健体，松筋活血，表演时体现出的刚柔相济、内蕴深刻、粗犷豪放，集武术与舞蹈于一体，是力与美的象征。

月牙铛传承有严密的规矩，自龙大正师祖首创以来已经过六代传承，第二代龙孔卜，第三代龙天标、龙天福，第四代龙长森，第五代龙必先，第六代龙安凡、龙庆炎，均在本寨龙姓家族之间传承。

技艺传授 （蒋家林 摄）

月牙铛是侗族民间传统武术之一，属杂形兵器，是研究古代兵器、武术、狩猎、农猎、习俗等重要的历史符号，为贵州境内目前发现的较为古老的少数民族传统体育竞技项目，在全国也极为罕见。该项目老少咸宜，以全村青壮年为主，逢年过节或农闲之时集中晒谷坪等宽阔地带相互操练、学习。

集体演练 （潘启灯 摄）

1980 年由天柱县民宗局、文广局挖掘开发，分别于 1982 年 4 月、1986 年 5 月、1998 年 8 月参加贵州省第一、二、四届少数民族传统体育运动会。1999 年 9 月作为贵州代表队之一，参加了第六届全国少数民族传统体育运动会和国庆 50 周年大庆一系列庆典活动。特别要提及的是，现贵州天柱县凤城镇中学 30 出头的侗族体育教师何孝锋，致力于月牙镋武术的拜师与传承，并将改编的月牙镋武术在教学课上传授，开辟了月牙镋这一民族传统武术传承的新视野、新途径。

侗族摔跤

侗族摔跤，是一种流传于黔东南黎平县双江乡的四寨、坑洞、寨高，以及从江县谷平、往洞、增冲，榕江县的宰麻等地区，集武术与娱乐为一体的传统体育竞技活动。

侗族摔跤由于没有文字记载，其产生年代已无从可查，但关于其来源的故事至今流传不衰。相传明朝熹宗年间朝政腐败、匪盗四起，为加强防范，四寨、寨高商议联盟共同拒匪，他们推选出德高望重、武艺高强的公蛮、公柳为首领，并定于当年农历三月十五比武。两人比了 100 个回合不分胜负，最后大家要求两人贴身肉搏，以摔倒对方为胜，结果两人各一胜一负摔成平手，两寨就共同拥戴他俩为首领，此后，公蛮、公柳同心同德带领民众连出奇兵，铲除了盗贼。为了纪念公蛮、公柳，每年二月十五在坑洞，三月十五在四寨举行摔跤活动，年长日久这项活动便成了一个固定的节日。

摔跤赛前，由寨老和祭师焚香祭祖，请神佑护，祈求比赛获得成功。接着表演

侗族摔跤(一)

侗族歌舞,只见寨上身着节日盛装的侗家姑娘亮开歌喉,引吭高歌,然后由主持比赛的寨老宣布开始比赛,激动人心的角逐就这样开始了。

侗族摔跤,靠双方的臂力和腰腿劲互相角逐,通过提、推、拉、扳等技巧,使对手失去平衡而摔倒,一般采取三战两胜制。“摔跤王”是侗族青年做梦都向往拥有的最高荣誉,获此殊荣的小伙子将成为侗族姑娘最为瞩目的追求对象。

双江四寨、寨高一带的侗族摔跤,不同于西藏、内蒙古的摔跤,也不像日本的柔道,有自己的比赛规则和方式。侗族摔跤,可称为最文明的摔跤。双方将布带绕过对手的腰,两手紧紧抓住布带,只靠臂力和腰劲互相着力,避免了抓伤的危险。这类摔跤,基本技术有四种:一是提摔,即使劲地提高布带,使对手腾空,失去平衡被摔倒;二是绊脚,双方对峙时,趁对方移脚之机用脚勾绊对方的脚,使对方失去重心而摔倒;三是拉摔,即使劲猛推猛拉,使对方脚步紊乱而摔倒;四是拖摔,双手紧紧挟住对方身躯,左右扳动,使之倒地。

摔跤比赛以村寨为单位,但竞技是个人对个人。参赛队按各寨寨老赛前商定的次序先后入场,相互施礼后,在赛场两端席地而坐。比赛开始,选手们由主持活动的寨老点名,竞技的选手由一方先派一人上场挑战,然后对方根据实力和体重状况选派对方应战,对方准备就绪,主持人发出“起”的口令,各自想办法用力将对手摔倒,比赛为三战两胜。赛场上依序逐对交锋,多时有上百对选手,比赛的选手一般是青壮年,偶尔也有一两对小选手助兴。比赛活动以强身健体和娱乐为目的,优胜者虽然没有任何物质奖励,但为本寨争光和在众人面前露一手的强烈愿望,使比赛活动异常激烈。

侗族摔跤以“简单易学、对抗性强、运动损伤率低、观赏性强”等特点,倍受广大侗族人民的喜爱。黎平双江乡享有“侗族摔跤之乡”的美誉,2006 年该乡侗族摔跤节目“摔跤汉子”在贵州省民族运动会开幕式上获表演金奖;2007 年在广州举办的全国第八届少数民族传统体育运动会上,一举夺得表演项目综合类金奖。

侗族摔跤(二)

侗族摔跤还被改编成为舞蹈被搬上了舞台。由黎平县选送参加 2007 年“多彩贵州”舞蹈大赛的民族民间舞蹈节目《摔》,便是具有黎平摔跤背景,展示黎平摔跤竞技文化的舞蹈。2007 年 5 月 26 日在“黄果树”杯“多彩贵州”舞蹈大赛上给人耳目一新之感。

近年来,黎平县每年都要在双江乡四寨田坝举办“黎平双江侗族摔跤节”,节日中,有双江乡七邻八寨和广州、湖南、浙江等省游客及毗邻各县的数万群众参加活动,影响较大。

苗族武术

苗族武术是一项以提高搏斗技能为主旨,且能健体延寿的全能运动,在黔东南地区主要分布于麻江县龙山乡秧塘寨、凯里市鸭塘乡青虎寨、黎平县六合乡纪德、雷山县开屯乡等地。

苗族武术丰富多彩、独具特色,其中苗拳源于古代苗族民间开展的“角抵”,古籍载之为“蚩尤拳”“苗技”。据史料记载,“中原逐鹿”战败后,苗族被迫开始了长时期的迁徙辗转历程，最终在以今黔东南为中心的区域落脚，尤其是在汉以后的历代封建王朝的征伐驱赶和对苗区采取的征剿镇压政策下，迫使苗族人民不得不崇尚武术用以自卫，这是苗族武术发展壮大的因由来源。

经发掘整理历代方志文献资料，苗族武术分38个流行拳种、89个套路，而苗族各种拳种套路已超出100套，且分为许多流派，仅拳术类就有苗族拳、四门拳、杨家拳、张家拳、花拳、矮拳、猴儿拳、猫儿拳、翠子拳、八门拳、六合拳、小令、五虎闯优僧等。

苗族拳师潘治臣 （粟周榕 摄）

苗族武术可分为徒手和器械两大类，徒手类主要包括粘功、策手、点穴、拳术。粘功兼重粘劲（外功）和功劲（内功），是苗族武术的基本功，特点是运用技击“粘”住对手，不让其摆脱自己的技击范围；策手是擒拿解脱的技巧，是苗族武术的根本，手法上以防为主且防中有攻，讲究在多变中出奇制胜，强调“一拳两防，一攻五变”等；点穴又称“神打”，是以气功或拳、指等击打对手穴道，为苗族武术的绝招，应用时分别以十二个时辰选择所击穴道；拳术又称花拳，是苗族武术的主要内容，套路十分丰富，黔东南流行的套路有炮拳、鹰爪、翻子门、形意拳、蜂螂拳、大四门、小四门、虎拳等。

器械主要有棍、叉、刀、挡耙、竹条镖、棒棒烟等，每种器械都有其完整的套路，如刀术就有环首刀、双环刀、钩钩刀、护身刀、鬼头刀、裤筒刀、竹刀等。在所用的武术器材上，除常见的枪、棍、铛钯等与汉族武术所用的器械结构相似外，还有形似日本战刀的“苗刀”，用于生产劳动的“弯刀”，柄长6~7尺，顶端为小镰刀的“钩钩刀”等。这些在苗族武术活动中常见的器械，却在汉族武术中极为鲜见。如乾隆《贵州通志》记载：“九股苗所用之利刃名曰双环刀……造刃之法，子初生时，各亲家送铁一块，匠人造成粗样，埋入泥沟，每年取出冶炼一次，至十六岁方成刃口……磨而不灭，宰牛杀过而不滞。”

苗族武术在形式、内容和技巧等方面都有自身显著的特点，苗族武术注重桩功，动作严密、拳形紧凑、活动面小。由于苗族人民长期生活在高山峻岭中，其武术动作幅度小，多在身前及左右，小跳步较多，讲究短手短打，步法重闪躲，腿法不多，寸劲、拳、肘、掌、勾并用。无论是拳术套路还是器械套路，较少有大跑大跳的动作，行进的路线多直来直往，完成套路所需场地面积小。因为在高山深谷之间，格斗、械斗时往往是短兵相接，又因活动面小，只得注重桩功，要求出步成桩，使对方推拉不动，只要有一点立足之地就能将对手击败。苗族武术还强调以防为主、防中有攻，如策手的“一拳两防、一攻五变”的要点就是这样。

不论是徒手套路还是器械套路，苗族武术动作都小巧多变，注重实战和交手，动作艺术化处理和夸张程度相对于现代武术来说不强，多数套路精短；手法多讲究短手短打、追求寸劲，手法和器械使用方法多而腿法相对较少；步法注重闪躲多变，游走四方捕捉战机，讲究一攻、二防、三变、四合。从运动量、套路结构与内容上看，动作较多且内容更为丰富，难度较大的武术套路，又有内容相对较少，难度也不大的武术套路。这些特征决定了苗族传统武术具有适合不同年龄、不同身体条件的人练习的广泛适应性特征。

苗族武术十分注重武德修养，苗族拳师在收徒时有“三教三不教”“三打三不打”的教规。“三教三不教”是：脾气不好的不教，脾气好的教；游手好闲的不教，诚实本分的教；六亲不认的不教，讲礼重义的教。“三打三不打”是：在生死关头，对首犯我者必打，对无意伤害我而又能知错者不打；对肇事之首者必打，对胁从无辜者不打；对欺侮我及我族者必打，对被我击败而又向我求和者不打。这些教规反映了苗族人民安分宽和的心态。

苗族武术在发展过程中和苗族医药紧密联系，形成了武医一家的独特形式。一个武术高手，往往是擅长于治疗跌打损伤的苗医，因此民间有“未学功夫先学跌打”之说，苗医在行医中也常劝导人们进行武术基本动作的锻炼，以强身保健。

目前，苗族武术存在不利于传承和发扬的问题。首先，武术传授观念较为保守，传授多在深夜进行以避外人窥视偷学，传承者多强调不允许在外表演，不能用于打架斗殴；其次，传授时间因季节而变化，亦即受到生产劳动时间的制约，苗族人大多居住在山区，劳作在高山峻岭，日出而作、凿井而饮、耕田而食，一生均不辞辛苦为生计奔波，武师在一年中只有农历的一月、七月农闲时期授徒；最后，传承环境变迁的影响，苗族武术起源于生产实践，在与封建政府的对峙下逐渐壮大，随着社会的不断进步，加上苗族武术注重实用、简单的特点而与现代人个性张扬相悖，传承的范围越来越小。苗族武术要得到更好的传承与发展，应朝竞技化、规范化方向发展，同时，应将苗族武术带进学校，

苗族女孩的枪尖上行走

既使其教育功能能够得到发挥，又能将其推向更广阔的舞台，使其得到进一步的保护和发展。

岩鹰高跷

苗族高跷盛行于黔东南苗族侗族自治州黄平县谷陇镇的岩鹰村一带，中华人民共和国成立以前就有“铜仁的弯刀，谷陇的高跷”一说，谷陇高跷不但历史悠久，在民间也有较大的影响。

相传古时候，岩鹰村处在一片森林中，人们常被毒蛇猛兽侵袭，有一神鹰从天而降将这些毒蛇猛兽驱赶，为了守护百姓，神鹰落在一高岩上化成了岩石，一蹲就是千年。这里百姓为了纪念神鹰，将寨名取作“岩鹰”，并于每年农历9月25日举行祭祀活动。由于神鹰站在高岩上，祭品必须踩高跷才能献上，谁有这个胆量和技巧，谁就赢得人们的赞誉，随着时间的推移，这种活动逐渐演变成人间的一项体育表演活动。在黄平县谷陇镇的岩鹰村，高跷是七八岁的孩子们最爱玩的游戏，2002年岩鹰高跷在全省少数民族运动会上还获得过二等奖。但要踩岩鹰高跷，村里人会直截了当地告诉你，技巧在其次，最重要的是胆量。岩鹰高跷分四级，最高的头跷达13.2米，二跷为11.8米，三跷为10.8米，最矮的四跷也是9.2米。据说，在村里有人踩上这样高耸入云的杉木杆不慎跌倒，从这边房子院里落到另一边房子院里。村里的人告诉记者，现在一般很难再找到原来那种又细又高的杉木做高跷了，比赛时最高也不过6.6米，也不像原来分成四级高跷，只有两级高跷。正式表演时一声令下，牵跷人将跷杆拉起直立，踩跷人就立在了高高的跷杆上，这时唢呐、芦笙、铜鼓等乐器同时响起，抬跷人抱着跷杆前移，各级依次出动，抬一步走一步，踩小跷的人们便簇拥上来，将手中的水果等食物抛向踩跷人，踩跷人临空接住食物，赢得观众阵阵喝彩。

岩鹰高跷 （粟周榕 摄）

卷七 传统美术

国家级非物质文化遗产

苗　绣

绣线制作　（张明惠　摄）

苗绣是指苗族民间传承的刺绣技艺，苗族的刺绣艺术是苗族历史文化中特有的表现形式之一，是苗族妇女勤劳智慧的结晶。流传在黔东南地区的苗绣有着不同的形式与风格，多数在形制和造型方面大量运用各种变形和夸张手法，用多维立体造型和型中型的复合手段，以及比喻、暗喻、借喻、象征等表达技巧，以体现出别具民族风格的审美情趣和内容丰富的艺术特征。艺术大师刘海粟评价苗族刺绣工艺是“缕云裁月，苗女巧夺天工，苏绣、湘绣比之，难以免俗”。

刺绣材料　（张明惠　摄）

苗绣具有浓郁的民族风格和地方特色，苗族刺绣代表了中国少数民族刺绣的最高水平。刺绣是指用针穿引彩线，编织图画于织物之上的传统手工艺，刺绣工艺在苗族人民的生活中应用十分普遍。从 10 多岁的少女到霜染两鬓的老妇，几乎人人都是刺绣的能手，她们盛装中的衣、裤、裙、鞋、帽、袜、头巾、手帕、腰带，甚至常服和生活用品上大都绣织有精美的花纹图案，这种来源于生活的朴素的艺术情感，使她们手中绘制的服饰图案纹样生机勃勃，表现在图案内容，形象构图多彩多姿、变化万端。刺绣的针法很多，比较常用的有平绣、堆花绣、贴花绣、缠绣、锁绣、破线绣、钉线绣、打籽绣等。

刺绣中　（张明惠　摄）

平绣是在布底上用五彩线绣出各种花纹图案，刺绣时事先不在布上绘制图案，而是根据布的颜色或经纬线，直接在布上用彩色棉、丝线绣出一行行长形、方形、圆形，然后在其中绣入各种动植物花纹图案，经过细针密线绣出绚丽精美的图形。

堆花绣是用缎子剪作花瓣，贴上较小的布壳，边沿往里折再层层堆叠，缀成后花瓣逐层凸出，像木雕一样，主要用作袖花，流行于凯里市翁项一带。

贴花绣是用彩色丝片剪作许多等腰三角形，如葵花米大的小瓣贴在底布上，再在其周围密绣一圈，纹样多为几何图形，主要流行于炉山、丹寨、麻江、雷山等县的部分地区。

缠绣是将染色的蚕丝片剪成葵花大小的等腰三角形贴在缎子底布上，再用两颗各穿有线的针绣，即甲针向乙针缠线，乙针被缠好线后便向下刺，回针上来后又为甲针缠线，两颗针互换着绣，就形成了各种美观和谐的图案。

锁绣有双针法和单针法两种。双针法即在刺绣时双针双线同运，所用绣线一粗一细，粗线作扣，细线穿扣扎紧反复运针形成图案；单针法则只以一针一线运作，每插入一针作一个扣，针从扣中插入形成一环紧扣一环的纹路。

绣品展示　（丁新成　摄）

破线绣是将普通的丝线破开分绺进行刺绣的方法，它实际上不是运针法，而是运线法，在中国四大名绣中均有运用，将丝线破成 8～12 股不等的细丝穿针刺绣，所以绣出的画面十分平整细腻，破线绣多数以平绣针法刺绣，以台江、施洞最为著名。

钉线绣是先将一根棉线、麻线或丝线、马尾鬃用丝线包缠起来，然后将之钉在布上构成图纹或作补边完成构图，打籽绣框架是钉线绣的一种。

绣品(一)

打籽绣是将剪纸贴在绣布上,然后用缠丝钉在花纹的边缘形成花瓣框架,最后在花框内插针刺绣,插针时,每入一针回针在布面上以丝线绕针 2~3 圈,然后插入布,形成打结的样子并使用画面呈颗粒状。

苗族刺绣既有很强的思想性,又有极高的艺术性,每一张袖片、领片、衣襟、背带都有其完整的构图艺术,而每一图案都记载着一个完整的故事,并承载了相应的思想内涵。

绣品(二)

苗族刺绣构图与结构艺术,多是几何图形和动植物的图案,其构图形式主要有中心式、中心对称式、左右式、整体式、花边式、米字式等。中心式表现在整幅袖腰上,以一动物居画面中心,四周以小动物等为小纹样相配,给人以主次分明、整体统一和谐之美感；中心对称式用于三接式组合的袖腰，以一动物占中心，两边配以数量相等的动物图案，给人以匀称统一的感觉；左右式用于二接式袖腰，左右各一个动物，姿态取侧面，给人以飞跃激进的感觉；整体式多用于三接式袖腰，也有用于二接式袖腰的，主体形象由一动物与人组成或单一动物横画其间，给人以气势长虹之感；花边式构图由许多单个动物并列一排，纹样细小，线条简练，给人以细微、精练之美；米字式用于围腰，中心为一菱形框，上下取菱形边线平行线二三道组成菱形框，菱形中有一动物，给人以峰峦迭起之感。

刺绣不仅在构图和绣法上艺术独特，而且在用色装饰上也具有独到之处。施洞苗族妇女善于搭配色调，对比巧妙，并掌握了配色规律和色彩的过渡。各种刺绣图案色调主要用大红、粉红、翠绿、中黄、蓝和白等，红与蓝不能并用，红与黑不能为伍，黄与粉红相配显得富丽热烈，白与蓝并用感觉素静，以白、红、黄为主，适当配以绿、蓝，其图案画面给人以热烈而古朴的感觉，体现了苗族人民的气质与风貌。由于苗族妇女整套服装中的上衣、袖边、领边、头帕、围腰、腰带、裙子、绑腿等采用各种不同的刺绣手法，或是龙、狮、虎，或是花鸟等图纹、图案，加之染上各种不同的色彩装饰，使之做出来的产品绚丽多姿、造型质朴、形象生动，给人以栩栩如生、光彩夺目的艺术形象。

在长期的生产、生活中，苗族妇女往往在刺绣上绣以形象的图案来反映她们的审美观，如花象征美好的事物和少女；鸟象征自由和快乐；鱼象征子女繁衍；石榴象征子孙兴旺；钱币象征富贵；万字不封口（苗语称“虾翁”，意为水车）象征富寿不封顶、吉祥无止境；寿字象征幸福无边；六耳结象征男女爱情。表现的方法有方形、圆形、椭圆形、涡妥纹、三角形、菱形、多角形等，线条则有直线、曲线、水波纹等，变化多端、不拘一格，都根据她们审美的情趣和追求的思想来决定。其中，夸张的手法极富韵味，诸如动物的尾巴可以长出一枝花；人物的头身可以不成比例；口和某种动物的嘴一样，还可以长出鱼的两根须；象的头上可以长出牛角；某种野兽可以只长两只脚。在圆形造型中，不管什么动物，取头的正面居中，两只脚居左右与圆形的身体包裹着头。这种变形与夸张手法，既不使刺绣艺术落于原始性，又不使刺绣艺术超脱传统艺术为纯粹的现代艺术；既给人们传统艺术的历史反映，又给人们以变化、发展的艺术反映。

苗族刺绣已成为我国文化艺术宝库中的组成部分。据资料显示，1993 年台江县成立苗绣传承基地——芳佤银饰刺绣有限公司，成为黔东南第一个打造和推广苗绣文化品牌的窗口，公司集展销和传习一体化，每年都举办传承人培训和传习活动数百人次。目前，贵州省推出了“锦绣计划”，依托特色手工业，推动民族民间传统文化保护传承和产业优化，促进妇女事业进步和实现勤劳致富。2013 年 7 月 11

日,第十三届中国(深圳)国际品牌服装服饰交易会1号展厅内,贵州苗绣与国际时尚品牌SKAP(圣伽步)联手精心布置的SKAP展区刮起一股浓郁的“贵州苗绣风”,“似一股强劲的磁力,迅速吸引过往客商眼球,纷纷驻足流连”,贵州苗绣正以其独特的魅力,形成产业走向世界。

苗族泥哨

苗族泥哨又名“黄平泥哨”或“泥塑”“泥叫叫”,是黔东南州黄平县民间工艺品,产自黄平县旧州,是苗族泥塑艺人吴国清老人首创,至今已有70余年历史,在传统陶哨的基础上创新发展而成今日形制,多以十二生肖、各种动物造型为主,以当地优质黄泥做基本原料,通过纯手工艺搓捏成形、木屑煅烧、上色涂釉等多道工序制作而成。其题材广泛,有飞鸟走兽、蝶虫蛙鱼、家禽六畜等,色彩一般以黑底点红绿为主,兼杂黄、白、蓝等色,近似当地苗族妇女的紫色衣裙和刺绣花块,最负盛名的泥哨题材为中国民间传统的十二生肖图案。泥哨造型注重动物头部特征,强调神似形略,形成夸张变形的艺术风格。

泥哨用黏土经手工捏成大体形态后,抹上生菜油定型,然后用竹签、竹筒等简易工具压出眼、口、鼻等细部,再用硬模按上所需的小装饰纹样,阴干后用木屑或谷壳煅烧为低陶,再施以彩绘、罩以清漆而成。泥哨下部留有回气孔,能吹出清脆的响声。泥哨造型多取材于各类动物,情态各异。哨体鲜明醒目而又不失厚重,显得古朴大方、生性高洁,不论是单体或群体,明快的色彩和考究的装饰,都极具挑花刺绣的效果,使其既有强烈的生活气息,又有浓郁的民族特色。我国从事民间美术、民间玩具研究的著名专家李寸松先生对黄平苗族泥哨赞道:“很有民族特色,风格独一无二。”泥哨不单是儿童玩乐之物,已走进大雅之堂,成为家庭陈设的艺术品、旅游纪念品、馈赠亲友和外事活动的礼品。

泥哨传人吴国清 (秦刚 摄)

黄平泥哨造型千变万化，有飞鸟走兽类、家禽大畜类、鱼虫蛙蝶类和神话人物类，有的哨体大如拳，有的哨体小似李，朴拙可爱、生动传神。

泥哨制作 （秦刚 摄）

泥哨成品 （秦刚 摄）

泥哨尾端均通以吹孔和回气孔，能吹出清脆的声音。黄平泥哨目前有 150 多个品类，仅虫类泥哨就不下 50 种，同一类泥哨有很多不同形态的变化，如虎哨就有卧虎、跳涧虎、下山虎、怒吼虎、扫尾虎、扭头虎、打撑虎、滚地虎等多种。

黄平泥哨色彩丰富，具有鲜明的地方民族特色。艺人在着色时，采用重彩浓绘，色彩运用注重对比，一般以黑色衬底配以红、黄、白、绿、蓝、紫等色，使泥哨看起来鲜艳醒目而又不失厚重富丽。奇妙的是，有人发现泥哨的整体色调十分近似于当地苗族妇女的刺绣用色风格，这一特点被称为地道的苗族民间色调。

泥哨艺人们出生在苗岭山乡，富饶而肥沃的土地、巍峨壮丽的川河流、丰富多彩的民俗风情、色彩斑斓的挑花刺绣以及苗家妇女盛装，都成为艺人们在泥哨道路上成长和发展的文化背景。艺人们善于捕捉动物的情态，不拘泥原型的机理结构，抓住其主要特征，发挥丰富的想象，大胆使用夸张变形的手法，强调神似形略，使作品质朴简练、生动传神而童趣盎然，具有无穷的韵味。在设色、绘制方面，用对比强烈的颜色重彩浓绘，以传统的民族刺绣、挑花、蜡染图案装饰，一般以黑色衬底，用红、黄、绿、蓝等色绘制纹样，色彩艳丽、装饰别致。现在，黄平县已拥有男女老少泥哨作者 100 多人，1993 年贵州省文化厅把黄平县命名为“泥哨艺术之乡”，现在泥哨已成为黄平县最具特色的旅游产品，深受

泥哨吹奏 （秦刚 摄）

广大旅游者的喜欢。

泥哨吸取了民族文化的养料，除了简练生动的造型和鲜艳的色彩适应儿童的心理外，还是具有美学内涵和文化内涵的艺术品。苗族泥哨受到国内众多的艺术单位和文博单位的重视，如中国民间美术博物馆、中央美术学院、贵州省博物馆、贵州省群众艺术馆、贵州省工艺美术研究所及黄平县文物管理所等都予以成套收藏。

苗族剪纸（剑河县）

苗族剪纸俗称“苗族花纸”“剪花”“绣花纸”，苗语称为“西给港”“西给榜”，“西”即汉语“纸”之意，“给”即汉语“剪”之意，“港”“榜”即汉语“虫”“花”的意思，因此又称“动物剪纸”“花朵剪纸”。苗族剪纸历史悠久，是一种与他们生活紧密相关的民间艺术。如《苗族古歌》中“跋山涉水”歌就有剪纸的叙述：“姑姑叫嫂嫂，莫忘带针线，嫂嫂叫姑姑，莫忘带剪花。”苗族剪纸，以黔东南州剑河县最为有名。

剑河苗族剪纸纹样古朴、奇崛、充满浪漫色彩。苗族妇女擅长绣花，也擅长剪花，将剪花作为绣花的底样，剪纸的内容中有大量反映创世神话和人类起源的传说，其中讲述苗族洪水神话故事的有“姜央造人”“姜央兄妹合磨成亲”等系列剪纸；讲述民族始祖盘瓠传说的有“娱蚣变狗”；还有苗族古歌中的“蝴蝶妈妈”多是人头蝶身的剪纸图案等。

剑河苗族剪纸不同于汉民族和北方少数民族的窗花剪纸，其主要用途是作为苗族服饰刺绣纹样稿，类型可分为革东和新民、新合两种，手法主要采用剪、刻、扎等方式，题材范围涉及苗族神话传说和自然界中花、鸟、虫、鱼形象等，内容反映了苗族对远古图腾和自然的崇拜，蕴涵着大量神秘的宗教文化信息和原始的艺术特征。从其制作的工艺流程和成品价值来看，它本身就是一件完整的工艺品。

剑河苗族剪纸艺人　（冯四方　摄）

苗族没有汉族剪窗花的习惯，而用于苗族刺绣纹样（刺绣蓝本）的剪纸，花样繁多。剑河苗族剪纸主要有两种：革东型剪纸和新民、新河型剪纸,两种类型的剪纸主要是基于服饰的不同而进行的,其中革东型剪纸内容较丰富、造型变化多。剪纸所做的刺绣多用于绣腰、肩花、前身围腰主幅,母题的动物种类最多,其次是人物,且配以简单的连枝花草纹,比较多的动物有龙、鸟、鱼、蛙、蝴蝶、牛等。剪纸所塑造的众多动物、人物、植物及自然事物形象,充满了奇妙的幻想和诸多神秘的观念,散发出浓郁的原始野性。

苗族剪纸(一) (冯四方 摄)

苗族剪纸(二) (孙亚光 摄)

剪纸刺绣图案 (杨茂 摄)

苗族剪纸一般是用刀口很尖细的小剪刀,用剪刀剪纸层不能叠太厚,有些卖剪纸的艺人便改用刻刀,一次可多刻几层剪纸,用刻刀刻时纸下垫一块木板,无论剪或刻,都要先把图案在表层纸上画好,不像剪窗花那样随意剪。所用的纸,旧时只有当地手工作坊生产的白皮纸、黄草纸,有些地区使用苗族家庭自制的丝绵纸。白皮纸用竹、构皮等纤维浆制作,薄而韧性非常好,经得起搓揉;丝绵纸是将蚕放在木板上让其吐丝结成的薄皮,既挺括又很柔和,是最好用的纸,可代替布料作绣面或染色作贴绣材料。20 世纪 60 年代后,大量工厂化的现代机制纸输入苗区,这些纸价格低,于是苗族妇女多采用 28 克以下的书写纸,有白色的也有红、绿等带颜色的。多层纸叠合剪刻时,苗族妇女们习惯用白皮纸捻或缝衣线将纸穿钉成本子,一幅图案视大小固定数个点,以保证剪刻中各层不错移。白皮纸捻如小铁钉,长约2厘米,一头粗一头尖,剪刻完撕揭时不用去掉纸捻,以纸捻尖的那层纸揭起,要几张揭几张,剩余的下层不松散,方便保管。

绣在服装上的剪纸 (杨茂 摄)

剑河革东型苗族剪纸一般用刀口很尖细的小剪刀进行剪切,剪切时先把图案在表层纸上画好,不像剪窗花那样随意剪。剪纸构图形式大体有6种:①中心式,这种构图用于整幅袖腰剪纸,一般以一大型动物居画面中心,占大部分面积,动物上常配以人物,出现的动物有象、狮、虎、牛、龙、马等,四周以蝶、鱼、鸟、鼠、兔、鹿等为小纹样相配;②中心对称式,这种构图用于三接式组合的袖腰;③左右式,这种构图多用于二接式袖腰,左右各一个动物,势态取侧面;④整体式,多用于三接式袖腰,也有用于二接式袖腰,主体形象由一动物与人组成或单独一动物组成;⑤花边式,由许多单个动物并列一排,样式细小,线条更简练;⑥米字式,这种构图用于围腰,中心为一菱形框,上下取菱形边线平行线二三道组成形框,菱形中布一动物,框中像花边那样平列布以动物。

原始的巫术礼仪作为苗族生活的重要内容,在剪纸窗花中也有较多的反映。苗族人大多信仰多神、崇拜自然物、崇拜祖先、崇拜生命,苗族剪纸不仅是苗族妇女美化生活的手段,更是本民族历史文化的形象化载体。用作袖花的剪纸,多为阳剪与阴剪相结合的长方形块状花纹,均为写实纹饰,主要是动物和人物,少见植物纹饰,以古朴、稚拙的风格表现出它的原始性质;用作衣边花和裙边花的刺绣底样剪纸,多呈条状以细线条为主,纹饰已经图案化,有圆形和菱形两种图案,由若干组相同纹饰以二方连续的形式构成。

这些古拙简朴、粗犷豪放、富有神话和宗教色彩的剪纸图案,充分展示了苗族的独特气质和久远的历史。在两湖一代的苗族剪纸多为凿刻,即以刻为主,用斜凿重叠多层纸,凿刻出纤细、复杂而工整的影绘作品,内容多为苗族古老的信仰和传说故事,也有大量汉族吉祥文化的借用。

苗族剪纸从其功能和用途上来看是苗族刺绣的底样、蓝本和第一道工序,但从其制作工序和成品价值来看,它本身就是一件完整的工艺品。苗族剪纸是苗族民间工艺美术之一,它选题广泛、内容丰富,善于用变形夸张的造型刻画众多动物、人物、植物的优美形象，一些画面还展示了苗族的社会生活和观念意识，不仅具有装饰的美感，而且赋有深远的思想内涵，具有很高的艺术和审美价值。

侗族刺绣

侗族擅长纺织、刺绣，在服饰中尤其是盛装多用挑花刺绣和织锦装饰，侗族刺绣种类繁多，有连环锁绣、铺绒绣、结子绣、错针绣、盘绣等，绣工精湛，图案常以“螃蟹”和“龙凤”为主。

锦屏侗族刺绣技艺传习

有关侗族服饰的记载到宋朝逐渐增多，《老学庵笔记》卷四说：在辰、沅、靖等州，有仡伶，“男未妻者，以金鸡羽插髻”“女以海螺数珠为饰”。《小方壶斋舆地丛钞》说：苗童（侗）之未妻者“罗汉”“皆髻插鸡羽”。

近代至现代，随着社会生产力的提高，各民族的交往增多，侗族北部方言区的汉化程度十分显著，南部方言区的服饰亦有所变化，唯南部山区的黎平、榕江、从江等地变化不大，仍保持着传统的特色。侗族的服饰文化不仅在史书中有记载，在民间文学中也广为流传。《款词》中有“父寻鸡尾插头，母制暖布盖身”之句，榕江车江的《祭祖歌》也说青年男子皆“鸡尾垂耳边，琵琶抱胸前”。现从江高船、信地一带，青年人每着盛装，还有头包花格帕，上插鸡尾或鹭羽为美的习惯，侗族服饰具有悠久的历史渊源。

侗绣是刺绣的一种，侗族刺绣是侗族人民一针一线在侗布上绣出来的，其风格自然、朴素、大方。

侗族精美的刺绣文化，如侗族妇女以彩纱织布制作出美丽的服饰，用彩线绣出画龙飞凤各类图案，都显示出侗族妇女的心灵手巧，受到国内外客商的欢迎。尤其是锦屏县平秋镇的侗族刺绣，代表了侗族刺绣的最高水平，成为侗族地区民间文化发展的主流方向。

平秋是杉木之乡、九寨之重镇，气候宜人，冬无严寒、夏无酷暑，素有“避暑山庄”之美称，境内有主浪溪原始森林、洞王瀑布、莲花山奇观、杉王纪念亭及森林公园、三星塘及八仙洞、老堆崖风景区等景点。平秋是南侗与北侗的分水岭，特殊的地理位置造就了平秋侗族独特的民族风俗、文化历史，集中了侗族文化的精华，其服饰、婚俗文化丰富多彩，民俗节日精彩纷呈，侗族大歌激昂雄壮，北侗风情最为著名，有“北侗风情看平秋”的说法。北侗鼓楼群、风雨桥群、吊脚楼群、文化娱乐场正在规划中。平秋旅游资源分自然、人文两大类，是一个以绿色为特征，良好的多样生态环境系统为优势，由民族风情、美丽山水、历史文化多方位一体的，不可多得的旅游资源库。

锦屏侗族刺绣品(一)

锦屏侗族刺绣品(二)

锦屏侗族刺绣品(三)

平秋侗族妇女擅长织锦和刺绣，并成为具有悠久历史的独特风俗。侗锦是以布纹纱路的走向挑提和穿梭引线织成的，图案呈方形、棱形、米字形、十字形、万字形、元字形和人字形等，画面描摹各种动、植物和器皿形状，如鱼、鸟、牛、羊、蜘蛛和花草、桌、碗、杯等，图形惟妙惟肖，栩栩如生。现在，刺绣品种从床毯、花带、袖口、花边和头巾等传统产品发展到台布、几垫、提包和戏服等方面，花色从过去的蓝白或黑白两色发展成为如今的五色缤纷，质地也从过去的自纺的单纱或双股棉线发展为绒线或丝线。

锦屏侗族绣品服饰

平秋侗族服饰上的刺绣纹样图案,尤其是妇女服饰及重大节庆男子穿着的"百鸟衣""芦笙衣"等完全是图案化的,主要有谷粒纹、桂花纹、梅花纹、花瓣纹、浮萍花、田螺花、水车花等植物纹样,这与农耕经济有着直观的联系。侗族服饰较少反映狩猎经济的动物纹样,如鱼骨纹、虾纹、龙纹等也是与农耕有关的动物纹样,这些纹样特点的价值取向始终离不开稻耕文化主题。此外,侗族服饰还有大量抽象的几何纹样,如三角纹、菱形纹、螺丝纹等,这些纹样,是人们进行生产劳动在服饰上的抽象化反映。

总之,平秋北侗民族刺绣,设计古朴而有风味,图案典雅,针线精细,既美观、大方又经久、实用,已受到众多媒体和外来宾客的青睐。其中具有代表意义的是总结古老工艺开创出来的"堆线绣法",其绣出的成品具有色彩鲜亮、造型大方等特点,图案因线堆积而高出绣面 1~2 毫米,犹如一组带色的浅浮雕,立体感异常强烈,具有极高的收藏价值。

省级非物质文化遗产

苗族剪纸(台江县)

台江苗族剪纸,苗语称为“西给港”(“动物剪纸”之意)、“西给榜”(“花朵剪纸”之意),俗称“剪花”“苗花纸”,是台江苗族民间工艺美术之一,以施洞、老屯一带苗族剪纸最有名。

台江苗族剪纸可分为方囊、方你两型。方囊剪纸供平绣用,平绣线如细发,平平铺展、平面构图,剪纸注重轮廓线,外轮廓剪空,内轮廓只剪破,要锁边的同样剪空。与剑河苗族剪纸一样,变形与夸张是方囊型剪纸的魅力之一。方囊型剪纸构图形式大体可分为以下6种:①中心式,用于整幅的袖腰剪纸,一般以一大型动物居画面中心,常配以台江人物,出现的动物有象、狮、虎、龙牛、龙、马,四周以蝶、鱼、鸟、鼠、兔、鹿等为小纹样相配;②中心对称式,用于三接式组合的袖腰;③左右式,用于二接式袖腰,左右各一个动物,姿态取侧面,也有左右对称形式;④整体式,用于三接式袖腰,也有用于二接式袖腰,主体形象由一动物与人组成或单一动物;⑤花边式,这种构图由许多单个动物并列一排,纹样细小,线条更简练;⑥米字式,用于围腰,中心为一菱形框,上下取菱形边线平行线二三道组成,菱形中一动物,形框中像花边那样平列布以动物,左右上下可对称,也可不完全对称。

苗族剪纸传习

方你型剪纸的内轮廓以针打眼成虚线,主要用于辫绣(也有用于平绣),辫绣先用八九根丝线编成小辫带,再把辫带按剪纸图案盘结而成,有点类似于现代绒绣的堆积效果。方你型剪纸注重外轮廓线的势态,简化复杂结构省略细部,有剪影味,不搞细小纹样采用大幅面,构图求简生繁,选题比方囊型窄,常出现的动植物有龙、锦鸡、蝴蝶、蝙蝠、鱼、猫、牡丹、石榴、葫芦、棉花、桃,没有人物,其中龙的图案变化最为丰富多彩。方你型剪纸构图形式有 4 种:①龙构图,以一龙或数龙盘曲于中,边配以蝴蝶、石榴、猫、鹿、花或以二龙左右对称,中间设有一圆宝,四周配花饰;②花鸟构图,整个画面以环构成框架,环内外填配石榴、葫芦、鱼、虾、龙、蛙、花等,环有四连环、五连环、六连环、七连环等;③桃形构图,以一桃居中,左右加一叶构成框架,配以花木动物;④蝶蝠构图,以一只蝴蝶或蝙蝠布满画面,左右对称以肢的轮廓线构成环框,在框内外配以花木。

随着社会的变化,台江苗族剪纸的构图文饰也在不断地注入新的内容,新充实的图形经过传统艺术加工后,沿着民族特色、装饰价值和欣赏价值的轨迹发展,使得苗族剪纸既保持了传统的民族特色,又迸发出新的生命力。

台江苗族剪纸

台江苗族剪纸一般是用刀口很尖细的小剪刀制作,有些艺人也改用刻刀刻,无论剪或刻,都需要先把图案在表层纸上画好,不像剪窗花那样随意剪。所用的纸旧时只有当地生产的白皮纸、黄草纸,有些地区使用苗族家庭自制的丝绵纸,20 世纪 60 年代后,大量工厂化的现代机制纸输入苗区,白、红、绿等颜色的纸被普遍运用。在具体多层纸叠合剪刻时,苗族妇女们习惯用白皮纸捻或缝衣线将纸穿钉成本子,一幅图案视大小固定数个点,以保证剪刻中各层不错移。白皮纸捻如小铁钉,长约 2 厘米,一头粗一头尖,剪刻完撕揭时不用去掉纸捻,从纸捻尖的那层纸揭起,要几张揭几张,方便保管。

台江苗族剪纸与巫文化有着天然的联系,在苗族剪纸的产生和发展过程中,巫文化始终是一股奔腾不息的动源,其精神造就了剪纸花样独特的品貌和神韵。剪纸纹样便是这种巫教思想和精神最原始的表现,也就是说,民间剪纸所展现的日月星辰、江河湖泊、崇山峻岭、花草树木、鱼虫鸟兽等一系列具体实在的形象是巫文化最直观的投射。例如,《求子图》所载:“一个妇女因生儿育女不成器,生一个坏一个，只得求庙神保佑，后来她刚生下小孩就抱到庙里祭神，以后的孩子便一个个长得很好。”庙顶飞舞的龙凤、庙檐欢悦的儿童、庙内虔诚的抱子妇女及鲜活的求子画面淋漓尽致地表达了妇女虔诚的求子愿望。

当地苗家人用这些剪纸作品所展示的特殊形象作为招魂、求子、祭祖、祈福活动中的重要道具和特殊载体，是历史足迹的音符，也是怀乡认祖的一种精神象征符号。在台江苗族剪纸中，最著名也是最明显地体现原始文化和审美效果的当推蝴蝶图案——蝴蝶妈妈，苗族把蝴蝶妈妈看成是人类与动物的共同祖先，苗家妇女们将人格化了的蝴蝶妈妈绣在袖沿、襟沿、裤脚、裙沿等处，作为生命的保护神，以期望保护全家健康和平安。

苗族剪纸作为苗族女性文化外在的传承媒介和审美观念的集中体现以及苗族女性能力的衡量标准，至今仍在台江苗家人生产、生活中发挥着重要的作用。

苗族百鸟衣艺术

古老的苗族服装——百鸟衣主要流传于丹寨县雅灰乡的送陇、雅灰、羊高、杀高、上丛、排路以及雷山县的达地、榕江县的新华、三都县都江等乡镇的20多个自然村寨，这些地区相对封闭偏僻，山高坡大、交通不便，保留着古朴的民俗风情，形成了百鸟衣艺术传承的独特环境。百鸟衣艺术作为苗族刺绣和苗族美术的完美结合，凭借其古朴的艺术魅力征服了人们。历史上有记载，唐贞观三年，黔东南地区苗族首领谢元深入朝参见唐太宗，所带的使团满身“卉服鸟章”惊动长安，唐太宗命画师阎立德等临摹，名为“王会图”。

苗族祭祖活动“鼓藏节”的主祭服为百鸟衣，所以百鸟衣是苗族的“鼓藏服”，是作为宗教仪式的法器传承下来的。“鼓藏节”时，苗族人民身穿百鸟衣，手持“旗幡”。“旗幡”是用长幅蜡染布和织锦做成，上

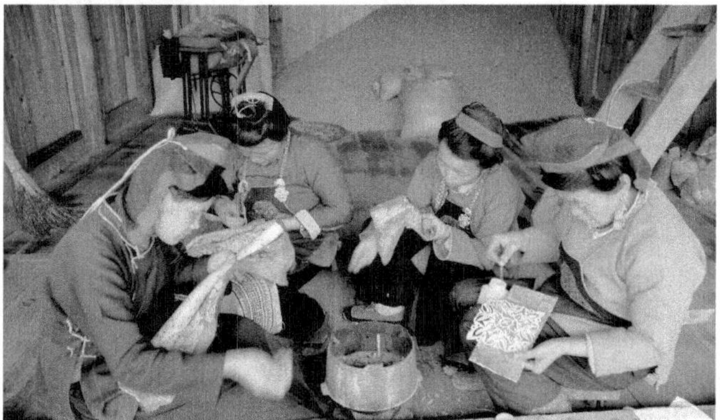
百鸟衣图案制作

面满是鸟纹，还有粘满白色鸟羽毛的祭祀树。从这里我们发现，苗族是一个崇拜鸟的民族，百鸟衣艺术也与苗族古代的鸟图腾有关。事实上，居住在丹寨县境内的苗族支系自称"嘎闹"，"嘎闹"即"鸟的部族"之意，这一支系的苗民是上古蚩尤集团中以鸟为图腾的"羽族"的后裔。

百鸟衣的制作非常复杂且耗时长，有男装和女装之分，男女装均为无领衣，苗语分别称为"欧花闹"（女装）、"欧花勇"（男装）。百鸟衣为长衫绣衣，布料是苗族人民自纺、自染、自织的土布，由背、肩、袖口、前胸、后背、前后摆片和衣脚着羽毛束等十几个板块构成，整件衣服集平绣、堆绣、打结绣、破线绣、钉线绣、辫绣、马尾绣等手工绣技艺术为一体，配以红、黄、蓝、黑、白等各种丝线绣出五彩斑斓的图案，每一幅图案都体现一只或几只写意的鸟图案，底布以土布为基调，每一版块均以茧片作白底。百鸟衣的女装由前后几幅条带的"鸟龙"组成，男装为牛龙或蛇龙等图案组成，衣脚排列一束束鸟的羽毛，龙的图案变化多端，如鸟龙、牛龙、鱼龙等，图案色彩搭配和谐、对比鲜明、主题突出，整个穿戴活像一只美丽的"神鸟"。百鸟衣最为独特之处就是衣饰上的鸟纹、鸟形，大块的平绣或丝片贴花而成的鸟纹古朴传神，有站立的，有飞翔的，边缘以粗犷的锯齿纹配成的脊羽、尾羽，粗壮的头、足，圆滑的身躯配以细小的翅膀……利用多种透视方法来展现一只鸟或一组鸟的造型，这些鸟纹极其抽象化，极具装饰效果。男装上衣为无领对襟宽松式，两袖宽大平直，与衣身成90度角，下摆与飘带裙缝合仅以边缘线带束之，直襟无纽扣，除两袖口用土蓝布贴饰外，通体绣花，亦有通体织锦的。绣花者为精品，花纹结构为衣背正中有一菱形图框，四角为凤头龙身图或异形龙图，两袖则多为圈龙图，亦有各种飞鸟框内中央或为一太阳纹或一圆形圈龙纹，四角为枫叶纹或蝴蝶纹，框外或异形动物图案。

百鸟衣艺术蕴含丰富的文化，可以说一幅百鸟衣的图案都有苗族文化传承的一个符号，每一幅构图就是苗族历史社会的一个典故。透过百鸟衣生动多彩的图式和色谱可以发现，百鸟衣不仅表达了苗族人民对祖先的怀念之情和苗族人民对世界万命同源、和平等观念，还能从中窥探出苗族的社会形态、苗族文化与苗族人民的生存之道。

白鸟衣盛装

百鸟衣艺术除了具有丰富的文化意蕴外，也表现出了较高的美学特征，主要体现在：①苗族百鸟衣图式所表现的物和事都是无拘无束的，无歧视意识，形态、色彩与生存背景的和谐，表现对生命的自由、和谐、达观的情感；②百鸟衣图式所表现的空间既有实感空间又有意形空间，通过色彩、物象的典型特征的组合表达物象的位置空间概念，表现出深邃广袤的空间感；③百鸟衣首先是一种女性文化，各种鸟纹、鸟形仪态万千的构形，极少有呆滞的感觉，大量的云气纹、水波纹的运用，无不表现出阴柔流动的美感；④百鸟衣在造型中，抽象和变形方法的广泛运用，表现出抽象的装饰美感。

百鸟衣由于制作工艺复杂，对传承者各方面素质的要求较高，加上十分费工，目前能掌握该制作技术的人很少。随着现代化的冲击，青年人入学和外出务工及外来文化的侵入，给百鸟衣的传承和制作带来了前所未有的冲击，现今百鸟衣制作艺术的传承人越来越少，代表性传承人有1965年1月出生的丹寨县雅灰乡送陇村苗族妇女平尔猫。同时，现代制作的百鸟衣已逐步淡化了传统图案，用料做工也由手工刺绣到机织，百鸟衣的原貌不断在改变，原有的风格和技艺受到影响，尤其是民族地区旅游产业的快速发展，使得大批有价值的传统服饰已被游客或收藏者买走，真正有价值的百鸟衣所剩无几。

苗族“嘎闹”支系服饰艺术

苗族“嘎闹”（苗族支系自称）支系人民长期在丹寨这一特定的相对独立的地理环境里生活和劳作，形成了自己独特的服饰文化艺术。丹寨苗族“嘎闹”支系服饰文化可以追溯到远古时代，他们自古就习惯性地将自己的图腾物作为饰品图案来穿着佩戴。将“嘎闹”支系7个亚族群现在的

苗族“嘎闹”支系服饰（一）

苗族"嘎闹"支系服饰(二)

服饰与古老的服饰进行对比,可以发现各亚族群之间尽管略有区别,但差别不大。在"嘎闹"支系服饰艺术中,最能保持原貌的是"雅灰型"的百鸟衣,随着时间的延伸,各亚族群的服饰尽管出现了一些差异,但都有一个共同点,即在刺绣或蜡染技艺上,竭尽其能地表现他们的图腾物——鸟纹,把鸟纹艺术展现得淋漓尽致。正是这种对鸟的极度崇拜,造就了苗族"嘎闹"支系服饰艺术的形象和艺术魅力,并向外透露了"嘎闹"支系的族源信息,而"百鸟衣""锦鸡服""蜡染古装"等服饰则是苗族鸟崇拜的集中体现,也是该支系鸟文化艺术的经典。

苗族没有文字,有关苗族服饰文化的记载存在于一些汉文献中。比如《淮南子·齐俗篇》中"三苗"有关髻首的记载,描述的就是"三苗"时代苗族先民的头饰风俗;《后汉书·南蛮传》中写道,"盘瓠蛮""武陵蛮""织绩木皮,染以草实,好五色衣服,制截皆有尾形……裳斑斓",这些文献记载可以说明苗族先民的穿着已经非常讲究色彩和纹饰。除了汉文献记录了苗族的服饰文化外,苗族人民口耳相传的传说和民歌中经常能见到苗族服饰文化的影子,这些传说和民歌包括《蜡染的传说》《苗族古歌》、苗族口头经典"贾"、《出嫁歌》和《开天辟地歌》。比如,《出嫁歌》将苗族衣饰和装扮描述得十分形象,"头戴银雀花,身扎红绸带"。此外,从一些流传下来的绘画艺术中也可以窥见"嘎闹"支系苗族服饰艺术的魅力。比如,清代八寨县(丹寨县原名)同知陈浩绘制的《八十二种苗图并说》为蓝本汇集成书的《百苗图》多次描画了丹寨地区的苗族服饰。

苗族"嘎闹"支系服饰(三)

随着时间的推移,“嘎闹”支系的苗族人民在长期的生产劳动和生活过程中,对其服饰也进行了演变式的改进,由“长裙”改“中裙”,由“中裙”改“短裙”,由“团裙”改为前后“围腰”,并在腰间束一标志性的刺绣腰围,由青衣变为蓝衣,由土布变为市布和毛线、腈纶、锡箔线织出的色布,但是不管苗族服饰如何演变,其标志性鸟纹不但没有改变,而且不断地进行修饰和完美。对苗族人们来说,尽管有的古装已没有任何实用价值,但仍然被他们当作宝贝珍藏,苗族妇女更以拥有一套老人传袭下来的服装而感到荣耀,女儿出嫁时将珍藏的服饰作为传家宝赠予她们做嫁妆。

苗族“嘎闹”支系服饰(四)

苗族“嘎闹”支系的7个亚族群的服饰都由妇女们制作,经过世代的传承,制作本民族的服饰成为每个妇女必须具有的技能,当然其中也出现了许多制作民族服饰的能工巧匠。事实上,每一个村寨、每一个年代都有一批技艺精湛的民间艺人,她们在继承先辈技艺的同时结合时代色彩,根据自己的想象大胆地创造和补充了不少内容。由于苗族“嘎闹”支系服饰是由妇女制作,因而在服饰技艺的传承上,有女儿的家庭传给女儿,无女儿的家庭可以传给寨上心灵手巧的下一辈。苗族“嘎闹”支系服饰技巧代代相传,不断完美,使得“嘎闹”服饰艺术种类多、题材广,形成了鲜明的地方特色和民族特色。

苗族“嘎闹”支系服饰是苗族人民智慧的结晶,是苗族文化的瑰宝,尤其是服饰式样和图案透露了许多苗族历史文化的信息,各支系服饰文化之间同中存异、异中有同。主要表现为苗族“嘎闹”支系服饰既有以鸟纹为主的总支系标识,又有各亚族群和地域的标识。它的式样、构图、纹样千百年来经过“嘎闹”支系妇女们的不断创作,图案多样、工艺精湛、内涵丰富、构图独特,集实用与美术为一体,体现出了较高的美学价值。

苗族“嘎闹”支系服饰从远古到今一直不断在演变,随着各种文化的交流和现代文明的冲击,局限支系内保护的意识已逐渐淡化,审美观已不再囿于支系的约束而走向开放的美,苗族“嘎闹”支系服饰融入了现代的气息。在改革开放的冲击下,“嘎闹”支系的苗族民众与外界交流的机会越来越多,年轻人开始走出村寨,价值观和审美观也发生了一定的改变。同时与流行服饰相比,苗族“嘎闹”支系服饰固有的缺陷开始凸显,年轻的“嘎闹”支系苗族人民已不爱穿戴这种服饰,认为其土气,愿意学习制作这种服饰的妇女越来越少,有的工艺已后继无人,苗族“嘎闹”支系服饰面临着消亡的危机。

卷八 传统技艺

国家级非物质文化遗产

苗族蜡染技艺

蜡染与绞缬(扎染)、夹缬(镂空印花)并称为我国古代三大印花技艺。中国的染织工艺早在西周时期(约公元前11世纪至公元前771年)已得到较大的发展,根据《礼记》等文献记载,织物的染色当时设有一种叫“染人”的专官主管,楚国还设有专门主持生产靛蓝的“蓝尹”工官,足见当时的丝织、染色工艺已颇具规模。黔东南地区的丹寨、黄平的苗族蜡染传统技艺具有浓郁的民族风情和乡土气息,是苗族独具一格的民族艺术之花,均被列入了国家非物质文化遗产名录。

丹寨苗族蜡染区含括丹寨县城东南面的扬武乡和排调镇一带,有20余个自然村寨,1万余人口,50多平方千米区域。丹寨蜡染工艺有“点蜡”和“画蜡”两种,点是以圆点排列为虚线条,再由虚线条组织成图案;画则以线条的粗细曲直来勾勒形象或抽象的物体,以组成图案。从实物图案上可分为“几何纹”和“自然纹”两大类,具体从蜡染的纹样图案上分类,主要分为八大类:①蝴蝶纹。来源于苗族神话古歌《妹榜妹留》的故事。传说苗族始祖姜央为“妹榜妹留”所生,苗语“妹榜妹留”意译为汉语就是“蝴蝶妈妈”,在苗族神语里,蝴蝶妈妈是世界万物的始祖,包括神、鬼、人、动植物和雷电的产生都源于蝴蝶妈妈。因此,蝴蝶被认为是生殖和美的化身,最受尊崇,成为蜡染重要的纹样。在蝴蝶纹蜡染中可以看到飞舞的、爬动的、正面的、侧面的、仰面的、背面的等一系列姿态各异千变万化的蝴蝶纹样。②鱼鸟纹。和蝴蝶纹相近,也是歌颂生殖和美的纹样。苗族人民认为,鸟是男性鱼是女性,鱼鸟同图比喻夫妻恩爱的图案,这种纹样的鱼

苗族蜡染技艺(一)

和鸟一样也有翅膀,鸟多为可入水畅游的“水鸟”,这是反映男女平等共同担负传宗接代的原始图腾,没有男尊女卑之分,是内含着生殖崇拜的很有特色的纹样。③蜈蚣纹。和蝴蝶纹一样,也取材于苗族神话古歌。相传远古雷、龙、虎、蛇、蜈蚣是亲兄弟,五兄弟各司其职,小弟弟蜈蚣开荒种地、起房造屋,子孙昌盛安居乐业,受到人们的尊重,于是成为人们心目中美丽的昆虫,被认定为美丽的主要的蜡纹图案之一,是苗族人民对先祖创业的崇敬之反映。④龙纹。龙在苗族意识里,向来就是造福人类的吉祥物。苗族蜡染的龙没有固定的模式,千变万化,有鸟头蛇身、牛头鱼身、蜈蚣形等,或飞或曲或伸,变化自如,龙纹样包含着对牛和鸟的图腾意识。⑤马蹄纹。纹样来源于苗族民间故事。相传苗族妇女榜闹的美色为皇帝派来的差官二辣狼所垂涎,二辣狼调戏榜闹遭榜闹坚强抵抗,迫奸不成恼羞成怒,于是二辣狼把她绑到皇宫罚做蜡染,榜闹的蜡染深受皇帝喜爱,皇帝后来知悉二辣狼对榜闹的歹意,于是杀了二辣狼放回榜闹,马蹄纹相传就是苗妇榜闹在皇宫绘制的蜡染纹样。⑥旋涡纹。主要绘制在蜡染衣背、衣袖、被面上,是苗族象征团结和吉祥的传统纹样。苗族人民热爱大自然,他们看到激流中的旋涡圆满急转,认为有一种兴旺吉利的韵味,于是当作一种吉祥的美丽纹样。⑦梨花纹。是最具有地方特色的纹样。相传苗族的先祖在长期迁徙中耗尽心力,差一点就被奔波不定的生活拖垮,但忽然看见满山遍野生气勃勃盛开的梨花,感到世界是如此美丽,于是又增强了生活的信心。因此,梨花留给苗族深深的美感。⑧铜鼓纹。铜鼓是苗族文化的特征,铜鼓上的古老纹样往往是苗族蜡染传统纹样的来源。老人过世盖在遗体上的寿被,在丹寨常用配有铜鼓“鼓耳”纹样的蜡染。以上八种蜡染纹样仅是丹寨苗族常见的纹样,田野调查的事实

苗族蜡染技艺(二)

苗族蜡染技艺(三)

是,丹寨的蜡染纹样是说不完道不尽的。丹寨苗族蜡染的创作者在不能更改的地方,严格遵循传统;在可以随心所欲地创作的地方,更喜欢以自然界中的花鸟虫鱼做图案素材,使纹样自然活泼流畅、造型生动且富于夸张。

在丹寨蜡染之乡普遍种植蓝靛,秋天采集茎叶在缸里沤泡、发酵后除去纤维渣,用盆盛发酵的蓝靛水放入适量的生石灰,石灰充分溶解后再倒入缸内,使蓝靛沉淀,即得干靛。蜡染人家家家备有发染缸,在缸内溶兑蓝靛的水是草木灰水,在缸口上放竹筛,筛上垫稻草,稻草上放木灰压实,倒上清水让水过滤入缸,撤去竹筛往灰水里加入适量蓝靛、白酒,用竹竿搅动直到溶液发黏,发好染缸后缸底放一竹篓,使染布时布匹不接触缸底,不沾染沉积的渣滓。蜡染的具体制作程序:①布的处理。用草木灰滤水浸泡土布再捶打和漂洗,脱去纤维中的脂质,以易于点蜡和上色;用魔芋刮成浆布,使布有一定的硬度,在平整的石板上用牛的下颌骨反复刮布;按作品需要剪裁好布的尺寸。②点、画蜡。先备好木灰火,用瓷碗盛黄蜡置于木灰火边上,使黄蜡受热熔化成液体;用铜蜡刀(蜡笔)蘸蜡液在布上绘画或用小竹根蘸蜡液往布上点画;布上的几何图案草稿事先用针头划出痕迹,或用针头在布上刺孔标明位置;所用工具有圆形的竹筒、谷革丈量、指甲捏痕标注等。③染色。将点好蜡花的布用温水浸湿,卷成松散的圆筒状放入已发好的蓝靛的染缸,浸泡 30 分钟左右,提出来搁置几个小时再浸入染缸。反复四五天,染好后在河水里冲洗去浮色,再放进锅里加水煮沸,使黄蜡熔化脱离布浮在水面上,回收后再用,再将蜡染反复漂洗,使残留的黄蜡脱净,画面的湛蓝色与洁白互为底色。④缝合。家织土布只有 40 厘米的宽度,制作被面、床单等宽幅的成品,需要拼接起来缝合,才能成为成品。此外,在苗族盛装上还要描红、黄色,红色用茜草根,黄色用栀子根提取,画上后不能洗,洗了会脱色,一般要待成品制成后才着色。

丹寨蜡染由于地域的封闭,靠苗族妇女世代传承和集体智慧,形成了独特的艺术风格,具有历史学、民族学、民俗学和美学心理学等研究价值,是苗族地区人与自然和谐相处的写照。

与丹寨蜡染齐名者为黄平僅家蜡染技艺,在众多的蜡染样式中以精巧细腻、对称工整、构图严谨、花纹别致、风格独特而著称于世,黄平也因此被誉为"蜡染之乡",是贵州三大蜡染基地之一。黄平蜡染的产地分布于该县的重安、重兴、翁坪、黄飘、塘都、谷陇、代支、马场、崇仁、新州、罗朗、浪河等地,该地区围绕飞云崖,故称这类蜡染为飞云山蜡染,飞云山蜡染的制作者和使用者被称为"僅家"——一个待识别的民族。

黄平僅家人主要聚居于壑谷和高山之腰,其房屋多为三间式木瓦房,村寨居住多则几百户少则几十户,僅家人以大米为主食,喜吃糯米辅食小米、玉米等,待客劝饭重于劝酒，宾至高歌敬酒，客返则设卡敬酒，载歌载舞欢送，崇拜祖宗，有每餐必供之俗。僅家家族同祭一个“祖鼓”，祖鼓系用一节 4.88 尺长、1.2 尺以上直径的香樟树根凿空制作而成，存放在一个家族（宗族内），供几十年一次的祭祖用，谓之过“哈戎节”。僅家人千百年来崇拜太阳、供奉弓箭，身着铠甲式服饰，崇尚武功，祭祀祖鼓，至今仍然完整地保存着祖先沿袭下来的民族制度和传统文化，有自己的民族语言，有自己考究的婚丧嫁娶和祭祀礼仪，有自己独特的民族歌舞和精湛的民族工艺技术。

苗族蜡染技艺（四）

历史上僅家长期处于战争状态，民风尚武，武器盔甲常年相伴，僅家男女的服饰反映了这些特征。僅家服饰男简女繁，颇为讲究。女盛装，少女头戴红缨帽，妇女则戴花冠帕，均着蜡染刺绣花衣，罩以贯首飘铠，下着百褶短裙，腰系流苏围裙片，颈配玲珑银饰，脚小腿裹红色刺绣绑腿。僅家女子的衣帽就像盔甲的样式，而她们佩戴的银饰多是武器的样式，着蜡染服饰的僅家女子就像遍身披就了银盔银甲，这是僅家蜡染服饰的最主要特点。黄平僅家蜡染一般都是蓝、白间与橘黄色刺绣，在做成衣裙时配上姑娘头上的射日红缨帽和箭形白银簪，贯首铠甲式披肩，加上形如盾牌的围腰、红黄相间的绑腿，一副独特的古装古束，耀眼醒目、独特别致。

黄平僅家蜡染生产全部是手工操作，到目前为止，仍一直停留在手工操作上，蜡染制品制作周期长、数量少，因而制品更显得珍贵和难得。

僅家蜡染以机织白布为主要原料，以铜制的画刀为绘制工具，染料是蓝靛，防腐剂主要是蜂蜡，画画的铜刀是用两片或多片形状相同的薄铜片组成，一端缚在木柄上，刀口微开而中间略空以易于蘸蓄蜂蜡，为了绘制各种线条的需要，还有半圆形、三角形、斧形等蜡刀。僅家蜡染的制作方法和工艺流程分为点蜡和浸染两个步骤。点蜡：先把白布平铺在一块平面光滑的正方形或长方形木板上，再把盛有蜂蜡的土陶碗放在火盆旁，用火盆里的火使蜡熔化，然后用蜡刀蘸蜡作画，俗称点蜡花。僅家妇女点蜡花，一般没有固定图案，全凭想象点制，但她们最爱点画的是民族崇拜的太阳和僅家传说中的城堡，还有就是龙凤和本民族的日常生活习俗，僅家妇女想什么画什么，画什么嘴里还不停地唱着什么，往往是一首赞美飞鸟的山歌唱完，一只栩栩如生的小鸟也画成了。浸染：把画好的蜡片放在蓝靛染缸里，一般要染三天，技术上连续处理十多次后，煮沸水洗脱蜡现图，染出来的布未点蜡花的地方是蓝色底，点过蜡花的地方是白花图案。

僾家女孩从八九岁就随母学点蜡，十七八岁便技艺精深成为蜡染能手。僾家蜡染制品有衣、裙、帽帕、背扇、围腰、提蓝盖帕、包袱皮、口袋、手巾、窗帘、被面、桌布、垫布、伞套、包、枕套、帐沿等。僾家蜡染的图形摆布十分奇特，有分头尾和上下为幅的画法，也有极其对称的平面画法，不同的画法有不同的欣赏方式。如平面画法，就是在一块正方形的蜡画布上作画，无论里面画得如何繁杂精密，从任何一个方位欣赏都是一样对称，但画各不相同，从左看像鱼，从右看像是虾，正着看却是蝴蝶，倒着看又恰如虫子。由于僾家蜡染造型工整、生动简洁，加之制作者采用独特的钩、叉、旋、圆、点、线作装饰，素来以它独有的民族特色受到世人的喜爱。

苗寨吊脚楼营造技艺

雷山县的西江是全国仅有、全世界独一无二的千户苗寨，素有苗都之称，被誉为“苗族民族文化艺术馆”，是研究苗族历史、文化的“活化石”。西江千户苗寨位于贵州省雷山县东北部雷公山之麓、白水河畔的西江镇境内，包括平寨、东引、羊排、南贵4个行政村、10个自然寨。西江村寨大都靠山面水，坡地建房，居民建筑全系木质结构，不用一钉一铆，房子框架由榫卯连接，依山势而成，建筑风格别具特色，形成独特的苗寨吊脚楼景观。

苗族迁徙到雷山地区已有2000多年的历史，由于雷公山特殊的地理环境，苗族世世代代在雷公山的山山岭岭中以宗族或家族为单位定居，形成了今天“一山一岭一寨”的村落格局。雷山县有大小苗寨300多个，其中1000户以上的苗寨有1个，即西江千户苗寨；500户以上的苗寨有开觉、黄里、陶尧、报德、乌流、杨柳、开屯、新塘8个；200户以上的苗寨有12个；100户以上的苗寨有90个；其余为50户至100户的苗寨。苗寨分布特点为大聚居下的小散居，村村寨寨共同组成了雷山蔚为壮观的最密集、最具游览观赏价值和科学研究、保护价值的大规模苗族古村落建筑群，被国内外专家和学者称为世界“苗寨王国”。

雷山苗寨大多是聚族而居，寨子依山傍水，寨前有河寨后有山，吊脚楼参差错落、贴壁凌空，是雷公山苗族村寨的基本特色。这种建筑模式是由苗族居住的地理环境和条件决定的，非常适合雷公山地区的地理和气候条件，最大限度地有效保护和利用土地，保持人与自然的和谐发展。雷山苗族吊脚木楼建筑传承了古老的河

西江千户苗寨吊脚楼营造技艺（一）

姆渡文化“干栏式”建筑风格与技术，是在适应雷公山高山峡谷和相对潮湿环境下，经过逐步创新、发展、完善而形成的建筑文化载体，承载着苗族对生态环境、民族心理、民族历史、宗教信仰、社会生活、美学观念乃至空间力学的理解。雷山干栏式吊脚楼建筑群是十分宝贵的中华远古民居的建筑遗存，具有多方面的科学研究价值和保护价值。

西江千户苗寨吊脚楼的营造技艺远承河姆渡文化中“南人巢居”的干栏式建筑，据有关史籍载述：“苗族多居山洞，结草为庐，以蔽风雨。事起即建造岩墙木屋，耸以吊楼……”可见苗家吊脚楼由来甚久。

西江千户苗寨千幢各异的吊脚楼富于活力、天人合一。苗家人迁入这里后，为了留下平地作耕种用田和适应这里的自然条件以繁衍生息，在建造住居时选在30~70度的斜坡陡坎上，在传承传统的干栏式建筑的基础上，创建了穿斗式木质结构吊脚楼。这种结构形式具有以下特点：一是结构简单而稳固性强，以柱、枋为基本构件，通过穿斗形成完整空间；二是充分利用当地木材及其强度，由于采用的是穿斗结构，用小材可以盖大房；三是既节约了耕地又适应山地斜坡建屋，并具有良好的通风、防潮效果，典型的天人合一。

房子框架全系榫卯衔接，一栋房子需要的柱子、屋梁、穿枋等有上千个榫眼，木匠从来不用图纸，仅凭着墨斗、斧头、凿子、锯子和各种成竹在胸的方案，便能使柱柱相连、枋枋相接、梁梁相扣，使一栋栋三层木楼巍然屹立于斜坡陡坎上。

吊脚楼，即房屋撑柱悬空不落地，因地制宜而建。吊脚楼立于平地，吊脚半边楼建于倾斜度较大的山坡上，后半靠岩着地，前半以木柱支撑，楼屋用当地盛产的木材建成。坡面开成上下两级屋基，前面半间楼板与后面半间地面平行，形成半边

西江千户苗寨吊脚楼营造技艺(二)

楼,木柱木墙木楼板,楼皆建于数米高的石保坎上,房架高 6~7 米。每排柱的最外一根自上而下截齐上屋基处,形成吊脚柱。吊脚楼有半吊脚和全吊脚两种形式,屋基多以石条垒砌而成,为歇山顶穿斗挑梁木架干栏式楼房,青瓦或杉木皮盖顶。吊脚楼一般有三层,依山错落、次第鳞比,吊脚楼一般分三层,上层储谷、中层住人、下层围棚立圈以堆放杂物和喂养牲畜。住人的一层除卧室、厨房外,还有接待客人的中堂,宽敞明亮,中堂的前檐下装有靠背栏杆,形成一个木制阳台,既可凭高远眺又可休息聚会。秋冬时节,金黄的苞谷或红辣椒、洁白的棉球等成串悬挂于楼栏、楼柱,把小巧的吊脚楼点缀得缤纷绚丽,还不怕潮霉,是为天然粮仓。

苗族民居的建造体现着力学、几何原理等知识的综合运用。吊脚楼的造型从宏观上看,是长方形和三角形的组合,是稳定而庄重的普通几何图形,给人以一种既有典雅灵秀之美又有挺拔健劲之美的感觉,无论柱、枋、梁、檩,都互为垂直相交,构成一个在三维空间上相互垂直的网络体系,从而奠定了长方形结构的基础,然后逐个延展组合而成整个屋体,屋面由于排水的需要,必须是两面或多面,这样就确定了以三角形作为其最稳定的结构;从横向观看,房屋的上部、中部和下部由一个三棱体和两个长方体组成。这样的建构,除了结构上的稳定得到保障之外;在艺术感觉上显得端庄稳重;在虚实对比关系上,显现了和谐统一、相得益彰的艺术效果。

总的来看,苗寨吊脚楼传统营造技艺表现出如下特征:

西江千户苗寨吊脚楼营造技艺(三)

一是具有地域性。苗寨吊脚楼传统营造技艺是充分适应当地资源、自然条件而采取的民居建筑方式。在材料上,利用当地建筑资源,因地制宜,苗居就地取材,筑台用石砌,当地多轻质板岩、变质砂岩、页岩等,黔东南林区出产的木材颇享盛誉,建筑常用木材以杉木为最,次为松、枫、栎、樟等,力学性能良好且经久耐用,木构房屋寿命在百年以上，尤其是水杉纹理通直、结构均匀、质地坚硬细密，用于建房可以不加任何油饰。因此，造就了吊脚楼等具有地域特色的木构干栏建筑。

二是具有稳定性。苗寨吊脚楼结构简单而稳固性强，半边楼结构的楼板一端搭接在岩体上，使另一端斜坡上吊脚柱的稳定性也得到加强，中柱下段常嵌固于岩体中，起到稳定作用。半干栏结构是不等高排架，不易产生共振，面对水平风力，半干栏的抗倾覆能力较强。在重心、侧向变形、结构的约束与抗震等方面，半干栏的受力稳定状态都较全干栏安全、可靠。

西江千户苗寨吊脚楼营造技艺(四)

三是具有经济性。苗居建造就地取材、因材施用，降低了房屋造价，充分利用当地木材及其强度，由于采用的是穿斗结构，用小材可以盖大房，半边楼对基础的要求很少，只需略加平整，节省了土石方工程，节约了耕地，而且较全干栏节省木料，穿斗构架体系承重集中在几根木柱上，柱基设置垫石即可。吊脚楼的施工速度较快，穿斗架构件可预制，建造时组装，房架立好后陆续进行楼面、围墙的铺装，分期建造的灵活性也是建筑经济性的一种表现，可适应住户不同的经济能力。

四是具有审美性。苗家吊脚楼飞檐翘角，三面有走廊，悬出木质栏杆，栏杆上雕有万字格、喜字格、亚字格等象征吉祥如意的图案。悬柱有八棱形和四方形，下垂底端常雕绣球和金瓜等各种装饰。上层室外为走廊，多为妇女女红劳作(绣花、挑纱、织锦)场所，或者观花赏月之处。黔东南苗族吊脚楼的走廊上安有“美人靠”(苗语为“安息”)，站在“美人靠”凭栏远眺，就能赏览山区风光，家乡胜色。

我国著名的建筑学家梁思成说过：“建筑是人类一切造型创造中最庞大、最复杂的，所以它代表的民族思想和艺术更显著、更强烈，也更重要。”一个民族的民居建筑是其经济、文化、艺术、家庭、社会和宗教观念等历史积淀的集中表现，它以传承的物质形态方式表达其文化内涵。西江苗族吊脚楼建筑工艺是苗族先民从长江中下游流域辗转迁徙所带来的古老干栏建筑工艺在适应山区新环境下逐步完善的，是苗族建筑文化的体现，是自然环境、民族、历史、生活习惯、宗教信仰等的综合体，对研究苗族历史文化具有一定的历史价值、学术研究价值，是深入研究苗族和南方兄弟民族民居建筑历史与文化的“活化石”。

苗族芦笙制作技艺

只要有苗族人的地方就会有芦笙,黔东南苗族居住区是芦笙的重要产地,制作的芦笙音质纯正、外表光洁美观,极负盛名。其中,雷山县、凯里市制作技艺分别被列为国家非物质文化遗产,凯里市的新光村则素有“芦笙之乡”的称誉。

苗族芦笙制作(一)

在苗族语言、考古发现和民间传说及古歌中,有大量关于芦笙,包括芦笙起源及使用情况的说明。苗族三大方言中,苗语的“芦笙”其语音都是相同的,是苗语的同源词。在当地苗族巫师所列的苗族世系表中,远古时期的苗族先民,居住在黄河流域以南、长江流域以北及长江流域的广大地区,以后不断向南迁移。迄今为止考古发现芦笙遗址,最北端是长江中游河南信阳战国楚国墓中葫芦笙的芦笙舞绘画,次北点是出土5件楚笙的湖北随县曾乙侯墓,中点是湖南长沙出土的匏笙的战国墓地,次南点是出土铜摇钱树上吹芦笙人物形象的贵州赫章汉墓,南端是云南中西部出土的铜鼓上数戴羽冠、手持羽毛吹芦笙舞蹈的图案,这些都印证了“三苗”部落在很早以前就出现了芦笙。另外,在苗族民间故事和古歌中,也有“吹芦笙引诱太阳出来照明”“吹芦笙引诱野兽出来以便捕”“战争中吹芦笙纠集人马”等。

在汉族文献中,有关笙和簧的记载较多,朱辅在《溪蛮丛笑》中言:“蛮吹葫芦笙,亦匏余意,但列管六,与《说文》十三簧不同耳。”清人陆次云在《峒溪纤志》一书中,对芦笙的形制和苗族男女“跳月”时演奏芦笙的情景作了具体的描绘:“(男)执芦笙。笙六管,长二尺。……笙节参差吹且歌,手则翔矣,足则扬矣,睐转肢回,旋神荡矣。初则欲接还离,少且酣飞畅舞,交驰迅逐矣。”由此可以看到清代时,苗族的芦笙吹奏技巧和芦笙舞蹈动作极其精彩,以及芦笙在古代苗族人民生活中的重要作用和地位。

芦笙种类有高排芦笙、芒筒芦笙、大芦笙、多管芦笙、小芦笙等。其中,高排芦

苗族芦笙制作(二)

笙多数是三支为一副,方祥地区的芦笙则高达五六米,七支以上为一组,之所以叫高排芦笙,是因为其声音洪亮,直冲云霄。芒筒芦笙是芒筒加芦笙的合称,当地苗族叫“敢懂”,即芒筒芦笙之意,芒筒若干个加芦笙若干支,吹奏时高、中、低音互和,组成和谐的曲子。芒筒由单音簧管加竹筒做成,亦有高、中、低音。大芦笙是在普通芦笙的基础上管笙加高、音量放大的大芦笙,制作工艺精湛、美观大方,吹奏时音调悠扬。另有一种用杨山竹经过精制加工成小喇叭开立和一个倒挂竹筒,配在芦笙中管上端以扩大音量的芦笙也叫大芦笙,当地苗语叫“敢折”,吹奏小调时婉转动听、柔情缠绵、动人心扉。多管芦笙:是经过改良而成的品种,少的十二管,多的达二十一管,能演奏各种音乐。小芦笙仅长尺许,音斗气管安衔接口可装可卸,方便携带,工艺别致十分美观,既是芦笙又是工艺品。

苗族新芦笙试音

芦笙制作的主要材料有铜、竹、木,铜制作音舌(簧片),竹制作发音管,木制作芦笙身(也称气箱)。铜主要有黄铜、青铜、红铜、响铜等,其中响铜具有绵、软、脆、弹等性能。自古以来,苗族祖先选择了用响铜来制作芦笙,早在《尾燕丛谈》中就有“长管之上冒以匏,短管之置以簧,用响铜为之,恒用火炙,亦古制也”。竹,主要有楠竹、紫竹、绵竹、锦竹、水竹、白苦竹等,制作芦笙用的是紫竹,制作葫芦笙用的是白苦竹。木主要用来制作芦笙的气箱,大都采用杉木、红山木,因为杉木、红山木纹路直、木质软、少有疙瘩且容易制作。

芦笙制作技艺历来都由师傅亲手教授,无文字资料留存且技艺考究,传承比较

芦笙演奏

困难，现在能熟练制作芦笙的艺人已越来越少，精湛技艺后继乏人，面临失传的危险。制作芦笙除了要懂得一定的乐理知识外，还要具备物理知识，了解力学原理。芦笙种类较多，音质各有区别，形体大小也各不同，要做出合乎需要的芦笙，首先要求制作工匠有长期的制作经验。另外，芦笙制作费工费时而且收入不高，民间制作苗族芦笙的事业迅速萎缩，20 世纪末，在凯里市新光村有 60 多户制作芦笙，现今只有 38 户。苗族村寨大批外出打工的青年，他们不可避免地接受电声音乐和流行音乐的影响，从而对本民族的传统文化变得逐渐淡漠，更加对芦笙制作不再感兴趣，因此，极需对其进行传承和保护。

苗族银饰锻制技艺

苗族银饰精致美观，以黔东南地区的雷山、台江、剑河、黄平 4 县的制品为代表，均被列入国家非物质文化遗产名录。

苗族银饰具有以大为美、以重为美、以多为美的三大特征。在苗族人民心中，银饰是用来避邪秽、驱鬼蜮、保平安、存光明的吉祥物，象征吉祥如意，具备极强的观赏性，随着社会的发展，银饰也成了富与美的代表，富有苗族社会历史内涵。苗家银饰制作工艺考究，充分显示了苗族人民的智慧和才能。

银饰是苗族最喜爱的传统饰物，主要用于妇女的装饰，品种多样，从头到脚几乎无处不饰，包括头饰、面饰、颈饰、肩饰、胸饰、腰饰、臂饰、脚饰等，彼此配合体现出完美的整体装饰效果。苗族银饰主要装扮妇女头、耳、颈、手、腰和背部，作品有银冠、耳环、项圈、项链、手圈、银腰带、背扇等种类，银饰图案内容丰富、成品精湛。其中，银凤冠（银花帽）、响铃板银项链、银腰带极为富丽，称为苗族银饰“三大件”。银凤冠是头饰中的主要饰品，也是整套银饰系列之首，素有“龙头凤尾”之美称，其制作较为复杂，使用的小件饰品少则 150 余件，多则 200 余件，价值昂贵。银凤冠银花簇拥，树叶、花草、鸟雀、果子等缀制银器，间有蝴蝶、螳螂嬉戏，阳光之下，银凤

银饰锻制

冠更是夺目生辉;银项链的响铃板款式层出不穷且精巧雅致,吊挂护心镜盘,垂挂鱼虫器具什物和变形牛角、二龙戏宝摇摆相叩,机巧纷繁、鸣声恰恰;银围腰银块模纹图案30多种,天上飞的、水中游的、山里跑的动物几乎都有囊括。

苗族银饰品(一) (秦刚 摄)

苗族的银饰在各民族的首饰中首屈一指,造型通常以具有图腾意义的龙、虎、牛、马、鸟、昆虫、花卉等动植物图案为元素,经过多道工序而完成。妇女着盛装时必佩银饰,昂贵且繁多,一个着盛装的苗族妇女,全身银饰有二三十斤。苗族用银的观念一是审美,二是表示富有和避邪。每逢民族节日,苗族姑娘的头上、颈上、胸前、后背都戴满了银饰品,跳起芦笙、踩起铜鼓,银佩叮当、银光闪闪,饶有一番情趣。婚嫁之日,银饰更是新娘必不可少的装饰品。银饰是苗家人财富的象征,尤其是苗乡年节或婚嫁迎娶,苗寨便成了银的世界,这是苗家独有的"银饰文化"。

银饰锻制是苗族民间独有的技艺,所有饰件都通过手工制作而成,制作工具主要有风箱、坩埚、锤子、钳子、焊灯、钻子、砧铁、剪刀等,制作工艺由绘图到雕刻和制作有30道工序,包含铸炼、吹烧、锻打、焊接、编结、镶嵌、擦洗和抛光等环节,工艺水平极高。苗族银饰锻制技艺主要流程如下。

第一步：铸炼。将银料放在"银窝"（坩埚）内，把坩埚放在风箱炉上，用木炭全部盖好，用风箱鼓风把火烧旺以增高炉火温度，银料全部溶化成液体后，把它倒在卡条状的钢槽内待其凝固。

第二步：锤打。先将凝固的热银锤打紧实，再捶打成长方形长条，最后将银条捶打成直径为 3 毫米的圆柱状细条。

第三步：拉丝。将捶打好的细银条用锉子做好尖头，再用拉丝眼板拉丝，拉丝眼板一般分 52 个直径不同的眼孔，若一根银条经过 52 次拉丝，那么其直径与一根人的发丝差不多。

苗族银饰品（二）

第四步：搓丝。将拉好的细银丝放置在一起，用木质滚条将银丝线搓在一起，这种工艺让搓好的银丝具有独特的纹路和韧性。

第五步：掐丝。将搓好的银丝掐出不同的图案，嵌进事先做好的银丝框，这个过程相当精细，银匠却不需模具全凭心中想象，一气呵成。

第六步：镶嵌加固。将事先手工打磨好的银珠摆放在需要镶嵌的位置，然后用焊枪整体加温，该过程需要严格控制温度，温度高则熔断银丝，温度低则镶嵌不牢固。

第七步：洗涤。银匠们最后将整件饰品放入特制的溶液中，先用高温煮沸，去除污渍，然后用清水将银饰品表面洗涤干净。

针对不同用途、不同饰品、不同银质，黔东南银饰锻造制作工艺和品种又可大致分为如下三类。

第一类：工艺精湛、工序复杂、成品美观，这类银饰的银性软而延伸性强，可拉成马尾样的细丝，饰品主要有银冠、空花手镯、银线编织手镯等。其中编织手镯、戒指、发髻索等银饰，都是用这种细银丝工艺制作而成；银冠以约 3 毫米的铁丝做骨架，再将上百的银花簇缠满铁丝架之上为帽顶，帽的周围缠以钻花的薄银片，下缘缀上数十枚有银链系着的银坠，银坠覆迄眉、耳之上；空花手镯以银丝纤作小花瓣，焊接若干花瓣合在一起成团花，再以若干团花焊接在一起成为花簇，另用薄银片制成手指大的小盅，盅的外底焊一小银珠，将四根银签做成手镯样，再将花簇、银盅覆于银签上，焊接成为手镯；银线编织手镯先将细银丝三或四根绞成银线，共若干根，

苗族银饰品(三)　(秦刚　摄)

以之编为六棱手镯,纹呈正倒相叠的“人”字形,中空。

第二类:做工细致、种类繁多、流行面宽,但工序不如第一类复杂,常见的饰品有钻花空心手镯、胸牌、镶花银链、泡花项圈、吊铃钻花项圈、银泡等。钻花空心手镯,将薄银片钻细致花纹作手镯外环,另一片不钻花纹作内环,各卷如览、镶合焊接再纤成手镯。胸牌(汉语称“压领”),是悬于胸前的银牌,用一块银片以模型压成花纹雏坯细钻花纹,其下沿焊接许多银链,每根银链的下端焊接银铃、银喇叭等若干件,银牌上沿焊接一根较粗且长的银链,戴在脖子上。镶花银链,一般作套在脖子上的围腰链,是由多枚约1厘米见方的小银块,以银丝串联而成,小银块的两面都有花纹。泡花项圈,以数根方形的长银条各巡回做成数十个圆圈,交叉互扣即成长条泡花,最后将长条泡花做成项圈,两端用细银丝缠牢,顶端一作环、一为钩,佩戴时互扣。吊铃钻花项圈,将银片制作成项圈圆形,置于模子内压成二龙戏珠等花纹,再钻龙的鳞、须、鳍、爪等纹样使之清晰可辨,项圈前沿钻通17孔(可略多或略少,但须单数)以穿短银链,银链下端系有银铃、银花、银片等。银泡,这是银衣的主要饰件,形式有二,一为大型银泡,将有杯口大的圆银片放入模型中压成有盘龙等的花纹,钻明花纹、篓空;二为小银泡,圆形,压如钱形,两者的边缘都锥有银眼钉于衣上。

银饰盛装

第三类:工艺较简、艺术性

差，但需银量大，这类银饰有项圈、项链等，都不附银制小件。项圈，有螺旋形、圆棒形等。螺旋形大项圈的制法是先将纹银捶作四方长条，中间大两端渐小，剩余的两端为圆棒形，四方形的这一截每方都要钻一长槽，然后冷扭为螺旋形，纡为圆圈，不及10两重的小项圈也捶作四方，但一般不钻槽，也扭作螺旋形，四方形部分纡作圆圈。无论项圈大小，两端为圆棒形的，都以一端纡为钩一端纡为环，佩戴时扣于颈后。项链，有大、中、小三种，制法相同，为环扣形，一般是20环，不钻花纹也不附有其他小银件。

黔东南苗族制银业自古发达，今黔东南境内，以家庭为作坊的银匠户成百上千，从事过银饰加工的人数千，家庭作坊多数为师徒传袭的父子组合，也有夫妻组合，多数作坊与农事密切相连，即农忙封炉、农闲操锤。作坊户中多数为定点型，在家承接加工银饰，服务于相对封闭而形成区域格局的一寨或数寨，客户毫无例外来自本系，是为内支系银匠。定点型银匠的分布和数量，依据区域环境及市场需求自然调节。此外，尚有以家庭作坊为基础的游走型银匠，这类银匠农闲季节则挑担外出，按照自己传统路线，为外支系或其他民族加工银饰，是为地域性银匠。

在苗族银饰锻造加工中，银饰工匠既要按照祖先确定的支系标志形制不触动银饰的整体造型，让本支系银饰在造型上有其稳定性，又要根据本系的传统习惯、审美情趣，对细节或局部的刻画注重推陈出新，使工艺愈益精益求精，饰品更加完美可人。苗族银匠除了加工银饰，还要负责给银饰除污去垢，俗称“洗银”。他们给银饰涂上硼砂水，用木炭火烧去附着在银饰上的氧化层，然后放进紫铜锅里的明矾水中烧煮，经清水洗净再用铜刷清理，银饰即光亮如新。

苗族银饰是苗族银匠艺人聪明智慧的天才作品，是一份极为宝贵的历史文化遗产，具有很高的民族学、人类学、美学和宗教学的研究价值。苗族银饰作为一种文化现象，传承了苗族文化因子，在历史演化中，也融合了其他民族文化。进入苗族社会的银饰，对深入挖掘整个苗族的历史、民俗、宗教、信仰等方面的文化内涵，有着极其深远的研究价值，是国内外专家学者研究苗族文化乃至整个中华民族文化的载体之一。苗族银饰造型艺术，传承了苗族独特的视角艺术和审美观，以全、满为美的审美观念和各种复合型文化符号，抽象、夸张变形的造型纹饰，隐含着苗族社会历史、宗教习俗等，具有美学的研究价值。

但是，苗族银饰锻造工艺在现代化的语境下，其传承保护、发展创新面临着一定的困境，必须认真面对，加以破解。一是由于银饰制作工艺一般是以家庭为单位，子承父业，世代相袭，手艺极少外传，其传承方式相当脆弱，在与现代技术为制作依托的饰品竞争中，极易处于劣势地位；二是年轻银匠缺乏对本民族工艺文化内涵的认识和了解，在外来文化的冲击过程中，为了经济利益生存空间恶性竞争，一些工艺流程变得简便粗糙，其样式、纹饰也多有对外文化或其他少数民族文化的移植，有丧失民族个性的趋势；三是民间艺人老化，其精湛工艺后继人才培养急需重视和加强。

皮纸制作技艺

丹寨县南皋乡石桥村古法作坊造纸，是我国古法造纸工序、工具保存完整的地方之一，具有浓郁的古文化气息，是石桥苗族群众借鉴汉民族的造纸技术，以当地丰富的构皮、杉根，以及清澈的南皋河水为原料制作而成的，是目前中国发现的造纸“活化石”的存在地之一。

石桥村位于丹寨县北部，南皋乡西部，面积9.85平方千米，平均海拔为700米，全村250户1100多人，绝大部分为苗族。石桥村属低山地貌，地势东高西低，清水江上游支流——南皋河呈S型绕寨角流过，山清水秀，气候宜人，冬无严寒，夏无酷暑，1月平均气温5.4℃，7月平均气温23.9℃，年平均气温15.5℃，无霜期266天，年降水量1021.8毫米。据《八寨县志》记载：“楮，俗称构皮麻，山谷郊野园林皆有。”构树满山遍野，是石桥造纸工艺得天独厚的材料来源。

石桥白皮纸作坊均建于南高河两岸，共有4处：大岩壁脚下、石桥堡街上、川洞内和三孔桥国画纸厂，川洞内和大岩壁脚下为石桥白皮纸作坊旧址。

造纸术在我国具有悠久的历史，早在《后汉书·蔡伦传》已有“用树肤、麻头及敝布、鱼网以为纸”的记载。然而，在史籍中对以树皮为原料造纸的方法却记载很少。但是，石桥村至今还完整地保留着我国古代造纸的民间工艺。据专家考证，石桥白皮纸制作工艺属唐代造纸工艺，是石桥苗族先民借鉴汉民族的造纸技术，利用当地丰富的构皮、杉根和清澈的河水为原料制作的。传说石桥造纸源于蔡伦，因此，石桥村造纸作坊的人家，每年都要择吉日举行盛大活动来祭祀造纸鼻祖蔡伦。

石桥皮纸制作处

石桥古法造纸作坊生产白皮

石桥皮纸制作技艺(一)

纸和彩色纸两种,其生产工具,与明代宋应星著的《天工开物》记载的碓、碓干、水轮、曲柄轴等形式和构造如出一辙。据石桥村王氏、杨氏和刘氏等几个大姓氏的人说,他们的祖先从广阔的平原迁徙到西南莽莽森林里居住。在这特殊的环境里,由于地处边远、交通闭塞、科学文化相对落后且经济发展慢,纸的用途不多、销量不大,石桥的纸业长期处于个别生产仅保证当地日常生活用纸和保留技艺的处境。辛亥革命后,南皋及周围一带纷纷创办了学校,民间契约普遍实行,文人互赠书画,民间刺绣画帖逐渐增多,南皋一带的纸张生产供不应求。当时石桥堡大户人家投资兴办纸业四处招工,在天然石桥对面大石壁下设槽造纸,扩大规模,村内也纷纷开槽造纸,致使 20 世纪 30 年代造纸业发展到了 30 多家。产品经商人购买后,远销贵阳、遵义、四川,或经铜仁出湖南、武汉等地。1934 年,在贵阳举行画纸评比,石桥纸获得第二名。抗战胜利后,南皋、九门的王尤金、王尤方等,又在南皋和两岸建槽造纸。国共内战爆发后,人民苦不堪言,白皮纸销量大减、产品积压,不得不贱卖赊销,以致部分纸厂倒闭。石桥各家作坊依靠天然厂房、自流泉水、技术熟练等优势,一直维持生产到丹寨解放。

中华人民共和国成立后,石桥白皮纸生产有了较大发展。1951 年,设槽生产的有 24 家,从业人员 120 人;1953 年达到了 48 家,从业人员达到 153 人;1955 年 3 月,石桥成立了同心造纸厂,后改名石桥纸厂;1978 年 6 月,更名为丹寨县国画纸厂,厂部移至三孔桥,大石壁作坊废止;1982 年 3 月,石桥纸厂苗族师傅杨大文应邀随中国古代传统技术展览代表团,到加拿大多伦多市进行过白皮纸生产技艺表演,其所用的工具尚存于中国历史博物馆科技馆;1985 年石桥白皮纸作坊被贵州省人民政府公布为省级重点文物保护单位。

石桥皮纸制作技艺(二)

制作白皮纸的主要器具和设备包括麻料制作和制纸两方面的器具和设备。一是麻料制作方面的器具和设备,主要有纸甑、踏碓、木碓、料槽、洗料袋、料耙、料杆、石灰、柴火灰等;二是制纸

石桥皮纸制作技艺(三)

方面的器具和设备,主要有纸浆槽、纸帘、压纸架、刷把、纸焙等。

白皮纸生产历史悠久,是传统手工造纸的典型代表。白皮纸以构皮麻为主要原料,然后添加滑药抄制而成,整个生产流程有十多道工序,主要分为麻料制作、抄纸、焙纸三大阶段。

(1)麻料制作。麻料制作要先用水碓将麻舂烂,水碓由水轮、曲柄轴、杆、碓、砧石等构成,如同明代宋应星著的《天工开物》记载的水碓图解基本一致,再在地上挖一孔灶,架锅、安甑桶(高及直径均为1.65米左右),用来蒸煮皮麻原料。其工序流程主要为:削构麻皮→刮去外层晒干→水沤→浆灰→煮料→河沤→地灰蒸→漂洗→选料→碓料→袋洗→使麻料变成棉絮状。

(2)抄纸。抄纸通常在抄纸槽中进行,抄纸槽一般长1.7米,宽0.9米,深1米,用木板制成,用来存放纸浆,用抬帘作滤浆揭纸,帘底用丝线、细竹篾编制织成,大小依纸的开张大小而定,最后用压纸架将出帘的纸榨出水分,送到纸焙房烘干。其工序主要是:将棉絮纸浆按一定的比例添加滑药→搅拌均匀→抄纸→压纸等。抄纸的方法是先将适量的滑料放在料槽内,用料杆搅拌,边搅动边将浮在纸浆面上的杂物耙出,直到使纸浆和滑药和匀,呈乳白色浑浊液状为止。将上好帘子的抄纸架插入纸浆内,反复抄动三次,倒出剩余的浆水后,即得一张"温纸",将抄成的一张张温纸堆成一堆,像一块四四方方的水豆腐,最后用压纸架压榨出水分,用手轻轻揭出若干薄皮,贴在纸焙墙上焙干。

(3)焙纸。焙纸房即烘纸火墙,是将纸焙干的设备,主要用竹片、石灰膏、麻河灰浆等制造,这些主要工具均为竹木制作,生产过程均为手工操作。其工序流程主要为焙纸→压纸→揭纸→包装为成品。

现今,部分苗族群众把彩色纸加工成多种工艺品和旅游商品,如纸伞、纸扇、古书式样等,石桥的这种原始造纸工艺和生产出来的彩色手工纸在目前国内尚存纸业中极为罕见。由于石桥白皮纸完全靠手工操作,工艺细腻,生产出来的纸质优良,具有柔韧性好、光泽度好、吸水性强等特点,深受国内外顾客青睐,产品主要销售日本、东南亚、欧洲等国家和地区。

如今,在石桥堡的80多家槽户中,苗族槽户就有40多户,苗汉两族人民在长期的造纸生产中相互观摩,共同改进造纸工艺,使石桥堡的造纸技术独具特色,从总的工艺来讲,保持了中国古代生产皮纸的传统。

苗族织锦技艺

中国织锦精美绚丽,驰名于世,被国际友人誉为"东方绚丽的朝霞"。贵州的苗族织锦是"绚丽朝霞"中一朵灿烂的彩云,是我国传统织锦中独具特色的种类。在国家非物质文化遗产名录中,黔东南地区的雷山、麻江、台江、凯里的苗族织锦技艺赫然在列,其中,尤以雷山县公统、大塘、郎德等地,麻江县下司、凯里市舟溪、台江县施洞、革东以及剑河县、温泉、丹寨县南皋等地的苗族织锦技艺最为有名。

苗族织锦作为中国著名的少数民族织锦之一,具有悠久历史,同苗族刺绣、蜡染、银饰一起,被称为苗族四大服饰工艺。史载三苗先民女子"鸟章卉服",说明古代的苗族人已经穿上了有花鸟图案的漂亮衣服。《楚辞·远游》载:"建雄虹之采旄兮,五色杂而炫耀。"说明历史上苗族服饰面料讲究、绣工精细、图案奇特。为避开历代中原战乱,苗族西迁到西南的崇山峻岭,过着相对稳定的农耕生活,苗族织锦得到进一步发展。清代著名学者梁玉绳在《黔苗竹枝词》中记:"曾历黔南路八千,几端苗族织锦胜吴缣。"

织锦分手织和机织两种。手织即以一端系在固定的树干上,一端系于自己的腰带上,然后在织锦带上使用综线挑织经线纬线,一般情况下是反面织线,正面现图,颜色是通过线的红与绿、黑与白等交替使用。机织即用织布机织锦,机织的花纹,不如手织的多样,并且都是左右对称、千篇一律,一般多用于织锦带。苗族织锦的织机品类较多,大致可分为腰机、斜织机和卧式机三种。织锦宽可盈尺、技艺精

苗族织锦传承人 （聂凯华 摄）

苗族织锦传习 （杨玄青 摄）

致、色彩鲜艳、美观大方，主要用于衣服、围腰、背带、背包、腰带等作面料，特别是姑娘和少妇制作前裙围的精品。

织锦方法具体有挑织、机织、编织三种。挑织：将牵好的经线上筘，并引进综线（织布时使经线交错上下分开，以便掷梭引进纬线的设备）后放在织布机上，用一块长约一尺、宽约五分的光滑竹片，按照花纹需要向经线逐一挑通，然后掷梭引进一根纬线拉筘拍紧，接着利用综线交错上下分开经线，像织平布一样织一根纬线，第三根纬线仍为挑织，如此循环织成的宽锦称为挑织。麻江一带的挑织宽锦全用丝纱（不绞成线），以白丝纱为经，黑丝线和白丝纱为纬，并用红、绿丝线分别装在四把木梭上，将牵好的经纱卷轴、上筘并引进综线后，放在织布机上。开始时，以白丝纱按平布织法织约五分长后，即改用竹片按照花纹式样将经纱逐一挑通，引进一根黑丝线拉筘拍紧，再照平布织法织一根白纱，反复织长约五分时，即挑织红、绿丝线各一根反复织长约四五尺（或更长）为一件（背带心），花纹都以大菱形框为主干，菱形框互相连接，内外都织满形状不同的花纹。由于经纱太细穿挑不易，所以每挑片刻必须稍停，否则挑错

织锦 （龚小勇 摄）

一纱花纹就会变样而有损美观，技艺熟练者每天只能织成寸许，这种织锦工艺精湛、纹理鲜明、朴素大方，是女工中的精华之作，这一带的织锦目前只作背带用。机织：机织即用织布机织锦，但与一般织布的设备有所不同。织平布只用两个综线，而织锦用的综线至少是五个，每个综线都连着一块踩板脚踏踩板，牵动综线而将经纱交错上下分开。每次只能踩两块，依次进行，或周而复始或踩毕倒回。机织的花纹要简单一些，不如挑织的多样，并且都是左右对称，一般多用于织锦带。编织：即以手代替挑板或综线来交错上下分开经线的编织方法，只能用于宽 3.3 厘米以下而经线较粗的锦带。一些少女在上山干活或放牧时，将牵好的经线卷好、上箝（短箝）随身携带，在空闲时即以一端系于小树上，一端系于腰带手拣经线而引进纬线，编织的花纹同机织一样。麻江一带苗族妇女的织锦有丝织、棉织之别，多以黑线为经，绿线为纬，花纹都是几何图案，一般称为花带。花带宽 10~16.5 厘米，每天可织 20 厘米左右，都是姑娘和少妇的装饰品，著盛装时用丝织的腰带，平时则用棉线织品。

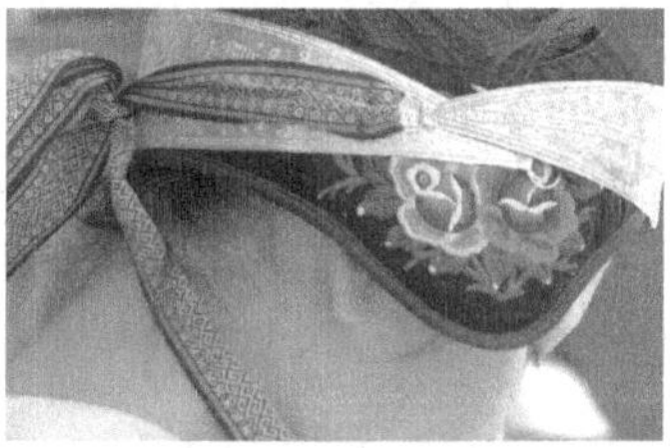

织锦品

苗族织锦有通经断纬法、通经通纬法。前者运用较为广泛，主要是通过经线、纬线的多种交织方法直接织成有图案的布料，其表现形式丰富多样，艺术手法简洁，大胆夸张、巧妙地运用了点、线、面的疏密虚实、粗细大小、斜直长短等进行变化与组合捧列，总体布局均衡、结构严谨，在安静中有动势、规整中有变化，展现了一种明快活泼而又朴实纯真的艺术情趣。织锦的另一艺术特点是运用传统的数纱技法，采用打散结构将诸多的形体用几何纹表现出来。织锦图案粗看为规整的几何纹，细看则是无数变形的动物组合，在诸多的变形动物中，往往以寓意吉祥的 1~2 个动物图案做主轴心，间配其他动物作衬，一般为正面织线反面观赏，构图匀称、布局严谨、繁而不乱。

苗族织锦图案题材丰富，从其纹饰题材内容上看，大致可以分为三类：第一类是源于古历史和文化的记忆；第二类是源于自然环境的写实；第三类是古历史、文化及自然环境的写意。在生活中，苗族妇女在创造织锦图案时，除了传承祖先的图案外，还大量地吸收了现实生活中的动物、植物、人物、自然物象，把生活中常见的事物都反映在锦面上，看到各种精彩的苗锦，就能想象到苗族地区松苍竹翠、花卉飘香、异鸟齐鸣的环境。在苗族织锦图案中，出现次数最多的纹饰造型包括象征祖先崇拜的龙纹、鸟纹、枫树纹、蝴蝶纹，也包括象征生殖崇拜的鱼纹、蛙纹，还有包括竹纹、芭茅草纹、石头纹等自然崇拜的纹样。当前，随着苗族人民与汉族、壮族等其他各族人民交往日益增多，各族的服装艺术对苗锦产生一定的影响。以图案纹样为例，为汉族使用的如意、寿字形、金钱花等图案，也为苗族织锦吸收采用。

苗族织锦纹样色彩绚丽夺目，从大量的苗族织锦的实物标本色彩上分析，苗族织锦常用的色彩偏重深色，如黑、白、黄、紫、青紫、桃红、大红、朱红、玫瑰红等。织锦纹样或在素底上织彩，或在彩底上织素，大胆地运用红与绿、白与黑、赤与蓝、黄与紫等对比色。有的以黑色为主，辅以深蓝，套用红、白、黄色；有的以红线为基色，配以白色，间套蓝、黑、黄、紫等色；有的以红、绿、黑为基色，套织白、桃红、正黄，或以大红、浅绿、黑三色为基础，套用桃红、深蓝、橙黄诸色，并巧妙地运用复线、金银线，取得极为明快和谐的艺术效果。由此可以看出，苗族织锦纹样具有色彩对比强烈而又和谐统一的特点。由于苗族人民长期居住在鲜花盛开、谷穗遍野、山清水秀的山区中，苗锦艺人把在现实生活中见到的色彩和事物形态，经过艺术加工再现于锦面上。在苗锦纹样中，黑色通常代表山沟，浅色象征山峰，白色表示水，绿色表示树林，红黄色表示花卉、谷穗等，用这些单一的色彩加以一定组合构成的织锦图案，使得苗锦具有浓厚的生活气息和独特的民族风格。

近年来，在现代化工业生产的冲击下，苗族人民生活方式发生了很大变化，与此同时，苗族传统织锦工艺也正遭受前所未有的挑战。现代工业生产的人造纤维、人造丝、棉等布料替代了原来手工自纺的传统麻、棉布料和蚕丝；传统的手工弹花机已经消失；染色原料“蓝靛”的种植面积萎缩；现代的化学染料在很大程度上代替了传统的蓝靛生产和染色工艺；传统织锦种类、造型、图案的种类都相应地减少；当地能掌握织锦工艺的苗家妇女微乎其微。关心传统苗族织锦工艺的大多是老年人，掌握织锦工艺的主要为 45 岁以上的妇女，会手工纺织苗锦的年轻人极少。随着掌握织锦技能的苗家妇女人数越来越少，苗族织锦工艺传承困难，后继乏人，传统的服饰文化之网已经残破，苗族织锦技艺有濒临失传的危机。

枫香印染技艺

黔东南的麻江县以及黔南的惠水、长顺、平塘、贵定、龙里等县的布依族、苗族、瑶族都有制作枫香染的习惯，广泛应用于日用床单、被面、帐檐、枕巾、挎包、头帕、背扇等，其中，麻江县和惠水县雅水镇小岩脚的枫香印染手工技艺保存得较为完好。麻江枫香印染主要流传于麻江县龙山乡河坝村的18个自然村寨，在临近的干桥、秧塘村的部分村寨也有分布。

宋太祖乾德五年（967年）至宋哲宗元符二年（1099年）南宁州（今惠水）先后派员赴京（今开封）进贡十三次，所贡之物就有蜡染。《宋史》卷493载："南宁特产名马、朱砂……蜡染……"可见贵州惠水地区的蜡染工艺，在宋代就已达到很高水平。

染布晾晒　（陈慧　摄）

蜡染，古称蜡缬，布依族、苗族叫点蜡幔，起源汉代或更早，宋代以后逐渐消退于中原，兴盛于我国的中南、西南少数民族地区。清代是少数民族地区印染工艺大发展时期，起源于中原地区的蜡染工艺在贵州一枝独秀，广为分布。蜡染和枫香染同属传统的防染印花工艺，蜡染在贵州许多民族地区都有流布，枫香染手工技艺却集中在较小的范围，鲜为人知。从工艺形态来看，枫香染与蜡染有一定渊源，但从材料、工具、纹饰、制作工艺来看，枫香染却具有独立的工艺特征和审美价值，这种特殊的制作工艺在贵州境内实属少见。

枫香印染工艺流程复杂讲究，材料取自天然，用枫香树油和牛油配制的油料在布上绘图点花，渗透力强，风干后质地柔软，不会因破裂而产生冰纹，图案清晰、色彩对比强烈。制作方法是用毛笔蘸枫香油，在布上描绘所需要的花、鸟、鱼、虫等图案，再浸入靛缸中以蓝色为主染靛，取出后脱脂，即呈现白色花纹，清水漂洗、晾干即成。

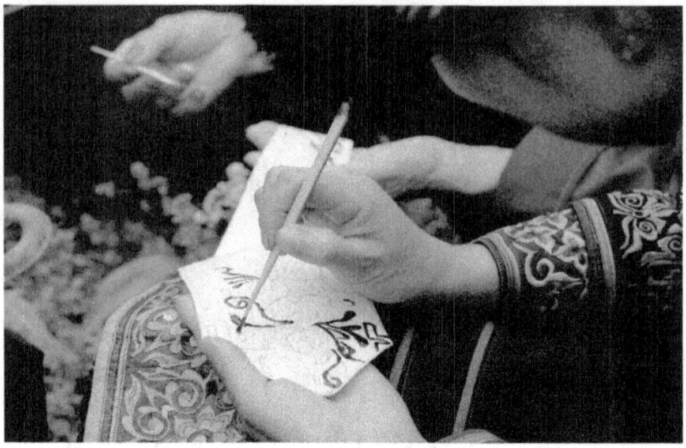
点花 （陈慧 摄）

能分泌出枫香油的枫树木质为红色，秋季树叶发红。取枫香油的方法类似割橡胶，用刀斧在枫香树上砍出口子，枫香油便会流出，用容器接纳后加入水在火上熬制，用丝状棕皮滤掉渣滓，等枫香油漂在水面，取出后再将其冷却固化。

枫香油还需要牛油作材料，其作用有二：一是可以增加韧性，二是在染色后便于脱去油脂，牛油和枫香油按 1∶1 的比例调和，再将调和后的混合油脂固化，以备随时取用。

绘制图案时，用适量备好的枫香油在炭火上溶解，温度 50~60℃，温度过高染色后布面颜色会发黄，温度过低枫香油则容易凝结不易绘画，图案画好后可以开始染色。枫香染的染色材料及工艺和蜡染基本一样，也是用蓝靛浸染。其加工方法是收割蓝叶后将其放入缸内或木桶及土坑均可，加适量冷水，隔两天翻动一次，浸泡 6~7 天后将蓝叶捞出，把石灰置于盆内，再注入缸内蓝靛水，待石灰溶化后倒入缸内，用竹竿搅动 1~2 小时，隔夜后靛凝结沉淀，舀去上面的水即成（有的地方还要在染液内加一些酒）。大约 5 千克蓝叶用石灰 1 千克，可出干靛 1 千克，干靛加水稀释后，将画好的布料慢慢浸入桶内反复浸染，每浸一次颜色就会相应加深，直至达到所需的深度，通常分两次封染，可以得出一个浅蓝色。枫香染色调以青、蓝、白为主，没有其他色彩变化。

染色完毕用沸水脱去油脂，传统方法是：将含碱性的青杠木烧成灰加入沸水中，即可脱掉附在布上的油脂，显出青底蓝、白花的图案。现在也有用洗衣粉脱脂的，可达到同样的效果。脱脂后用清水漂洗、晾干、碾平，整个制作过程就告完成。

图案绘制 （王煜 摄）

麻江县瑶族枫香染有自己独特之处，每年农历七八月间，瑶族人上山去割枫香树油（与割树漆相同），回来后，用枫香油和牛油按一定比例混合，在文火上熬成液状，以便点花时使

枫香染　（蒲倩　摄）

用。瑶族妇女在自织的棉布上绘上图案，图案以变形夸张了的花、草、鱼、虫、雀为主，间以几何纹、雷纹、云纹、锯齿纹等。之后，用竹签蘸上熔化的枫油牛油混合物，顺着所绘图案上油，称为点花，点完花后将布晒干备染。将点花好的布料送到寨里的染坊上色，一般上黑色或靛蓝色。黑色和靛蓝色染料分别用两种瑶语叫“掩”“背椏”的植物制成，染布时，要把布放在染液中浸泡、晒干再浸泡，反复七八次，将染好的布在水中反复漂洗，直至将布上的枫香油、牛油混合物全部洗刮掉，露出布的底色为止，晒干即成。

枫香染制品图案设计精美、装饰风格稳定，是贵州民族民间工艺美术表现形式，以其古朴素雅的装饰手法和独特的民族手工技艺区别于贵州其他地区蜡染，因承载着历史文明与现代社会交融以及民族审美理想和对美好生活的渴望，而被布依族和苗族、瑶族认同。在麻江瑶族中，把许多枫香染制品放在一起，她们竟能知道哪一件来自哪个家族，出自何人之手。一种图案有什么历史渊源，为什么要使用这种图案，都与该民族的历史变迁息息相关。

枫香染手工技艺历经百余年从未中断，皆源于流行地区民风民俗的需要，是当地群众日常生活的一部分。枫香染一直在民间生产制作，直到今天仍在许多民族地区加工和使用，长期以来，其手工技艺始终保持传统方法。随着历史的变迁，传承久远的枫香染工艺虽然沿袭下来，但由于枫香染制作工艺复杂、习艺周期长，加上用自纺的棉布特别辛劳和耗时，现在的年轻人多不愿学，后继乏人，技艺面临失传的局面。枫香染生活日用织品被工业化的现代纺织品替代，布依族传统婚礼上“发嫁”（陪嫁）的

枫香染制品　（陈慧　摄）

枫香染制品如床单、被面、帐檐等已很难再见,唯一在苗族妇女的丧事中,至今仍沿用枫香染"老裙"(亡者穿的裙子)陪葬。麻江县枫香染的点花传承人代表有河坝村白兴六组的曹兴妹、龙盼宝、杨本安等。染匠传承人有杨勋勇、杨万仁等。

侗族木构建筑营造技艺

侗族木构建筑包括鼓楼、花桥、寨门、民居(木楼)、戏楼、井亭、凉亭等,这些建筑汇聚成群落,依山傍水、式样美观、技艺精巧,体现了侗族工匠们高超非凡的建筑工艺水平,又表现出丰厚的心理和精神寄托。其中鼓楼、花桥(风雨桥)作为侗族木构营造技艺中最突出的代表物,具有十分悠久的历史,是侗族人民在长期的社会管理实践和建筑实践中运用智慧创造出来的具有独特风格的民族建筑。鼓楼雄踞于侗寨之中,立地顶天,是侗家人的精神象征。花桥横卧江上,是侗族人民的"福桥""生命之桥",其结构独特,榫孔层叠交错,不用一钉一铆,而衔合无隙,具有重大的历史、艺术和科学价值,被称为"民族建筑艺术之瑰宝"。楼、桥绘制的各种图案、雕梁画栋,寄托了侗族人民祈望风调雨顺、五谷丰登的美好愿望和美学追求。

在侗族木材建筑群落中,无论是结构复杂的鼓楼、风雨桥,还是结构较为简易的凉亭、吊脚楼建筑,其造型都独具特色、姿态神奕。鼓楼在民居中凌空而起,威严挺拔;风雨桥飞檐翘首,卧江舒展;民居星罗棋布,错落有致。工匠们在造型设计中遵循均衡、对称、和谐的规律进行营造,并且运用直线、斜线、曲线、折线进行多重的组合构图,构成了比例协调、均衡对称、规整完美的建筑造型艺术,充溢着朴实自然、稳定规范的形式美感,透过这种形式美,可以看出侗族人民所追求的是一种规范程序的遵从、社会分配的均衡和人际关系协调的价值模式。

掌墨师 (杨光黔 摄)

据统计,黔东南州南部侗族地区有鼓楼近600座、风雨桥300余座,其中,黎平现存鼓楼328座、榕江101座、从江167座,以增冲鼓楼、肇兴鼓楼群、纪堂鼓楼、述洞鼓楼、高阡鼓楼、信地鼓楼、地坪风雨桥、流架风雨桥等最负盛名。年代最久远者为黎平县岩洞镇述洞村下寨的观星楼(独柱鼓楼),该鼓楼始建于明崇祯九年(1636年),距今已有373年历史。

墨片

在侗族木质建筑中,风雨桥的桥墩有三墩、五墩之分;鼓楼有密檐式、巢式、干栏式、楼阁式、门阙式、厅堂式之别;吊脚楼有一间的、两间的、三间的等;凉亭、寨门的种类更是繁多。在建筑结构上,不仅采用排柱穿斗和梁架等构造方法,根据地形和居位的需要自由构造,有敞空的底层、裸露的排柱及檐楼前伸的吊脚楼,有侧面的披檐、重檐或阁楼,古朴粗犷、简练实用、轻盈多变的风格却整体完美和谐的艺术特色,不仅保持了木材本色潜在的艺术底蕴,同时还凝聚着一种质朴坚挺之美。

侗族建筑工匠是天生的建筑艺术大师,他们不用图纸、不用一颗铁钉,仅凭几把简单的工具和长期积累的丰富经验,就能建造出各式各样的建筑。其中最让人感到神奇的就是建筑师傅使用的墨师文。这是一种绝一无二的侗族建筑文字,除墨师外,他人无人能识。就是靠这十三个神秘的符号,在搭建木质结构建筑中毫厘无误。这不能不说是世界建筑史上的一种绝技。

建筑装饰是建筑艺术的重要组成部分,是增加立体建筑的形式美与意境美的有效方法。侗族工匠通过艺术手段在立体建筑的各个部分,如屋脊、挑手、檐部、柱头、榫头、栏杆、门窗等,采用凿刻、雕塑、绘画、叠砌等多种手法,构成不同的花纹图案。这些图案构图严谨、组合规整、均衡对称、造型生动,加上刀法娴熟、工艺细腻、线条流畅,具有强烈的装饰效果和艺术感染力,从而为古老庄重的立体建筑增添了灵秀之美和古色古香的艺术韵味。

莲花吊柱加工　(杨光黔　摄)

侗族木建筑具有明显的实用功能和鲜明的审美功能。吊脚楼经济适用、通风良好、光线充足、冬暖夏凉;鼓楼为寨民议事、娱乐休闲的中心;风雨桥不仅方便群众过河,还能遮风挡雨。村寨的布局隐含有天体的图像,鼓楼是寨子的灵

风雨桥营造 （陆锦宏 摄）

魂，象征太阳和月亮；吊脚楼象征着星群；风雨桥是龙的化身，是聚集财气的一道“风水”。

侗族木质建筑还寄托了侗家人对神灵的崇拜和对美好生活的追求。侗族的鼓楼坪，通常用鹅卵石镶砌成一个天体图像：中心为太阳，四旁为太阳放射出的霞光（四条射线）和星群。侗族村寨的布置，大体上也按照这一图像来安排建筑物的位置。鼓楼是中心，从鼓楼向四方引出巷道（通常为石板路），在巷道之间分布吊脚楼（宅居）。鼓楼象征太阳和月亮，巷道象征太阳放射的霞光，吊脚楼象征星群，这是侗族的天体图腾崇拜（专家学者称为“太阳图腾崇拜”）。侗族村寨每年的大年初一在鼓楼坪上跳“芦笙踩堂舞”（古老的祭祀性舞蹈）时，即按照太阳的行走路线“子午线”进行。太阳又被称为“阳鸟”，因此，侗族又崇拜鸟图腾。在鼓楼和风雨桥的飞檐上，多饰有仙鹤和各种飞鸟的塑像，以象征民族的兴旺发达、腾飞。

侗族是水稻民族，崇拜龙，风雨桥即被视为龙的化身。侗族每年大年三十晚上，家家户户要到桥边去祭桥（侗语称“暖桥”），以求家人长寿平安。鼓楼顶上的葫芦串被视为洪水滔天神话中天神用以救活人类始祖的神物（器具），是人类生命的起源，以象征人类繁衍，代代相传。侗族村寨四周均有“风水林”，这与侗族崇拜的生育之神（花婆）有关，认为“风水林”越葱郁繁茂的村寨人丁也越兴旺。

鼓楼营造 （吴文全 摄）

在古代，侗族村寨的选址多以鸭鹅在野外孵蛋之地为首选，“鸭鹅孵蛋，泉水长流，鱼虾成群，浮萍滋生，是为宝地”。后来逐步演化为“依山傍水，背风向阳，前有阡陌，后有山林，是为宝地”。汉文化传入后，受道教的影响，即讲究龙脉的护卫及水口的进出与开闭。大地（寨址）确定之后，小地（各家各户的吊脚楼）则不多讲究（也有请“风水”先生用罗盘来确定座向的），但对鼓楼的选址则十分重视，过去，以鸭鹅孵蛋的“巢”为鼓楼地址的中心点，后来则通过巫师卜卦来确定。风雨桥的选址也十分讲究，一是一定要建在村寨下方的溪河上，以象征将溪河上游的财气拦截聚集起来，使村寨成为聚财进宝之地；二是要建在两条山脉互相对接的溪河水口，意为将两条龙脉连接起来，共同护卫山寨。

这里，有必要对鼓楼建筑作一简要介绍。关于鼓楼的记载，最早见于明邝露《赤雅》：“以大木一株埋地，作独脚楼，高百尺，烧五色瓦覆之，望之若锦鳞矣，男子歌唱饮，夜归缘宿其上，以此自豪。”明万历《尝民册示》中载有：侗族“或百余家人，或七八十家、三五十家，竖一高楼，上立一鼓，有事击鼓为号，群踊跃为要。”说明明代以前，侗族地区的鼓楼花桥建筑工艺已相当发达。

鼓楼建筑结构为密檐式宝塔形，一般结构是：上八边形、正六边形、四边形和独柱形，楼体立面有 1 层、3 层、5 层、9 层、11 层乃至 21 层不等，顶部有悬山式、歇山式和攒尖式等，在攒尖式中，又有双叠顶和复叠顶。

侗族鼓楼以四柱居多，以四根大立柱支撑，柱与柱之间用大梁以榫头穿连，外侧再竖起四根丈余高的柱子与四根枋的榫头穿连形成外柱，加檩和椽盖瓦形成下檐，又在内大梁的枋上再竖第二层外柱层层往上加。从第二层起每层外柱的高度缩短约 1.3 米，每上一层木枋亦须缩短一定尺寸，外柱层层加高到与主承柱顶端平行后，再在顶上竖四根高约 3 米的鼓阁架子的柱子，阁架正中有一根中心柱，柱脚嵌在内主承柱的中部榫头穿枋部位的交叉柱上，中心柱与阁架上端平行以四根或八根穿枋相连接，呈辐射状榫头结构。鼓楼的六柱、八柱结构也大同小异。

花桥上的阁楼建筑结构与鼓楼相同。鼓楼花桥的建筑师，在建造鼓楼花桥过程中都不用图纸全凭心记，将鼓楼花桥所需建造的高度长短记录在一小片一小片的竹板上，然后根据竹尺的记录进行从砍树备料开始的一系列工序。

侗族建造鼓楼有一套复杂的习俗文化，村寨从商议立楼到鼓楼建造完工充满着神圣的色彩。

商议立楼。建造鼓楼是寨老根据众人的意愿经多次商量的结果，确立后便会集众人商议确定选址、备料、劳力分配、工钱筹集、聘请师傅等。备料主要是决定柱子由谁捐，主承柱一般由较早落寨、生活条件宽裕且人财兴旺的家庭捐献，位于鼓楼顶端的中柱则必须由本寨修建第一座鼓楼时捐献中柱的后代子孙捐出，其余材料全村平摊。工钱是指按人口多少分摊。

楼基选址。有一首古歌这样唱道：“未曾建寨先立楼，砌石为坛祭祖母，鼓楼心脏作枢纽，富贵兴旺有来由。”鼓楼选址一般在原址重建，新修则选“风水”最好处，由“风水”先生确定，全寨无条件服从。

砍树备料。择吉日，寨老带领青壮年到树下举行祭拜树神山神，寨老先砍三斧，随后由青壮年将树顺山砍倒，砍树者忌有恶死、夭折、绝后的家庭成员参加。

发墨。木料备齐，掌墨师择吉日良辰发墨，头墨十分重要也十分神圣，当年是本命年的掌墨师不能打头墨，头墨师身着新衣念咒语、烧香纸，将木料置于木马上，取墨头发墨后，手提竹尺逐一下墨。

侗族建筑

墨师手中的竹尺和墨笔在发完墨的部件上写上“鲁班文”和东南西北中，上下左右方符号，分门别类堆好。

立楼竖架。择好吉日，由掌墨师在楼基上举行仪式祈求平安，礼毕由青壮年男子一起拥上，将第一根主承柱竖起并固定好，接着将第二根、第三根直至将所有主承柱依次竖起，先后从顶而下安上穿枋，随后将檐柱竖毕，将枋、梁安好，使檐柱与檐柱、檐柱与主承柱连接形成柱网枋网，构成鼓楼的基本框架。

上梁。鼓楼主体构架完成后，择吉日良辰将鼓楼主梁（太平梁）升到顶悬空架在两主承柱木枋之间，称上梁。上梁时念祈祷村寨平安发富驱魔的咒语，杀鸡将血淋在梁上，梁中间捆有一小红布内存谷穗碎银或钱币，当梁柱拉到楼顶端后，掌墨师自上向人群抛洒糖果、红包等物，楼下众人欢笑争抢。上完梁开始架顶，并开始做盖瓦、油漆、雕塑、绘画等细活。

贺楼。鼓楼完工后，举行隆重的欢送师傅仪式，除送红包外还有猪头、布匹等物，接下来择吉日“进楼”“挂鼓”，最后择吉日举行贺鼓楼落成典礼。各村寨、亲朋好友都前来祝贺，有送匾额的、送红包的、赠吉言的，同时村寨之间进行唱戏对歌、吹芦笙比赛、踩歌堂等活动。

侗族的木材建筑工艺名播海外，但由于木建筑自身的弱点（如防火能力弱）、现代砖混建筑在民族地区的快速渗入以及国家对森林资源的立法保护和工匠后继乏人等因素的影响，侗族的木建筑及其工艺的传承已处于濒危的状态，必须及时抢救和保护才能使之传承下去。

省级非物质文化遗产

剑河锡绣制作工艺

位于黔东南中部、清水江剑河段下游沿岸的观幺、敏洞、南寨、南加4个乡镇的部分高山苗族村寨，千百年来隐匿着一个相对封闭的苗族支系部落，在这支部落中，女性服饰的特殊元素再现了农耕时期人类最原始的生存需求和向往——苗族锡绣。

剑河锡绣制作（一）

苗族服饰有“穿在身上的史书”之说，其历史久远至今已无从考究。据《苗族古歌》载：大约在唐末宋初，苗族首次迁徙至今剑河县境内，至今已有1000多年历史。锡绣服饰是县境内20种苗族服饰中最独特的一种，从表象上看，锡绣服饰制品端庄古朴的服饰特点至今仍遗存着春秋战国时武士戎装的甲胄之风；在材料的使用上，金属“锡”的使用与甲胄功能之间是否存在必然的联系，有待进一步考证。

关于锡绣的起源，传说苗族先民来到清水江两岸居住后，由于当地盛产木材且水路运输非常便利，先民就把木材砍伐并编成木排，沿清水江而下到达湖南洪江一带，用木材换取其他商品。当时有人发现锡与银子的颜色相似并且不易被氧化，于是就有人把锡用于苗族的刺绣上，因锡绣制品的光泽度好、质感强，深受当地苗族人民的喜爱，锡逐渐成为这一地区苗族刺绣的一种重要材料。

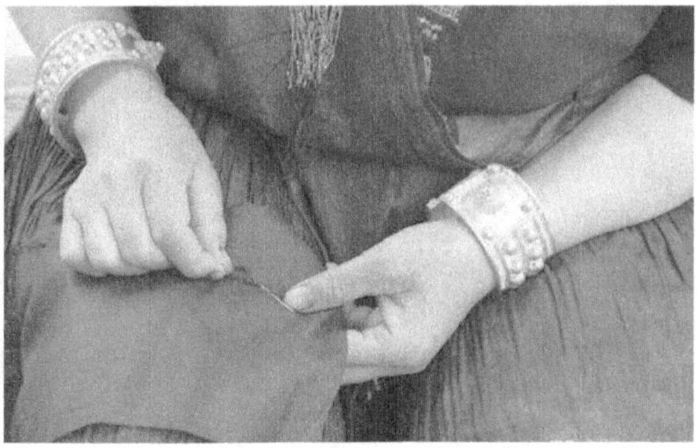
剑河锡绣制作（二）

锡绣在材料上使用金属“锡”最终完成一件刺绣品的特征，在世界工艺美术史上当属绝无仅有。其视觉效果是在粗犷的深色面料上缀以银白色的小锡节，故质感强烈、古朴而生动，特别是在阳光下与苗族姑娘同时佩戴的银饰相辉映，更是熠熠生辉，高贵典雅。在纹饰上所采用的图案均为高度抽象的几何纹，这一特征亦有别于当地其他传统苗绣及国内苏、湘、京、粤、蜀、瓯、顾绣品类所采用的具象图案，却与信奉伊斯兰教的阿拉伯民族图案相似。在色彩上，锡绣主体以金属“锡”的自然色为主色调，虽在其间亦辅以黑、红、蓝、绿等彩色暗花，但若将锡绣与色彩浓艳的中国其他传统刺绣品放在一起对比，锡绣色彩质朴而高贵。

锡绣之于服饰，分三个部分，除夏装的背部饰件与上衣相缝贴且有自然悬垂的“雨滴线”外，前、后裙片皆是独立的饰片系于腰间，并覆盖在百褶裙上。前裙片（前摆）宽约 17.7 厘米，长约 44 厘米；后裙片（后摆）宽约 19.5 厘米，长约 46 厘米；背部饰件（背搭）宽约17.2厘米，长约 20 厘米，雨滴线与饰件等宽，长 41 厘米以内。其中前裙片与后、背部饰件的区别在于：前裙片的整体效果是单纯的黑底银花，且图案略大；而后、背部饰件图案略小兼有暗花。锡绣图案虽由看似相同的几何纹样构成，但其不规划的连接分布中却有明确的象征和寓意。以最具典型的后裙片为例，图案中具有象征性的女儿纹、鱼纹、岭湾、鸡足、花簇、牛鞍、秤钩、小人头、老人头、木工弯尺、耙纹、山岭、屋脊等，都寄寓了苗族女性最原始的生活向往。

锡绣饰品的前裙片与后裙片及背部饰件不仅图案有所区别，在工艺流程上也不尽相同。前裙片的制作是先在未经浸染的白色家机布上用黑色棉线将图案绣成，然后浸染浆制，最后将图案上的棉线挑出，再用锡丝将其穿扣并镶边而成，而后裙片及背部饰件所用的面料则是用预染好的彩色棉线（暗色调）按一定的图纹织成。底纹绣制分两道工序，先用单色棉线按传统图案刺绣，然后用彩色丝线在图案的空隙间补绣花饰，最后用锡丝沿单色线图案穿扣完成，其效果是在锡纹的间隙中还可见到丝线绣制的彩色暗花。锡绣的最后一道工序所用的锡，早期多从货郎手里购置，使用前将锡锭热溶后浇在石板上，并反复锤炼成薄片，刺绣时再剪制而成。

剑河锡绣服饰制品

锡绣工艺当属苗族母系文化，其技艺纷繁复杂，苗族少女多从母辈的言传身教中吸取。锡绣样稿不同于苗族其他刺绣种类所用的剪纸或手绘底稿，女子出嫁时母亲将绣好各式传统图案的绣片作为陪嫁物相赠，如此世代沿袭。

锡绣原材料、加工、工艺，以及文化符号的表达方式与众不同，是目前世界上仅存的也是非常特殊的一个刺绣种类。至今，这种工艺从脱棉、纺纱、织布、浆染到绣制成品等各个环节，仍沿袭传统的竹木质器械和手工技艺。近现代文明不断冲击着人们的生活，极大地改善了人类生活的物质条件和精神境界，但在这支苗族部落生存的各区域内，传统的生产方式、民俗、建筑和服饰，到处都展示着远古农耕文明的古老痕迹。

思州石砚制作工艺

思州石砚，以贵州省岑巩县——古称思州而得名。思州是贵州政治、经济、文化的先发地之一，史家历来有“先有思州，后有贵州”之说。其位于贵州省东北部，处在黔东南低山丘陵地段，有湘黔铁路、320 国道和 65 号高速公路沿城而过，是华东华南进入云贵高原的交通要道。

思州石砚，据清康熙《思州府志》记载，该砚石呈黛青色，内含金星，故称“金星石砚”，而产地思州为“五溪”蛮地，故又称“蛮溪砚”或“黑端”。清代谢慎修《谢氏砚考・说砚》记载：“铁网珊瑚斯石也，出于汉之蛮溪。盖夷人佩刀之砺也，琢于山阴之。鉴湖则放翁笔也，质如玉，纹如谷，则黯龙尾之群，从而潜韫王之季仲也。”文中的“季仲”，为原始社会末期帝喾时代的八大才子之一。宋代陆游亲笔记载，蛮溪砚色黑含有金星，相传为季仲发现利用。据此，思州石砚的历史可追溯到 4000 年前。

在唐宋时期，思州石砚曾受到苏轼、黄庭坚、欧阳修等书画名人的钟爱。经元、明、清数十代人的努力，思州石砚制作技艺得到进一步提高。它曾被明朝列为贡品，清康熙皇帝对思州石砚尤为赞赏，把它选作“御砚”；清朝末年，有更多的思州砚流传国外，尤其在日本颇受欢迎；1930 年，思州著名制砚艺人聂宝善的作品荣获贵州省工业实业展览会甲级银质奖章，极大地促进了思州砚的发展。制砚作坊遍及星石潭一带，几乎家家都有制砚能手，逐渐形成以“程云”“聂宝善”“王伯鳞”“周金鼎”等为代表的知名品牌，享誉海内外并赢得了市场，在全国名砚林立中占据一席重要地位。

从古至今，思州砚材的开采就十分艰难，有《楚庭稗珠录》记载的采石场面为

石砚制作

证:“金星石,出思州星石潭中,砚材取之颇难。水洞涡旋,湾环黯黮,逮於潭底,星光灿烂,倒影反射,洞壁通明,必善设者,腰斧凿而下,与泪俱入,与涌而出。又能如泉客鲛人,水居不畏,真人之息,机发於踵,而后任此役矣。”相传古代匠人在采石之前,必须按传统习俗杀猪宰羊作供品,祭祀“河神”“五方龙神”“山神”等祈祷平安。

思州石砚是传统手工砚雕的典型代表,其制作工序主要包括砚材开采、选料、裁切、制坯、设计制图、雕刻、打磨、洗刷、制砚盒到包装出厂等20多道工序。首先是选料,将开采出来的金星石敲成砚坯,厚石敲薄、阔石敲方,或三五锤便出雏形,敲时不能重也不能轻,重了会粉碎,轻了则达不到目的,用力要恰到好处,将石坯根据需要或天然形状,制成不同大小、不同形状的毛坯。其次是设计制图,得根据石质的特点巧用石色金星予以布局,将要制作的图案用白铅笔绘制在石坯上。制砚设计,要继承传统又要不断创新,与时俱进。构思巧妙且构图要新颖,具有丰富的民族文化内涵。雕刻这道工序极为复杂,砚台雕刻相关的器具有用硬杂木制作的工作平台、木砧、竹钉、火炉、木炭、木盆。刻刀有尖錾、圆口錾、平口錾、斜口錾等不同刀口的合金錾数十把和现代化的电动工具、电吹风机、电动砂轮机、铜焊条、硼砂、粗细磨石、金刚石磨片、水砂、毛刷、可弯曲磨片、角向磨光机等工具辅助。该雕的地方不能刻,该刻的地方不能錾,倘若弄错混淆,就像医院做手术的大夫,用错了刀、剪和镊子一样,酿成的后果将不堪设想。

总之,由石成砚历20多道工序,费时数十天不等,不管是敲、剖、凿、雕、刻、琢、磨都全靠手上功夫,工序一道比一道难且环环相扣,倘若其中一环失误,则如玉碎珠死,一腔心血将付之东流。

思州石砚的传统制品有“双龙抢宝”“单龙戏珠”“双凤朝阳”“龙凤呈祥”“犀牛望月”“喜鹊含梅”“老鼠偷葡萄”“鲤鱼跃龙门”“鱼砚”“蛙砚”“金鱼砚”“荷叶砚”“八卦砚”“福寿砚”等60多个品种,其中“一代天骄之初”“荣华富贵”“思州春

思州石砚

晓”等思州石砚先后荣获国家级大奖。

作为中国文房四宝之一的思州石砚，具有较高的历史、文化、实用、观赏和收藏价值，对传承中华文明、增进世界人民的友谊和团结都做出了突出贡献。思州石砚素有“文房四宝中的珍宝”之美誉，经历代文人骚客的认可，曾经被“书圣”王羲之、大文豪苏东坡、清康熙皇帝等垂青。

随着科学技术的发展与书画工具的改变，思州石砚已逐渐失去昔日的辉煌，新中国成立前，只有聂氏、王氏、周氏三家在勉强维持生产、销售思州石砚，其制作工艺濒于失传。1960 年 5 月，周恩来总理视察贵州时，在他的过问和关怀下，思州石砚得到恢复与发展，周树南等老艺人传授组织生产的产品先后出口东南亚各国；1979 年，国家轻工部将思州石砚列为全国传统工艺美术品“刻砚”的八大名砚之一，相继培养了陈德胜、冉月平、金继仁、李镇岑等 60 多位传承人；从 20 世纪 90 年代开始，岑巩县人民政府高度重视思州石砚的传承与生产问题，批准建立思州石砚工艺美术厂；2003 年 11 月，中国文房四宝协会向思州石砚工艺美术厂颁发“国之宝”证书；2005 年 2 月，经国家工商总局商标局批准，以“思州”牌石砚注册商标成功。

苗族马尾斗笠制作技艺

马尾斗笠的产地主要分布在凯里市湾水镇的中部和南部的米薅、格种、里仁等村寨，这些村寨素有“湾水十三湾，湾湾有绝技，代代出名师，户户出高徒”的“马尾斗笠之乡”的美称。

苗族马尾斗笠是苗族先民由箬叶、棕片铺就而后逐渐创新以马尾铺就的独特精品斗笠。斗笠的顶尖也由最早的竹篾转为铜丝包缩。

传统马尾斗笠制作

元末明初从江西入黔的吴氏苗族在米薅、格种定居后,不但继承了先辈编制箬叶斗笠的工艺,而且结合当地地理特征和民族生活所需,遵循祖先"编制马尾斗笠戴,天神地神保平安;传承祖先的遗志,发家发户更发财"口头遗训,在编制箬叶传统斗笠的基础上,利用当地盛产的水竹和马尾编制马尾斗笠,质地优良、美观和实用,受到苗族广大群众的青睐。

早在明、清时期,格种、火星、米薅、小翁凼,几乎寨寨有能工巧匠,户户有编织能手,马尾斗笠已具一定生产规模。

马尾斗笠以水竹竹篾、马尾、桐油、蛋青等为原料,先将精选的优质水竹以特殊的铁刀破开成条,再将条破为三层,用长指甲当刀将第一、第二层划成细条后,用刀具划出均匀细长的头发丝竹篾作为主要原料,然后按不同工序编织成上、中、下三层斗笠骨架。编织好的马尾斗笠呈圆形,直径 60 厘米,圆 180 厘米,顶尖高 20 厘米。整个生产过程为精选竹料、破竹料、编斗笠骨架编织、编织斗笠环边、加色、铺就马尾、包装斗笠、镀桐油、总装、晒干固色、上斗笠头圈。从原料的选择、加工到出产品的 10 多个工序,全由手工完成。

马尾斗笠形状得体、大方美观,粗细结合、内外一体,上下细腻、手感温柔,笠面平整、芳气扑鼻,细观久品、文化正味,给人以"见到马尾斗笠,一身舒适安逸"的美感。原料加工中的各个工序,大都从苗族文化、生活习俗等方面出发,赋予一定的文化内容。如马尾斗笠用最精细的竹篾进行收编,编成三条辫子似的环圈,代表黄河、长江、清水江,意在让子孙后代记住苗族祖先的迁徙过程;根据祖先遗留的斗笠模式,其原料第三层竹篾

制作中的马尾斗笠

180 根（双边计 360 根），意为一年 360 天风调雨顺；笠身分为五方，代表金、木、水、火、土；在收刀时留有充分余地，蕴含“万事不能太满，满则溢”的哲理等。

马尾斗笠的编织技艺，全靠父为师、子为徒的代代相传的师徒传承方式，且古时传男不传女。湾水苗族马尾斗笠生产可追溯到唐朝，凯里市湾水镇吴氏对马尾斗笠编制的传承关系至少可追溯到元末明初，仅火星寨吴氏勾包传承下来的继承人至今已有 13 代，依次为吴勾包、吴二包、吴沙二、吴往沙、吴高往、吴勇高、吴亮勇、吴鲁亮、吴师鲁、吴言师、吴包言、吴腊包、吴成腊。

戴马尾斗笠的苗族少女

中华人民共和国成立后，马尾斗笠逐步恢复生产，湾水各村寨办起编织业，家家户户编制纸斗笠，马尾斗笠销售已由当地走向黄平、施秉、镇远、台江、雷山、麻江、丹寨等州内外乃至全国各地。“文革”期间，由于“割资本主义尾巴”和“破四旧”，几乎没人再生产。20 世纪 80 年代后，格种、火星、米薅、小翁凼等寨各家各户又开始生产，产品远销国内外。

现存的苗族马尾斗笠生产的苗寨及农户，主要有米薅村的米薅，格种村的格种、火星，里仁村的小翁凼等 3 个行政村 6 个村寨计 524 户，因原料价格上涨、制作工艺精细、工序繁杂、市场价格挑战等，不少农户的马尾斗笠已处于举步维艰、难以为继的窘境。

苗族堆花绣

苗族堆花绣也称为堆绣，苗语叫“干亮”，是苗族妇女服装的独特饰品，产生和流行在凯里市清水江沿岸的翁项、地午、凯棠、九寨、板溪等 30 个多村寨。

堆花绣服饰系交襟型中的一种，因其呈藏青色、紫红色或黑色，在文献中把这种服饰的苗族人称黑苗。服装大袖大领交襟右衽，一般长 60 厘米、宽 70 厘米，前衣左右摆各长 130 厘米，宽 30 厘米，袖长 25 厘米、宽 23 厘米，穿时交襟于胸，左襟压右襟，两摆交叉成三角形，衣长平直不收腰身，裙系中长百褶裙，苗语称“库里”，花饰袖、领、襟及裙脚等部位。

苗族堆花绣制作(一)

苗族堆花绣,用棉花、蚕丝、绸缎、绫子、染料、蓝靛、白芨、摩芋、苦楝树等,棉花用于纺纱织布;蚕丝用于织锦织绫、刺绣;白芨、摩芋因其有黏性、透明无色,锤烂熬水用于浆布壳、绫片使其硬化;蓝靛用于泡染布和线,使其呈藏青色;苦楝树用根、茎、栋青树叶混合熬水,泡染藏青色布呈紫红色。此外,堆花绣制作还要剪纸做模本,要编织线和缠丝作装饰。剪纸来源有两种:一种是前辈一代传一代的传统剪纸;另一种是当代人对古歌、传说和对地理环境、自然条件的感受,创作出有时代意义的剪纸。

堆花绣由一个个三角形构成画面,画面工整、规律、立体像浮雕一样,适于表现几何图案和表现抽象、含蓄的形体画面。苗族堆花绣的制作程序是:①选定剪纸内容,传统服饰以图案内容取名,如绣鸟的称"鸟服",绣鱼的称"鱼服";②选定色调,堆花绣的色调有蓝色调、褐色调和黑色调三种,都附在紫红色的衣服底布上,给人直觉上明显的差别。

堆花绣制作时,先将剪纸钉在绣布上,然后按剪纸图案绣制,堆花绣和其他针绣的根本差别在于用一个个立体三角形堆压成图案,而不是用针线绣出图案,故称其为堆花绣。立体的三角形都是用绫子折成,一幅堆花绣品要用上千个三角形组合而成,就像一条鱼的外表要由上千片鳞甲组合而成一样。一幅堆花绣品能变化出很多图案,具有丰富的文化内涵,主要有:一折直角三角形、双折斜三角形、双层一折三角形、双层双折三角形、双层交角三角形。这五种三角形用在什么地方,必须服从整幅画面的内容安排,即制作者构思的画面。剪纸,只是主要图案的剪纸,如一条鱼、一只鸟图案的剪纸,其他部位没有剪纸,靠制作者边制作边创造,就像画家使用颜色一样,画稿定下以后,色彩、笔法还靠作者在绘制中去发挥。因此,同用一幅剪纸,几个人制作出来的成品效果截然不同。

苗族堆花绣制作(二)

每一块堆花绣品,在主题图案

如鸟或鱼以外还有很宽广的空间，这个空间通常用三角形叠压成四边形图纹排列填充。四方形的构成是先用一个直角三角形钉上以后，再叠压两个相连对称的三角形，就成了第一个四方形，以此法连续叠压下去，就获得了工整、均衡、大小一致的四方形画面，画面的效果就像抹掉了花的一饼向日葵，每颗四方形就像每一颗葵花籽一样横纵整齐排列在绣布上，工整、规律、紧密具有强烈的立体感。

完整的堆花绣工艺品，除了主要运用三角形绫片的堆压制作外，还融合了传统的排绣、打籽绣和两针绣。排绣即用针刺绣，将线平行排列即是，在堆花绣中的鱼头、鸟尾等图案，便是用彩线的排绣手法来完成，用意是加强鱼或鸟的形象、丰富画面的色彩效果。打籽绣即插一针结一个疙瘩，故称“疙瘩绣”，苗语叫“曲谋调”，每颗疙瘩都像刚露头的蘑菇一样，有头有脚，整整齐齐排满画面。它的制作是在轮廓线内，由外向里一圈一圈填满。两针绣苗语称“挽谋调”，同时用两根线刺绣，一根正线一根副线，用正线挽成一个一个“S”形的线圈，用副线钉牢每个“S”形的两头，这样连续而紧密地排列成图案画面。打籽绣和两针绣的针法细，可以自由跟着各种剪纸的笔画绣制。打籽绣和两针绣都在剪纸笔画的边沿用“猴纳”（缠丝线）镶边，或称锁边，使图案完整而立体，和堆花绣结合运用，更加突出了堆花绣的特色。

苗族堆花绣盛装正面

堆花绣是千百年流传下来的苗族刺绣艺术，是苗族劳动人民智慧的结晶，记载了苗族的历史和祖先生活过的地方，记载了迁徙、战争、过去的生活环境、人类和万物，是历史的“活化石”。苗族妇女凭自己的聪明智慧、审美观点，对历史的过去、现实中的自然景物和人文地理，用自身掌握的熟练的堆花绣技术充分表现出来。她们想象力丰富、创造能力强且不受现实自然的约束，表现万物时敢于大胆夸张变形，可以将人物动物化、动物人格化，也可以直接或象征性地表达内容，装饰性强、色彩丰富、构图完美、线条流畅，是民间美术借鉴最好的形式。现在许多堆花绣能手成为民间美术创作能手，许多民间美术作者经常到民间刺绣中去吸收营养，以求丰富自己美术创作的形式和内容，提高自己的表现能力。

在 2006 年“多彩贵州”能工巧匠比赛中，翁项的堆花绣工艺获得了黔东南苗族侗族自治州的州级一等奖，获得贵州省二等奖。

蓝靛靛染工艺

侗族擅长纺纱织布,她们自纺自染的“侗布”是侗家男女最喜爱的衣料。“侗布”是用织好的布,经蓝靛、白酒、鸡蛋清等混合成的染液反复浸染、蒸晒、槌打而成,为蓝靛靛染工艺。

蓝靛提取 (冯四方 摄)

侗族蓝靛靛染工艺历史悠久,明弘治年间在民间就已普及,到清代侗家自纺自织自染的“侗布”“侗锦”已很有名。胡奉衡《黎平竹枝词》记载:“松火夜偕诸女伴,纺成侗布纳官租。”乾隆时黎平“诸葛锦”更是闻名,邑人张应昭作词赞曰:“苎幅参文秀,花枝织朵云,蛮乡椎髻女,亦有巧手人。”分布于黔湘桂交界处的侗族,服饰虽不尽相同,但所用布料大多为自己所制,黎平、从江、榕江侗族地区至今还保留着自己种植棉花用于制作侗布的传统习俗,人们以身穿自作的布衣为荣,借以显示家中妇女的勤劳和精湛手艺。

侗族妇女多懂蓝靛靛染技艺。用蓝靛染布是一项古老的技术,主要经过蓝靛的制作和蓝靛靛染两个步骤,而靛染又需经过制作靛染水、下布、压布、翻布、验布、清洗、晾晒氧化、捶打、上色等工序才能完成。

第一步:制作蓝靛。蓝靛是侗族染布的主要原料,制作方法为采回蓝靛叶或蓝靛草,放进桶里沤泡 5~7 天,待桶里的水变成深蓝色发出腐烂腥味,即捞出蓝靛枝叶以免脱叶,以适量石灰加入水蓝靛中,搅打至起泡沫为止,使石灰与蓝靛水调匀,加强其分解靛质能力,用芭蕉叶或野芋叶密盖以防下雨冲坏,四五天后,靛质经石灰分解下沉呈深蓝色胶质状,即可将清水隔出成为蓝胶。

蓝靛靛染 （冯四方 摄）

第二步：靛染。靛染工艺流程较复杂。①制作靛染水，把装有木灰的箩筐置放在染缸架后，用开水往箩筐里灌，使木灰水流进缸里。②把适量蓝靛胶和自酿米酒混合倒进染缸里用木棒搅拌，然后用斗笠或木板将缸口盖上，每早搅拌一次，3～5天后若缸里发出香味，水色呈红绿靛水就可以了。③靛染水制成后，每次靛染前还要在染缸里放适量蓝靛，搅拌后才可以靛染。④下布，将布放在缸边，从布头开始一人轻捏布幅两边，按序放入染液，另一人协助整理浸入染液中的布料，使布料浸染充分。⑤压布，布料浸入染液后，为防止上浮用两根小木棍压住布，木棍上再压两块砖头，使布料完全浸泡。⑥翻布，为使布料染匀，每隔几十分钟应翻一次布料，在翻布过程中，始终保存翻布前的顺序与状态；⑦验布，在翻布的同时验布，即取布首一角拧干后检验染液的颜色是否合适，如颜色淡则加染料，颜色深则兑清水淡化染液。⑧清洗，将染缸中染好的布料取出，清洗干净。⑨晾晒氧化，布料经清洗后需摊晾，让布充分与空气接触，氧化后布料由绿变蓝。⑩浆色，将染成色的布用柿子皮、猴栗皮、朱砂根块等捣烂挤汁染成青色，又用蓝靛加染几次，使布显出青而带红的颜色，再用牛皮胶熬至浆染使布质硬挣不褪色，如为了亮光可用鸡蛋清刷至发亮，此外，每次染浆后都要在捶布石上捶打，使布面光滑而有光彩。

侗族传统蓝靛靛染工艺在很大程度上反映了侗族传统社会的生产、生活和技艺水平，是蕴含丰富文化内涵的非物质文化遗产。但由于蓝靛靛染工艺流程费时费力，整个流程都是力气活，再加上市场经济多元化的冲击、机械化染色工艺逐步替代了手工靛染以及绝大多数青年人到外地求职谋生等原因，靛染工艺发展后继乏人，这一优秀的民族民间文化正渐渐消失在人们的视野中。

靛布晾晒 （冯四方 摄）

水族石雕

水族是我国少数民族之一，主要聚居在三都水族自治县及都柳江、清水江、龙江上游一带，森林茂密、自然环境优美，水族居住地因此被誉为“像凤凰羽毛一样美的地方”。黔东南是我国第二大水族人口聚居区，截至2011年年底，黔东南水族人口为78888人。黔东南的水族人口主要居住在榕江县，榕江水族人口数量位居全国第二，仅次于三都水族自治县的水族人口数量。水族人民在发展的长河中，用他们辛勤的双手创造了光辉的历史和灿烂的文化，水族墓葬石雕艺术就是其中之一。

榕江县都柳江畔及月亮山腹地高山峻拔、河谷逶迤、山明水秀，多有古榕做伴，生活在这里的水族同胞对修墓非常讲究，常常为死者雕塑精湛的墓碑。

榕江水族石雕墓多建于清代。从墓形上看，有圆形封土石雕墓、方形盒子石雕墓和集束状的“九剑石雕墓”；从葬式上看，有单体墓、双人合葬墓和三人合葬墓。石雕墓均有门楼式墓碑、八字形墓门，碑上刻有香案牌位，牌位上刻死者姓名，谓之“碑中碑”，碑两旁刻龙凤，形象生动。

古墓上的石雕爱恋图

古墓上的石雕孕育图

榕江水族爱马，历来用马作为山区运输工具，并常举办赛马运动会，水族男子亡故，生者为其杀马一头以祭祀，水族墓石雕故而离不开马。在计划乡摆拉村上拉力寨边的潘公墓墓门宝顶上刻有水族赛马图，图中水族男子左手持短剑，右手持一绣球并紧握缰绳，威风凛凛，可能是赛马夺名而归。水尾乡水尾村有墓一冢极为奇特，无碑门碑帽碑身和圈墓石及封土堆，仅有9根剑状的石桩集成一束立在土中，出土约80厘米，9根石桩可拴9匹马，意为"9马送亡人"。

榕江水族墓石雕的精华，一在兴华乡古飞寨中的潘母刘氏墓，一在古州镇高兴寨南的蒙公墓。

潘母刘氏墓，位于古飞寨梁安民家左后侧约10米处，距榕江县城约65千米，墓立于清光绪二十六年（1900年），青石围砌，墓门通高2.1米、宽0.86米，为双柱牌楼式，歇山顶，龙鱼吻，宝顶刻有太极图（鸳鸯交颈）及宝鼎焚香图。墓门左右门柱为高浮雕，其上刻有对联：山清水秀千载茂，虎踞龙盘万世兴。两柱之间立有墓碑，碑上部和中部刻有浅浮雕双龙抢宝，下部刻有碑文，竖向小楷阴刻。碑侧左壁，上刻二童持竹烟杆、烟荷包；中刻文臣双手捧鱼，学士双扛莲枝；下刻山雀鸣枝，野猪啃树。碑侧右壁，上刻二童，一童手持芭蕉扇，一童手持拂尘；中刻四髻男童吹笛，歪髻女童，长裙赤胸，手拿齐胸长棍；下刻猴子爬树摘果，让人叫绝的是，猴子的雄性生殖器官完整而酷似，充分表现出雄性的阳刚之美，也反映了一种古老的生殖崇拜。

古墓上的石雕人物图

古墓上的石雕钓鱼图

蒙公墓位于高兴寨南约1千米处的山脊（距县城约10千米），群山环抱、视野开阔、绿树掩映、鸟唱虫鸣，环境十分优美。墓立于清咸丰二年（1852年），青石围砌，基门高2~3米，门楼式，碑帽上刻有"野猫捕鼠"图，高24厘米，浅浮雕，野猫口咬一鼠，脚爪还踩一鼠，其凶悍、敏捷的形象跃然石上，充满了山野兴趣，使人尘襟顿爽。

墓碑的左右侧有多幅浅浮雕图，一幅是浮雕人物"金童玉女"，水族打扮，脚穿绣花鞋，金童吹笛，玉女持引魂幡开路，把水族的丧葬活动描绘得出神入化。最让人赞不绝口又耐人寻味的是另一幅反映男女爱情的浮雕图，这在我国墓刻史上是仅见的。图中人物均高22厘米，男青年身穿对襟服，女青年头盘发髻，颈带银圈，下穿百花裙，脚踏绣花鞋，妩媚动人，两人相互握手、勾肩、紧紧地依偎在一起，难舍难分，脚下踏着云彩，生动地刻画出一种飘浮在云里雾间的人性欢愉。让人称奇叫绝的还有蒙公墓浮雕上的彩色涂料，石雕人物脸上的红色，绣鞋上的白色，历经130多年的风风雨雨，至今颜色如故，工艺何等精妙。

水族古墓石雕如此华丽，究其原因，与水族人的祭祀拜神文化是息息相关的。自古以来，水族对神十分虔诚，古墓碑顶上的山字形雕着太阳神，接着龙、凤、虎、狮各显其神态，将本民族对诸神的崇拜淋漓尽致地表现出来。他们的拜霞、拜善、韵娘、立岜、借咬里、略奇拱等节日，自始至终都以拜祭为主要内容，而且都以物（石头、大树、水井）寓神而拜祭。在封建社会，他们没有认识自然和改造自然的能力，只有将朴素的愿望祈求于他们心目中的神灵，这一独特的拜神文化为这个民族增添了几分神秘。但不管其拜祭方式怎么样，都离不开三个方面的内容：一是祈求上天四季降恩、人寿年丰；二是祈求祖先保佑子孙、人丁兴旺；三是祈求神灵消灾免祸、老少安康。由于水族的拜神文化与生产生活息息相关，并与原始的宗教活动融为一体，严格地受水书的直接支配，所以他们的节日都具有原始的道德观念，这种道德观念完整地一代代传承下来。

土法造纸技艺

三穗县是长江中上游水土保持重点县之一，生态环境优良且林木资源丰富，森林覆盖率为46%，主要树种有松、杉、柏、榉、樟及“闽楠”“香果树”银杏等，经济林有桐油、楠竹、白竹、果树等，该县东北方向的界牌、贵洞、泥山、蜜蜂等地区盛产白竹，有“万亩竹林”“竹海”“十里竹廊”之美誉。

三穗土纸以竹、麻为原料，用石灰浸泡除肉固纤，经石碾粉碎后添加适量天然黏合剂（玄叶、野棉花根、猕猴桃藤等原汁）抄制而成，古法造纸为全手工操作。相关器械制品及主要工具有镰架、榨子、座枋、座板、碾子、碾基碟心、桅杆、槽子、泡池、操纸池、纱布网、竹排等；主要材料有白竹、石灰、“玄”（一种树叶）、猕猴桃藤等；造纸工序复杂而细致，具体工序为砍竹破茎→渍灰泡麻→淘洗清渣→腌料升温→浸泡固纤→出塘碾碎→原料成型（竹纤维料）→（将竹纤维料）兑水下槽→配玄搅拌（加玄叶、猕猴桃藤等汁）→人帘造纸→榨干出垛→刮坯揭纸→烹纸晾帖（一帖纸为10张）→分刀包装（一刀纸为10帖）→成品。土纸成品呈土黄色，纸面平

土法造纸(一)

整、厚薄均匀且切边整齐,纸面不留褶皱、裂口及洞眼。纸质绵、韧、软、薄,主要用于加工成纸钱(冥纸)作祭祀烧用,部分加工为毛边书写纸,计量以"捆"为单位,每捆有长60厘米、宽12厘米的纸300张,重400克。

历史上,三穗民间传统造纸技艺流布较广,主要传承方式以子承父业式的家庭、家族自传方式和师传徒带的师徒授艺为主,现技艺传承地主要是八弓镇的贵洞、界牌、蜜蜂、贵根、泥山等村寨。其中,贵洞(古称鬼洞)是三穗县最古老的村寨之一,已有逾千年的历史。贵洞村周围有大量的竹资源,为土法造纸提供了主原料。据资料记载,元泰定甲子年贵洞杨姓迁住至思州府做"思州纸"得艺,返家后造三张合为一垛的"裹脚纸"兴家。现贵洞杨姓之迁入始祖杨再清见纸业有钱可赚,也于明洪武甲子年迁入贵洞习艺,此后600余年间,杨姓历30余代一直艰难传承这一技艺至今,因两杨姓均为甲子年迁入,故外人称此处杨姓为二甲杨。清雍正年间,八弓垌王土巡捕十六世裔王友祯和中团垌寨秧大户杨光志迁往泥山定居,利用泥山的竹林为原料生产土纸;光绪年间,该村土纸产销两旺,产品规格也较定型;民国时期,贵根造纸工匠王瑞爵,每天可造30捆,民国十九年(1930年),泥山土纸年产32万捆,从业人员400人。

民国时期,贵洞产品除供应本县外,还销往剑河、台江、雷山、镇远、石阡县及湖南新晃、洪江等地。土纸产销成了地方财政的一大税源。民国七年(1918年)三穗厘金局报称土纸税金为1020元(大洋);民国二十四年(1935年),县长李一峰因当年度土纸税收增加二成,被省财政厅记功一次;民国三十一年(1944年),贵州省省长吴鼎昌来三穗视察,训示清理财政捐税,把土纸列为货物税,按完税价值课征80%,县长刘重农对土纸税采取控制源泉征收办法,派员上门登记征收,是年土纸一项税收达62272元(法币)。

土法造纸(二)

民国三十五年(1946年)6月8日泥山农民以"发达造纸工艺为宗旨",成立造纸业联合公会,会员 400 人。中华人民共和国成立后,贵洞杨再福等人带头改进造纸工艺,改窄幅纸为宽幅纸,变 1 人浪造 3 人揭页为 1 个浪造 1 人揭页,提高工效 3 倍,此后,泥山土纸即向优质高产方向发展。1953 年,成立了“泥山土纸生产合作社”,1956 年县人民政府投资开发泥山造纸技术,以贵根、贵洞为基地成立联合造纸加工厂,引进技术,采取一条龙流水作业,生产原色毛边纸和着色毛边纸共 133 吨。后土纸的制作又转向民间,自 20 世纪 60 年代起,泥山土纸年产量一直在 100 吨左右,改革开放后土纸生产得到长足发展,1987 年达到 479 吨,近几年来达到年产 1500 吨左右。现市场上交易的土纸均为卫生纸型,长 32 厘米、宽 28 厘米,以“刀”计量,每刀 10 贴,每贴 10 张,产品销往本县和邻县,生意经久不衰。

从 20 世纪 90 年代起,每年都有国内外专家前来对古老的造纸工艺进行考察。贵州电视台曾两次来泥山一带摄制古法造纸技艺,并在“发现贵州”栏目中播出。

民间火纸制作技艺

岑巩是一个多民族杂居县,土著民族为土家、仡佬、苗、侗族,火纸制作主要分布在岑巩县水尾镇烂褥河村及羊桥土家族乡的少量村寨。

火纸的基本原料是竹子,由于烂褥河村散居于龙鳌河流域两岸地区,丰沛的水资源和得天独厚的自然环境成就了这个古法造纸的百年作坊群。2 千米长的河岸上分布有以家庭为单位的作坊,男女老少都懂得造纸,作坊主人都是黄氏家族。烂褥河村地处武夷山脉,境内有充足的水利资源,为造纸生产提供了极为有利的条件。

火纸制作技艺(一)

元、明、清及民国时期,地处岑巩县的羊桥乡、水尾镇的龙鳌河上、下流域,水利交通十分便利,商贾云集,人来船往,是岑巩及古思州的交通要道,经济、文化较为繁荣。在民俗节日中,如思州屯锣、傩戏、祭祖、还愿中需要大量使用,加上优越的环境条件,火纸技艺在水尾镇、羊桥乡一带得到了传承与发展。

火纸制作经过 72 道复杂的生产工序,生产出

火纸制作技艺(二)

的火纸具有纸质较白、质地柔软、薄且韧性强的特点,主要销往湖南、新晃、玉屏一带,通常是湖南客商自己上门收购。

工艺流程主要包括:①砍竹,每年农历的7~9月为上山砍竹的最好时节,造纸的竹材以将生枝叶的新生竹为佳,每根竹子截成5~7尺长,砍回的竹子经过手工锤破、晒干后,捆成2千克左右一捆。②浸竹,将竹捆放入河水中浸泡,浸泡时间大约为10天。③沤竹,泡10天后取出再浸入石灰水池(100斤竹子需40斤石灰),蘸满石灰水后取出沤10余天。④煮竹,将沤过的竹加清水放入土窑,表面覆盖一层塑料布煮七八天。⑤踩竹,取出后人工用脚踩成竹麻。⑥煮麻,将竹麻放入水中洗去石灰,再放入土窑,按每百斤竹麻10斤的比例加入纯碱水中煮4天左右。⑦泡麻,放水冲净窑中碱水,再将竹麻在窑中浸泡20天(在此期间还要烧一次“沤火”,即浸泡的第一天要将窑中水加热)。⑧制浆,取出竹麻用碓舂成纸浆。⑨舀纸,将纸浆倒入水池,加入适量纸药搅拌均匀(纸药是用当地人称为神仙树的树叶制成的一种黏滑的液体),用帘子(一种极细的竹丝编成的折子)在浆池中轻轻一舀,滤掉水便剩下一层薄薄的纸浆膜,干了以后就是一张纸了,一个熟练工人每天最多能舀30刀纸(约3000张);⑩榨纸,舀出的纸一张张重叠至40厘米左右厚度就进行打榨,目的是将水分挤干;⑪剥纸,把挤干水分的纸叠一张张剥开,再将纸按边缘相距2厘米距离的方式重叠;⑫晒纸,将剥好的纸以帖为单位进行晾晒,每10张为1帖,每10帖为一刀,每10刀为一捆,将晒干的纸以捆为单位用细竹篾绑好,就可以出售了,整个制作过程需要55天左右。火纸生产工艺流程复杂,每道工序的细腻程度和要求都比较高,这些生产技艺是侗族人民长期劳动的智慧结晶,且难以为现代技术所替代。

火纸制作技艺(三)

火纸选用的阳山竹是当地所

产,具有纤维均匀细密、成浆率高等特点,柔韧性、光泽度好、吸水性强是火纸性能优良的主要原因。火纸从原料加工到成纸张需要72道工序手工完成,原料加工采用日晒等方法,全凭手工制作,天然自成。火纸纸质洁白、有柔韧性、耐拉力、纸面平整、吸水性强、驱蚊除臭、净化环境,还能镇邪去秽。火纸制作的最大特点是原生态,无污染,岑巩龙鳌河两岸居民虽然世代造纸,而龙鳌河依然清澈见底。

古法造纸工艺仅是当地黄姓侗族一脉所传,400多年前黄姓侗族先民由湖南靖县迁入岑巩县境内烂褥河等地,至今这一古老的造纸工艺已在当地传了21代人。造纸技艺仅靠父子之间的言传身教,一代代地传承下来,传承谱系为黄万润→黄上贵→黄之忠、黄之国→黄世平→黄大喜→黄懋明→黄锌海(又名黄海生)→黄复金、黄久炳→黄贵金、黄贵全、黄贵华→黄俊松、黄俊财、黄俊章、黄俊明、黄俊春→黄秀木、黄秀明、黄秀钱、黄秀龙、黄秀炳→黄忠勇。

竹编技艺

三穗的林木资源尤其是楠竹、白竹、水竹等各类竹资源非常丰富,充沛、优良的竹资源造就了当地独具一格的竹编工艺,竹编制品品种有几十种,有“竹器之乡”之誉,主要有瓦寨斗笠、八弓撮箕、青洞细篾竹篮、木界箩筐和背篼、美敏竹筛、泥山鱼筛、平茶晒席等,其中尤以瓦寨斗笠最为著名。

三穗竹编起始年代可追溯至明末清初,延续至今已有400多年的历史。最初的瓦寨斗笠为尖顶平檐,用料粗大且产量有限,现在的瓦寨斗笠据传为瓦寨斗笠制作人杨再和的一位祖上名叫杨昌均的将军改进的。杨昌均,三穗瓦寨人,清嘉庆年间任石阡都司,年迈解甲归田后回到瓦寨横冲安家落户,置有田产百余亩,因闲置在家而对斗笠进行改编。另传为清嘉庆年间,瓦寨晓隘一黄姓人从思南习艺传入。1959年斗笠厂生产的24匹篾精致斗笠,送到北京向国庆十周年献礼;美国总

三穗竹编技艺(一) (冯四方 摄)

统尼克松访华时也曾对三穗瓦寨斗笠给予高度赞誉。

竹编工艺历史悠久，是民间手工艺的典型代表，经过长时间的摸索，斗笠从外观式样到实用价值，从原料加工到操作工艺，从上油熬炼到色彩搭配等都不断改进，由尖顶平檐改为尖顶斜檐式，以便雨水顺利流淌，改泥塑模型为粗竹片模型以便于移动和操作编织，内胎篾由粗改细，外胎篾改用篾丝。竹编工艺以水竹和楠竹为原料，先分别破成粗细不一的粗篾和细篾、胎篾，主要编织斗笠、竹篮、花篮、竹簸、竹筛、鱼筛、撮箕、饭盒、竹凳、竹椅、鸟笼、虫篓、背篼、箩筐、晒席、睡席、焙笼、鱼转等生产生活用品和旅游、馈赠工艺产品。

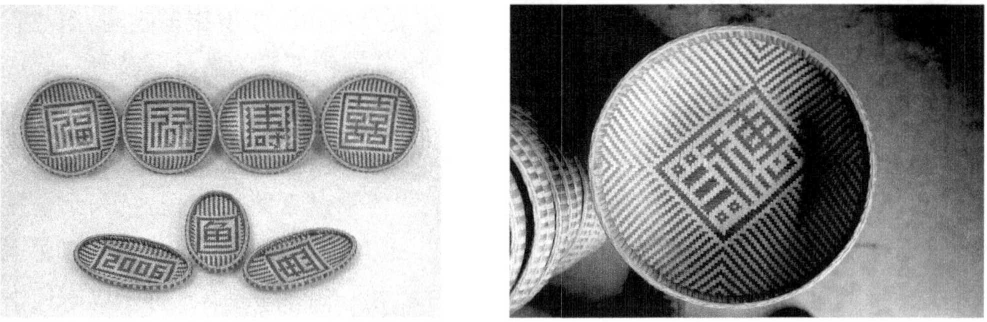

三穗竹编技艺(二)　(冯四方　摄)

斗笠：上半部填纸，下半部铺棕片，内外胎合成后尖顶部分染黑，然后涂油加工(俗称桄油)，先是“老油”打底，“二道油”加厚，“嫩油”开光阴干后即成，有的还用马毛代替棕片作衬垫，垫纸部分再染些花草，既美观大方又轻巧耐用。斗笠品种规格多种多样，大的直径有 80 厘米，小的有 10 厘米，有成套斗笠，分为 7 顶一套、5 顶一套、3 顶一套，每顶直径相差 2 厘米。其制作工序为破粗篾和细篾→匀篾→编粗篾→编细篾→刷边→脱细篾顶→糊棕→别顶→染顶→捆边→桄油→成品。斗笠的粗篾、细篾规程：粗篾长度由斗笠大小而定，宽度为 2~3 毫米；细篾长度由斗笠大小而定，宽度为 0.3~0.5 毫米。

竹簸、竹筛、花簸、花筛主要产于八弓镇南效各村。花簸、花筛竹料用篾精细、花纹图案多种多样且图案内容无固定图纸，由工匠按客户要求设计编织，如美敏村吴德州编织的花簸、花筛，图案有福、禄、寿、喜及百年长寿、心想事成、万事如意、一帆风顺等字样，其为县将军纪念馆所编织对联被将军之子杨珠江收藏于北京；竹筛成品有方格小洞，多用于筛格粮食；竹簸用篾宽而薄且产品平整光滑，其制作工序为破篾→匀篾→煮篾→编篾→剪边→捆边→压平→锁口→成品。花簸、花筛用篾无固定规格，竹簸、竹筛篾规格：篾的长度为 15~35 厘米，篾的宽度为 2~4 毫米，篾的颜色分为原色篾和黑色篾。黑色篾是用当地的化香叶熬制成水煮泡而成，这种

竹编挂墙 （冯四方 摄）

篾能永久性保持黑色，日晒雨淋绝不褪色。

细篾篮主要成品有大小不一的5个一套、3个一套等规格，其中3个一套作品于20世纪80年代初被黔东苗族侗族自治州征用，在云南举行的世博会时展出；5个一套作品2006年被县经贸局征用，送省参加黄果树瀑布节，现主要产品由凯里罗银根收购，销往省内外，其制作工序为选材→破篾→起底→撬底→占筐→倒篾→做脚→锁口→锁脚→上细→成品。

竹编工艺师主要有瓦寨斗街村斗笠制作工艺传承谱系第一代杨再银，到杨正强、杨通德、杨光远、杨昌亮、杨胜德、杨秀军（已传7代人，现传儿杨再泽、媳龙运美、女杨再菊）；美敏村竹簸、竹筛制作工艺的吴道南、涂志祥、吴德州都是以家传沿袭；竹篮（细篾篮）制作工艺从第一代的田大显到田忠佑、田庆云、田兴江、田应才，到田景付已传六代人。

三穗竹编工艺其制作过程、地域分布、使用情况和传承方式等都有其独特的艺术性，制作精良、做工考究、玲珑小巧、美观大方且经久耐用。尤其是瓦寨的斗笠，在编织过程中需把毛坯竹破成粗篾和细篾，粗篾约为2~3毫米，细篾的细度达到0.3~0.5毫米，每个孔眼大小几乎一样，这项技术在当今竹编工艺中难度算是很高的。工匠用黑色和竹子本身的色两种颜色，随心所欲地编织成各种各样的文字、图案，竹编工艺流程复杂，作为一种重要的文化载体，蕴含着丰富的科学技术基因，是一份极其宝贵的历史遗产。

木雕工艺

中国历史文化名城——镇远有着两千多年的悠久历史，是西南丝绸之路的必经要塞，素有“黔东门户”“滇楚锁钥”“湘黔咽喉”之称，在古代一直是黔东政治、经济、文化、军事中心。镇远有遍布城乡的奇山、秀水、溶洞、丛林、梯田、原野巧妙编织而成的生态环境，也有闻名遐迩的㵲阳三峡、铁溪、高过河、龙池等迷人的自然风光，还有贯穿于中外闻名的青龙洞、四官殿、天后宫等古建筑中的木雕艺术。

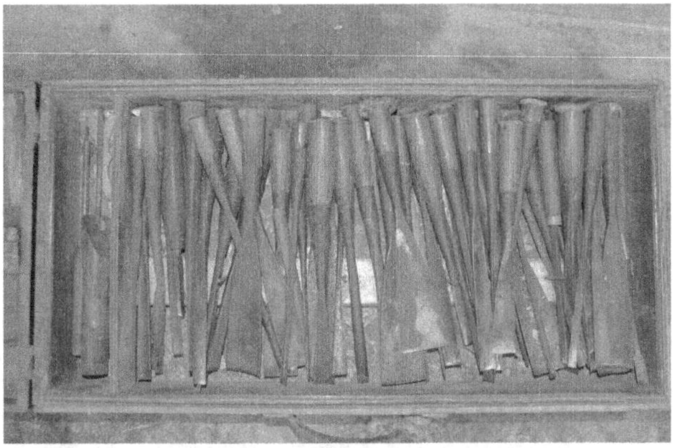
木雕工具

自汉代以来，各朝帝王为开拓疆土和镇压西南土著民族，屡派大批将士沿黄金水道——㵲阳河讨伐镇远，清剿苗族造反蛮夷并长期屯兵驻守镇远。随着频繁持续的大规模军事行动，镇远不断涌入随军家属、商人和其他流民，他们不仅带来了中原、江南先进的文化和技术，同时带来了江、浙、赣、皖的建筑风格和木雕艺术。镇远木雕工艺在南宋时期得到了较快的发展，当时的工匠多为安徽和江西人，雕饰在馆祠和民宅建筑上大量采用，民间木雕工匠擅长平雕、浮雕。明清以后，汉、苗、侗等民族雕技逐渐综合，形成有独特神韵的镇远木雕艺术。木雕工匠不仅有外地高手还有本地艺人，雕刻种类不仅有平雕、浮雕，还增加了高难度的空雕，雕刻技艺全面用于寺庙馆祠、楼阁殿宇、古宅民居、梁檐门窗、家具器皿等作装饰或观赏之物。明清以来的木雕精品历经数百年风雨沧桑，至今在镇远境内仍有遗存。据《镇远府志》记载，古建筑群青龙洞始建于明弘治二年（公元1489年），其观音殿、玉皇阁、望江楼、大佛殿等建筑的梁、柱、廊、檐、门、窗都镶嵌有雕刻艺术佳品，镇远木雕形成了自己的地方特色，工具齐备、技法精湛、程序完整、种类繁多、形式新颖、造型美观。

雕刻

镇远木雕的工具有锉、锤、锯、斧、刨、钻、刀、尺、斗、线10种80余件。锉有薄锉、圆锉（内外圆锉）、角锉、脚板锉、斜角锉；锤有钉锤、木锤；锯有钢丝锯、蛇尾锯（1984年，蛇尾锯经镇远县两路口村青年民间木雕艺术家潘光福改良，在锯头上安装木扳手后，锯皮转弯灵、速度快、工效高，比钢丝锯和原蛇尾锯分别提高了数倍的效率）；钻有钢钻、手摇钻、扯钻；刀有弯刀、鸳鸯刀；斧有月亮斧、鱼尾斧；刨有光刨、大清刨、二清刨、线刨（单线、双线、板凳线、阴阳线）、消刨、净刨、刮刨；尺有活动尺、角尺、鲁班尺、门光尺，匠人通用鲁班尺，尺标记依次为一白、二黑、三碧、四绿、五黄、六白、七赤、八白、九紫，一般忌用黑、黄二尺度。极为罕见的是门光尺，又叫门尺、八字尺，是古代木工量度定门尺寸，乃至屋宇、庭院、家具尺寸的尺子，据说现在故宫博物院内仅珍藏一把。1986 年 4 月，奇迹般地发现了镇远县五定铺青年木匠龙绪华拥有一把祖传的门光尺，后在镇远民间又有陆续发现。此尺上有八寸，每寸依次刻有财、病、离、义、官、劫、害、吉八个字，过去平民百姓常用财、义、吉量尺寸作大门以图吉祥平安，官家财主则用宦宇量尺寸作大门，以图光宗耀祖、官运亨通。斗即墨斗、竹笔；线即墨线，有麻线和棉线。

木雕

镇远木雕技法娴熟精湛、独具匠心，主要注重脑、眼、手、气协调配合，同时做到立、坐、俯、卧全能。匠人雕刻时头脑清醒、眼神集中，手腕灵活且运气匀和，能久立挥锉、静坐使刀、俯身细刻和卧地镌描。木雕分五个阶段：一是绘图，用铅笔或毛笔先素描然后细定，要求精美无误、形态逼真；二是初雕，先雕整体图案显出轮廓、雕出雏形；三是细雕，图案局部和细微处动作平稳，潜心施技基本定形；四是磨光，用粗细不同的砂纸打洁磨光；五是作色，分素色和彩色两种：素色是用熬好的桐油反复涂抹木雕工艺品表面，保持本质本色，彩色是用生漆或光漆调制后反复细刷几次，呈深红或朱红色，也常用多种颜色彩绘，表面刷清漆使木雕工艺品亮丽斑斓十分艳丽。经过一系列复杂程序后，最终才算完成一件工艺精美的木雕艺术品。

镇远木雕的种类和形式名目繁多、五彩缤纷，主要有平雕、空雕、隐纹雕、浮雕、透雕、竖雕等多种，其中以空雕、透雕技巧难度大。青龙洞万寿宫古戏楼台沿一系列长达十几米的图案便是贵州省唯一仅存的空雕、透雕巧妙结合、融为一体的木雕艺术杰作。平雕和隐纹雕多用于民间床架、门栏、厢窗、桌椅等宅邸物具的装饰上，浮雕多用于各种祠堂、会馆、龙舟，以及民间木雕艺人制作出售的工艺品上，竖雕则多用于寺庙内的各类神像上。但镇远大多数古建筑物均把木雕等多种形式极为科学地糅合在一起,成为民间传统手工艺术的一颗璀璨夺目的瑰宝。

镇远木雕艺术虽历经数百年风雨沧桑屡遭破败,但至今仍留下少量宝贵遗产。镇远古建筑木雕艺术品多次受到国家文物局、贵州省文化厅和国内外文化专家的高度赞扬。民间木雕艺术家潘光福等人精雕细刻的独具风采的侗族建筑工艺模型侗寨花桥、风雨楼、古楼、木楼等被选送进京展出,受到党和国家领导人及数万观众的好评,盛赞镇远木雕是"东方民间艺术的奇葩"。近年来,全省各地在文物古迹修复时,多请镇远古建筑维修工程队及民间木雕工艺技师承担制作,省城贵阳南明河畔壮丽辉煌的甲秀楼古建筑群至今仍闪烁着镇远木雕技艺的绚丽光彩。

尽管镇远木雕艺术在时间的洗刷下仍焕发着耀眼的光芒,但是在现代文化的冲击下,镇远民间传统木雕艺术也像其他传统文化一样受到了直接的威胁,手工木雕艺术品逐步被机制木雕艺术品所替代,这项民间艺术正处在日益衰退乃至逐步失传的境地。青年一代大都不愿从事手工木雕艺术,木雕人才后继乏人,据统计,目前镇远仅有民间木雕工匠 50 多人、民间木雕艺术家 10 余人。

苗族酸汤鱼制作技艺

苗族人爱吃酸食,在黔东南地区就有"三天不吃酸,走路打罗圈"(形容走路无力)的说法,在酸食菜肴中,尤其以酸汤鱼这道菜最为有名。苗族同胞居住在大山里,山高路远,几乎家家都有酸坛,少的一两个,多的好几个甚至几十个。苗家酿制酸汤取自高山上的泉水和自种的香糯,味型独特、酸鲜可口,在中式烹调味型里未寻到酸汤风味的味型。"最白最白的,要数冬天雪。最甜最甜的,要数白糖甘蔗。最香最美的,要数酸汤鱼。"苗族民谣用朴实而又生动的对比,赞美了鲜香美味的酸汤鱼。

黔东南的苗族长期生息在清水江、都柳江、㵲阳河、重安江等水溪江河两岸,依山傍水居住,水产资源丰富。据《都匀县志》载:"江南地广,或火耕水耨,民食鱼稻,以渔猎山伐为业。鲤鱼体肥而扁。口之前端有触须二对,脊苍色,腹淡白,间有金黄者,喜群居。都匀龙潭及麦冲龙洞盛产之,大者径丈,不轻出,出则群鱼随之。渔于河者常得,只重一二斤。"黔东南稻田养鱼业发达,能够掌握孵化鱼苗的方法,加上黔东南境内的江河溪流及稻田鱼类丰富,给苗族人民提供了优越而丰富的传统酸汤鱼菜肴食材。

苗族酸汤鱼制作(一)

麻江、凯里一带的苗族人民，通过千百年来的生产和生活，实践性地创造了自己独特的饮食文化。由于苗族人民无文字记载，对于他的养鱼业和喜爱酸汤鱼的由来并无明确记载，但可从苗族的古歌传说以及祭祀用品上认定其历史已相当悠久。在苗族人民的祭祀活动中，用鱼来做祭品是不可缺少的。如老人去世，安葬三天后要招魂回家，必须用一对鲤鱼来祭供；修房建屋架梁，求神保佑吉利，必须用一对鲤鱼来祭供；家里小孩生病，求神焚香保佑平安，也必须用一对鲤鱼来敬供。相传在远古的时候，苗岭山上居住着一位叫阿娜的姑娘，不仅长得貌美、能歌善舞，且能酿制美酒，她酿的酒有幽兰之香，清如山泉，方圆几百里小伙子们都来求爱。凡来求爱者，姑娘就斟上一碗自己酿的美酒，不被中意者吃了这碗酒，只觉其味甚酸且心里透凉，但又不愿离去，当夜幕临近，芦笙悠悠、山歌阵阵，小伙子们房前屋后用山歌呼唤着姑娘来相会，姑娘就只好隔篱唱着："酸溜溜的汤哟，酸溜溜的郎，酸溜溜的郎哟听妹来温暖；三月槟榔不结果，九月兰草无芳香，有情山泉变美酒，无情美酒变酸汤……"这个传说说明酸汤的食用历史悠久。

酸汤鱼制作的关键是酸汤。上等酸汤制作有严格要求，若以汤的质量和清澈度来分有高酸汤、上酸汤、二酸汤、清酸汤、浓酸汤等；以汤的味道来划分则有咸酸汤、辣酸汤、麻辣酸汤、鲜酸汤、涩酸汤等；以汤的原料划分也有鸡酸汤、鱼酸汤、虾酸汤、肉酸汤、蛋酸汤、豆腐酸汤、毛辣角酸汤、菜酸汤等。麻江苗族酸汤鱼以白酸、红酸、红油酸、辣酱酸、鱼虾酸、臭酸最为常见。

苗族酸汤鱼制作(二)

白酸：传统的白酸初制时，在邻居家要来一点老酸汤作为基汤，用米汤做原料，即在煮大米饭时，开锅后将部分清米汤倒在酸汤桶中,盖张树叶或纱布在桶口置于火塘边,待清米汤在酸汤桶中慢慢发酵,3天即可食用。这种酸制作简便,苗族酸汤鱼中最为常见。

红酸:红酸即毛辣角酸,通常是将新鲜野生西红柿洗净放入净泡菜桶(坛子)中,再加入姜、蒜、辣椒、盐、白酒等原料,加盖放置15天后即可取用。毛辣角酸的酸味醇厚,色淡红而清香。

红油酸:红油酸又名辣酸,红油酸以酸辣椒(糟辣椒亦可)用油炒至见红油,再加入新鲜野生毛辣角炒香出色,加汤熬制后去渣调制而成。其味浓厚而酸辣醇厚,色泽鲜红。

辣酱酸:辣酱酸也叫小磨酸,将新鲜红辣椒淘洗干净,加鱼、糯米、水用石磨磨成浆,加入大量甜酒(或糯米稀饭),放入酸汤桶中密封发酵即成。味酸香回甜,色泽鲜红的美味酸汤,使用时用水直接调制或浇油调制。

鱼虾酸:是用河虾、大米捣烂后,加精盐、白酒、甜酒糟、煳辣椒面入桶(坛子)发酵而成,味酸香醇厚、糟香味浓,食用时可用油炒或加汤调制。

臭酸:用猪、牛骨、大米熬制后,加精盐、白酒、甜酒糟、煳辣椒面入酸汤桶发酵而成,味酸香醇浓厚。食用时可用油炒或加汤调制,初次食用时如同品尝臭豆腐,闻着臭吃着香。

苗族酸汤鱼制作材料中,除酸汤外鱼是最重要的食材,配以姜片、葱、桃菜(或青椒、韭菜)、精盐、煳辣椒面、花椒、木姜子、香油等其他必备原料。

酸汤鱼制作方法较为考究,主要分为三步:第一步,鲜活鱼宰杀后清洗干净,用刀从背部至腹部的4/5处将鱼砍成5节,黄豆芽择洗净。第二步,净锅置中火下入化猪油、精炼油烧热,投入姜片、葱片、葱节炒香,注入白酸汤底料,加鱼骨汤熬至酸香味溢出时,放黄豆芽入锅中再下入鱼,调入精盐、胡椒粉、料酒、白糖,转用中火将鱼块煮熟,滴入木姜子油然后装锅。另取一锅置中火下入化猪油、精炼油烧热,投入姜片、葱片、葱节炒香,注入红酸汤底料、清汤,熬至酸香味溢出时放黄豆芽入锅中再下入鱼,调入精盐、胡椒粉、料酒、白糖,转用中火将鱼块煮熟,滴入木姜子油,装锅,分别投入芫荽节,带火随配菜一起上桌。第三步,用精盐、煳辣椒面、花椒面、味精、木姜子油、香油、豆腐乳、油酥黄豆、黑大头菜颗粒、豆腐乳、芫荽节、芫荽末、葱花少许,用锅中汤汁调成蘸水,即可蘸食锅中煮熟的鱼块和烫食各种配菜,做出来的酸汤汁浓味鲜,肉质细嫩,有独特风味。

鸟笼制作技艺

鸟笼制作技艺历史悠久,主要流传于丹寨县龙泉镇卡拉村寨,卡拉村作为著名的中国鸟笼艺术之乡,制作出的鸟笼品种繁多、形态各异且远近闻名。卡拉鸟笼制作技艺已经有七八代人的历史,因此推断其历史可以追溯到清朝中、后期。“文革”时期卡拉的鸟笼工艺制作稍有停顿,在改革开放后又焕发了蓬勃生机。现该村通过采取“公司+农户”的发展模式,建有“丹寨县民族工艺鸟笼厂”,利用目前已形成的地域交通优势、技术优势、品牌优势和政府扶持优势,结合其自然景观和民族特色,综合开发卡拉村鸟笼工艺和民族风情生态旅游。

卡拉鸟笼

卡拉鸟笼制作工艺复杂,要经过选料、砍竹、破竹、除湿、定形、编织、上色等十几道工序。第一步是选料,一个完整的鸟笼主要需要几种材料:竹子、松木、挂钩、小正方体玻璃色子、陶瓷杯。据一些鸟笼收藏家的介绍,在各种材料的鸟笼中最具品味的鸟笼是竹质的。

竹子主要是白竹、水竹和楠竹三种,制作鸟笼一般选用竹梢挺直、无病虫害且竹龄在三年以上的竹子,除 3~5 月竹笋生长期外,其余时间均可采伐。无论楠竹还是水竹,青皮的竹子要比黄皮的更结实耐用,由于在选材上都使用本地优质的材料,因此卡拉鸟笼具有不干裂、不变形的特点。

材料挑选出来后的工序是用蔑刀破竹,破竹力度讲究稳、准,破竹后即将竹子分片、制丝,破竹后先要把做笼丝的水竹放进大锅里蒸煮,进行除湿定型,经过蒸煮之后,竹料会变得更加柔韧且不易生虫。在所有鸟笼制作的工艺流程中,这是最重要的环节。为了保持鸟笼的坚固耐用,卡拉村的村民在蒸煮的过程中会加入一些当地的草药。

在破竹削料、除湿定形后进行鸟笼制作,按如下流程进行。

(1)拉制笼丝。鸟笼主要由笼丝和笼圈组成,笼丝应选用竹节较长、肉体较厚、水分较多的新鲜竹料，先用刮刀刮去竹竿表面的蜡质层，再用破篾刀将蒸煮过的竹片劈破成比拉丝板孔径稍大的竹丝，将竹丝一端削尖，竹丝条直径的大小要根据所制鸟笼的大小而定，一般为 3~4 毫米。

鸟笼技艺传承

（2）加工笼圈。笼圈由底圈、中圈、顶圈三个部分组成。先将竹料加工成长竹条，做底圈的竹条截面尺寸一般为 3 厘米/0.9 厘米（高/厚），做中圈和顶圈的竹条截面尺寸为 0.6 厘米/0.8 厘米（高/厚），然后将竹块盘入钢圈模型中，再将盘入竹条的钢圈模一起放入锅中加温煮开，直到竹的质地变软，取出钢圈后用铁钳将竹圈夹圆，再用绳子将钢圈模捆紧防止变形，然后把捆紧的模型挂于阴凉处晾干定型，竹圈干燥定型后，再根据所要制作的鸟笼尺寸从竹圈上锯取圈料。圈料长度一般要比实际制作的鸟笼底圈多 8 厘米左右，多余的长条作笼圈交接处备用。竹圈做好后，开始在笼圈上绘出笼丝孔的位置，然后把笼丝孔用钻手钻出，笼架横架上的笼丝孔一般是不钻穿的，通常深 3 毫米左右。

（3）装置笼丝。笼丝即竹丝篾条是整个鸟笼的主要构件，竹丝篾条的多少要根据鸟笼的大小来定，最大号的笼子一般是 52 根竹丝篾条，中号的笼子 48 根，小号的 44 根，其装置过程是把笼架固定好后就可以安装笼丝了。安装笼丝之前，先要测量笼架上下横架之间的距离，然后将笼丝截成与之长度相等的段，再将笼丝穿入钻孔内，笼丝装好后，平均每隔 5 根笼丝的笼栅上钻上小孔，用竹钉梢钉牢防止其上下滑动。

（4）装置笼门。笼门通常是用 4 张小竹片做成门片，门成长方形。普通档次的鸟笼不需要雕刻图样，比较昂贵的鸟笼则需要精心雕刻花样，雕刻的部位主要是钉在笼门边的四张竹片，雕刻的图案是苗族的吉祥物——龙、凤以及蝴蝶。笼门一般设置在鸟笼正面的上横架与笼栅之间，宽度以人的手掌大小为准，制作时先取一竹板按笼门宽度锯断，加工好笼丝孔，将笼门竹丝插入笼丝孔后，再钻小孔用竹梢钉将笼丝固定在笼门上。安装笼门上的笼丝插入上横架笼丝孔内，再把两根长笼丝穿入上下横架笼丝孔及笼门竹板两端的孔中即可。

（5）加工笼抓钩。先将竹料加工成小竹条，然后给竹条加热，等竹条质地变软时将竹条弯成所需要的形状，然后用绳子绑住竹条的两端放入冰水中冷却定形。

（6）涂漆。鸟笼制作好后，用竹色的油漆把它均匀地漆上，这样竹表看起来比较有光泽且能增加美观度,防蛀还便于清洗。

鸟笼既是养鸟人不可或缺的心爱之物,是鸟主人身份品位的象征,又作为精美的摆设品和装饰品。卡拉鸟笼作为汉文化与苗文化巧妙结合的产物,与美妙的卡拉风景、浓郁的民族风情一起,构成了一个神奇的苗族文化生态圈,具有很高的文化价值和旅游价值。

煨酒酿造技艺

从江壮族"煨酒",壮语称"喽嘣",因采用土法酿造,在酿造过程中将酒装在坛内长期置于火塘边反复煨开而得名,其酒精浓度一般在20度左右,看起来色似浓茶而带黏性,闻起来香醇浓厚,喝起来甘甜可口,对肠胃无刺激,饮后不伤身体,是从江县壮族人民的传统佳酿。

煨酒

从江县境内壮族主要聚居在加榜、宰便、刚边、雍里、秀塘、西山、翠里等乡镇,50%为壮族,全县壮族人口约2.3万人,除刚边乡的壮族依傍河两边居住以外,其余的都居住在半山腰。

煨酒是用纯糯米来酿制的,主要技艺流程为:糯米浸泡5个小时以上→入甑蒸熟→把糯米饭晾凉→用酒曲拌匀→放进酒缸发酵并加适量的水→一周后滤酒装坛→放火塘边煨开(反复煨三次)→用黄泥巴、火灰和粽叶密封→放地窖里窖藏,且窖藏时间越久浓度越高,酒味也越香。

壮族煨酒分为"年酒""客酒""保家酒""马酒""谢奶酒""祖宗酒""婚姻酒"等,每类代表着不同用途和含义。"祖宗酒"主要是重大活动时祭祀用酒,"马酒"通常是外公外婆过世时用,这两类煨酒体现了壮家人的一种民间宗教信仰。"客酒"主要是待客之用,主人根据宾客的尊贵级别来用酒,宾客越尊贵用的酒窖藏年份就越长,最长可达二三十年窖藏的,而普通客人通常不上煨酒。"保家酒"是家公家婆过世时用或家里来了贵客时用,这种酒必须是家公家婆进入不惑之年时亲自酿制，代表家庭兴旺之意。“谢奶酒”是媳妇生孩子时酿造的两大坛煨酒，一坛是媳妇生孩子时外婆们来贺喜时开启，另一坛是孩子满36天背到外婆家时喝，象征着为母亲报答养育之恩。“婚姻酒”是接新媳妇时备办酒宴时用，象征着对新婚夫妇的祝福。

出坛的煨酒

酿造工艺复杂、周期长，从整个煨酒的酿造过程看，一坛煨酒从洗米入到窖藏开封，短则需要一两年，多则几十年，具有舒筋活血、开胃等医药功效。从江壮族主要聚居在山区，与外界交流很少，因此煨酒酿造技艺目前保存得比较完好。

天柱宗祠浮雕彩绘技艺

宗祠牌楼

宗祠又称宗庙、祖祠、祖厝、祠堂，是供设祖先的神主牌位、举行祭祖活动的场所，也是从事家族宣传、执行族规家法、议事宴饮的地方。天柱县清水江沿岸坌处、远口、白市、江东、瓮洞、凤城、邦洞、高酿、蓝田、竹林、社学等乡镇均有宗祠分布，全县保存较好的宗祠现有30余座，是我国西南地区最大最密集的宗祠古建筑群。宗祠外部砖砌马头墙，正面竖牌楼，重檐翘角，镶嵌姓氏堂号或郡望，彩绘浮雕人物花鸟图案，做工精美、栩栩如生，内部为木质结构，设正殿、过厅、戏楼、厢房、耳房、天井等。

宗祠浮雕彩绘是侗族宗教文化、苗族议榔文化和楚汉文化相结合的产物，是宗祠建筑装饰的重要组成部分。天柱几十栋宗祠的牌楼及墙面上的浮雕彩绘，内容

浮雕彩绘

丰富、形象生动而又寓意深刻。

浮雕以高、浅起伏的线条和不同的颜色组合而成，是浅浮雕彩绘、深浮雕彩绘和平面浮雕彩绘的和谐统一。浮雕内容丰富，有中国历史名人，包括忠臣、烈士、孝子，以及本姓始祖和历史名人；有表示中国儒家文化的忠孝节义礼廉耻，以及佛教道教的菩萨、八仙等图案；有象征福、禄、寿、喜的植物或动物，如梅、竹、菊、荷，龙、凤、鹿、麒麟、虎、狮、象、鳌鱼等；有中国历史故事类如群英会、三英战吕布、桃园三结义、梁山伯与祝英台、八仙过海等，浮雕图画神采奕奕、栩栩如生。

平面彩绘多用于装饰，在墙面或墙顶下方彩绘不同的图案，用以丰富整个外围墙的美观，平面彩绘大多色彩光耀夺目、结构协调、精当又图案精美。此外，宗祠牌楼的对联书法也很精湛而又韵意深刻。

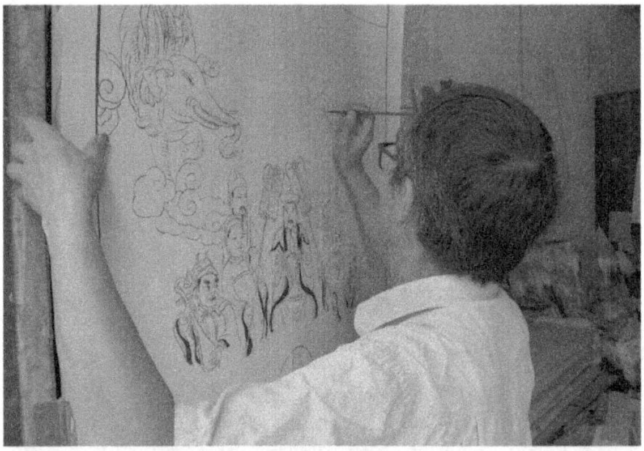

雕彩绘技艺传承人在设计图纸

天柱宗祠浮雕彩绘技艺精深，从整体到局部、从简单到复杂、从设计图案到具体制作工艺流程环环相扣，材料讲究、制作精巧而绘色考究，其以人物典故、飞禽走兽和吉祥与避凶展示，表达了人们敬仰先祖名人、祈愿平安如意的诉求与和谐美满幸福的愿望，具有重要的历史、科学、艺术研究价值和美观实用的现代美学价值。天柱宗祠浮雕彩绘技艺自明朝末年由湖南工艺师传入，至清代、民国，以师传徒承延续至今已有 25 代，现著名传承人有蓝田镇都甫村杨定卓、杞寨村杨绍才等。

道菜制作工艺

道菜是贵州镇远著名的特色传统食品，呈深褐色且香味奇特而又久存不变质，并且越陈越香，在腌菜中别具一格。相传，镇远道菜为镇远县青龙洞中的道姑所创，故而得名“道菜”。

镇远在宋、明、清时就已是州、府、县政治经济和文化中心，古刹寺宇古建筑遍布府、卫两城，素有“七寺”“八阁”“九庙”之说。尼姑、道人因遵循佛道“五戒”条禁荤尚素，为了调味道姑们便想法在蔬菜制作上下工夫，在民间腌制盐菜的基础上，不断改进。道姑制作道菜用工精细、清洁卫生，成品质量高于其他腌菜，道菜也因其此而流行开来。道菜颜色中的精品——“陈年道菜”贮藏可达十几年不坏，到清代道菜已是皇室贡品。

道菜制作工序之一——去茎皮

道菜制作工艺沿袭至今，其制作方法分为长、细两种，长道菜在选料上须选用头大、叶长的特等好青菜，具体操作是用刀剥去茎皮入坛腌渍两三天，取出在日光下晒软，用手仔细搓揉（不能揉断）再入坛腌渍（原来的盐水不要），如此反复 6 次以上。待菜大半干时洗净，用钢针剔掉纤维细茎，以钉锤将菜头捶扁然后晒至十分柔软，卷成长 15 厘米、宽 8 厘米、厚 7 厘米的小把（一把 250 克），取三节菜柄捆扎成三箍四段，密封坛内贮藏 3 年以上（越陈越好），拿出后放入白酒中浸泡 1 分钟即可。细道菜的具体操作是将菜叶剥下洗净，把菜头茎皮剥去，分别切细再混合，之后入坛、晒软、贮藏、取出食用等方法与长道菜相同。

道菜制作工序之晾晒

道菜在历史上为个体家庭与群体性传承并存，当下则主要以企业为载体的群体性传承为主。其中，镇远蔡酱坊继承了历史上镇远道姑僧侣的传统工艺，以生产酱油、陈年道菜、霉豆腐、罗汉豆豉等土特产为主。该坊本着“少说可保住工艺秘密，多干能传承镇远文化”的精神锐意改革创新，历经20余年，已由当初的家庭式小作坊发展成为拥有千万资产的中型企业，产品均达到国家卫生质量标准，并获“全国消费者信得过产品‘蔡酱坊’系列产品”称号，通过了国家QS认证，成为镇远特色产品。现蔡酱坊具有300吨陈年道菜系列产品生产线，每年产值达2807万元，产品畅销省内外，企业带动3000多农户种植蔬菜，户均增收4000元，已成为道菜生产性保护企业。道菜以其历史悠久、风味独特、香味浓郁、越存越香等特征而蜚声于世，是居家宴客之佳品和餐馆必备之调料。现镇远道菜制作的名师有蔡萍、张绍玉、杨秀珍等。

道菜系列产品

卷九 传统医药

国家级非物质文化遗产

瑶族医药(药浴疗法)

瑶族药浴是瑶族民间用以抵御风寒、消除疲劳、防治疾病的传统方式,是瑶族祖先独创、族内独有、传内不传外的保健良方,被专家称为“人类健康的古老传承”。瑶族药浴以多种植物药为配方,经过烧煮成药水,用药水放入杉木桶中,人坐桶内熏浴浸泡,让药液渗透五脏六腑、全身经络,达到祛风除湿、活血化瘀、排汗排毒的功效。

贵州瑶族大多聚居于黔桂、黔湘边境地区的崇山峻岭中,“入林唯恐不密,入山唯恐不深”“所居深山”“在穷谷中”,山高坡陡又气候寒冷,山峰林立且沟壑纵横,生活条件艰苦,居住不能密集只能“随山散处”,多择傍水之处生活,史称“随溪谷群处”。贵州瑶族主要居住在从江、榕江、望谟、荔波、黎平、雷山、丹寨、麻江、剑河、三都、罗甸、石阡、贞丰、紫云、关岭等县(市),是贵州省的世居民族之一,2010 年“六普”时总人口为 40879 人。

瑶族是一个神奇的民族,历史上迁徙频繁,不但缺吃少穿、缺医少药,而且长期居无定所,人们称之为“过山瑶”,他们游耕于高寒山区的深山老林之中,长年与瘴气、寒气打交道,加上气候多变与毒蛇、毒虫侵袭,生活环境十分艰难。为适应如此恶劣的环境,瑶族祖先发明创造了“药浴”,这种神奇的养生文化经过数百年几十代人的不断完善,使其成为瑶民苦斗的盔甲。

选药 (韦德刚 摄)

居住在从江县西山镇翠里乡、斗里乡高坡瑶族村寨的瑶族人掌握独特的药物洗浴方法。瑶族习俗规定:每个月只能药浴 6 次,每月农历的初一、初六、十一、十六、二十一、二十六这 6

烧制药水 （韦德刚 摄）

天是“消灾”日，在消灾日里男女老少都要药浴，以求“消灾”。当然，从江瑶族现在除遵从习俗规定日药浴外，多数劳作回家即行药浴，以洗涤尘垢和恢复体力。采药也有一定规矩：在消灾日，每户都由最年长的男性上山采集追风藤、半边枫、九龙盘、血藤、狗舌藤、鸭儿芹、节节草、枫树寄生、党参和何首乌等中草药来供全家人药浴用。药物采集回来之后，先洗净、切碎、放入大铁锅中用水煮沸半小时左右，待煮出药汁后捞去药渣，把煮好的药水放入高1.2米、宽0.6米、长1.5米左右的大桶中，加适量冷水保持水温在38℃左右后即可药浴，当地称为“庞桶药浴”或“黄桶药浴”。

从江瑶族药浴的程序还有特殊的规定：如遇到家中来了客人就得客先主后；无客时先男后女、先老后幼。药浴方法为浴者赤身入桶，在保持适宜温度的药液中浸泡20~30分钟，如药水温度过低，再将锅中煮好的备用药水掺入，使每位药浴者浴时的温度相同。在药浴中，通过浸泡让药汁慢慢地渗入人体的毛细血管、遍及全身，达到以浴治病的目的。经常药浴对治疗风湿性关节炎和各种妇科病有一定效果，无病者通过药浴也能消除疲劳、舒筋活络和健身防病。

当瑶族人过世，不论长幼均用一种药草煮水洗浴净身，方可超度亡灵。

瑶族药浴所用药物因地制宜，功能多种多样，如清热解毒、祛风散寒、舒筋活络、滋补气血等。药浴时，常根据不同对象、不同季节或不同疾病选择不同药物。通常新生儿及产后妇女多选用温补和消炎的药物，比如大血藤、五指毛桃、九节风、鸭仔风、穿破石、杜仲藤等，这样可预防产妇及新生儿的各种感染、滋补气血以及促进产妇子宫复旧，产后药浴人们称之为“月里药浴”。许多瑶族妇女从怀孕之日起每日都要洗药浴，直至产期，这种用于保胎的药草一共6种，都由孕妇自己采摘，产后经过药浴等调养保健，产妇10天左右就能上山参加体力劳动。新

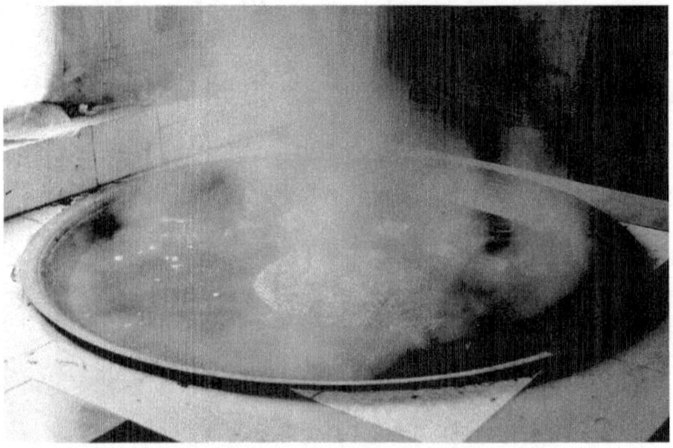

药水成品 （韦德刚 摄）

生婴儿呱呱落地后，即用四五种药草配制成熬煮的药水洗浴，以预防婴儿常见疾病。劳动中淋雨受寒也要进行药浴，可起到温中散寒、舒筋活络及恢复体力、预防风湿的作用，常选药物为老姜、米酒、大发散、小发散、桃树叶、青蒿等。老年人也很注重药浴，一般多用活血温补之药，如大钻、小钻、大血藤、扶芳藤、青春藤等，以帮助促进机体新陈代谢，保持旺盛的生命力。对患有风湿骨痛或外伤后遗症者，则多选用祛风散寒、活血化瘀、强筋健骨之药，如山苍子、满天星、九节风、大驳骨、小驳骨、松筋藤、毛杜仲等，这些药物可起到舒筋活络、恢复肢体功能等作用。若患有鹤膝风、肩周炎、坐骨神经痛及骨质增生等风湿痹痛，常选用祛风散寒、除湿、活血镇痛之品，如大钻、小钻、十八症、四方藤、两面针及各种有刺的木本及藤本植物。

追溯瑶族药浴的历史渊源，还得从明朝洪武年间说起。现在的瑶族过去统称为盘瑶，下分两个支系：一称狗瑶，一称珠瑶。话说朱元璋登基后，偏听奸臣胡维雍胡言，说什么先有瑶后有朝，洪武登基瑶民退朝，瑶民不滚朝坐不稳，朱元璋头脑简单，下旨官兵驱赶瑶民南下，瑶民直被赶到广东南海岸。传说后来宰相刘伯温为瑶民平反，但珠瑶在逃难中已改称板瑶，其挂珠头饰至今仍保留两线串珠，作为对祖宗根源的铭记。平反后的瑶民不久返回广东，地方官府不容久住，只好逃进深山老林谋生，过着游耕的生活。据从江翠里乡高华村瑶族老人赵德珍叙述：祖先由南海岸漂洋过海，三天三夜来到广东“留山留岭”居住三年，又被地方官府驱赶到“浔安路尾”住了五年，后一路经过“洛昌浦”“朝平县”到“八排县”又住了三年。族长认为整族这样迁徙难于谋生，于是与族老们商议分为两个支系，并把盘王像、过山榜及山大王石头分给大家，告诉后代不管流落何地，先祭祖、祭山大王石再开山种植，从此盘瑶分成两个支系，一支上湖南，一支沿广西十万大山北上，进入桂北和贵州境内。进入贵州的支系因长途跋涉奔波不少人病倒了，族老兄弟俩一个叫赵进瑞一个叫赵进隆，是族内瑶医，忙用瑶药救治众人却不见好转，两人商量用多种药味煮水给病人洗浴，不料奇迹出现了，一夜之间所有洗过药浴的人身体全都康复，此事在族内传开了，从此族人沿袭晚晚洗药浴。虽然游耕生活居无定所、跋山涉水且又寒气、瘴气侵袭，瑶民体质却格外健康，于是，瑶族药浴成为瑶民生活中不可缺少的生活内容，一代代口传心授延续流传至今。

苗族医药(骨伤蛇伤疗法与九节茶药制作工艺)

黔东南得天独厚的自然环境孕育了丰富的药物资源,是我国苗药发祥地和主要产地。黔东南苗药以品种多、产量大、无污染、药效奇、品质好而著称,与藏药、蒙药并称为我国三大民族医药,其中雷山苗医药——骨伤蛇伤疗法、黔东南九节茶药制作工艺被列入国家第二批非物质文化遗产名录。

黔东南苗族侗族自治州苗族人口有170余万人,占全国苗族总人口的四分之一。在苗族早期的迁徙生活中,所到之处皆为人迹罕至的荒僻山区和瘴疠之乡,没有一定的医药技术难以保证民族的生存和繁衍。西汉刘向在《说苑·辨物》中说:"吾闻古之为医者曰苗父。苗父之为医也,以营为席,以刍为狗,北面而祝,发十言耳。诸扶之而来者,举而来者,皆平复如故。"这个苗父就是黎族、苗族的巫师。巫师治病主要是祈祷禁咒术,但也逐渐用些酒、草等药物治病。史载楚国巫师经常用苗药作巫具,《楚辞》中也提到被称为"苗药"的"菖蒲"和"泽兰"。

苗医对病因的认识较为朴素,认为是季节气候和外来毒素(如风毒、水毒、气毒、寒毒)等所致,基本上已摆脱了神鬼巫术的桎梏。在贵州黔东南、铜仁等地,苗医对疾病的认识历来均有两纲、五经、三十六症、七十二疾的说法。两纲指冷病、热病,五经指冷经、热经、半边经、快经、哑经;三十六症一般是指内科病;七十二疾一般指外科病。苗医的辨病立症,特别是对疾病的命名是以民族生活习惯和所见所闻为主,形象具体且易于对症下药。如乌鸦症(昏厥虚脱休克)、蚂蚁症(神经麻木)、鱼鳅症(中暑时令病)、南蛇缠腰症(带状疱疹)等,均是苗医实践中的创造。最近发现的一本手抄本苗族医书刊于1934年,内容专讲108种病症,有四十九翻、四十九症、十丹毒之分类,但以"翻"命名病症为世所罕见,故也是以形象比喻来命

苗医药方传授 (杨玄青 摄)

名，如乌鸦翻、象翻、狗翻、蛇翻等，并附有治疗方法，此书流传于黔东南黄平、剑河以及铜仁松桃一带苗族地区，这说明苗族医学对疾病的认识还有待进一步发掘。

刀橙和药碾

苗医的诊法十分独特，诊断病情常用望、号、问、触，也就是看望、号脉、问诊、摸触四诊。苗医的望诊形式多样，除望形态、面色外，还有指甲诊、耳壳诊、指纹诊、头发诊、毫毛诊、鬓角诊、掌面诊或其他特定部位的望诊；问诊是问病情和病史；号脉主要是切足脉或手脉，切脉的手法和部位同中医很不一样，如有三关脉、上马脉、下马脉、指间脉、肘脉、昆仑脉、五指脉等，但多凭自己的经验，各地并非一样，松桃等地的苗医，对五指脉掌握得较好；触就是对病人有关的部位进行触诊，特别是胸腹部用触诊较多。苗医的诊法虽然比较简单却简便实用和利于传授，苗医还有许多诊法的歌诀，可以说是对苗医多年的经验总结。

苗药采制有一定要求，植物要在有效成分富足时采集。如根类药宜在植株茂盛至翌年抽苗前采集；茎叶宜在生长旺期；花类宜在待放时；果实在初熟间；芽力求娇嫩鲜美；皮类以浆汁富足为好；鱼、虾、虫、兽要辨别真假，腐败者不能入药；矿物、金属宜剔净杂质。药物制作包括一般加工、炮制、提炼、合成及剂型改革等，因此在选药配方时，选药、用药分量、制作方法、服药方式、禁忌事项等方面都要注意发择事物之间的良性关系，达到最佳的治疗效果。

苗药风干

药方是治病药物的人工组合结构，结构组合得好，就会形成药方的“玛汝务翠”（苗语，优良的结构），便能发挥良好的疗效；组合得不好，就会形成药方的“玛假务翠”（苗语，不良的结构），于是就不可能发挥良效，甚至发生有害作用。因此，在选药配方时，不但要注意“三位一体”，还要注意利用事物生成的相资、相制、相征或相夺的三大关系。药物制备各有工艺要求和流程，但其目的只有三点：一是纯洁“各薄港搜”（苗语，物质);二是改善“玛汝务翠”(苗语,结构);三是优化“搜媚若”(苗语,能量)。总之,是在药物的物质、结构、能量三方面予以人为的控制与改进。

苗医用药配方有两个法则:一是配单不配双;二是三位一体。配单不配双就是只用1,3,5,7,9,11……成单的药物种数配制药方,而不用2、4、6、8、10、12……成双的药物种数配方,不少老苗医师都认为“配单”比“配双”疗效好;三位一体,是“各碑嘎”(苗语,最重要的领头药)、“各薄嘎”(苗语,铺底药)、“各管嘎”(苗语,监护药)三类药物共组成药方。各碑嘎是针对病情起主要作用的药;各薄嘎是对领头药有相资作用或对身体有补益作用的药;各管嘎是缓解领头药、铺底药的劣性和毒副作用,督促共达病灶的药。这三类功用药与别的药物共配成方,形成三位一体能发挥药物的良好疗效。“三位一体”同样遵从配单不配双的法则,即领头药只用一种,铺底药可用多种但必须是单数,监护药也只宜一种,所配出药方都是单数。“一山无二虎”,领头药与监护药都是有“权力”的药,故只宜一种;铺底药是基础性的力量,必须扎实一些,故常用至3、5、7、9种也可只用1种,假若用于治疗某些顽疾沉疴,可以“韩信点兵,多多益善”。苗医忌用双数配方,源出于制天命、破均衡、反静止、废旧态、创新序的医学思想,其三位一体的配方法则,源出于苗医先祖阿濮濮僮“三条缺一不得生”的遗训。

苗医在长期的临床实践中,创造了简、便、廉、效的治疗方法20余种,其中外治法别具特色,最著名的有熏蒸疗法、滚蛋疗法、糖药针疗法、化水疗法、挑筋疗法、发泡疗法、佩戴疗法、火针疗法、酒火灸疗法、烧药火疗法、放血疗法、药热敷疗法等,均很有特色。其他如妇产科方面的“坐产分娩法”、治骨折方面的“背椅法”“悬梯移凳法”、治劳损风湿的“踩铧口疗法”、治脓肿方面的“打火针疗法”、治小伤小病的“桐油点烧法”及劳武结合的“体育疗法”等,无一不是广大苗医和苗族人民的创造,而且临床效果都很好。各地苗医各有所长,苗医外出行医时,除用草药外还喜用耳针、硫黄针、糖药针、膏药外敷、放血、推擦、刮痧等外治法,其中骨伤、蛇伤疗法为苗医的精彩华章。仅据雷山县卫生局2006年的统计,全县113个苗医中就有47名擅长治疗外伤骨折、15名擅长治疗毒蛇咬伤、6名能兼治这两种伤患。锦屏苗医杨忠华家族传承的“九节茶接骨膏”已传至第五代,其制作工艺繁杂、疗效显著,堪称苗药制作的典范代表之作。

配制苗药 (杨玄青 摄)

侗族医药(过路黄制作工艺)

侗医药是中国医学宝库中一颗璀璨的明珠,世世代代生活在山区的侗族人民在与自然和各种疾病的斗争中,积累了治疗各种疾病的经验,形成了独具特色的侗医药学体系。由于侗医药在治疗疾病过程中简便实用,在侗族人民中有着广泛的根基,涌现了许多侗族民间医药高人,同时丰富了侗医理论,其中,过路黄制作工艺被列为国家级非物质文化遗产名录。

侗族古歌《玛麻妹与贯贡》记载:相传古时侗族有个孝子叫贯贡,他母亲生病四处求医,遇医仙玛麻妹给他母亲治好了病,二人成亲行医。玛麻妹能识别很多药又能治许多病,她教贯贡"翁哽将退,翁嘎将杜给,翁荡将退播赛耿,消腌欲用巴当同"(汉语意译:药苦能退热,药涩能止泻,药香能消肿止痛,关节痛要用叶对生)。一天贯贡的朋友叶香来访贯贡,途中见绿公蛇蜥素欲强奸母蛇蜥婶,被叶香救了,蜥婶的丈夫为了感谢叶香,给了治疗眼病的亮光草。这个古歌叙述了侗族医药起源的传说,将动物蜥素和蜥以人格化,这是传说起源于古代社会的标志。母系社会时期的医药遗迹,在侗族医药中还可以见到。如男性血尿、淋浊,在其命名之前冠以"妇男"二字,称为妇男摆红症与妇男摆白症;相反,如系女性病人则直呼病名,这种命名法至迟产生于母系氏族社会,又如上述医仙玛麻妹就是女性。

百岁侗医吴定元(已逝)

《黎平府志》记载:"黎平治妇男大小病,山中所采叶,俗名草药亦颇有效。"明洪武年间,侗族王崇景(1368—1444 年)就在剑河县的大广、小广、南明一带行医。清道光六年(1826 年),剑河县凯寨姜念儒弃文学医,著有《本草医方》一书(手稿),姜念儒在序言中写道:"自幼及壮,几战童军,功名未就,报负不酬,今丙戌,母亲沉疯,符药之余,辄取古人之方,及祖传秘术,按条索释是为是集,共 4 卷 49 类。"

清乾隆四十三年至民国二十二年,从江县侗医潘文贤家四代行医,开始施行下腹部切开膀胱取石术及提炼治疗颈淋巴结核的丹药和药膏,至今仍在榕江、从江、三都等广泛应用。

从总体上看,侗医药的历史发展早期以巫医为主,其医学发展经历了原始医学、侗傩医学(巫医医学)、经验医学、理论医学等阶段。侗药绝大部分是来自野生植物,有时也种植一些贵重或稀有的植物药材,外来药比较少。侗药在发展过程中逐渐由单方发展为复方,酒药、膏药、丹药、散药,药物与医疗共同得到了发展。侗医聚居地区气候温和、土地肥沃且森林较多,加上侗族有绿化环境的传统美德,因此侗族居住地区植物品种多、药源丰富。据 1986 年药物资源普查结果,药用植物有千余种,目前调查搜集的侗药有 687 个品种,整理出书的有 134 个科属 294 个品种,这些药物绝大部分是野生植物,对一些贵重或稀有的植物药也进行家种,外来药比较少。

侗族医药诊断方法主要是问病、望诊、摸审和切脉等。①问病。问病是侗医诊断疾病的主要手段,通过询问发病的经过、自觉症状、发病时的情况和发病原因,何时何地怎样发病,先病何处后病何处,痛的程度是一般的疼痛还是痛得难忍,痛时出不出汗,痛的部位分头、颈、胸和肚脐上下及脚七大处。问病时必须掌握病变部位和原因,如因饮食过量脐眼以下疼痛是犯谷米;脐眼以上疼痛是犯水、酒、鱼、肉;胸口疼痛是犯酒、肉和酸,侗医多以此作为诊断及治疗的依据。②望诊。侗医药望脸色、皮色,色泽分青、紫、白、红、黄。脸色青是冷病;脸色黄是潮病、虚弱病,或是犯男人、犯女人(房事过多);脸色紫是五劳七伤;脸色红是热病;脸色白是虚弱病。③摸审。摸头顶及皮肤发不发烧、有汗无汗、是冷病还是热病,如为外伤,摸其有无伤筋、断骨、错位、错缝。④切脉。侗医诊脉有八脉、两候,八脉为平和脉、粗脉、细脉、长脉、短脉、快脉、慢脉、空脉;两候为冷病、热病。⑤脉象主病。平和脉:不大不小且脉来平和,是健康人的脉;粗脉:脉来粗大有力,脉管大易于摸到,粗脉多为热病。细脉:脉来细弱无力而不易摸到,表示虚弱病症。长脉:脉来饱满而长但又不快,脉力不大且脉管不粗,表示冷病、久病及劳病。短脉:脉来短而无力,表示热病初起或热病将要脱体。快脉:脉来有力很快,表示热病或出血过多的疾病。慢脉:脉来很慢且深沉,表示久病或暗伤劳损多年。此外,还有三出、三转、四八虎口脉。

侗族医药不分家,行医的人既行医又采药,所用药物多数是自采、自制、自用,所用药物多为鲜品,这是气候温和、药源丰富的侗族地区的特点。侗族居住地区的大多数药物一年四季都可以采集,花类药物在开花季节采集,果实及种子多在成熟时采集,树皮及根茎类药物一年四季均可采集。侗药的加工炮制方法简单而又用药疗效高,而且具有能降低药物毒性、发挥药物有效成分的作用。一般对根茎、叶

侗医治疗

类药物洗净、晒干、切片备用；果实、种子类药物临用时打碎使用；花类药物不做加工，药品可做成丹药、膏药、酒药、粉剂、打刀烟等制剂。其中，打刀烟多用于毒性较大的药物，如八角枫、博落回、雷公藤等药物，其制法是将药物的根茎枝条切片约60厘米长，一端置于火中燃烧，待其将呈炭时把未烧的一端置于柴刀背上，烧过的一端向上，茎上流出黄黑色糊状液体再将其平放于火上收汗（蒸发一部分水分），将糊状物收集于瓶中备用，此类药物多作外用。

中华人民共和国成立后，医药工作者对侗族医药进行了系统的调查、收集、整理和总结，对侗族医生开展了培训工作，比较系统地阐述侗族医药的专著、论文逐渐增多，使侗族医药的传播得到新的飞跃。如流传在天柱、剑河、黎平、镇远等地的侗药“过路黄散”，主要用于散血拔毒、排脓生肌，经过整理总结后仍为当地侗医掌握传承。在当今崇尚自然、返璞归真的时代潮流中，侗族医药以其绿色环保、简、便、廉、效的特点为人关注，在治疗一些疾病方面凸显了特有的治疗优势，成为我国民族医药宝库的重要组成部分。

省级非物质文化遗产

半枫荷熏浴疗法

半枫荷熏浴疗法主要流传于雷山县、从江县和锦屏县的平秋、启蒙等18个自然村寨，该疗法是用苗医“两纲”为理论基础，以皮肤“吃药”的原理实现“冷病热治，内病外治”，是对人体没有副作用、用药经济且无交叉感染的原生态疗法，对防治风湿疾病、产后疾病、类风湿、颈肩腰不适等风湿骨病、风寒外感、宫寒、胃寒、皮肤保养及预防高血压、高血脂、高尿酸、高血糖等亚健康疾病有很好的康复和保健

山间采药

作用,备受国人的追捧和喜爱。

半枫荷分布于贵州黔东南的榕江、雷公山区、锦屏县大同乡、平秋、月亮山等山区,具有祛风除湿,舒筋活血的作用,用于防治风湿性关节炎、产后风湿、类风湿关节炎、腰肌劳损、慢性腰腿痛、半身不遂、跌打损伤、扭挫伤、去湿、消肿等。千百年来,山里的先民们生活十分困苦,靠吃树皮过日子,更没有西药治病,严重缺乏营养导致很多先民患上严重的风湿关节病、水肿病、风湿骨病及产后疾病,苗族先民们就用山上的半枫荷熏洗身子防治疾病。半枫荷熏浴剂疗效好、见效快,在这一带地区,至今仍然流传着三国诸葛亮"七擒孟获"时士兵转战雷公山一带丛林,在飘落半枫荷叶片的温泉中洗浴而治好风湿病的故事。《锦屏县志》考证,端午节这一天,锦屏的清水江、启蒙等大多数村寨,用半枫荷和艾叶熬制成药汁给小孩擦身辟邪。平秋山区侗族人民每年"立夏"有自己独特的节日——洗澡节。

半枫荷熏洗技术的制作工艺过程如下。

采药:由年长的老人先念辞请药神后,大家才开始采药。

备料:选用樟科的檫木(枫荷桂)和桑科的白桂木(红半枫荷),除了新鲜用药外,把采来的草药洗净晒干然后用碾槽碾细,越细越好,备用。到用药时用棉布包好缝成袋,每包在20~500克。

制作:每年农历的"立夏"和"端午节",苗侗同胞家家都上山开始采"百药",采得鲜嫩的半枫荷药材后,回家在灶上架着大塘锅,里面置有半枫荷的根茎枝叶用柴火煎煮,伴着一锅井水在沸腾翻泡20~30分钟,药水发出阵阵清香后变成黄褐色。药水滚沸良久即渐渐停火,在药水里加上适当的盐巴和米酒使得药效更强,待药水温烫便呼喊左邻右舍、亲戚朋友和过往行人用木桶、水盆盛药水熏洗全身。

半枫荷原料

该疗法传承人只有杨汉梅。2006年以来,他以传统的苗蒸堂熏浴疗法为基础,创办了黔东南苗蒸

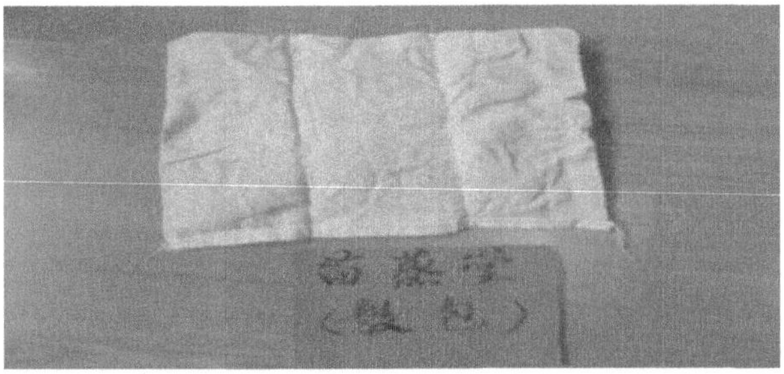

敷包

堂民族医院临床基地、贵州苗珍堂生物科技有限公司科研生产基地、贵州苗珍堂技能培训中心人才培养基地、贵州苗珍堂药材种植基地、贵州苗珍堂市场运营等机构，申报注册有“一种用于治疗关节病的熏蒸药”“一种用于治疗产后疾病的熏洗药”“一种用于治疗颈椎病的制剂”“一种用于治疗乳腺疾病的制剂”等发明专利和“苗蒸堂、百年苗蒸堂、汉梅苗蒸堂、苗珍堂、汉梅侗蒸堂、苗珍”等系列商标。苗珍堂生物科技有限公司已成为具有自主知识产权的民族科技企业，由半枫荷的熏浴制剂衍生开发有“经脉宝”“活络酊”“活络油”系列产品，申报的“腥苔嘎雄吉”熏蒸疗法已经被国家中医药管理局确定为“民族民间医药知识产权保护试验点”并列入保护名录。2012年杨汉梅荣获新华网健康频道评选的“中国好医师——百姓卫士奖”称号。

卷十 民俗

国家级非物质文化遗产

苗族鼓藏节(雷山县)

作为国家第一批非物质文化遗产的雷山苗族鼓藏节,又称“牯藏节”,苗语称为“nongx jangd niel”或“nongx hfuk nes”,音译为“农将略”或“农富呐”,“将略”是一种以血缘为纽带的社会组织。“鼓藏节”作为黔东南雷山、台江一带苗族最隆重的祭祖仪式,一般是同宗的(基本上是以宗族为单位)一个或几个寨子每隔13年联合举办一次,规模盛大且历史悠久。

鼓藏节从选购牯藏牛、选举鼓主、招龙、醒鼓到迎豉、审牛、白鼓节等要经历4年的时间。主要的程序如下。

选购牯藏牛:在即将吃牯藏的头一两年,全寨各房族都要选购牯藏牛,但在选购时也要因人而定,若房族太大、人又多,可以按若干个小房族为单位去选购。选购牯藏牛是件重大的事,须经本房族的讨论,然后挑选出两三个有经验的壮年男子

过鼓藏节的村寨炊烟袅袅

去游乡串寨，行走十天半月四处挑选。选购牯藏牛的标准：一是角圈好；二是角要尖；三是毛旋好。角尖好，预示本房族发子发孙；角圈好，预示本房和好团结；毛旋好，预示祖宗认领，家兴族旺等。牯藏牛对毛旋特别讲究，牛的五个旋都要在恰当的位置上，即在四条腿上部肉厚的地方和脑门中央；毛旋过多或过少都不能要；有“眼泪旋”“喉咙旋”“下阴旋”也不要。经过十天半月的走村串寨，把选中的牯牛牵到寨子时，本房族的男女老少欢喜若狂，鸣放鞭炮迎接，然后把牛牵进早已备好的牛圈中，即日便邀请亲戚朋友来庆贺。牯牛经过长时间的喂养之后已是膘肥体壮了，人们时而拉去与别房族的牛角斗，时而拉出来欣赏。

鼓藏祭祀

选举鼓主：鼓藏节举行之前要选举鼓主，鼓藏节的主持头领即鼓主实行轮换制，因而在每次鼓藏节之前都要重新选取。不同地方当选鼓主的条件也有所不同，以台江县排羊乡九摆村为例：当选鼓主的首要条件是，在本届祭祖活动的 13 年中父亲去世者，其次是儿女双全者，再次是至少中等殷实人家、为人慷慨忠诚者。选取好鼓主之后，鼓主召集各房族族长商议节日事宜，并做好节前工作。

招龙：招龙在届期申年农历二月初二上午进行，届时宗族每户自备一只煮熟了的鸡、三条熟鱼、一坛米酒，集体共同筹备一只绿头的公鸭、一头小公猪、五条鲤鱼和数十斤米酒为祭品。全宗族的男青年聚集“招龙山”招龙，由鬼师主持仪式，仪式完毕执事人员把氏族组织带来的各类祭品宰杀煮熟分成 12 股，宗族长老将宗族组织的 12 股祭品和祭师的祭品通过仪式进行交换，然后交给执事人员再细分成若干份，散发给各家各户带回家祭，表示各家各户已得到地脉龙神的庇护。

过鼓藏节时的寨邻贺礼

醒鼓：第一年的七月寅日举办醒鼓仪式，地点在鼓山上的鼓庙里，仪式由身着鼓藏服的鼓主主持，参加人员有祭师、各寨寨老、各家族代表，祭品有酒、鸡、鸭、鱼和糯米饭，每样祭品分成

12 份摆放，祭师首先念诵《醒鼓词》。念毕宰绿头公鸭一只，将鸭血淋洒在圣鼓周围，寨老们吹响芦笙，鼓主用槌去敲三下，然后祭师念《醒鼓词》，"醒鼓"队伍回到寨上的"鼓堂"时，全体寨民到"鼓堂"迎接。

迎鼓：第二年十月卯日举办"迎鼓"仪式，仪式地点、参加人和祭品皆与"醒鼓"相同，祭品摆好后祭师念诵《迎鼓词》，念毕鼓主举砍刀在前开路，象征性地将祖灵圣鼓迎回山寨，迎鼓队伍吹奏芦笙跟随，回到山寨鼓堂全体村民跳"踩鼓舞"恭迎，之后在河滩上斗牛。

审牛：第三年的四月吉日举办"审牛"仪式，审牛时要唱《赞牛歌》，并用芭茅草扫遍牛的全身，表示已将附在牛身上的邪气驱除。同年九月丑日举行献牲、祭鼓仪式，将每头已按习俗打扮过的祭祖牯牛宰杀用于祭祖，先杀鼓主家的牛，再杀其他家的牛，牛被宰死后连皮带肉、五腹内脏按户平分，拿回家中作祭品。因为是过鼓藏节，所以各家各户所分得的牛肉较多，各户得到牛肉后，便把肉切成块块或片片煮在锅里，肉熟后先舀一碗放在堂屋的四方桌上，然后烧香化纸敬奉祖宗，敬奉完毕客主才共同饱食牯藏牛肉，开开心心、热热闹闹。客人返家时，本房族还特地给客人送上一小腿牛肉或颈圈，待到客方过鼓藏节时本房族又与之同过，节日共计 14 天，最后一天全体寨民集中到鼓庙举行祭鼓仪式。

白鼓节：第四年十月丑日举行杀猪祭鼓仪式，称"白鼓节"，是鼓藏节的结束仪式。是日天亮前鼓主家率先杀猪，然后各户相继进行，中午各户举行家祭，寅日全体寨民在鼓庙举行公祭，第 14 天将祖灵圣鼓送回鼓山，持续 4 年的"鼓藏节"到此结束。

鼓藏节活动（一）

苗族鼓藏节仪式烦琐,具有丰富的民族传统文化内涵。按照苗族传统,过节木鼓必须用枫香树制作,《苗族古歌》告诉我们,枫香树中飞出"Mais bangx Mais Lief",汉语译为"蝴蝶妈妈"。苗族是在枫香树信仰下凝聚而成的,其本义就是"枫香树族"或"蝴蝶祖母族",所以祭鼓就是祭祀枫香树生出的苗族祖神"蝴蝶妈妈"。同时鼓与"日"通,鼓祭"日"肯定与稻作有关,由此我们也可以断定,"鼓藏节"是在稻作文化背景下产生的节日。另外,鼓藏节的开鼓仪式始终在模拟两性交合,这一点也反映出"鼓藏节"所祈求的"生产性"。鼓藏节除了具有丰富的文化内涵外,鼓藏节还展现了两种社会关系:家族关系和姻亲关系,而这两种关系又是紧密相连的。在家族确认方面,通过共同的祭祖仪式,强化了人们对家族、宗族的血缘意识,从而使这 12 年间对年轻一代来说或许已经淡化的宗族边界得到重新明确。宗族边界的确认,实际上也是通婚范围的确认。"将略"之外,即使同寨亦可通婚,如九摆的上寨与下寨并不共同过鼓藏节,相互间可以通婚;"将略"之内,即使相隔甚远也不可通婚,如台江县巫脚乡反排寨与从反排迁去的剑河县久仰乡巫门村张姓、万姓、杨姓和就干村的阳姓同过鼓藏节,但相互间不能通婚。通过鼓藏节,同一"将略"内不得通婚的禁令得到一遍又一遍的重申,从而使年轻人明白自己可以通婚的范围。

鼓藏节活动(二)

苗族鼓藏节通过一系列古朴而又神秘的仪式展现了苗族人民的人生价值观,表达了苗族人民尊老爱幼、和睦相处、勤劳俭朴的美德,是研究苗族历史与文化的重要参考。

苗族姊妹节

姊妹节俗称“吃姊妹饭节”，主要流传、盛行于台江县老屯、施洞、大塘一带，是中部方言苗族最具特色的节日，是国家第一批非物质文化遗产之一。“吃姊妹饭”苗族称为“努嘎良”，“良”在苗语有“了却心愿”的含义。节日以青年女子为中心，邀约情人们相聚同吃姊妹饭、郊游踩鼓、游方对歌、互赠信物、订立婚约，真实地展现人类社会由母系氏族社会向父系氏族社会变迁的男女情爱生活景象，被喻为“藏在花蕊里的节”“最古老的东方情人节”。

姊妹节上的姊妹们

姊妹节的传说主要来自长达五百多行的《姊妹节歌》。相传有两个姨妈的子女，男的叫金丹，女的阿姣，他们俩从小青梅竹马，长大后彼此产生了爱情，金丹一定要娶阿姣且阿姣也非嫁金丹不可。但是阿姣的父母要让她嫁回舅家（旧时苗家习俗称还娘头），阿姣不愿嫁回舅家一定要嫁金丹，金丹也不愿娶别人且一直在等着阿姣，他们为了忠贞的爱情天天偷偷约会，因怕父母和寨老发现便在野外谈情说爱。每次阿姣都用她装针线的竹篮偷偷地藏着饭带去给金丹吃，年复一年，经过一番磨难和顽强不屈的抗争，他俩终于结成了夫妻。后来不知过了多少年，传说施洞地区有八百个姑娘因找不到男朋友而嫁不出去,三丙大塘地方有八百个青年男子也因找不到媳妇而单身,老年人们想起了阿姣、金丹吃“姊妹饭”的典故,教姑娘们用阿姣、金丹的办法,把三丙大塘八百个青年男子邀请来吃“姊妹饭”。这样人人都找到了自己的意中人,一双双、一对对结成了眷属,从此以后,吃“姊妹饭”就演变成以青年男女间挑选情侣为主要内容的节日活动。

姊妹饭

关于姊妹节的来源,流传较广的还有另一种说法:相传苗族从前居住在遥远的东方,后来由于人口增多生活困难和灾荒战乱,被迫不断往西方迁徙,而每逢到一个地方居住一段时间,就有一部分姊妹要嫁出去,再次迁徙嫁出去的姊妹就回不到家了。相见时难别亦难啊! 于是他们决定在春暖花开的时节里,到田里捉来鱼虾,相邀已嫁出去的姊妹们回来和未嫁姊妹们相聚一起,吃一餐姊妹饭相诉衷肠,然后依依惜别。这样相袭成了一年一度的姊妹节,俗语称“吃了一餐姊妹饭,了却一年相思情”。

台江苗族姊妹节多在每年农历三月十三日至十七日举行。农历三月十三日,老屯、施洞一带各村寨的苗族姑娘们,都上山去采撷染糯米饭的黑树叶子和黄花染成黑黄或多色的糯米饭。十四日前晌,姑娘们又下田里捕鱼捞虾(不管是谁家的田),后晌姑娘们每人拿来一大碗彩色糯米饭、两个鸭蛋(炒虾子用的)和一些钱(多少不拘)用来买鸭。为什么只要鸭和鸭蛋而不用鸡和鸡蛋? 因为鸭能过河,象征能过到彼岸与情人成双。这一切准备齐全,年龄相近的姑娘们分别集中到一户人家里(最好是没有男孩子或男孩子很小的人家,这才好接待外地来的男朋友),然后夜里就在那儿与外地来的男人们共吃“姊妹饭”,饭后大家相约到村中的广场上或巷间去唱歌谈情,通宵达旦。

三月十五至十七日是节日的正式活动时间,也是热闹的高潮。白天,姑娘们都身穿漂亮的衣裙、佩戴华丽的银饰,到特定地点观看斗牛、斗鸟,同与自己一道吃“姊妹饭”的男子们跳芦笙和跳木鼓舞;夜里,又像十四日夜那样,男女相聚在村中广场或巷间唱歌谈情。这时,姑娘们(分作不同年龄的许多批)用竹篮盛着各人的彩色糯米饭团和鱼、肉、鸭蛋等礼物,赠送给两天来陪伴她们的男子们,到来年姊妹节的时候,这些青年男子集体筹钱买了礼物(绣花丝线、绸缎等)盛在姑娘们去年赠送礼物的竹篮里,带回赠送给姑娘们(叫还竹篮)。如此经过多次的你来我往,使相互间的了解加深，进而产生并倾诉爱慕之情，最终结为伉俪。

节日中下田捕鱼捞虾是姊妹饭活动之一，一个寨子的姑娘与另一个寨子的小伙子相约，以捕鱼捞虾谈情说爱寻找意中人。踩鼓是整个社区参与节日活动的重要方式，姑娘们在父母的精心打扮下，身着节日的盛装聚在鼓场踩鼓。在鼓场上可以看出谁的服饰艳丽，谁的银饰既美又多，苗族人以此方式展示自己的服饰文化。除了这些活动外，还要举行斗牛、斗鸟、赛马等活动。

姊妹节上的外宾

节日结束小伙子们要回去时，姑娘们用新竹篮或新帕子盛姊妹饭，送给小伙子们带回作礼物。得到姑娘们送的姊妹饭便意味着姑娘对自己已有好感，若没有姑娘送，小伙子们还可以去向姑娘们“讨”，讨时装得可怜兮兮地说：“请送一口嘎良吃，遮遮蚊虫咬吧！”姑娘们往往觉得同情而慷慨相送。在送小伙子的饭筐和帕包里，机敏的姑娘们往往悄悄藏着标记，如松叶、竹勾、活鸡鸭、香椿芽、辣椒或大蒜等，传达种种情意。

姊妹饭是节日中最为重要的活动，姑娘们送给情侣以表达情意的信物，具有多方面的象征和情感表达。姊妹饭的做法是将南烛木叶、姊巅、蜜蒙花等黑红黄绿各色花草的汁液与糯米浸泡后甑蒸而成，亦即“五彩姊妹饭”，不仅色彩缤纷、芳香可口而且久放不变不坏，具有明目健身、滋补强身之功效。姊妹饭颜色的象征意义是：绿色象征家乡美丽如清水江；红色象征寨子发达昌盛；黄色象征五谷丰登；紫蓝色象征富裕殷实；白色象征纯洁的爱情。吃姊妹饭时，放置有各种寓意的实物标记，如藏松叶代表针，暗示后生们以后要回赠姑娘绣针和花线；挂竹钩暗示用伞酬谢，挂几钩送几把伞，若放两个相互套着的竹钩，则表示希望日后多与姑娘来往；放香椿芽表示姑娘愿与后生成婚，因苗语称椿芽为“娥扬”，“扬”的意思是“引”和“娶”，姑娘以此暗示希望后生早日来迎娶；放棉花暗示姑娘很思念后生，因苗语称棉花为“忍”，与苗语“想念”同音，故借以暗示思念的情意；放芫荽菜其意与椿芽菜相同，因苗语称此菜为“娥扬妛”，“扬”的意义与上同；放棉花和芫荽菜表示急于成婚的心情；放辣椒或大蒜暗示以后不愿再来往或绝交。诸多的实物标记，反映了苗族青年社会交往、婚恋选择、生活向往的取向与追求。

总之，苗族姊妹节真实地展现了人类社会由母系氏族向父系氏族社会变迁过程中,妇女掌管政治、经济和文化大权,统管社会一切事务的习俗,以及男女情爱生活景象。此间,古老悠久的苗族歌舞服饰艺术、剽悍惊心的舞龙斗牛娱乐活动,宁静温馨的农家田间生活与追求返璞归真的现代旅游活动交织互动,是人文生态演化进程的一大奇观。同时姊妹节也是社区内人们走亲访友、文化娱乐、社会交往的活动舞台,是民族内凝聚人心、加强团结的纽带。

侗族萨玛节

萨玛节(祭萨)是黔东南榕江、黎平、从江县及周边的侗族地区现存最古老的传统节日,是侗族母系氏族社会时期风俗的遗留。榕江、黎平萨玛节均被列入国家第一批非物质文化遗产名录。

"萨玛"是侗语译音,"萨"即祖母,"玛"意为大,萨玛可汉译为"大祖母"(又称萨岁),是整个侗族(特别是南部方言地区)共同的祖先神灵的化身。为了祭祀萨玛,大多数侗族村寨都建有萨玛的祭坛——"然萨"(侗语,"然"是房屋,汉译为"祖母的房屋",也称萨玛祠、圣母祠),每年农历正月、二月都要在"然萨"举行盛大的祭典,场面庞大而壮观且代代相传,形成了今天的"萨玛节"。

萨玛节源自侗族传说中的古代女英雄"萨玛"而举行的盛大祭祀活动。一直以来,侗族圣母"萨玛"杏妮的故事在侗乡广为传颂。萨玛幼名婢奔,成名杏妮,其父母随避难的乡亲逃到今贵州南部,在黎平、从江两县交界的大团寨住下。父母被丹阳的汉人大财主李董顺加害致死后,杏妮来到六甲寨与舅父居住,并与当地青年石道结为夫妇。为躲避李董顺的欺压,夫妇两人来到螺蛳寨安身,后仍被李董顺找上门,夫妇两人不堪压迫,遂率众反抗。李董顺在州府做官的儿子李顶郎上书朝廷,诬称"侗蛮"造反,朝廷派大军赶来镇压,由于众寡悬殊,杏妮最后在龙额"弄堂概"处跳崖身亡。从那时起,杏妮被侗族人民所敬奉并被尊为神,几乎每座侗族村寨都建有圣母"萨玛"庵

迎萨 (陆卫光 摄)

坛纪念她。初建“萨玛”庵坛时,均须到“萨玛”灵山——“弄堂概”或六甲寨“圣母萨坛”来取土(有寻根问祖接“萨”灵魂之意)。

堂萨 (冯四方 摄)

萨亭 (张增辉 摄)

为纪念自己的英雄,六甲人把杏妮尊称为“萨岁”(侗语“老祖母”“圣母”之意),在杏妮归天之岩洞处修建木结构神堂,内供“圣母”像,称“圣母庵堂”,视其为保佑一方的神灵。后来,杏妮的故事被人们越传越广,贵州省黎平、从江、榕江,广西三江、龙胜及湖南通道、靖州等县的侗族村寨都纷纷到“萨玛”灵山——“弄堂概”或六甲寨“圣母萨坛”来认同取土并建立庵祠,把杏妮称“萨岁”,或称“萨玛”“萨莽”“萨享”。每年春社前的春分前后一两天,或秋社至次年春社之间,人们聚集在本寨的“萨玛”庵堂附近,按照祖规围“圣母庵堂”转数圈,给萨玛像鞠躬、烧香、敬茶,以表祭祀。男人们吹起芦笙,姑娘们跳起踩堂舞,老人们则领众人“多耶(侗族踩歌堂)”,歌颂“萨玛”功德,表达对“萨玛”的怀念和敬意。从此,“祭萨”活动成了侗族人民最古老、最隆重、最重要的活动之一。

萨玛节举行的时间一般是农历正月、二月,但有时也根据生产、生活或其他重大活动情况改为其他月份举行。祭萨的规模,一般为各村(团寨)各祭,有的也邀请邻村、数村或相邻片区联祭,场面壮观,参加祭萨的人员各地不同,许多地方是全寨男女老少一起参加。祭萨后,活动参加者绕寨一周,最后到达固定的耶坪围成圆圈手拉手跳起舞来,齐声高唱赞颂萨玛的“耶

祭萨活动(一)

歌”。这种边唱边舞的形式称为“多耶”,气氛古朴而热烈,侗族人民以此来祈求村寨平安兴旺、人人幸福吉祥。萨玛节里,多数侗族男性心甘情愿地在家带孩子、做家务,所以当地人说萨玛节也是侗族的妇女节。

祭萨活动(二)

有“天下第一侗寨”之称的榕江三宝侗乡各村寨,则是以已婚妇女为主体(也有少数德高望重的男性寨老参加),每年都有数万人参加,因此,榕江三宝侗乡的祭萨活动带有悠久的远古母系氏族社会的遗风。

萨玛节这天,各村都请来祭师在萨玛屋前杀猪宰鸭。杀猪时是几个壮汉将猪按入水中溺水而死,杀鸭是用绳子套在鸭颈上将其勒死,原始而又古朴,其仪式令人惊悸难忘。

萨玛是侗寨的保护神、团结神,又是侗族的娱乐神,萨玛节期间,古朴浓郁侗族古典琵琶歌,独具特色的“行歌坐夜、歌堂对歌”“拦路歌”“哆耶”“抢新娘”“百家长街宴”等各种民间活动掺杂其间。“萨玛”文化历史悠久且内涵浓厚,对侗族的社会生活有多方面的深刻影响。在文化价值上,萨玛节是侗族现存最古老的传统节日,是侗族母系氏族社会时期风俗的遗留。

苗族独木龙舟节

划龙船是沿清水江的台江、施秉两县交界地区苗家村寨举行的节日活动，上起台江县的南哨和对岸施秉县的平寨，下止井洞塘对江的施秉廖洞、台江的五河和小江河两岸。每年农历五月二十四日，来自台江、凯里、黄平、施秉、镇远、剑河等地三四万各族人民穿着节日盛装，喜气洋洋地云集在台江和施秉交界的清水江边施洞口赶场坝（江边）集中比赛，尽情欢度为期四天的盛大节日——独木龙舟节。

苗族人民的龙舟节历史悠久，《镇远州志》载："清江苗人于五月二十五作龙舟戏，形制诡异，以大树挖槽为舟，两树并合而成。舟极长，约四五丈，可载三四十人，皆站立划桨，险极。是日男女其粉饰。"当代的龙舟节龙舟表演人员计有"鼓头"一人，锣手一人，撑篙一人，理事一人，艄公一人，他们分别站或坐在母船上，每只子船则站 16 名桡手。

"鼓头"身着夏长衫，外套特制镶黑边的红色或青色的绒背心，戴一副墨镜，头上戴特制的宽边麦草帽，手提一面直径约一尺、两面蒙着鼓皮的鼓坐在船的最前面。他背靠着龙船头，面向桡手按"咚咚咚咚"的节拍击鼓，比赛时负责发号施令和猛烈击鼓，催促桡手奋勇向前冲刺。"鼓头"是龙舟上最重要的人物，一般为推选产生，推选以一个寨或一个家族为单位，每届（每年）推选一个"鼓头"。要当"鼓头"，得符合很多的条件：首先，年龄要在 60～80 岁；其次，他要有比较多的已经出嫁的女儿；再次，在村寨里要有比较高的威望；最后，"鼓头"一辈子只能当一次。因此，当"鼓头"是极为荣耀的事。

独木龙舟节（一）

锣手：坐在离"鼓头"1.5 米的地方，锣的直径约 1 米，挂在一根竿头雕有龙头的锣竿上。锣手由一位着妇女装的 10 岁男孩担任，行舟时应着鼓点节奏敲打，合成为"咚咚咚咚笃"的声响。锣手身佩银项圈和精美的银饰衣，头戴银凤冠，衣着十分华丽。锣手由“鼓头”家族中推选,一老一少掌鼓击锣,喻为保公与九保父子俩老少合作。

撑篙:苗语称“纽富”,由“鼓头”请来,力气好又识水性,两船相遇或近岸时可以一篙撑开。

桡手:每只子船 16 人,每舱 4 人,站而不坐,比赛时略取弓箭步兀立。他们一律穿紫青色土布对襟短衫和阴丹士林布裤子,腰扎宽约一寸、钉上银泡的织锦腰带,头上戴绣边精致的“马尾斗笠”。从前划龙舟时,每人都身披蓑衣、头戴纸糊的斗笠以示祀雨。桡手的桡片长约 2 米、宽 10 厘米,手持端为柱状,下水端为扁担形,最下端呈弧状尖形。

艄公:苗语称“达带”,要识水性且善于应变。他以手中的长桡片充舵桨,一面掌握船行方向,一面发出调节桡手用桡节律的号令。

独木龙舟节(二)

农历五月二十四为正式比赛日,各寨龙舟集结平寨,沿江“鼓头”的亲友都纷纷来到江边燃放鞭炮、载歌载舞迎接,称“接龙”。比赛采取抽签的方法对阵淘汰败者,每批 3 只,赛程约 500 米,发令皆以放铳为信号,优胜者一、二、三名获奖旗或奖牌。赛龙舟当天,江面附近沙滩上还进行球赛、赛马、斗牛、斗鸡和各种文艺演出,最富有民族特色的活动还有少男少女们的“游方”,即谈情说爱,集市上的贸易也伴随进行。

据考察,台江、施秉一带划龙舟的村寨一般一寨一条龙船,两百户以上的多是两条或三条。龙舟的制作非常复杂且具有很多禁忌。

砍树制龙舟的时间是九月、十月的末日,去时备糯米饭些许,还有一只活雄鸭、一只公鸡、一坨刀头肉、一尺青布、一绺丝线、一束麻、一壶酒以及香、钱纸以祭“树神”用。在选中的杉树下先将青布、丝线缠在树干上,将酒、饭置于树下泥土上,然后焚香烧钱,再将鸭血放出淋在树干上请“山神”“树神”受献,接下来由一知古规古礼并“富贵双全”(儿孙满堂的)的老人向树祈祷祭礼,再由一名“有福之人”(青年,要父母双全;中年,要儿女俱在,忌续弦)动手先砍第一斧。砍倒的龙船木运行途中,沿途的亲友都要备酒和红缎迎接龙船木,运到寨里全寨老少齐聚迎接,并高喊:“龙来了!”还要备酒、肉、彩丝线来迎接龙船木并为砍树者洗尘。龙船木运回寨里,择吉日动工制造。开工时,先祭“嘎哈”保护神,之后先由师傅“发墨”再由工匠刨凿和修整，龙舟造好之后，要举行祭祀和庆祝活动。

独木龙舟节（三）

龙舟中部为主船，苗语称“台迷”，意为“母船”，两侧各一小船，苗语称“嘎呆”，意为“子船”，均由3根粗大、完整的杉树挖成槽形的独木舟并排捆扎而成。母船粗大，挖成6个舱，每舱长1.8~5米不等，母船船长21~24米、宽约0.7米，其前部接龙头处翘离水面0.9米；两侧子船一般长度约15米、宽约0.5米，为桡手站立用桡的地方。龙头木选用水柳树，质轻且韧又宜于雕刻，选材长3~4米、直径约0.3米，具体大小视龙舟船身而定。龙头上雕有角、耳、鼻、眼、腮、胡须；龙颈的下部掏成空洞，再以小木板封洞口；颈背刻龙鳞，施以金、红、黄、绿、白各种颜色，并嵌以小玻璃片，犹如真龙在闪光；龙眼部嵌入小玻璃片，显炯炯有神之感；龙嘴里有一个活动的珠子，龙头昂首向天，须发飘拂，可谓栩栩如生。最具有特色的是，龙头两边安有一对弯弯的大水牛角，这是因为苗族的“龙”是“水牛龙”的缘故。

台江、施秉一带的独木龙舟文化产生在美丽宽阔的清水江及小江河山区自然环境里，是一个包含自然、社会、意识形态、民族心理素质、经济、工艺美术等方面的综合性独木龙舟文化圈。2008年，台江苗族独木龙舟节入列国家非物质文化遗产名录。

苗族服饰

黔东南地区是最大最典型的苗族聚居区，苗族人口约180万人，占全国苗族人口的1/4，占黔东南人口的42%。

苗族是一个多灾多难的民族，也是一个顽强的民族。远古时代苗族的先民由于战争失败，一次又一次大规模向南迁徙，其中一部分迁入黔东南后就定居下来。最初来到黔东南的有九个"江略"即九个氏族，对这段历史有"劈鼓为九瓣"的说法。之后随着人口的增加，苗族社会多次分解，化整为零寻找新的生存环境，逐渐形成了现在的四十多个亚族群和次亚族群。每一个亚族群或次亚族群在生存发展过程中，各自保持着一种相对独立的状态并形成了各自独特的习俗、文化。这种相对独立的文化在服饰上充分表现出来，服饰成了记载民族传统文化的载体。各亚族群以及同一亚族群中的次亚族群的服饰，无论是在服装的款式、色彩、图案或者饰品的造型、工艺都有相当大的区别，各自都有自己独特的风格，特别是苗族的女装，是这种族群标志的最好反映。

黔东南苗族服饰不下200种，不仅是中国也是世界上苗族服饰种类最多、保存最好的区域，被称为"苗族服饰博物馆"，其中剑河、台江、榕江、丹寨4县苗族服饰在2008年被列入国家非物质文化遗产名录。

苗族服饰从总体来看，保持着中国民间的织、绣、挑、染的传统工艺技法，往往在运用一种主要的工艺手法的同时，穿插使用其他的工艺手法，或者挑中带绣，或者染中带绣，或者织绣结合，从而使这些服饰图案花团锦簇、流光溢彩，显示出鲜明的民族艺术特色。从类别上看，有长裙类、中裙类、短裙类三种，其中裙长至踝关节处为准，主要分布在以西江式为代表的巴拉河流域一带以及都柳江流域的部分地区，大约包括西江式、施洞式和凯堂式。中裙类：裙长在小腿以上膝关节以下，这一类型的服饰分布地区较广，黔东南三大流域地区均有分布，主要还是以清水江流域分布为突出，有舟溪式、谷陇式、柳川式、久仰式、摆贝式、滚仲式、芭沙式等。短裙类：裙长至膝盖以上为特点，最短的裙长仅15厘米，主要分布在较边远的雷公山、月亮山山区，有桃江式、两汪式、久敢式等。从内容上看，服饰图案大多取材于日常生活中各种活生生的物象，有表意和识别族类、支系及语言的重要作用，这些形象记录被专家学者称为"穿在身上的史诗"；从造型上看，采用中国传统的线描式或近乎线描式的以单线为纹样轮廓的造型手法；从制作技艺看，服饰发展史上的五种形制，即编制形、织制形、缝制形、拼合形和剪裁形，在黔东南苗族服饰中均有范例，历史层级关系清晰，堪称服饰制作史陈列馆；从用色上看，善于选用多种强烈对比的色彩，努力追求颜色的浓郁和厚重的艳丽感，一般均为红、黑、白、黄、蓝五种；从构图上看，并不强调突出主题，只注重适应服装的整体感的要求；从形式上看，分为盛装和便装。盛装，为节日礼宾和婚嫁时穿着的服装，繁复华丽，集中体现苗族服饰的艺术水平；便装，样式比盛装样式素静、简洁且用料少、费工少供日常穿着之用。除盛装与便装之分外，苗族服饰还有年龄和地区差别。

苗族服饰(一)

苗族服饰(二)

苗族服饰的传承有两个方面的表现形式：一是服装的传承。女性传承是苗族服饰文化传承的一个显著特点，也注定了它的传承方式是上辈传下辈、妇女之间相互传承。苗族妇女是创造苗族服饰和传承苗族服饰的主力军，苗族女孩自幼跟随母亲或祖母学习女红，从纺纱、织布到刺绣，学会制作本支系苗族服饰的花纹图案。二是银饰传承。苗族银饰是苗族服饰中的一个亮点，在苗族家庭中银饰往往是女性专有财产，但银饰技术的传承由银匠来完成。银匠作为银饰文化的重要传承人，传承方式一般是父传子承、师传徒承，传承顺序是先亲后疏、先男后女。

具体在衣装上，苗族服饰有性别、年龄及盛装与便装之分，且有地区差别，清代《百苗图》载曰“凡八十三种”。

黔东南境内苗族男女便装均较为简朴。男上装一般为左衽上衣、对襟上衣以及左衽长衫三类，以对襟上衣为最普遍，下装一般为裤脚宽盈尺许的大脚长裤；女便装上装一般为右衽上衣和圆领胸前交叉上装两类，下装为各式百褶裤和长裤。

苗族服饰(三)

苗族服饰(四)

对襟男上装流行普遍,一件衣服一般由左、右前片,左、右后片和左、右袖6大部分组成,衣襟钉5~11颗布扣,左襟为扣眼,右襟为扣子,上衣前摆平直,后摆呈弧形,左、右腋下摆开叉。对襟男上装质地一般为家织布、卡其布、织贡尼和士林布,色多为青、藏青、蓝色与之匹配,下装一般为家织布大裤脚长裤。左衽男上衣流行于从江、榕江八开、台江的巫脚、反排和剑河久仰等地的苗族村寨。一件衣服由左前大襟、右前襟、后片及双袖组成,左襟与右襟相交于咽喉处正中,沿右胸前斜至右腋下,钉有布扣5~7颗,前摆、后摆均平直,左、右腋下摆为不开叉直桶形。左衽上装布料一般为家织布或藏青织贡尼,颜色以青色为主,左衽长衫结构与左衽上衣相同,差异仅在衣上至脚背,是苗族老年男子常穿的便装。

女便装上装一般为右衽上装和无领胸前交叉式上装两类,右衽上装结构与男上装中的左衽上装大体一致,唯方向相反,无领胸前交叉式上装称"乌摆"(Ed bad,意为雄衣,即男人的衣)是传统的苗族女装,如"袈裟"无纽扣以布带束腰。苗族女便装质地一般为家织布、灯芯绒、平绒、织贡尼、士林布等,颜色一般为青、蓝等色。其中,雷山、凯里、台江交界地区苗族中青年妇女,一般穿浅色右衽上衣,沿托肩、袖口及右大襟边缘精绣花鸟、花草图案花边或购买现成花边,围围腰、系银质围腰练,下装着长裤,挽高髻于顶并着耳柱,中年妇女多包白毛巾作头巾,青年妇女多戴银梳或插银衣、塑料花等饰物;老年妇女上装多穿右衽上衣或无领交叉式上衣,下穿长及脚踝青素百褶裙,系围腰,围与裙长,老年妇女上装布料一般为家织布或织贡尼,颜色喜尚青、蓝色。凯里市的舟溪、青曼、麻江县铜鼓、白午及丹寨县南皋一带苗族妇女便装上装,内穿翻领对襟中长衣,外套大领对襟大袖胸前交叉式上衣,袖口镶挑花花块,银链吊绣花围腰,套挑花护腕,下着过膝寸许百褶裙,扎挑花镶边脚腿，外套织锦式粉红色长袜。丹寨县的扬武、长青、排调等地苗族女便装上装多穿右衽对襟上衣，前襟长及小腹，下着过膝中长裤，银质围腰练吊与裤长围腰，裹裹腿，中老年与青年服饰无异，上、下装质料多为家织斜纹布、平纹布、灯芯绒、平绒及织贡尼等，头搭蜡染方帕或绣花头巾。凯里市的炉山和黄平、施秉一带苗族妇女上装为无扣大领胸前交叉式上衣，以布带束腰，下穿过膝青衣红、白蜡花百褶裙，围紫色围裙片，质料多为家织布，颜色以青色为主。雷山县的桃江、桥港、年显、略果，丹寨的排调、党早、加配、羊巫，以及台江县的反排等地苗族女便装，上装为齐腰紧身青素右衽上装，下着 16~30 厘米长百褶裙，内穿紧身长裤，裙前后各拴一块二尺见方几何图案挑花围裙片，肩披挑花披肩，上装质料一般为家织布、平绒布和灯芯绒，颜色素青，挑花工艺重红、黄、白三色，少见刺绣工艺品。榕江县八开和从江县加鸠、宰便以及黎平县的水口、丹寨县雅灰等地苗族妇女便装，上装穿大开领对襟上衣，无扣且内束挑花胸兜，婚前着齐膝素百褶裙或长裤，婚后着齐膝蜡花百褶裙，外以围腰束之，上衣和围腰及胸兜边缘均镶挑花花边，衣袖大臂处镶棱形臂章式花块。

在盛装上，苗族男装盛装为左衽长衫外套马褂，外观与便装相同，质地一般为绸缎、真丝等，颜色多为青、蓝、紫色，各地无异。

女盛装一般下装为百褶裙，上装为缀满银片、银泡、银花的大领胸前交叉式"乌摆"或精镶花边的右衽上衣，外罩缎质绣花或挑花围裙，"乌摆"一般全身镶挑花花块，沿托肩处一般镶棱形挑花花块，无纽扣，以布带、围腰带等束之，头戴银冠、银花或银角，盛装颜色为红、黄、绿等暖调色。

头饰上，黔东南苗族男子头饰除从江县岜沙和剑河县久敢、摆尾等部分地区少数成年人蓄发挽髻于头顶外，境内绝大部分地区青年留分头，部分地区所包的头帕直径 40 厘米。近年来，大部分老年男子多戴上皮帽。

苗族儿童头饰多留头顶左、右两撮扎梳成两根小辫或扎成两把，如古代汉人之"总角"。

苗族服饰（五）

妇女头饰一般挽高髻于顶，别上银针、银簪及插上银梳、塑料梳、木梳等梳子，雷山、凯里、台江交界地区包白毛巾头帕，黄平一带戴缩褶帽。凯里市舟溪、青曼及麻江铜鼓、白午，丹寨县南皋、新华等乡镇苗族妇女发式有已婚和未婚之别:未婚者挽锥髻于头顶,戴无底覆额帽,插银梳或银簪;雷公山东麓雷山方祥为代表的苗族,已婚者梳平髻于头顶,将头发盘成波浪状覆盖在前额,头戴银花或银梳;凯里市的炉山和黄平、施秉两县苗族未婚女子从七八岁起头戴平顶缩褶帽,外缠自染的紫色或白色三角巾,已婚女子和老妇人将头发盘缠于头顶,戴上无底或半边底的覆额缩褶帽,外扎紫色手帕,便装无更多头饰;丹寨县扬武、排调、金钟、长青、龙塘等地苗族妇女未婚者挽高锥髻于头顶,戴无底帽,已婚者挽平髻于头顶,搭方帕或蜡染巾;雷山桃江、掌雷及丹寨党早、羊巫、加配和台江反排等地苗族妇女多用茶油或菜油将头发浸湿,挽成高髻于头顶,用毛线等物将头发拴成一格一格状,头戴银梳或木梳。

苗族服饰(六) (陈沛亮 摄)

苗族妇女比较重视耳饰,绝大多数都佩戴耳环、耳坠、耳柱等饰物,耳环有实心银耳环和空心银耳环两种,此外还有耳坠、泡花耳环等。耳坠多附在耳环上,多为瓜子形饰物;耳柱是苗族妇女中最常见的耳饰,有如缝纫机的梭心卷线器,一头大、一头小,用线将耳柱与耳朵拴在一起。

金银首饰上,苗族银饰种类繁多,因服饰各异而不尽相同。银饰品有男饰和女饰两类。男饰较简单,有银锁、手箍、手镯、头花、烟盒、项链、项圈等;女饰有银花、银角、银泡、银簪、银梳、插针、耳环、耳柱、耳坠、项圈、围腰链、压领、披肩、项链、手钏、手镯,以及各种银片、银缀、银泡、银铃等数十种,每块银片、银泡都有精致的浮雕,一套完整的银饰用银多达 10 千克。

在众多的银饰种类中,每种又有不同的式样,如头花就有“双凤同栖”“喜鹊登梅”“锦鸡高鸣”等,手镯和手钏则有实心、空心、六角形、泡花几种。在每件银饰的结构上有对称的、均衡的、放射的、球心的等。在花纹图案上,雷公山、月亮山麓多取样于花草、雀鸟、人兽、蝴蝶等,清水江、都柳江和舞阳河边的花纹则多取样于水族动物。

黔东南最华丽的苗装要数台江施洞苗族女子的盛装,其以刺绣精且银饰多而著名,被称为绣衣的施洞苗衣,两袖和领、襟、两肩均有精美的刺绣图案,因其后背、前襟、袖口镶满錾花银片、银泡、银响铃等,又被称为银衣,是苗族服饰中的精品。穿裙最短的苗装是雷山桥港苗族,不足 6 寸的超短裙为天下罕见,是世居深山的桥港苗族女子喜爱的裙装。短裙外前围腰长及膝部,后围腰长至脚跟,系织花腰带又垂 8 根花带于身后,如锦鸡羽毛,下着青布紧腿裤,脚穿翘尖绣花鞋,头绾大髻,戴凤雀银钗,身佩各种银饰。

最华丽的男装是榕江八开地区苗族男子祭祖时穿戴的盛装,他们头上戴着象征闪电的银鼓钉头箍,据说其有驱邪避鬼的威力;最古老的男装是从江岜沙一带的苗族男子所着衣装,儿时髡发,前额头发剃光,留脑部头发披于肩后,至成年时开始蓄发,渐渐绾髻于头顶,额头勒一条挑花布巾,此装束至今不变。苗装中最长的头帕是剑河县久仰苗族男子盛装时的头帕,头帕长 3~4 丈,在头部缠成大盘并缀以鲜花或插上羽毛,非常独特。

最负盛名的银饰是台江、雷山两地的苗族女子盛装,两地苗族少女节日所戴的银冠、银角和银凤雀雍容华贵、姿表万千;最大的银角是雷山西江地区苗族少女盛装时戴的银角,高约 70 厘米、宽约 50 厘米,角上錾有精致的双龙抢宝图案;最古老的银饰是雷山县达落村苗族少女佩戴的山字形头饰和柱式拧花项饰,传说这种装束同芦笙一样古老;最重的银饰是雷山县西江地区的苗族姑娘银衣盛装时,全身前后和头上都缀以精美银饰品,同时佩戴链式项饰和龙骨项圈,胸佩银锁,衣后背满饰錾花银片、缀银链和银铃,华丽异常;佩戴银饰最多的是台江施洞苗族姑娘,她们同时戴数个链式银项圈和片饰项圈,胸前戴重大银锁,手腕戴着几对不同样式的银手镯,可谓银饰披挂全身。

苗族服饰是苗族亚族群和次亚族群的重要标志,从某种意义上说可称得上是苗族的族徽,是苗族的文化符号,蕴藏着相当丰富的文化内涵,展现了苗族原始古朴的宗教信仰文化。苗族是一个集自然崇拜、祖先崇拜、多神崇拜于一身的民族,他们相信万物有灵而祭祀神灵、崇拜神灵,他们把这种朴素的自然宗教的观念毫不隐讳地表现在他们的服饰上。苗族服饰中使用得最多的图案是蝴蝶,无论是哪一个亚族群或次亚族群在他们服饰中都会出现各种各样的蝴蝶,这是苗族图腾崇拜的反映,蝴蝶图案是苗族对人类和万物始祖“蝴蝶妈妈”的“朦胧的记忆”。水牛是稻作农耕的主要劳动力,古歌中描述了苗族的始祖姜央和水牛是兄弟,并且水牛帮助始祖姜央渡过了许多的困难,也成了苗族人民眼中的神物。同时,水牛也是祭祀祖先的牺牲,苗族在祭祀祖先的重大活动中必以水牛作为祭品,其中以苗族的牯藏节最典型,苗族家庭里供奉的是水牛的角,因此代表水牛的银角成了苗族银饰造型中最具代表性的饰品,也是苗族图腾崇拜的文化特征的具体反映。

苗族服饰还有着界定苗族群体中各社会角色的文化特征,对于社会角色的变化,苗族服饰也有比较强烈的反映。通过服饰可以分辨出已婚与未婚,成年与未成年,性别与年龄。舟溪式服饰中,未成年女子头上必围一个绣花头围;谷陇式服饰中,青年、中年和老年服饰的区别在于色彩和绣花,青年女子上衣的色彩红艳,几乎全部为刺绣,中年女子色彩相对暗淡些,老年妇女基本无艳红的色彩,而且刺绣减少了许多。

苗族服饰除其工艺精美和展示女性所具有的魅力外,还因服饰图案中有着较深刻的历史和文化内涵以及本身的材料与制作成本昂贵,具有较高的收藏价值和重要的经济价值,是“穿在身上的史书”。

侗　年

侗年,侗语称凝甘,又称冬节或杨节,是侗族节日中最隆重、最热闹的节日,也是侗族人民祭祖、喜庆丰收的盛大节日,主要内容是缅怀祖先、祭祀农耕。最初的侗年是贵州榕江、从江、黎平三县部分地区兴起的,后来各地互相仿效,过侗年的人逐渐多起来,各自时间先后不一。其中,榕江侗年被列入第三批国家非物质文化遗产名录。

关于侗年的来历,汉文献没有相关记载,在民间有多种传说,仅择两则以示。

传说一:传说很久前有个德高望重的侗族首领,因为拒绝向统治者进贡而被官兵包围村寨,最后被充军戍边,后来获准从边疆返乡,返回那天正好是农历十一月三十日,当地乡亲吹芦笙、弹琵琶、敲锣打鼓迎接首领归来,侗族后人把这一天定为侗年。

传说二:古时候侗族并没有住在高山上,而是住在平地坝子边,当时的汉族统治阶级凶恶狠毒,经常欺压侗人,受到欺压的侗人没有了房屋田地,被驱赶到偏僻遥远的地方,有的人逃到高高的山坡上。据说临行逃难时已是寒冬时节,离过年只有一个多月了，有一家罗姓人想起要在年关前夕流浪远方，以后一家骨肉东分西散恐怕再也不能在相会团圆，就伤心地落泪起来，全家大小相顾无言只好抱头痛哭一场，后来家主挥泪提议“提前过年”，全家人点头赞成，便在旧历十一月二十七这天吃团圆饭过了年。其他姓氏的人家听到罗家在流浪前吃了团圆饭，觉得实在应该，就学着准备起来，到十二月初一这天他们都同时杀猪打粑，提前过年。过年后，这些侗族祖先跋山涉水向南方逃难，其中一部分人先后来到九寨高坡定居安家，建立了 9 个大寨。为了纪念流落前吃团圆饭的事儿，提前过年的风俗随人来到了这带地方。从那以后，侗年就年年时兴、代代相传。

侗年——糍粑品尝 （杨胜福 摄）

榕江县西北部的乐里乡过侗年是在每年农历十月底到十一月初，侗年前夕家家户户将房前屋后打扫干净，然后宰猪杀牛、穿上新衣高高兴兴地迎接新年。从十一月初一到初五，举行大规模的踩歌堂、吹芦笙和斗牛活动，许多人家也在此期间举办婚礼。除此之外还有两次“陪年”，所谓“陪年”，就是陪同邻近村寨的侗族过十一月的侗年及随汉族过春节。“陪年”也很热闹，是增进民族团结和村寨友谊的节日。榕江瑞里、本里、保里一带选在摘禾后的十月，俗称过禾蔸年（侗话“记年高棒”）；榕江往里选在农历十一月二十日后的辰、戌两日，如先遇上辰日即以辰日为年（即大年初一），卯日为年三十，如遇戌日则以戌日为年。过侗年一般为 7 天左右。

锦屏九寨的侗年是在农历十一月二十七日过，其他各姓的在十二月初一过，其规模仅次于春节，和九月重阳一样热闹。过侗年要杀猪牛宰鸡鸭，还要烤糯米酒、打糍粑、煮甜酒、炒油茶和放炮请客，女婿要随妻子回娘家拜望双老，宾主们欢欢喜喜饱吃一顿团圆饭，晚上热热闹闹喜唱侗歌，欢度通宵。客人离去时，还要赠送粑粑和其他食物。两次过节的不同是，前一次是罗姓的请其他姓氏的亲戚客人，后一次是其他姓氏的请罗姓的亲友或者杂姓之间互相邀请，还有放牛打架等娱乐节目。

侗年年俗的主要表现：节日期间各家或杀猪宰羊、杀鸡杀鸭，请客访友，宴饮作乐。节日前一天备豆腐、鱼虾，当晚用酸水煮熟，经一夜冷却成“冻菜”，节日当天便以“冻菜”祭祀祖先。最特别的是在节日当晚，侗族人以肉食为主而忌食蔬菜，

侗年——吃团圆饭 （闵启胜 摄）

煮的米饭比平常多表示“吃剩有余”。通道“侗年”，节日的主要内容是“吃冻”，即以吃冻鱼为主，其他美酒佳肴也应有尽有，犹如过春节，所以称为过侗年。是日，侗家备好各种酸菜、冻鱼、糍粑以馈亲友，叫“吃杨粑”，过农历大年时对方要如数奉还，称“还杨粑”。

榕江七十二寨一带的侗年主要是以花色品种祭老人和缅怀祖宗。新年之际，家家将房前屋后打扫干净，男女老少更换新装，人们宰猪杀牛、舂糯米粑，从十一月初一到初五，举行大规模的踩塘跳芦笙和斗牛活动，有的青年人则趁此佳期举办婚庆礼仪宴请亲友。七十二寨除了过十一月上旬的侗年外，还要过两次“陪年”，节日期间还有各种活动，村村寨寨都放鞭炮庆祝，除了跳芦笙舞，还有最传统的踩歌堂，七十二侗寨有自己的歌曲不需要琵琶伴唱。侗歌是侗语中的精华，且都是从日常生活中取材，反映的是侗族人民安定的生活状况，其中人们最喜欢的是歌颂爱情的歌曲和情歌对唱。歌堂的布置和芦笙场一样，歌手站在前面，侗寨青年男女穿着侗衣绕着歌堂走，这里也是青年男女寻找人生另一半的好地方。

总之，侗年是侗族节日中最隆重、最热闹的节日，尤其是近年来随着群众生活水平的提高及村寨交通、水利等基础设施的改善和寨容寨貌的变新，侗族的侗年以开展丰富多彩的本民族文化活动为主，成了侗族人民欢乐的节日和文化盛会。2011 年，榕江县侗年被列入国家非物质文化遗产名录。

四十八寨歌节

四十八寨歌节为国家第三批非物质文化遗产，系以贵州省天柱县为主，贵州省锦屏县、湖南省靖州县为次的侗、苗族人民聚众集会玩山、唱歌、交友、恋爱的民族节日。该节日因最初流传于贵州天柱与湖南交界的四十八个侗族、苗族村寨而得名。

四十八寨歌节地域广阔，系贵州天柱、贵州锦屏、湖南靖州三县交界地，面积188平方千米，人口5万人，均是侗族、苗族，其中以侗族为主，主要包括贵州省天柱县竹林乡、坌处镇、远口镇、社学乡，锦屏县三江镇、茅坪镇及湖南省靖州县大堡子镇、三秋乡的大部分村寨。

四十八寨属深山丘陵地带，四周多山、多河谷和溪流，境内西北边的黄哨山海拔1010米，属黔东南地区第四高峰，东南面的天华山海拔980米，山上建有寺庙且开设有歌场。由于山高谷深，重峦叠嶂，中华人民共和国成立前，四十八寨境内仅有两条连通黔湘的花阶路(官道)作为交通要道。清水江作为四十八寨联系两湖两广及江浙一带的唯一通道，自明清以来从这里运出运进大量木材和大批洋货，养育了这方人民，清水江成为四十八寨的母亲河，备受人们崇拜和爱护，汉文化也随之大量传入。侗族、苗族杂居使得民族文化大量融合，便构成了四十八寨歌节民俗民间文化生长和传承的特殊地理环境。

四十八寨歌节历史悠久，从流传于民间的歌谣来推断，四十八寨歌节起源于部落首领时代。从苗族发展的历史和相关记载来看，四十八寨歌节成熟和兴盛于明清。生息繁衍在长江中下游的苗族，秦汉时期，其先民一部分融合于汉族，一部分向西迁徙。秦汉到隋唐，沅水流域的苗裔被称为“五溪蛮”或“五陵蛮”。唐末樊绰所著《蛮书》中出现了“苗众”的称呼，可见苗族作为一个单一的民

四十八寨歌节中的比赛队伍

歌节场面(一)

族,早在唐代后期就形成了。明清文献以"苗"泛称贵州少数民族,族属鉴别有红苗、青苗、黑苗、花苗、八寨苗、九溪苗、西溪苗、东苗、西苗、酸汤苗(又称酸汤佬)、喇叭苗等。李宗防《黔记》云:"西溪苗在天柱县,女子以青布缠腰,未婚男女相爱者,约于野歌舞。"由此可见,西溪苗主要是指四十八寨的苗族,四十八寨歌节也在这一时期兴盛起来。

四十八歌节中以中寨四方坡、竹林龙凤山、茶亭四乡所、靖州四鼓楼四个歌场年代最久远而又场面最隆重,被誉为"四大歌场"。经过岁月的洗礼、更替,"四大歌场"如今已衍生为今天的天华山、四方坡、两头坳、龙凤山、平芒、阿婆坳、岩湾、十八关干田、石榴界、细草坪、麻阳、三门塘、溪口等歌场。每个歌场每年赶一次,时序依次为(农历)三月初一天华山,三月初三石榴界,五月初五细草坪,五月十五两头坳,六月土王赶平芒,六月十五龙凤山,七月十五赶麻阳,七月初七三门塘,七月十五阿婆坳,七月十五溪口场,七月二十赶岩湾,九月土皇十八关。歌场集会集中在五、六、七三个月,每到歌场集会时间,山坡上、公路旁人山人海,歌声此起彼伏,真正是"一日风光胜百年"。

赶歌场也称"赶戊",每个歌场每年赶一次,每到逢场这天,人山人海,热闹非凡。歌场上男女对阵,"咵"(音 kuǎ,"讲"的意思)、"唱"并举。"咵""唱"是只有在歌场方能听闻的一种大歌,以《封神》《三国》《李旦和凤姣》等内容为题材,人物情节不得稍有遗漏,咵为叙事,唱概全篇。往往一寨一伙,不会唱的人在一旁观听,寨与寨之间竞赛,哪伙咵唱最佳观听的人就最多。主唱称"歌墩",复唱的姑娘称"拉腔",歌墩稳重,拉腔悠婉,调子各异,反映了四十八寨苗侗人民的聪明才艺。

歌场上的少年歌手

四十八寨歌节歌场众多且歌曲内容、唱腔及种类丰富,据统计,该歌节包括 4 大区域 4 大唱腔。4 大区域是苗族聚居区、侗族聚居区、苗侗杂居区、清水江流域区;4 大唱腔是河边调、高坡调、青山调、阿哩调。

四十八寨歌节地域性特征突出,在中国 56 个民族中,能同时讲苗语、侗语、酸汤语、汉语的民族和村寨恐怕只有四十八寨，其歌节的丰富内容和基本特征及其历史传承的功能，在中国各民族中实属罕见，体现了民族团结精神和地域性特征。由于其特定的侗族、苗族及杂居区域的人民，在长期的生存发展中形成了习俗相同相近、语言相似的特点。同时，四十八寨歌节既有源于对古代民族民间歌谣的继承，也有对民歌、时令小调等的广泛吸收，还有从阳戏、傩戏中沿用和从湖南等地民间直接纳入，既有本土歌谣又有外来歌谣，既有苗族又有侗族的长期并存、各自发展，多元文化特征浓烈。歌节上，原生态的演唱和唱腔远近闻名。在演唱中歌手对生产、生活中的客观事物，采用拟声、状形、达意、传情、描事等手法，随机应变、巧妙穿插，没有经过整理加工而直接演唱，淳朴自然，显出一种特有的简约美和质朴美，从而构成其原生文化特征。

总之，四十八寨歌节在北部侗族地区占有重要地位，是苗族、侗族文化的缩影，是黔湘边区的优秀民间文化，是民族古歌的遗存。

月　也

月也（项目），原列入贵州省第一批非物质文化遗产“文化空间”类名录。

侗族“月也”（侗语为 weex heek）意为“吃乡食”或“吃相思”，是一种村与村、寨与寨、族姓与族姓间集体走访做客的最为隆重的社交活动，最初由两个村寨或几个村寨、两个族姓或几个族姓为了抵御外敌和集体进行农耕活动而结盟，后逐步演变为以文化交流为主要内容的集体活动，是侗族村寨间开展文化交流规模最大、参与人数最多且时间最长、涉及面最广、活动内容最丰富的社交活动，主要流行于黎平、从江、榕江地区，其中黎平“月也”于 2011 年被列入第三批国家非物质文化遗产名录。

黎平侗族人口占全县总人口的 73%，是全国最大的以侗族为主体的民族聚居区，被誉为“侗乡黎平”“天下第一侗乡”。黎平所处之地素有“楚越极边”“百越襟喉”之称，因地势交通不便且历史上属于楚、越文化的交接处，所谓“入版图者存虚名”，历代中央王朝都难以实权掌控。正是这样的地理特征和行政区位，使侗族地区有较长时期的自我文化发展空间，尤其是远离汉家的黎平侗族地区至今仍保存了典型而独特的侗族文化。

“月也”规模不定，男女老幼均可参加，去时都着节日盛装，歌队芦笙队和戏班子一同前往，主寨以酒肉进行款待，宾主白天唱侗戏或赛芦笙，晚上对唱侗歌，共同

月也(一)

欢度三至五日始散,离别时主寨还要以猪羊馈赠,视收成情况次年或若干年后此寨再到彼寨回访。“月也”只在秋收后或春节期间进行,以示庆贺丰收、欢度节庆,同时不误农时。“月也”内容颇多,主要有“月也戏”“月也老”“月也鼎”“月也轮”“月也敬”五种。

“月也戏”(做戏客),即以唱侗戏为主要平台,同时开展多种民间文化交流的集体社交活动,一般在农历的正月开展,活动形式为甲寨到乙寨去演唱侗戏、对唱侗族大歌、男女青年交友、老年人走亲访友等。大年后,由戏班师傅或歌班师傅向寨老提出建议,去哪个寨或哪几个寨唱戏、唱歌,寨老商议允许后,择一吉日派两个腊罕(男青年)带上寨老写好的红帖子到指定的寨子去拜帖。送帖子的人来到指定的寨子后,必须到鼓楼下吹三首芦笙曲,然后将帖子送到乙寨寨老手上,乙寨寨老接到信帖后,便召集其他寨老商议。若同意接纳甲寨来“月也戏”,则请一寨老陪甲寨送信帖的人先到本寨的萨堂向侗族女神萨献三炷香、敬三杯酒、鞠三个躬,以示敬仰祖先尊敬寨人,之后将送来的红帖张贴在鼓楼正门柱上,以告示全寨寨民某天某寨要来“月也戏”,让各家各户作好准备、甲寨寨老得到肯定的回信后,便组织全寨作积极准备。到月也的那一天,

月也(二)

甲寨男女老少一齐出动。临行前，寨老先到“萨堂”去请“萨”护佑，然后全寨腊汉罕姑娘吹奏芦笙、敲锣打鼓，将“萨”请到鼓楼里，先唱三首颂“萨”歌再唱三首“萨”佑歌，唱完后三声铁炮声响，所有人员便开始前往乙寨。临近乙寨时便吹奏芦笙、敲锣打鼓以示报信。乙寨寨老则召集本寨众人到村口，设障唱拦路歌迎客。宾主唱罢拦路歌，主寨腊罕、姑娘便敲锣打鼓、吹奏芦笙将客人引到本寨鼓楼下，共同绕鼓楼四大柱子转三圈，客人暂在鼓楼里休息。客人一般在主寨唱三天，在“月也”的日子里，主客白天以唱侗戏为主，晚饭后，主客都到鼓楼下对唱“嘎老”（侗族大歌）或一起踩歌堂，持续到深夜，下半夜时主寨的男青年便找客寨的姑娘对唱情歌，客寨的男青年也找主寨的姑娘对唱情歌，这便是著名的侗族月堂情歌。

月也（三）

“月也老”（做众客）一般在农历正月进行，人数为主、客寨两寨的所有男女老少，以唱侗族大歌、踩堂歌、青年男女情歌对唱为主要内容，属于甲寨与乙寨老少都有联谊之心，甲寨发出众帖专人送去，乙寨接到邀请即组织戏班或狮队前往赴会的活动。客人一到，主寨组织本寨姑娘在寨门以纺织机、农具等物拦路迎宾，宾主唱起拦路歌，唱罢主寨鸣放三声铁炮后便敲锣打鼓吹芦笙，引导客人到“萨岁”神坛举行祭仪，然后再引进鼓楼下踩歌堂，宾主各唱三支歌，歌词一是请“萨”，二是表示欢迎和表示歉意，之后白天晚上或演戏、耍狮子、斗牛，或甲乙两寨男女踩堂“多耶”（对歌）。客人住上 3 天或 5 天（均需单数），方才放行。送客时，甲寨家家户户用草包糯米饭或捆吊糍粑，每包饭和粑边上还用花线捆吊一串 3~5 个染红染绿的鸡蛋，特别盛情的人家还捆鸡缚鸭相赠，全寨集体又送或羊或猪或牛一头，村上姑娘还给客寨后生每人赠送一条毛巾，这类赠物谓之为“尾巴”，让客人挑挑提提无一空手。送客时全村老少倾寨而出，放铁炮、鸣鞭炮，敲锣打鼓，吹奏芦笙欢送出村。一般次年或几年后，乙寨觉得条件适宜又向甲寨发出请帖，邀请甲寨还客。

“月也鼎”（做众定亲客）也叫姑娘罗汉客，活动时间较长，有的可达数月，是双方男女青年和父母相互了解的最好机会，有寨与寨办、有姓与姓办，虽说是姑娘罗汉客，但全由老人操办。两寨（或两姓）老人有意联谊联亲后，便向姑娘罗汉示意，在田中禾稻垂穗时甲寨姑娘用根竹子剪掉竹叶，留下 3 个或 5 个或 7 个枝桠，每个枝尖系上一朵棉花和一根红辣椒，选准乙寨罗汉家的一丘路边大田去悄悄插上，称之为“表”。若是三枝表示小型，只有部分姑娘约部分罗汉开展；若是五枝以上则

月也(四)

表示约全寨或全姓开展,这样连抱在手上的小孩也都列为姑娘和罗汉参加。乙寨罗汉见后,即拿鸡鸭鹅相约到姑娘寨行歌坐月访查,开始姑娘及父母不承认插“表”,说是不敢高攀高门,经过多次的行歌坐月和夜宵,宴请姑娘及其父母之后,女方才承认有心攀高门户而插“表”,于是双方择定吉日正式竖“大表”。“大表”由姑娘扎制,原系七个枝桠的就砍七根大楠竹修去竹叶,每个姑娘献上一至两斤最好最白的棉花,并用白线一朵一朵地穿连,然后把每一竹枝缠好,有的竹尖上还扎几只展翅欲飞的彩凤。竖“大表”这天,乙寨罗汉杀猪备酒,敲锣打鼓、吹奏芦笙、鸣放鞭炮铁炮,抬“大表”到田边,甲寨姑娘在兄弟的陪同下,抬着扎好并用自己所织最细的白布裹好的“表”,也敲锣打鼓吹奏芦笙、鸣放鞭炮送至田边,被插表的田中禾谷即表号为“瘪米田”。竖后双方会聚野餐并歌赞其“表”,而后各自回家,待到禾穗成熟八九成时,双方商议择吉日倒“表”。倒“表”这天将禾谷折抬到女方家,当晚女方父母兄弟大宴其客,名曰“女婿光临”,此后,罗汉不断到姑娘寨里去行歌坐月、谈情说爱,直至次年于正月初择吉日“伦鼎”。乙寨请甲寨姑娘和父老兄弟来家做客,踩堂对歌,3~5日始告结束这场交往,通过这种活动,不少青年结上良缘,成为终身情侣。

“月也轮”(做芦笙客)一般在甲戌节和中秋节赛芦笙时举行,活动内容是以宾主两寨赛芦笙为主,同时通过唱歌、踩歌堂、祝贺丰收等进行的文化社交活动。以肇兴乡纪堂芦笙赛坪为例,每两年举行一次,时间是中秋节这天,有来自县内的肇兴、皮林、岑邑、龙额和有来自从江的洛香、庆云、新安,还有来自广西三江县的富禄等乡的侗村苗寨的数十个芦笙队(每队20~50人的芦笙吹奏手),欢聚一坪开展芦笙友谊比赛，观众人山人海每次都在万人以上。比赛这天东道主芦笙队提早入坪，每个客队到坪边时先奏3首落坪曲，东道主立即鸣放三响铁炮，接着又与客队先单赛3首以示迎接，然后又鸣放鞭炮引客入坪与其他队单赛。约中午远近芦笙队都到齐了，队与队单赛之后，东道主村上的姑娘二三百人穿着节日盛装手持阳布伞、肩挑红漆桶盛满早已酿备的甜酒，在小芦笙的引导下进入赛坪，然后吹奏小芦笙、鸣放鞭炮，逐一给芦笙客队送去，敬献给芦笙手们。吃过甜酒后全场群赛，同时齐奏3首曲子，齐奏之后各客队的芦笙手吹笙放炮退出赛坪，接着东道主根据听音高低，评发奖旗和纪念旗。比赛结束时村拉村做众客，人拉人做家客，热闹非常。

"月也敬"（敬寨客）意为帮助主寨敬客，最大的特点在于当两个寨子正在进行"月也"时，另一寨便给其中的主寨送来信帖，主寨接到帖子并经寨老商议同意后，便将来帖贴于鼓楼门柱上，以告示村民某寨要来"月也敬"了。"月也敬"的形式与前几种大体一样，都是唱侗歌、侗戏、踩歌堂、唱情歌、交友、访亲等文化活动，时间上与"月也戏""月也鼎""月也轮"少则3天、多则5天不同，仅有1天时间。

具有浓郁侗族特色的侗族"月也"，在侗族社区的社会文化、精神生活中占有重要地位，是侗族文化自然展示的重要平台，是侗族村寨之间、侗族族群之间及侗族与其他民族之间进行思想、文化、社会交流最为重要的途径，具有群众性、文化展示的多样性、文化的传承性、民族团结的象征性等特征和价值，承载着侗族文化的传承发展和侗族文化的记忆。发掘、抢救和保护侗族"月也"，不仅对丰富和传承侗族文化、研究侗族的民族心态和历史文化有着极其重要的学术价值，而且对世界文化史的丰富和完善，都将产生一定的推动作用。

苗族栽岩习俗

栽岩也叫埋岩，是苗族人民将一块长方形的石条埋入泥土，半截露出地面的公众议事和"立法"活动，比如"盗窃岩""财礼岩"等，其实质是对盗窃犯罪处理后的备忘碑和商定婚姻财礼数目的纪念碑，类似于中原内地在无文字时"悬刑象于象魏"的制度。榕江县月亮山区苗族栽岩习俗2011年被列入第三批国家非物质文化遗产名录。

苗族在古代没有文字，月亮山区苗族的"民间立法"便是以"议榔"（栽岩）形式进行,议榔时把相关村寨的寨老聚集在一起召开议榔大会,通过杀牛祭神、埋岩盟约的形式,用口头宣布法规。埋岩大会会址均不在村里屋内,而是在较为宽阔的地方,除个别情况外一般在会址立一块岩石作标志,若原地已开过埋岩会议且已立有埋岩标志的,多数不再立新岩。埋岩会议所形成的"决议"都是口头向与会者宣布,再由参会者回到各村寨向群众传达,有时由于内容重要,头人回到本村寨后,也采用埋岩的形式向所属村寨的群众传达。埋岩的"决议"一经通过,就产生法律效力,所辖范围内的群众必须恪守岩规。正如埋岩理词所说:"不许妻违,不容子犯,各家各管教,各人各自觉。"埋岩会议内容一般也不以汉字记录,其原因是有许多埋岩内容直接涉及暴动、起义,以及与此有关的规定不便公开,到了19世纪以后,才有个别埋岩将决议内容用汉文刻成碑文立于会址。

栽岩仪式(一)

苗族埋岩活动有严格的程序。理岩活动只有一天的时间,埋岩大会的筹备工作都在埋岩活动前准备,大量准备工作由埋岩头人及有关代表人物进行,他们相聚酝酿、磋商,这种酝酿时间少则几天多则几个月甚至几年。在酝酿过程中,一般围绕三个问题进行:一是分析目前所产生的社会问题的严重性和解决的迫切性;二是协商解决的办法和措施;三是推选埋岩会议的主持人和宣布法规的人,即埋岩人。

埋岩头人是苗族中的自然领袖,也是苗族埋岩古规的执行者,在民族社区是被公认为"好人"的自然领袖,一般年龄在40岁以上,既有生产经验又明事理,通晓埋岩古规、办事公道、执法严明、不徇私情且热心于公众事业,在群众中有一定威信,必要时还能挺身而出甚至牺牲自己生命的人。埋岩头人的主要职责是发动和带领所辖区的群众参加埋岩活动,代表一方参加头人议事,负责宣传贯彻埋岩会议所通过的法规,负责监督埋岩法规在地域内的执行情况和出现问题时的处理。在处理问题时较小案件由地方头人自行解决,大案件则要通过埋岩各方头人集中讨论处理。埋岩头人在履行埋岩法规过程中与群众一律平等,若干起"勾生吃熟""勾外扰内"或充当统治者的帮凶等,触犯了埋岩古规同样要受到惩罚。埋岩头人没有薪俸报酬和"乐捐"资助,他们的工作基本上是义务劳动。

埋岩的基本程序是:首先,由几个人将一块用作埋岩标志的石块立于"埋岩人"讲话的地方,在岩前用草或木叶铺在地上,上面覆盖着一批碗,碗的数量根据此

栽岩祭祀

次埋岩活动各村寨头人的数目而定，之后由“埋岩人”诵词祭祀。诵词内容有叙述埋岩的由来、埋岩在各个历史时期对苗族社会的作用、祭祀埋岩创始人及历届已故埋岩人的亡灵。祭毕，杀猪或宰牛，利用这段时间群众自由交换意见，头人再次商议这次埋岩所要订立的法规。待猪或牛肉煮熟后，把肉和内脏切成小片，将岩前摆放的碗翻起放入少许内脏，斟酒，由“埋岩头人”当众宣布此次埋岩所形成的法规，然后由主持人按各村头人名次，点名依次上前领酒。酒碗领完后，由“埋岩头人”再祭祀一番，其内容有：说明埋岩法规已形成，各村头人已经代表各村寨的群众认领“岩规”，重申岩规要人人遵守违者必究，并预祝问题得到圆满解决。最后，会议完毕把请来的埋岩创始人及历届埋岩头人的亡灵送回去。祭完后各村头人领取分好的肉串，即散会。当晚（路远的次日晚），埋岩管辖区内千家万户以所分得的肉作为埋岩会议精神，向全家人宣布这次埋岩法规的内容，教育家人要遵守法规，有些人家有人外出了就将肉做成腊肉，等他们回来时取肉来进行教育。人们一旦吃了这次埋岩所分得的肉，就说明大家已承认了这些法规，人人必须自觉遵守，还要“教子教孙传千代”。

在月亮山区以“能秋栽岩”历史最为悠久也最有名。能秋在加瑞、高台、加学三寨之间，位于污牛河和乌秋河汇合处，面积四五百平方米，地势平缓、位置适中、山清水秀又风景宜人，是栽岩活动的最佳场所。“能秋栽岩”岩身呈柱状，上端弯向东方，高出地面 20 厘米、宽 10 厘米，被当地群众视为神物，历代都注重保护至今完好保存。

栽岩

月亮山苗族议榔栽岩有“总岩”与“分岩”之分。总岩是一个较大区域内的立法，一般是土地和财产权方面“定分止争”的规定，以及惩治“贼盗”的规定，如“能秋栽岩”就是针对这些重要问题的，大概是这一区域内的“根本大法”。分岩则是单个或数个村寨针对某一方面习俗或规范制定的实施细则,如婚姻岩、偷盗岩、生产岩等。如“加两议榔”是7个乡50多个苗寨的总议榔,在加两苗寨议定的榔规是总榔规,在实施的过程中,参加议榔的各苗寨可根据具体的情况作出补充规定。如2009年10月11日八开乡摆列、高雅、党秧、亚类四村共同制定“关于对加两总榔规的补充意见”。

埋岩是苗族在无文字的状态下形成的颇具特色的法制形式,无字碑与刻有文字的石碑和写在纸上的法律文本具有同样的法律功能。苗族埋岩古规的内容是逐步形成和完善起来的,开始只是各氏族内部或在同一地域内的少数民族与氏族之间结成联盟所缔结的内容简单的合约,随着时代的变迁以及民族压迫和阶级矛盾的尖锐,埋岩古规日益趋于完备,并成为维系苗族社会纯正道德和维持地方治安、抵御外侮的手段。埋岩也是苗族人民为纯正社会道德、维护地方治安、维持生产生活秩序和改革社会制度等通用的一种“决议”“决定”法律形式,同时也是解决苗族社会问题的一种有效方法,是苗族头人用来解决和处理本民族内部事务的手段之一,还是与周边兄弟民族搞好团结、友好往来以及联合起来抵御外侮的有效措施,对当今民族社区的社会秩序安定、人民安居乐业也有一定的积极意义与价值。

苗族鼓藏节(榕江县)

世居在都柳江两岸月亮山区的绝大部分苗族都有过鼓藏节的习俗。都柳江苗族鼓藏节,是十三年举行一次的最隆重的祭祖仪式。

鼓藏节,都柳江一代苗语称为“努纽”(nex niel),一般译为“吃鼓藏”“吃牯脏”“吃牯脏的节”,现约定俗成称之为“牯脏节”。在榕江一共有七种“吃牯脏”,其中“纽刁”“纽欧则”“纽容耶”“纽王香”“纽夺”分布在计划乡和兴华乡一带;“纽奔根”分布在榕江县古州镇高文、高武及八开乡高同、高随一带;“纽褡娜”分布在八开乡格拢、长寨一带。

榕江县是苗族大迁徙到黔东南后的大本营、集散地。月亮山现存的《苗族古歌》叙述了苗族祖先迁徙到榕江聚居后,又由榕江分迁到黔东南各地的世代史,传说清水江流域的苗族多从这里过去,故人死后都得回这里来才能找到祖先。“吃牯脏”是苗族至今流传的一种祭祖仪式。

都柳江苗族人认为,祖先居住在遥远的东方,需敲击木鼓才能把他们召唤前来,因此在牯脏节中木鼓自始至终贯穿活动的全程,包括“接鼓”“醒鼓”(也叫翻

敲击木鼓

鼓)"凿鼓""换鼓""送鼓"等仪式。

都柳江苗族牯脏节同苗族的鼓社密切相关,鼓包括木鼓和铜鼓,木鼓更为古老。木鼓用枫树做成,苗族相信祖先来自枫树,死后灵魂也要返回树中,木鼓便是完成这种两界沟通必不可少的媒介,宗教特征突出。由于该地区牯脏节十三年一个轮回,时间跨度长、规模大,内容包含苗族的历史、宗教、传统文化和社会生活各个方面,因而具有凝聚民族精神和促进民族认同的功能。

牯脏节主要靠"牯脏头"和"吃牯脏"祭祖活动管理组织——鼓社主持,其成员是由有血缘关系的家族推选有威信的人为代表参与组成。"牯脏头"是吃牯脏中沟通神鬼世界与现实世界中的关键人物,苗语称为"阶纽"(ghaib niel)。都柳江流域和月亮山区对"牯脏头"的选举,一般是以首先在此地开疆拓土的家族担任,经过寨老和群众酝酿,从"牯脏头"世家族人中推选家庭人丁兴旺、殷实富有且儿女双全、父母健在、为人正直、办事公道的青壮年男子,然后经过蛋卜、草卜等,由"神判"选定。苗族"吃牯脏"的传承人主要是指"牯脏头",即组织牯脏节活动的关键人物,再就是实施"牯脏节"古礼程序的祭师们。

苗族吃一次"牯脏",最少也要七天时间,才能完成"牯脏"中的古规程序,主要活动程序为筹备议事、接客、忌菜、起鼓招魂、牛旋塘、杀牛祭祖、分肉送客及停鼓封寨等。牯脏节必须杀牛祭祖。当天深夜,"牯脏头"家"鼓藏祭师"念词请祖,接着鼓手们敲响了木鼓、铜鼓,芦笙鼓藏节正式开始。待"牯脏头"家的仪式结束后,其他人家才能举行,这种先后次序贯穿整个"吃牯脏"过程。结束时将请来的祖先送回老家,路线为榕江月亮山→榕江→从江→三江(广西)→柳州,再现了祖宗迁徙的历史路线,同时停鼓封寨。其间,将寨上未婚男女青年驱赶到邻近的村寨和牛棚去避邪,直到寨子开封时才能回来。

牯脏节杀牛祭鼓

牯脏头念诵鼓藏辞送祖先

在榕江过牯脏节的村寨中，“牯脏”时间和程序不完全相同，以兴华乡高排村为例，牯脏节要过 13 天，这 13 天要举行 5 次仪式。13 天的节日内容是：第 1 天（马天）和第 2 天（羊天）招待每一家的老人进屋，即请死去老人的灵魂回自己家；第 3 天（猴天）、第 4 天（鸡天）、第 5 天（狗天）、第 6 天（丑天）都在跳月坪跳月；第 7 天（牛天）举办祭祀活动，保护家神；第 8 天（虎天）杀牛，并在 3 天以后即第 11 天用牛头请牯脏头念经；第 12 天舂粑粑；第 13 天送客人。5 次仪式分别为：第一次请老人进家，准备 3、5、7、9 条鱼不等，最少 3 条，3 个牛角杯、糯米饭、鞋子等，请师傅念经，念词为“今年好了，到你们吃牯脏了，你们请进家”。第二次保家神，准备 3、5、7、9 条鱼不等，最少 3 条，3 个牛角杯、糯米饭、鞋子等，师傅的念词内容，主要是保佑家人身体健康和无病无灾。第三次招待牛，用鸭撵牛，献饭给牛，用一只鸭背着饭去给主人家的牛，目的是让牛将好的留下坏的统统带走，之后不需要用鸭供奉祖宗，念完后就杀掉鸭子，大家都可以吃鸭肉。第四次杀牛、撵牛，将牛杀了之后再念一次，目的是把牛的灵魂撵到凯里下司，因为当地苗族认为，古代的时候牛在下司，高排的牛是从那里买来的，撵牛的路线为高排→控抗→都江→打鱼乡→三都→独山→下司，这一次不需要师傅念经而是要自己的亲戚念，各家出 3 斤以上的红肉和杂碎给请来念经的人。第五次送老人鬼魂回去，杀牛后的 3 天留个牛头请师傅念经，送老人鬼魂离开村寨回到自己的世界。整个过程全体村民参与其中，该过程中各种复原历史的场景，既加深了村民对民族历史的记忆，又加强了“鼓社”的凝聚力，促进了成员间的群体认知和相互团结。

以榕江为中心的都柳江苗族牯脏节与清水江流域相比，既有同宗同源的共性，又有特定环境的个性呈现，如在祭品上，其屠宰“牯脏牛”数量之多及场面之悲壮是为清水江流域所不及。

从 20 世纪 50 年代到 70 年代末，苗族“牯脏节”曾一度中断，改革开放以后，国家加大对民族文化的保护，苗族十三年一次祭祀祖宗的盛典“牯脏节”得到了重现，但由于社会的发展和人们思想观念的改变，现在有的地方过“牯脏节”程序简单且流于形式，祭祀过程中的符号意义和程序价值锐减，如再不加以保护，特别是传承人的培养，“牯脏节”将因其内容和价值的流失而被淡化。据调查，榕江县“牯脏节”主要传承人在计划乡有杨老树、潘老略、潘老汪、王老芒、王老忠、王老金等，在古州镇有龙老拉、潘老果、王老给等，在栽麻乡有龙安珍等。

报京“三月三”

报京“三月三”，又称侗族“播种节”“讨葱节”，是贵州省北部侗族的一个民俗节庆活动。报京三月三的核心区为报京侗族大寨，报京侗族大寨分为上寨、中寨、下寨，流布区有屯上村、金龙村、报友村、巴所村、松柏村等。报京大寨位于镇远县城东南部，居住着400多户2000多人的侗族村民。每年农历三月初三，报京举行播种节，方圆20千米的侗族、苗族人民都来共同庆贺节日。报京“三月三”最早有文字记载的是乾隆《镇远府志》，距今已有200多年历史。

关于报京“三月三”的来历，报京侗家保留着两个古老的传说。一说很早以前报京这支侗族住在很远的地方，那里有一丘大田，田角长着一棵很大的桐子树，每年三月三前后这棵桐树就开花，桐树开花时下谷种秧就出得齐，苗就长得壮。当时寨上的人们就选定桐树开花那天定为全寨的播种节，编歌唱道：“乖人莫听奸人哄，桐树开花就下种。桐树开花时令到，误了季节两手空。”可是有一年到了三月这棵桐树还未开花，大家以为时令未到照常吹芦笙、唱歌，直到端午节涨龙船水，清水江上游冲来了别处农家插剩下的秧苗，众人才大吃一惊急忙去看那棵桐树，发现树根被贪玩的后生割去一圈皮，那年颗粒无收大家才逃荒到报京来。来到报京后侗族人民吸取教训，定“三月三”为播种节，寨老和活路头一致同意立下寨规：在“三月三”吹芦笙，唱山歌，走亲会友，未婚男女邀伴玩山，大家兴高采烈地贺乐三五天之后，就把芦笙收起来全力搞生产，直到秋后农闲时再来吹芦笙和唱山歌。有歌证明：“三月三，活路要做花要攀；勤做活路生活好，攀花做玩在农闲。”

报京侗家女

报京“三月三”的另一说来源于一段凄美的民间传说。从

“三月三”之“讨葱蒜”

前,美丽灵巧的侗家姑娘良英,爱上了寨上勤劳朴实的穷后生桥生,良英的父母嫌贫爱富,硬把女儿许配给财主的儿子,逼良英三月四日出嫁。爱情专一的良英不承认父母包办的婚姻,对桥生忠贞不渝,三月初三这天,良英打早下田捞得了半笆篓鱼虾,进菜园打得了半篮子葱蒜,约心上人桥生在寨脚潭边古老的莫嘎树下相会,把盛着鱼虾的笆篓和装有葱蒜的竹篮送给桥生,表示今生今世此情不渝。不料两人约会的事情被财主发现,财主便指责良英不遵父命、违抗婚约,辱骂桥生犯了寨规、坏了族风,喊来打手毒打桥生和良英。这对情人悲愤至极,各自脱下布鞋一只在莫嘎树上印了一对深深的鞋印,双双携手跳崖投入深潭殉情。人虽然死了,但他们那种反抗封建压迫、争取婚姻自由的精神品德,却像那对鞋印一样永世长存。青年男女为了怀念桥生与良英,每年“三月三”都要吹着芦笙来到莫嘎树下瞻仰这对恋人的鞋印。为纪念桥生和良英,报京侗寨未婚后生在“三月三”这天都要到这潭边来向心爱的情妹讨笆篓、葱蒜,互相定情,共表倾心,“三月三”也由此被人们称为报京侗族的“情人节”。

芦笙舞会

报京“三月三”历时五天,主要活动内容包括:三月初一,寨上各家主妇都精心为子女和丈夫准备节日的新装,磨豆腐、备酒菜、煮糯米饭、熬油茶。三月初二为接待来宾,寨中姑娘们和小伙子们结伴下到水田里捞鱼虾,然后在野外用柴火烧鱼虾,这时寨内寨外姑娘小伙聚在一起,一边烧鱼一边嬉戏玩耍,一边对唱情歌交流感情。三月初三,整个寨子沉浸在节日的喜庆里,男女青年通过吃烧鱼虾相互认识后,姑娘们第二天(初三)每人带个竹篮,竹篮里放一些葱和蒜寓意爱情的纯洁和永远青春,姑娘们在林边把葱蒜洗净,小伙子们跟姑娘讨竹篮,姑娘只送给自己的意中人。相传在良英和桥生的悲剧发生后,报京侗寨的寨老们修改了族约,取消了包办婚姻和“姑表亲”，让侗族男女青年得以自由恋爱，讨竹篮就是一种择偶方式。

三月初四在芦笙场举行盛大的芦笙舞会，人们汇集在大芦笙场上吹芦笙、鸣铁炮，载歌载舞等着客人们的到来。主人和客人相遇时，主人集体合唱迎客歌，在寨老鸣三声铁炮后，客人进场与侗家人顺势绕成一圈一起跳芦笙舞、踩鼓舞。对唱山歌是“三月三”一项重要的活动，主要参与者是青年男女，人们三五成群相约来到林中坡上或草坪相互对歌，所唱的歌有情歌、盘歌也有叙事歌、祝愿歌。报京山歌和曲调为报京所独有，歌词却为汉文，体现了侗寨在汉化过程中始终坚守自己的文化音符。三月初五举行浓重的送客仪式，主人鸣铁炮、吹芦笙、唱送客歌，男子把猪头、猪尾巴挂在客人胸前回敬客人。

报京“三月三”节日保留了侗族古代以桐油开花为春耕春种的物候历的古老记忆和古代“上巳节”祓禊与“临水宴宾”的古老遗风，完好地保存了北部侗族古老的农耕文化、婚俗观念、民俗活动等原始、原真的信息，对研究侗族历史和侗族文化，促进民族团结和民族地区人与社会的和谐发展有着特殊的价值。

“三月三”唱山歌

报京“三月三”这一自娱自乐的传统民俗活动一直未有中断。2014 年 1 月 25 日报京大寨发生火灾，烧毁房屋 148 栋，受灾 296 户 1084 人，烧毁房屋已在 2015 年“三月三”前，在保留传统侗家特色基础上采用砖混结构建设完毕。2015 年 4 月 21 日举行的灾后第一个“三月三”节(“三月三”讨葱文化节)除侗族同胞外，有两万余名游客前来参加。“三月三”的传承是由世世代代的报京大寨侗族同胞共同进行的，主要由报京大寨有威望的邰春元、周光金、周承德、邰光秀、邰金木、刘通成 6 个家族牵头组织传承活动，以至于今。该节日原来仅有报京大寨侗族和有亲戚关系的周边侗寨群众参与，现也吸引了远近苗族同胞参与其中，出现了苗侗同乐的场面。

侗族款约

侗族款约主要流行在湘、黔、桂三省区毗邻的所有侗族地区，尤以贵州的三穗、天柱、黎平、从江、榕江和湖南的城步、新晃、通道、靖州及广西三江、龙胜等县为重点区域。在贵州、湖南、广西相连接的侗乡有十二款坪十三款场的记载。2014 年，黎平侗族款约入列第四批国家非物质文化遗产名录。

侗款侗语叫“Kuant”，是侗族地区以地域为纽带的村与村、寨与寨的带有军事和民间自治性质的联盟组织，对所辖的款区是自治，对款区外是联合防卫和治理。侗款起源较早，如宋代周去非《岭外代答》就有明确记载：“款者誓也，今人谓中心之事为款，狱事以情实为款。蛮夷效顺，以其中心情实，发其誓，故为款也。”至明清两代，地方官府还利用款组织来维护地方治安，清代地方政府对款组织的训示刊刻的碑刻至今仍有保存。

侗款是侗族传统文化的核心内容，它将古代侗族社会的政治、经济、文化融为一体，包括组织机构、行为规范、移风易俗、伦理道德、宗教信仰和艺术表现等方面的内容。款的细胞是家庭、基础是房族、低层组织是村寨、中层组织是小款，是一种村寨与村寨之间的联盟组织。款有小款、大款和特大款之分，如黎平县境内的“十洞”小款有竹坪、岩洞、新洞、山洞（现为三龙）铜关、述洞、宰拱、己炭、朋洞、坑洞、四寨、觅洞、平吝十几个村寨组成。以乾隆二十二年（公元 1757 年）二月初五，竹坪款禁碑为证。大款和特大款是由邻近的若干个小款联合而成，与原始的部落联盟类似。如明朝初年吴勉领导的侗族农民大起义，就是以联款的形式组织起来的特大款，几乎涵盖了黔、湘、桂边界的整个侗族地区。款的组织形式有款首、款脚、款军等，而款首、款脚、款军平时与村民一样，没有特殊的权利和待遇，也没有专门的办事地点和办事机关，一般在村寨参加劳动，只是遇到重大纠纷需要处

续款活动

理或有战争需要指挥时，款首才出来召开有关会议或指挥作战；款脚的主要职责是传送号令、通知开会；款军由侗族村寨青壮年组成，平时在家生产劳动，一旦有事听到号令立即赶赴集合地点，听从款首指挥。

款组织为了规范成员的行为，制订了一系列的制度规定，是为“款约”，学术界称之为“习惯法”。相传侗族款约为侗酋杨再思所立，有“飞山宫主立大款”的传说。大凡讲款时，寨老、款首所讲的款约中，有“当初六郎立款，宫主制约，订下六阴六阳，六六三十六条大款”。款约内容丰富多彩，包括成员行为规范、道德规范、家庭组织、民族起源、区域划分、宗教崇拜等各方面，是侗族文化的百科全书。款约包括以下内容。

约法款：规范侗族社区成员行为道德的约定，是侗族社会的“基本大法”。“约法款”包括“六面阴”“六面阳”“六面威”三大部分，每部分又包括六个方面的内容。“六面阴”多适用于重罪，对触犯者一般会处以沉塘、活埋、杀头等死刑；“六面阳”所规定的罪行较轻，对触犯者一般处以罚款等处罚，或令其敲锣喊寨，表示悔过；“六面威”则属于一般的礼仪或道德要求，如提倡相互尊重、热情好客、和睦共处、避免纷争、禀公断案、依约行事、齐心合力等，对触犯者则以劝教为主。

十洞款坪

族源款：介绍侗族起源的款规款词，如《人的根源》《宗支款》《祖宗落寨款》等。

款坪款：记述各个款组织的区划和村寨范围的款词，如《十二款坪十二款场》《款坪款》等。

出征款：款组织集结款众抗御外来强暴，出征前的盟誓款词，内容主要是鼓舞士气和号召款众团结互助，保护村寨，英勇抗敌。

英雄款：颂扬、缅怀侗族历史英雄人物，记述英雄的功绩和战斗历程的款词，具有很强的传记色彩，著名的英雄款词有《萨岁款》《吴勉王款》等。

创世款：介绍天地、人类由来的款词，包括《天地、山河的来历》《牛的来由》《猪的来由》《芦笙的来由》等，均属创世款之列，是叙述世间万物和人类起源的款词。

习俗款：介绍民族各种风俗习惯来历的款词，如《破姓开亲》《行年根由款》《恢复祖先俗规》等。

请神款：是进行合款活动时要讲诵的第一款词，主要是叙述款的来历，邀请诸神参加合款活动并作佐证以增加款的神威。所请的神各地不同，神的排列次序也不一样，但无论哪个村寨地请神款，最先被邀请的都是侗族最大的祖母神。

款约碑

祭祀款：一是悼念词，对族人长者去世时举行丧葬仪式念颂的款词，内容主要是表达对亡者的悼念及对亲属的安慰，祝愿死者在另世“天堂”得到幸福；二是神祭款，又叫送神款，是神祭活动结束时请各位神灵回到自己的神位上去，请求永远保护村寨，以求和谐与繁荣昌盛。

款约在侗族看来就是法律，在保护本民族利益的原则出发，通过“立法”——盟款的手段制订了族众在政治、经济和社会生活中的各种行为规范，用以维护本民族的社会关系和社会秩序，在族规、族法到社会治安、民事、刑事诉讼、生产管理，以及包括各地封山育林、保护庄稼等乡规民约在内的各个方面，都规定有具体的条款，构成了一套侗族古老的法律系统。

十洞款会

侗族款约有团体传承、寨老或款首传承、祭师传承等形式，其中以寨老传承为主。侗族款约重视解决人与自然、人与社会、人与人的关系。千百年来侗族地区社会秩序长期呈现安定团结的稳定局面，侗族人民之间世代甘苦与共、亲密相处，除了民族的因素外，另一个因素就是款的联系与款组织的长期存在及款词的长期发展流传是分不开的。

随着中国社会结构的巨大变革，具有战争联盟性质的侗款组织早已不复存在，但村寨联谊的习俗至今依然保存，且是侗族生活习俗的重要组成部分。在“十洞”地区，现著名的传承人有竹坪邓恩善、述洞杨昌坤、竹坪龙修华、九龙吴明安等。

侗族服饰

侗族服饰是指分布在贵州黔东南苗族侗族自治州榕江、黎平、从江、锦屏、天柱、三穗、剑河、镇远等县的侗族传统服饰。据不完全据统计,黔东南侗族服饰男、女、老、幼便装及盛装有100余种,仅不同类型的侗族女盛装就有40余种。大致可以分为榕江县"七十二寨"服饰、车江服饰;黎平"四十八寨"服饰、"六洞"服饰和洪州服饰;锦屏九寨服饰;天柱三门堂服饰;镇远报京服饰等地方大类。大类之中同中有异,多彩夺目。其中榕江的"七十二寨"服饰和黎平的"四十八寨"服饰以其色彩艳丽、刺绣图案精美和工艺精巧而久负盛名,是侗族服饰艺术的代表。

侗族服饰艺术的历史可以追溯到两千多年前的汉唐时代,唐代有"僚人能为细布,色致鲜净"(《北史僚传》)。明代,侗族的服饰技艺得到较大的发展,侗锦以构图精美、布局对称、图案多样、色彩淡雅、工艺精巧、品质优良而著称。明人郭子章《黔记》中称赞"洞女肤妍工刺锦"。清代,侗锦工艺远近闻名,其中以贵州黎平产的侗锦品质最为优良。康熙《黎平竹枝词》有"峒锦矜夸产古州"之赞誉。嘉庆《黔记》记载:"黎平侗锦,精者甲他郡,冻之水不败,败之油不污。"《柳州府志》说侗族"卉衣鸟语"。

侗族服饰的主要类型为外衣、内衣、腰带等。外衣为短大袖直衽宽衣,滚口圆领,袖仅齐肘部,胸襟、袖大滚花边,银毫为扣,布料除自织棉布外也用缎料,颜色为紫蓝色、墨蓝色,用彩带束腰。外衣彩带长4尺,用自产自染纱线编织,黑色的菱形、米字形图案,红、黄、绿色边线。胸襟图案5寸宽,分3个部分,右边深色布料为底,玫瑰色、柠檬黄色布边作线条;中间满绣,红绒布作底,图案有龙、凤、元宝、犀牛、牡丹、云钩等;左边图案是手编彩带,红底蓝白边,黄色、绿色几何图形,精美而朴实,烘托主体图案更加突出。大袖图案做成绣套套钉在大袖上,由绿色缎面、平绣花边和辫线穿绣组成,线条清晰、层次分明,图案有宝塔(有的称为庙)、鱼、龙、卷草等。外衣还有做成敞胸三叶长衫,绲边圆领,小袖上订绣套,紧身拿腰,飘逸

侗族服饰(一)

侗族服饰(二)

胸巾(又称胸卡、肚兜)呈菱形,编织彩带镶边,自染棉布,黑、蓝、紫色均有。颈口为倒三角造型,图案为编织花片镶边,辫绣对称凤凰,红底。两条编织带垂挂背扣,布带系腰,夏、秋季作内衣穿。内衣有单层和夹层两种,长细袖右衽紧身衣,衽处无装饰,色深。穿着时袖口超出外衣大袖 5~6 寸,袖口上小绣套图案造型相同,内容稍有变化,整个衣袖形成多层次、多重叠,给人以厚实、庄重之感。披肩为圆形,内圆为红底辫线穿织图案,红、绿、蓝、黄四龙抢二宝,云钩环绕;外为穿珠连接如意云钩造型,单钩和双钩依次排列,图形内容丰富多彩,有跳鱼、飞龙、展凤、石榴、歪桃、柿子、蝴蝶等,银线镶边,钩头吊玻璃珠彩须。围腰(前)呈长方形,长 2 尺、宽 1.4 尺,有 4 根编织腰带,靠边两根长 3.2 尺为蓝、白色图案,靠里两根长 2 尺是红白色图案,腰带头均为如意云钩造型,绣花卉和吊玻璃珠彩须。围腰一般用深蓝色、玫瑰色缎面,图案由正条、外框、中间花纹图案组成。正条图案以双龙抢宝为主体,双鱼护宝,云钩缭绕;外框四条波浪形图案,图案基本与正条图案相同,但在两边角上增加蝴蝶一对,还有歪桃、梅花等点缀其中;中间图案以四个三角形、四个云钩形图案组成,三角图案在四角,绣有凤凰、牡丹、鱼、八宝等。云钩图案在上下左右,绣有凤凰、梅花、鱼、犀牛等。飘带又称后围腰,飘带由花腰、绣片组成,长 1.2 尺、围宽 2.5 尺,束在后腰上。花腰红底、彩线镶边,双鱼护宝、双龙抢宝、配绣鸳鸯、犀牛、八宝、咕噜钱、茄瓜等。绣片上为如意云钩,下为金丝云钩、鱼尾、锯齿、箭头、桃形、菱形、圆形等造型,一般 9~11 片,银线镶边,色彩有红、黄、绿、蓝等,内绣有“寿”字,并有龙、凤、鱼、蝴蝶、龙头凤尾、八宝、梅花、柿子、茄瓜、云钩等,随意性较大,片头吊玻璃珠彩须。百褶裙均为墨蓝色,长 1.2 尺、围宽 3.2 尺,用布 6 米,无装饰。绑腿又称裹

侗族服饰(三)

筒,多为藏青色,长度到膝盖下至脚踝,绑腿肚订一条垂直编织彩带,绑带长5尺,白色棉布,红线镶边。花鞋又称花勾鞋,长6.5寸,踏跟。鞋头尖,向上返钩至鞋面,前帮两边绣龙,彩布镶边,后跟饰编织彩带为白底。花帕是盛装的组成部分,凡穿盛装手必持一张花帕,花帕为自制白布,挑线数纱编织各种几何图案,一般为8组,图形多变化而忌雷同。

排纱织布

榕江侗族服饰制作主要包括纺纱、织布、染色、缝制、刺绣、织锦、镶缀装饰物等工艺流程。纺纱:以种植的棉花为原料,经去籽、弹绒、搓卷后,用自制的纺车纺成棉纱锭,然后开绕成支和浆洗晒晾,开始时用自制的手摇纺纱机,后来又多用脚踏纺纱机。织布:用自制织布机织成一尺来宽的布匹,作为侗族服饰的基本布料。染色:主要为蓝靛染。缝制:根据所要缝制衣服的款式和规格,对布匹进行裁剪,用手工缝织成普通成衣。刺绣:榕江侗族民间刺绣工艺精湛,其种类有绉绣、辫绣、锁绣、绞绣、破丝绣、平绣、贴绣、数纱绣、补绣、叠绣等,形成榕江侗族服装风格的基本技法。织锦:榕江侗族织锦一般为素、彩两种,其纹样主要是几何图形和飞禽走兽、花鸟虫鱼等,色彩对比强烈且图案协调统一,主要用作背带、腰带、裙带、绑腿等。镶缀饰物:用针线把绣花片、银饰品、锦带装订到已缝织好的成衣上去,就成了一件漂亮的侗族服装。

四十八寨侗族服饰(女)是自纺、自织、自染、自制的侗族民间手工艺服饰上品,其盛装均由侗族姑娘的母亲收藏,每逢婚嫁迎宾送客或节庆等场合侗家姑娘方才穿戴。侗家姑娘自幼就向自己的祖母、母亲、姑母、叔伯母、舅母、姨母等学习模仿整个服饰的手工技艺,代代传承。

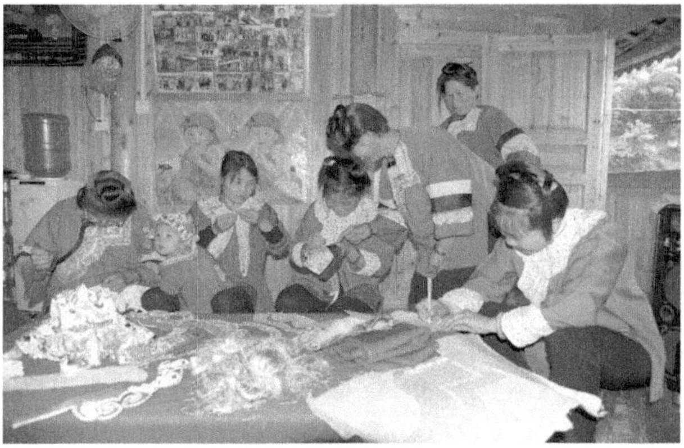
侗族服装制作传习

侗族服饰是区别侗族不同支系的特征之一,从萌生、发展到最终形成生动地体现了这一民族地域的历史发展轨迹，承载着侗族的重大历史信息和历史记忆，彰显出不同地区侗族多姿多彩的生活画面和社会环境，对研究该地区侗族的民族学、历史学、人类学等具有重要价值。但由于现代化进程加快，侗族服饰文化不可避免地受到其他文化前所未有的冲击，侗族服装现今已不是侗族社会经常的衣着，不少地方成了人们仅在节日、庆典、宗教、婚礼等仪式上穿着的礼服。同时，服饰制作的传统材料生产如棉花种植、染料种植和纺纱、织布、染布等活动也在减少，取而代之的现代工业化产品对侗族服饰产品的传统韵味和风格影响突出。另外，侗族社会具有精湛手艺的老艺人渐渐逝去，使传统工艺技术面临着失传的危险，加上外来文明的强势冲击导致的审美方式的改变，使拥有悠久历史文化传统的侗民族服饰面临着生存和传世的危机。

省级非物质文化遗产

哥蒙的“哈冲”

“哥蒙”是黄平县枫香寨一带亻革家的自称，“哈冲”是亻革家的传统祭祖盛典。“哈冲”的举行，要经过阴系“盎嘎”（阴族长）和祭师用“蛋卜”决定，其筹备期为三年，第一年为“此架”（亻革语，译意为起祖鼓），第二年为“沙架”（亻革语，译意为盖祖鼓），第三年才“哈冲”（亻革语，译意为祭祀祖先）。在筹备期间的第一年开始，存放祖鼓的这户人家就开始选择一头形象好的黑毛色箩猪（幼猪）细心喂养，一直养满三年到“哈冲”举办时为止，在这三年中还要寻找一条“五足落地”（即四足一尾均着地，取“五体投地”之义）的黄公牛，用于“哈冲”祭祖专用。

哥蒙的“哈冲”只在黄平县重兴乡枫香寨举行，以枫香寨廖姓家族为主组织和主祭，届时全国各地的亻革家人、亻革家居住区域及村寨都来聚会，参与“哈冲”盛会，规模达数万人。

整个“哈冲”活动仪式分为“此冲”（亻革语，译意为请祖鼓）、“帮依冲”（亻革语，译意为“射发达鸟”）、祭拜祖鼓和祖鼓归位四个部分，并依次举行。

此冲（请祖鼓）：为“哈冲”首道步骤。第一天凌晨天刚亮时，迎接队伍必须到达祖鼓家列队恭请，待祭师烧香烧纸、诵词完毕且发出出发令后才将祖鼓请出，随

请祖鼓 （杨德 摄）

即吹奏芦笙以示隆重迎接。一路小心但又热闹地将祖鼓护送到“哈冲”坪的中心位置，悬挂于祭坛之上以待祭拜。

帮依冲（射发达鸟）：是在祭祖之前进行的预示僅家子孙后代运程的一项活动。活动由“盎嘎”（阴族长）、祭师主持，另设一场所挂上一幅拟人“发达鸟”画，摆上祭台，由祭师烧香、纸、烛进行祈祷后，命僅家三名射箭手张弓搭箭，于20米外射向“发达鸟”，每人三箭验靶定论。射中口部位，表示将来僅家子孙后代有求学上进，能言善辩之旺象；射中乳部，表示有吃有穿、发财富裕之象；射中生殖器部位，表示多子多福，人丁兴旺之象；三个部位均射中者，表示全族将大吉大利。

祭拜祖鼓：是哥蒙“哈冲”的中心内容，由祭师主持诵词，祈求祖先神灵护佑和福泽安康，并祭上猪牛、五谷等供品。“盎嘎”主持叙族史，“盎更”（芦笙师）主持吹芦笙，“阿波阿益常颇”（僅语，译意为祖先，象征祖鼓的化身）二人披毡坐镇，庄严肃穆。芦笙手男扮女装，按辈分依次围着祖鼓演奏芦笙古曲，尽情地欢歌起舞，伴舞者少则五六十人多则几百人，参观者数万人，狂欢三天两夜，热闹非凡。

祭祖鼓

祖鼓归位：活动到第三天下午结束时，在阴族长主持下将祖鼓送回原处。当祖鼓被送到离主家约30米处时暂停等候，这时已事先组织好的大房为一队，二房三房联合为一队的竞送队伍同时出现，两队人员各自抢一个“阿波常颇”或“阿益常颇”并快速冲进主家屋内，哪房先达者则预示将得到祖先的保佑，人丁兴旺、福泽安康，败者只有等到下一次机会了。竞送仪式完毕才将祖鼓送归原处，随后众族人入席，商讨下届“哈冲”及族间内部事宜。

“哈冲”不是单纯的娱乐活动，其具有祭祖先、叙族史、教育子孙后代等意义，对研究我国人类学、宗教学、语言学和民族学有着重要的意义。

古思州“屯锣”

古思州“屯锣”（项目），原列入贵州省第一批非物质文化遗产“文化空间”类名录。岑巩县为思州故地，是多民族杂居的县，为“五溪蛮”地属范围，世居苗、侗、土家、仡佬等少数民族。在岑巩的不少农村至今流传击鼓唱歌的“屯锣”活动。“屯锣”源起宋代，而明清时期最为流行。明清时期，大批从江南地区进入思州的汉族军民，将江南地区民间的锣鼓敲击音乐带进了思州，同当地苗、侗、土家、仡佬等少数民族的锣鼓打击音乐密切结合，演变发展为文化内涵更为丰富、曲牌更为多样且锣钹质量更好、音色更美的“屯锣”活动。

关于“屯锣”的来源，相传在岑巩县水尾镇大树林苗寨，古代苗族先民居住在这片林坡上，以采野果和狩猎为生，为防野兽伤害，他们用爆竹筒、打响棍来驱赶豺狼虎豹，后来发展到以击鼓击鼎罐防兽。有了铜后先民们仿照鼎罐形状制成了铜鼓，仿照鼎罐盖模式制成了铜锣。在使用过程中他们觉得铜鼓重且携带不方便，而铜锣轻巧又易携带，集中敲打起来应山应水、声震山岳，对野兽具有很大的威慑作用，于是在赴山狩猎时就带铜锣出门，久而久之铜锣就成为他们驱兽、召集同伴和娱乐的主要器具。同时，祖先们又模仿自然界充满生机的生物形态、声音和动作，创作出各种生动形象的锣鼓曲子来，如《公鸡啄米》《马蜂过坳》《八哥洗澡》等，于是就有了世代相传的锣鼓曲谱。到了明洪武年间，朱元璋派遣南征军以武力“拓边赶苗”，苗族群众被迫逃离故土，将来不及带走的铜鼓和铜锣埋在村旁大枫树下。事隔多年子孙们打回老家正值年三十夜，为了欢庆胜利他们杀猪宰羊，从土中挖出铜锣尽情敲打。第二、第三天连续到村寨周围的山坡上，将躲避在深山老林中的乡亲们用“逗锣”召唤回来，大家欢聚一起兴高采烈地“锣”到正月十五元宵后才下地干活。经世代相传就形成了固有习俗：阴历三十夜敲锣祭祖，正月初一、二、三“逗锣”聚众，正月十五以前举行“锣”比赛。

“屯锣”一般以自然寨为单位，选择寨子中的大场坝、大古树下或竹林边的“屯锣”点。“屯锣”活动大体分为三种情况：一是自行娱乐，即在各自的寨子里进行打锣娱乐活动，放松一年来紧张劳动的心情和渲染隆重的节日气氛，这种场合男女老少都可以敲锣打鼓及从中学习“屯锣”技艺，是培训后生小辈“屯锣”的最好时期；二是两村相互“逗锣”比赛，即一村寨到另一村寨进行比赛，为取得比赛的胜利，在进入外村寨之前先要在其周围的小山坡上进行“逗锣”，挑逗、激发各村寨打锣“回应”，借以探听各寨锣鼓队伍的虚实和锣鼓音响的强弱，然后再视“弱”时而进，不管结果输赢如何，凡是进寨的“屯锣”队伍都被当做贵客热情接待；三是集中“屯锣”比赛，就是很多“屯锣”队伍集中在一个宽大的场所进行比赛，这种场所一般是相对集中且固定的，届时附近村寨的“屯锣”队以锣鼓声为号邀约集结而来，阵容庞大且场面壮观，观者少则千人多则万人，可谓人山人海。

屯锣器具 （杨涛 摄）

赛时各“屯锣”队均以班锣（又称起声锣）先响，小钹接音配合然后大锣跟进，大鼓击声合拍。整个“屯锣”比赛以锣为主体，锣、钹、鼓紧密组合各有其声，很有节奏，按“一二三四”“四五六七”的音节，将比赛推向一个又一个高潮。“屯锣”比赛的名称有“鸡拍翅”“鸡啄米”“鸡下蛋”“牛擦痒”“八八洗澡”“马蜂过坳”“阳雀催春”“一二三”“九匹鼓”“急急钹”“龙灯鼓”等数十种，有的模仿动物悠闲自得的生活习性，有的反映劳动生活的紧张节奏，内容丰富且仿物形象逼真，惟妙惟肖，情趣盎然。

“屯锣”比赛没有职业裁判，全凭各锣队相互比较和公众民主评定，以打锣的音响最洪亮、传得远及锣、钹、鼓声穿插配合的节奏感好和打锣的时间最持久为胜利的标准，要求“屯锣”队员既要艺精身强又要相互配合默契。据一些很有经验的老艺人介绍，“屯锣”比赛的胜负关键有三条：一是要有几面好的大锣；二是要有一批艺精体壮且配合得好的中青年队伍；三是要有一个威望高、组织指挥能力强的领头人，否则就会很轻易地输给对方。

一般来讲每个村寨都有一个“屯锣”队，队员均为男性，有几人、十几人不等，多的则达上百人。一个锣队里最少有一套锣、钹、鼓行头（即大锣 2 面，钹 2 副，大小鼓各 1 个），一些经济较好的村寨都备有两三套行头，甚至更多。“屯锣”用的大锣有苏锣、包包锣、筛精锣和大铜锣等四种，锣、钹、鼓行头通常放在寨里德高望重、儿孙满堂的长者家中保管，作为寨中的固定资产世代传承，表明了人们对锣鼓的崇敬。

思州“屯锣”传承中也有不少地区打破了惯例，把敲锣作为迎亲娶媳妇的开道乐曲，加上长号喇叭、唢呐的吹奏作为吉庆热闹的展演，只是在迎亲喜庆时不能使

屯锣队 （杨涛 摄）

用大鼓和钹。有的地区在老人下葬时也使用锣鼓送葬，表示对老人的尊敬和缅怀，还认为起到祛邪的作用等。

苗族茅人节

“茅人节”又称“爬茅人坡”或“插茅人”，苗语称为“劳莎丽”（laof dung lif），是榕江县两汪乡短裙苗族一种古朴、独特、神奇的社交活动，也是沿袭至今的民族习俗之一。

“茅人节”这一习俗的由来有一个动人的故事。相传有一位漂亮的苗家姑娘天生就爱唱歌，歌声飞出能唤醒百花盛开、百鸟起舞，传统的婚俗迫使这位漂亮的苗家姑娘离别心上人而远嫁他乡，三年五载姑娘回娘家才与心上人相见。于是在阳春三月姑娘就与心上人相约，爬到寨上最高的山坡，用歌声表达双方的思念，倾诉离别后的忧伤，歌声从清晨唱到黑夜又从黑夜唱到清晨，唱到伤心处俩人泪流满襟。想到此一别不知何时才能相见，姑娘便提议在山顶插上茅人，当姑娘离开情人时，在遥远的他乡只要看到山顶上的茅人，就如同见到自己的情人，就会想起父母和家乡的亲人。此后，姊妹们也纷纷爬上山顶，在山顶插上一排排茅人，中间最高的象征着远嫁他乡的大姐，两边象征妹妹，表示姐姐虽然远嫁他乡，但亲人始终不会忘记她。远嫁他乡的姐姐每当思念亲人时，就会爬上高山，看到茅人就能认出家乡的方位，就知道家乡的亲人也在思念她们，盼望她们能早日回家团聚。于是人们就称插茅人的山坡为“茅人坡”，插茅人便成了两汪乡短裙苗族特有的习俗。

这里的姑娘为何非要嫁到远处去？这要追溯到远古时期，这支苗族受官府的追逐，从江西经过艰难的迁徙来到两汪，为共同抗敌各家各姓结盟为兄弟，本族之内不再通婚，从此这里的男婚女嫁便发生了极大的变化。寨中青年男女一块儿生一块儿长，闲暇时相邀唱歌抒情，歌是爱情的种子，一来二去那种子就在心里生根发芽。然而，祖先定下的规矩横跨其间谁也不能越过，有情人难成眷属，或是姑娘远嫁他乡，或是小伙娶来从不相识的姑娘，相爱的双方只好把衷情深埋在心的深处，于是就有了专为情人相会的传统习俗——“爬茅人坡”插茅人。

随着时间的推移，这支苗族可以寨内互相通婚后，子孙后代崇拜他们纯洁的爱情，同时也为了表达自己的爱情，每年农历二至三月，姑娘小伙三五成群爬上茅人坡，插上一排排茅人，他们掩映在映山红丛中唱歌、谈情，寻找意中人，茅人坡就变成青年人谈情说爱、自由选择对象的理想场所。

由此，每年农历二月初，男青年便上山把手腕粗的杂树干用茅草包扎成茅人状，插在寨子附近的最高峰，传统习惯是插单不插双，一般插五根以上，中间高两边低依次插成一排。姑娘们见山上竖起茅人后，就欢欢喜喜地打扮起来，男子们不管已婚未婚，都可三五一伙前去与妇女们相会。去时，如若途中遇上同姓兄妹、伯叔等血亲必须自动回避，或回家干活改日再往，或另到别的山坡上玩。在茅人坡上，未婚的和已婚的青年男女有较大的社交自由，男男女女在茅人坡上相会后互相对歌。对歌的一般程序是见面歌→赞美歌→盘查歌→思念歌→求爱歌→盟誓歌→分散歌。茅人坡上对歌种类主要有对答歌、爱情歌、订婚歌、结婚歌、诽亲歌等。

茅人节上的短裙苗女孩

对答歌：主要是男女青年初次见面时唱的一种歌，运用男问女答或女问男答的形式来了解对方的情况。运用拟人、拟物的比喻，采用出对子、猜谜语的方式来斗智。

爱情歌：是男女双方已有较深的感情后唱的，是表达彼此相爱、誓不分离的歌，此歌一再表示男的不再娶、女的不另嫁，要是一对情人单独对歌，唱到情感深处双方都会痛哭失声。

订婚歌：男女双方愿白头到老，可以唱订婚歌私订终身，也有男女成人后还没有人来提亲或订婚，可以唱订婚歌向对方求婚。若对方无动于衷不用订婚歌来回答，表示拒绝对方的求婚；若对方用订婚歌来回答，即表示同意求婚。

结婚歌：是男女双方对歌后要分手回家时唱的一种歌，表达双方依依不舍和要求再相会的心情。

茅人节上的青年男女对歌

诽亲歌：父母包办订婚后儿女不同意，可以在同辈中或对自己的情人唱这种歌，叙述自己不同意这门亲事和对自己情人的怀念。

茅人节活动中的服饰特别耀眼，特别是妇女的独特服饰，充分体现了这支苗族的高超艺术水平和创造能力，从中折射出该民族深厚的文化内涵。这里苗族服饰与众不同，在全国乃至世界是独一无二的，在某种程度上反映了苗族人民在发展中某一阶段的历史。裙特短仅 15 厘米长，且特厚。据寨上老人说，远古时期人类无布料更无衣服，为了遮风避雨，妇女们便用树皮折叠成尖顶帽子戴在头上，包成“人”字形，用芭蕉叶围下身，因而上山入林、涉溪过水干活，加上天气炎热遮身物过长不方便，便慢慢固定成长仅 5 寸的“超短裙”。这种远古传袭下来的“超短裙”样式，皱褶似芭蕉叶，无花纹图案。节日期间一般穿 10 层左右，多者有 20 余层，原因是多层皱褶脚才“翘”，以能“翘”起来为美，同时显示家庭富有。

两汪乡的茅人节活动，再现了短裙苗族丰富的文化遗产，其情歌、芦笙曲调、芦笙舞蹈、木叶曲调等是短裙苗族文化的重要组成部分，其传承方法主要是通过举行活动和心传口授等方式进行，代表性的主要传承人有夏承英、唐窝挡、龙见兰、梁正华、龙见基、李发富、唐正兴、唐先林、杨再荣等。

注溪娃娃场

注溪乡位于贵州省岑巩县城西南面24千米处龙江河畔，是岑巩通往石阡至遵义等方向的必经之路，亦是古代楚地入思州经黔达滇蜀的水陆要道之一，这里山清水秀、土地肥沃且气候宜人，居住着土家、侗、苗、汉等各族人民。注溪乡场是附近的小堡、江古、大岭、老鹰岩等20多个乡村的商品集散地及文化中心区之一。

注溪土家族六月六“娃娃场”，是土家人民在长期的生活习俗中形成的以促进少年儿童健康成长为宗旨，以为少年儿童服务为主要内容的传统民间文化活动。据岑巩注溪《衙院田氏家谱》记载，注溪“娃娃场”由其先祖田茂英于清康熙初年开创，迄今有300多年的历史。据《衙院田氏家谱》记载：明永乐十一年（公元1413年），田氏第26世祖，思州宣慰使田琛与思南宣慰使田宗鼎因争夺领地而互相仇杀，土民深受其害。明成祖“改土归流”，诏分其领地设思州、镇远、铜仁、石阡等八府，田琛被诛，家产被籍没且子孙逃散。到明朝末年，第32世田帷栋出现于注溪六部屯田家院，第33世田茂英重整家业，迁到衙院，田氏家族得以复兴与壮大，清康熙初年田茂英在思州府供职，为思州大土司。

关于“娃娃场”的来源，土家族民间有这样的一种传说：清康熙初年，田茂英，为重振家业买地建房、大兴土木，由老宅地营盘搬迁到衙院，为了图吉祥喜气，田茂英组织人在注溪老街扎牌坊彩楼张灯结彩，场面相当隆重。时逢农历六月初六赶集（俗称赶场），街上人山人海云集彩楼前。吉时良辰将到，田氏家族和搬迁队伍正要穿过牌坊彩门时，突见一对俊俏的童男童女手捧鲜花分立彩门两边喜笑颜开、拱手相迎，走在前面带领田氏的家族进街，随后便不见了，众人都认为是天上的金童玉女前来祝贺田氏搬迁新宅，是个好兆头，预示着乡场前景美好，会带来繁荣昌盛。于是田茂英

衙院老堂屋 （杨涛 摄）

便规定每年的农历六月六这天，所有的田氏家族家家户户都要将童男童女打扮得漂漂亮亮的，由各自的父母带到老街赶场，要求街上的商贩着重出售与儿童相关的商品或食品，并将此场命名为“娃娃场”以示纪念。随着时光的推移，注溪周边的其他民族的娃娃都参与进来，逐渐演变发展成为一年一度地域性的“娃娃场”，沿袭至今。这是贵州境内已知的最早的少年儿童节，要比现在“六·一”国际儿童节早250多年。

娃娃场上的孩子们

每逢农历六月初六，注溪乡场都展示出它独具民族色彩的画面，其特色可谓遐迩罕见。六月初六一大早，附近乡村男女儿童的父母都为自己的子女梳妆打扮，各民族少年儿童穿饰着色彩各异的节日盛装，在父母哥姊的携护下，兴高采烈三五成群地从四面八方纷至沓来，近则十里八里，远则四五十里。注溪乡场上的商家也一早就为儿童少年们设好摊点，各家都亮出最受少年朋友欢迎的商品，有新上市的杏桃李梅等鲜果、味美精致的糕点、活灵活现的玩具、色彩艳丽的童装、物美价廉的儿童文化用品，还有琳琅满目的地方特产。近午时分，注溪乡场近500米长、七八米宽的街道竟被成千上万的儿童挤得水泄不通，东西俯瞰，整个乡场犹如一垄五彩缤纷的蘑菇。在这个节日里，孩子们是乡场上神圣的主人，父母哥姊只能作为陪伴，一切都依顺孩子们，让他们尽情地玩够吃饱，尽情地享受着“娃娃场日”的欢乐。他们把六月六的机会当成是一年四季最欢快的时刻，孩子们第一次学会与商人打交道，领略钱米的价值，有的生平第一次接触大千世界……稚在其身而乐在其中。

注溪“娃娃场”对保护农村少年儿童的心身健康具有重要意义，顺应了儿童天真活泼的天性，同时也促进地方社会经济的发展。

社 节

社节(项目),原列入贵州省第一批非物质文化遗产“文化空间”类名录。社节是侗族地区较为普遍的为纪念“社公”木阿点龙而立的传统风俗,黎平龙额片区、天柱注溪一带的社节是南北侗族方言区的代表活动。

天柱注溪一带的侗家赶社不在寨里而在野外,如放牧坪或田坝里作为社场。每年立春和立秋后的第五个戊日为“社日”。“社日”的前一天,人们就已杀猪宰羊请客办酒,痛饮到深夜,“赶社”这天,人们身着节日盛装会聚在坪子里或田坝中欢庆,同时交换农副产品。

风雨桥上赶社节 (蒋家林 摄)

关于天柱侗家赶社相传一个故事,说古时候有个叫木阿点龙的厨师说了“只有盐巴最好吃”的话而得罪了皇帝,后被处罚,他的好友在给皇帝做菜时便不再放盐,皇帝吃后果然觉得不好吃,知道自己错杀了木阿点龙,于是就下旨赦他无罪。这天人们都吃“赦饭”,还要喝一点盐水,忌用刀器,做菜时不能用刀切而代之以剪刀,以纪念无辜的木阿点龙。春社是人们迎接木阿点龙英灵到来,秋社则是送他回家,迎送社神时还要画上三匹马,相传是他和祖母,以及媳妇三人的坐骑。

“赶社”这天侗寨男女老少从四面八方赶赴社场,社场上往往人山人海,人头攒动,小孩看热闹,大人买东西或交换农副产品。侗家后生和姑娘们则穿上新衣裳,姑娘佩戴各种银饰,系上绣花围腰和编带,手提刺绣荷包,包里装着酸鱼肉和糯米饭,三五成群,在社场上邀请后生共进午餐,后生则买糖果送给姑娘。初次相识的对歌结情,早有交往的则重叙旧情,约定下次相会的时间。晚上,本寨的后生、姑娘分别邀请外寨后生、姑娘到自己的寨上做客吃“社饭”。

赶社节的姑娘小伙 （蒋家林 摄）

“社饭”用糯米、籼米各半放入温水泡胀,淘净滤干后倒入簸箕或大盆里,将备好的熟腊肉丁、鲜肉丁、油炸豆腐丁、画眉蛋或黄豆、花生米、野伏葱、芥菜、青菜和猪油、食盐等佐料混合,拌匀后蒸熟即成香气扑鼻、味美可口又营养丰富的“社饭”。席间一些后生用棕皮、布块蒙面,或脸抹锅底灰打花脸扮成侗家妇女模样表演捞“社虾”“社鱼”,诙谐地唱起酒歌向姑娘们吐露心迹。晚饭后,男女青年汇集歌堂,在那里玩耍、对歌,欢乐的气氛延续至深夜。

最近几年注溪年年举办社节,即“贵州 · 天柱‘注溪社节’”,社节被媒体认为是“记忆了历史,传承了文化,拉动了旅游,快乐了乡亲”的节目,在湘黔交界的侗族地区有较大的影响。

占里侗族生育习俗

占里是贵州省黔东南地区从江县高增乡的一个侗族自然村寨,坐落于都柳江沿岸四寨河口北上的山谷间,海拔 380 米,毗邻黎平县双江乡岑和村,距从江县城 20 千米,土地面积为 15.97 平方千米,辖 8 个村民小组 156 户人家 790 余人。这里独特的文化特征不是鼓楼风雨桥、吊脚楼,而是其自觉控制人口出生率的生育文化。自新中国成立以来,这里创造了两项为世人所叹的记录,一是人口增长率近乎为零,二是刑事案件发生率为零,加上远古相沿而来的奇特民俗和文化,这里被不少学者和官吏喻之为当代“世外桃源”和“中国自觉实行生育计划第一村”。

侗寨占里

占里侗族自古就有实行计划生育的习俗，据考究和《从江县志》记载，占里村先民曾居住于广西苍梧郡，后因战乱与饥荒，被迫溯都柳江而上，几经波折辗转来到占里定居，距今已有千余年之久。从占里传唱的古歌中知，最初到达这里的仅吴姓兄弟5户，随着岁月的流逝5户演变为5个房族。清朝中期由于人口增多，寨中人地矛盾、社会治安问题不断突出，一位叫吴公力的寨老从鸟雀与生态环境和人与船的关系启发下，即根据本村的人口发展速度和田土面积、森林状况，定下寨规款约，确定占里人口不能超过160户700人，为达此目标，具体规定一对夫妇有50担稻田，可以养育两个孩子，有30担者只能养育一个孩子。之后，随着人均占有田土的相对平衡，在寨老（其名不详）的主持下，讨论、改定寨规为一对夫妇只能生育两个孩子，并在款约中强调，如有违反寨规就将之逐出寨门，或由其亲属处以重罚。这个寨规得到了占里一代又一代的极力呵护和遵从，并形成占里人独特的生育习俗。

通过考察，发现占里独特的生育习俗为一个具有文化意义的综合体，体现在观念、习惯法、宣传教育、社会组织作用、婚姻机制、节育手段以及习俗作用等方面结合。

适婚女青年在演唱生育习俗古歌 （德刚 摄）

据资料显示，占里建寨初时为防备子女间对土地、财产的纷争之患，其父母生前对兄弟5人拥有的财产、耕地、山林等作了平均分配。随着岁月的流逝和人口的增多，兄弟5人演变成了5个互相通婚的集团——“兜”，在财产关系上，5个兜各自的财产均层层分配至最小的单位家庭——“然”。“然”多则地少，“然”少则地多。因此，占里自清代中期起其“款约”规定并在“古歌”中传播“祖祖辈辈住山坡,少生儿子多快活。七百占里是只船,多添人丁必打翻”“一棵树上一窝雀,多了一窝就挨饿。家养崽多家贫穷,树结果多树翻根”“养得女多无银戴,养得崽多无田耕。女争金银男争地,兄弟姐妹闹不休。盗贼来自贫穷起,多生儿女穷祸根”“崽多无用,女多无益;崽多要分田,女多要嫁妆;崽多无田种,女多无银两”等朴素的人均思想和适度人口观念。正是这些思想观念的代代相传和深入人心,占里侗族人民节制生育行为得以代代坚持。

在长期的生产生活实践中,占里先民探索和总结出一整套节制生育的方法,即靠民间中草药秘方进行节制生育、控制人口增长的办法。这些办法由寨中的中老年妇女掌握,一般一兜一个且传女不传男,当地称“药师”,他们的职责是:(1)给即将结婚的青年男女讲授生理、生育、节育知识。(2)给怀孕的妇女定期检查并接生。(3)给避孕失败或超怀的妇女做人工流产、引产。(4)给需要避孕绝育的妇女、男子发放中草药等。妇女怀孕期间,药师采配中草药帮助健体安胎,妇女生育后则服用一种叫“血美”的草药汤,这种药剂能使产妇口味好、恢复快、后遗症少。如要避孕或绝育,药师均施以不同的药方,服后便可达到避孕和终身不育的效果,且对身体无任何副作用。

占里人“不落夫家”与晚婚晚育,是其生育习俗的重要组成部分。占里男女结婚后女方不马上“落居夫家”,只是在农忙季节或夫家有大事需要媳妇帮助张罗时,女方才落住夫家,直到身怀有孕或年岁已大才定居夫家。这种习俗使早婚不致早育,妇女平均生育年龄在23岁以上。此外,占里自古以来结婚时间全寨统一,一年中只有农历2月16日和12月26日为结婚时间,其余时间不准结婚。这里的人们认为结婚与生育是因果关系,统一了结婚时间也就大致可以规划和控制人口的出生时间和数量。

占里的生育还愿桅杆 (德刚 摄)

占里人对生育十分重视,每当寨上降生一个小孩,全寨人都要备上糯米饭、水酒、鸡鸭鱼、猪牛肉等,在孩子出生的第三天早上聚其家中庆贺,为其取名并记录生辰八字。寨上如有10岁以上的孩子不幸夭折,他们要按大人的葬礼安葬亡灵,并全寨停工一天悼念。

此外,占里不同于父子联名

制的“亲从嗣名”命名制度，使生育习俗体现着男女平等的精神。父子联名制必须是有父有子，若有父无子联名制就无法延续下去，这种命名制是促使人们渴望生育男孩的动因之一。亲从嗣名制则恰好相反，它是以新生的第一个孩子（不论男女）的名字为准，从而使父辈、祖辈的名字也相应发生变化的一种制度，占里的这种命名制没有传宗接代、延续香火之意，所生子女的性别无关宏旨，有利于人口制度的执行。

在占里，对有女无儿的家庭，旁系亲属会主动承担赡养老人的责任，从来没有遗弃小孩、不管老人的社会现象。

苗族祭尤节

祭尤节为丹寨县扬颂、腊尧等苗寨古老的传统节日，“祭尤节”苗语叫“农尤”，“农”意为吃或祭，“尤”为人名、族名。现仍保持过节的腊尧、扬颂两个村寨的过节时间为农历十月的第二个牛场天（丑日），丹寨县长青乡兴仁镇岩英村为农历十一月的第一个虎场天（寅日）。

据传很久很久以前，扬颂、腊尧等地苗族先祖“告尤”居住在“河水黄泱泱”的河岸上，天生怪异、勇猛异常，曾率领9位部落首领一起与炎帝、黄帝在中原一带交战。后来“告尤”被诱杀，其余部落首领只得率领部族人民沿河向西一路不停地迁徙，有的来到了黔东南、丹寨、扬颂和腊尧，世代繁衍生息，成为今天的“告尤”后裔。祭尤节就是为了祭奠那位遇难的先祖“告尤”。如今的扬颂、腊尧人家每当有人新逝满27天“送水吃”时，还是要由祭师导引其灵魂到传说中那条“水浪滔滔”的河边归祖。这段传说与史籍的记载多有吻合。史料记述，苗族先民曾在黄河流域、江淮流域和洞庭湖一带生息过，被称为“苗”“三苗”等，秦汉之际唐宋之前，先后向湘、黔及黔东

祭尤仪式 （黄晓海 摄）

南迁移。扬颂、腊尧等丹寨苗族口传其先祖曾有9个祖公，与徐杰舜著《中国民族史新编》“中南东南地区历史上的少数民族”中的记述“据传说九黎共有九个部落，每个部落有九个氏族，其酋长是蚩尤，并传说他有兄弟81人，即81个氏族酋长”相呼应。扬颂、腊尧一带的祭尤节与蚩尤部落渊源密切。

在祭尤节来临前3~5天，各家要备好一坛甜酒。节日前一天要蒸糯米饭打糍粑，打制的第一块糍粑必须是4斤米以上且直径约50厘米，苗语叫“转巴宁”，意为粘子粑。节日当天早上，男主人要备齐鲤鱼、枸树叶等祭祀。中午祭祀开始，即在祖宗神位旁摆上桌子，桌面上存放粘子粑一块，另于地上摆放盛上酒的9个土碗、9片枸树叶、9条鲤鱼，并将其等量分成9堆。随即请祭师念诵祭词约半小时，其间饮8次酒，每次饮酒前接碗者先戽几滴于地下，每斟一次酒祭师念一段相应祭词并占竹卦，竹卦必须是左扑右翻方为愿。祭词念毕，助手操起大刀将存放在桌面上的粘子粑“杀”成小块，连供品树叶、菜叶、鲤鱼分给在场人同食。祭奠仪式后，小孩子们分得糍粑便高兴地又到别家行“讨”，客人则应邀喝酒吃肉，大家谈古论今、各抒己见，酒过三巡，主人还邀客人猜拳行令、唱歌取乐。

祭尤节上的芦笙舞　（苗晓海　摄）

祭尤节当天，大家均穿上不同的服装从四面八方汇集在一起，形成了一个大型的多姿多彩的民族服装展览盛会。同时，祭尤节除了宴请宾客和交友谈心联系感情外，还进行唱民歌、跳板凳舞、赛唢呐、斗鸟等一系列丰富多彩的娱乐活动。节日祭祀仪式用的供品食物不是鸡、鸭、猪肉等近现代的美味佳肴，而是用树叶、菜叶、鱼，如此古朴的食品，从历史学角度可看出这是原始人类的生活食品，值得考究。

祭尤节在中华人民共和国成立前比较普遍，中华人民共和国成立后，尤其是进入20世纪七八十年代以后，不少村寨已不再过祭尤节，现在只有腊尧、扬颂、岩鹰等村寨继续保持过节活动。但是由于各种新兴节日活动频繁地举行，活动内容也越来越现代化，加上外出打工的年轻人越来越多，祭尤节的范围与规模与以前相比显得更小，内容也相对单调，节日气氛大不如前。

瑶族服饰

麻江县河坝瑶族服饰是贵州瑶族“育”支系的代表服饰。麻江瑶族“育”又称“阿夭”“夭家”，史称“夭家”“夭苗”“绕家”，其服饰以青和蓝为主色调，女装间以红色花纹配之，服饰分男装、女装、童装，其中以女装花样较为繁杂。

男装包括头式、衣装、裤装、脚装。头式：清代，瑶族男子一直蓄髻留辫，头包长一丈二且宽约尺许、两端留线须的青色布头帕。衣装：均穿青布衣或蓝布衣，春夏时老年人右衽（史志记载为“左衽”）矮领中衫，青少年穿对襟矮包的单领布纽中衫，秋冬时均穿右衽单领长衫而腰系线织花带，花带两端缀红线须，让须端垂于左腿，外出时腰拴一个用于装烟草、烟具和钱币的腰包。裤装：均穿三幅裁的大裆长裤，裤上端加横腰布，裤脚缝折褊。脚装：小腿上打青布绑腿，老年人穿两开白布缝制的布统袜，古时叫“科头酰足”（《嘉靖图经》），后多穿革履。自古至清代男子蓄发留辫，辛亥革命后剃发如汉人，老者剃光头但包青布或蓝布包头帕。清末民初男装多为青土布长衫，民国以后逐渐穿青、蓝土布对襟短衣，现大多穿汉装。

女装分为盛装和便装两种。盛装瑶族称为“相育”（意为绕家人的衣服），从头打扮到脚，包括头式、花衣、裤装、脚装、颈饰等。头式：瑶族妇女均蓄绾顶长发（用绾反扣于头，将周边头发剃光）不扎辫，在后脑勺处绾高髻，髻上插牛眼杯大的带柄银瓢，银瓢边缘挂尺余长的双环银链，髻顶插若干支银花，银花边缘缀若干短柄半球形小银泡。头上包绾折叠平整的头帕，头帕两端留线须，须端横镶两道白色或红色布褊，头顶上外搭两端留有寸许线须的青底白花头巾，耳垂挂银柱（少女挂枫叶形耳柱，已婚妇女带耳形内空的耳柱），颈上戴大小不等的数只银项圈。花衣：瑶族妇女穿右衽和尚领无扣的绣花衣，全套6件，长不过膝短仅及腰，从里到外一件比一件短，恰好露出衣脚一道花纹。衣袖长短亦然，全套分为两层，里3件为一层，外3件为一层。穿单层时已婚者穿里3件，未婚者穿外3件；穿全套时还外加1件染好后“涂以猪血价甚昂”

服饰制作传承人 （陈慧 摄）

(《清·都匀志》)并用鸡蛋清浆过的花衣,前襟用四色布和一条彩色锦镶四条边装饰,肩部有一条织锦花边,着装时用三组花带在右侧打结。裤装:裤和裙套穿,内为直统大裆长裤,外套青色、蓝色两节百褶中裙,裙前系一张下端镶有四五寸宽花边的围腰片,腰左另配一张绣花帕。脚装:小腿包绑缀有几十颗海蛤(白海贝)的裹腿。裹腿长 1.5 尺、宽 1.2 尺,左右各于外侧竖缀彩色线织成的花带,所缀海蛤垂至脚颈。脚穿绣花船形高翘鼻鞋,鞋的前半部分为青布底,鞋面均绣各色花纹;后部分浅蓝布底均用白布剪成螺旋形花瓣粘贴,再用彩色线顺花瓣边沿缀钉。颈饰:妇女戴银项圈,手腕戴数只不等的银首饰。便装自清代后期渐仿汉习,除节日、隆重场合着盛装外,平时均改穿便装,绕语称为"相然"(意为"土家衣")。便衣是右衽齐膝矮领中衫,顺脱肩沿上和袖口钉两道蓝布细褊,腰拴短围腰,围腰于胸前部有梯形绣花围腰牌,围腰带绣有花且两端留有线须,围腰上端用银链连接挂于颈上。便装去头饰手饰,不穿长裙,去裹腿翘鼻鞋,仍绾头帕、搭头巾,着大裆长裤,穿轻便的布鞋、胶鞋或皮鞋,亦穿细鼻边耳米芯草鞋。

麻江瑶族女装

瑶族服饰制作首先是依着装者身材。按内长外短进行裁剪;次则印染,最具特色为"枫脂染",即将枫树油脂、牛油或羊油共熬,用油钵盛装,再用蘸油刀蘸枫脂油在衣料上绘出图案,谓之"点花";再将之置于蓝靛染料中浸染,捞出晾干后将枫脂油去掉,即现出底色图案;再次为刺绣,姑娘从七八岁起开始学刺绣嫁妆,待把精美的裙子绣制满意时,几乎是待聘出阁的妙龄少女了。旧时瑶族谚语云:"绕家找不到蹩脚的猎户,也找不到不会绣花的姑娘。"

瑶族服饰相较其他民族服饰而言色彩并不鲜艳,主要是用黯淡、偏深的色调来显现拙朴、凝重,蕴含着他们内敛的审美取向,体现瑶家人在宁静中追寻生命意义和心灵源泉的精神诉求。瑶族服饰的布料裁剪和印染方法独特、工艺复杂且制作周期长,穿戴打扮也别具一格,具有区分社会角色的功能。优美而结构严谨的构图承载着瑶族的历史文化信息,既体现了古代的图腾崇拜,又体现了麻江瑶族人民高超的工艺水平和创作天赋。

青山界四十八寨歌会

青山界在贵州省锦屏县内，规划区域内有两个行政乡，西北面是河口乡，东南面是固本乡，主要有控娥、裕河、瑶光三个民族村，四十八寨短裙苗家。青山界素有黎平、锦屏、剑河三县屋脊之称，总面积3000多公顷，山势起伏波澜，却土地辽阔且特产丰富。主峰龙干山海拔1334.7米，山顶地势平缓而又有矮丘列布，如同天神刻意布下的巨大“覆锅阵”，“覆锅阵”绵延数十里，山丘上树木不长却牧草繁茂，草场约有5万多亩，是天然的牧场。站在山顶极目远眺，只见四周千峰朝拱、万壑辐辏，云雾在山腰随风徜徉。一年一度的青山界四十八苗寨歌会会场即在山顶，这是锦屏、剑河、黎平三县数万名青年男女的相聚之地。

青山界有着丰富多彩、富有民族特色的风土习俗，每年土王大戍（即立夏前十八天）便是传统的唱歌节。当天，黎平、锦屏、剑河三县周边村寨五十里的男女青年三五成群，数万人相聚于这里，姑娘与小伙子们互对情歌，未婚男女趁此机会寻觅自己的意中人。当天快黑时，看中了自己的意中人，在互通感情后即可跟着男青年到家里配对成双，姑娘家里的父母哥弟不准干涉，这个习俗已有几百年的历史。苗族青年男女在几百年前就能自由恋爱，在中国两千余年的男女“授受不亲”文化主流中确实是难能可贵。

这个习俗的来源有一段传说，由于民族之间相互仇视和对立，青山界复杂的地形成为苗家人抵御外辱的天然屏障。明洪武年间苗族从江西等地迁来便居住在高高的青山界上，因他们是一个整体部落所以各姓氏之间互不通婚，后随人口的发展和政治、治安环境趋于安定，苗族人便沿青山界向四周山脉低海拔地区迁移，分散居住而成四十八寨。开始各寨间仍保持不通婚，但青年男女

青山界四十八寨歌会 （杨胜屏 摄）

婚嫁都较困难,各寨长辈之间便择一吉日共商此事,为解决男女青年婚嫁问题遂废除不通婚制度,决定在四十八苗寨中心的美蒙唱歌坪举行歌会,让年轻人自己择偶,因此日正是农历三月土王大戌,便将每年的第一个土王大戌作为歌会日。青山界歌场就这样年年沿袭下来。中老年人也以此为契机会见亲朋好友,组织斗牛、斗鸟等各项活动。

四十八苗寨歌会是苗族文化传统的重要组成部分,与青山界苗族的民族史、文化史息息相关,同时也是各民族文化相互碰撞与交融发展、变迁的产物,是我国最早的婚俗制度改革的典范。此外,通过四十八苗寨歌会,产生了许许多多丰富多彩的民族歌曲,对该地区语言、文化的形成起到了推动作用。

土家族"八月八"唢呐节

每年的八月初八,是镇远尚寨土家族人隆重的节日——唢呐节,从该乡丰收村和苗屯村搜集到的乾隆年间傩戏演唱木刻本可知,尚寨土家族唢呐活动已有300多年历史。由于历史、生活习俗等各方面的原因,这里的群众对唢呐吹奏情有独钟,素有"唢呐之乡"的美誉,上至耄耋老者,下至垂髫少年,无老幼之别、性别之分,几乎人人喜爱、个个擅长。

传说土家人居住在深山老林,老弱小孩经常被老虎一类的野兽咬伤,为此一老汉将一铁皮制成筒作防身武器,铁筒长8米、直径28厘米,铁筒一头大一头小形似喇叭,老汉用力吹奏铁筒小的一头,即发出震耳欲聋的"啦……啦……"声,各种飞禽猛兽闻声远遁,再也不敢到村庄及附近来伤人,后来经过多年的流传和改善,土家人为携带方便就将铁筒逐步改小,最后形成现在的唢呐。吹唢呐不仅可以防猛兽、避邪、壮胆,而且能从中获得娱乐。土家人在辛勤劳作之余,吹一曲唢呐可以消除疲劳、振奋精神,每逢土家人的婚丧嫁娶,吹吹唢呐便显得格外喜庆吉祥,唢呐已成了尚寨土家人生产和生活不可缺少的一部分。

唢呐队伍 (何昌华 摄)

尚寨唢呐现有大小唢呐800多支，唢呐音乐曲调十分丰富，流传民间计有100多种，曲调名称主要有《大红花》《步步高》《行路牌》《上轿牌》《下轿牌》等。在立新房、住新房、接新娘、给老人祝寿等喜庆场合，普遍吹《大红花》等曲调，曲调轻松活跃、节奏平稳规整且旋律淳朴典雅，加上吹鼓手的技艺高强，使喜庆和热闹的气氛推向高潮。《行路牌》《步步高》等多用于接新娘、给新居主人或老人祝寿、送匾时吹奏，催促姑娘上下轿，只要把《上轿牌》《下轿牌》用唢呐一吹奏说明时辰已到，娘家尽快安排姑娘出门，婆家也急忙准备接新娘拜堂。有意思的是土家娶新娘，其场面最为壮观，除主人家自请的唢呐队（俗称坐堂吹手）外，亲戚朋友也请唢呐队前来祝贺。

在唢呐节上，土家人赛曲调、赛技巧、赛花样……有时一人吹一支、有时一人吹两支、有时一人吹三支，有抱腰式、闪腰式、滚地式和独脚吹、旋转吹、半蹲吹等形式。唢呐调有72种，同时有低音、中音、高音，乐器高、中、低配搭完备，在演奏中有指挥，用小锣鼓击节奏。

唢呐节当天尚寨乡各村寨民众集结到一起，邻近石阡县和本县羊场、大地的群众也赶来参与，很多商人也趁机开展交易。活动在露天宽阔的场坝上举行，几百只大、中、小唢呐系上吉祥红布一齐扬起合奏，大合奏开场后是分组奏技表演。比赛主要看三个方面：一是看所掌握的调种，包括六指调和七指调；二是看演奏技巧的高低，组合在齐奏上是否和谐；三是看技艺表演的丰富性。最为称奇的是土家唢呐演奏还有指挥者，演奏时指挥者手持包包锣，用竹锣槌扬起敲以指挥节奏，另有小扁鼓同时击节。在唢呐声中，四乡八寨的青年男女隐没到大树林子里唱山歌、对情歌，一直唱到太阳下山，主人邀客人到土家山寨酒肉款待。节日同时使贸易市场火红兴起，各地百货客商赶到当地设摊摆点，将过大节日的气氛烘托得更为火热。

吹奏唢呐　（何昌华　摄）

2000年，尚寨乡举行第一届唢呐节，以后每年举行一次“八月八”唢呐节，各式各样的土家民族风情一一展现。尚寨土家族“八月八”唢呐节的内容除了以唢呐竞技为核心外，还有傩戏、木偶戏、上刀梯、下油锅、踩铧口、山歌对唱等节目的精彩表演。尚寨土家族“八月八”唢呐节作为土家族人庆祝丰收和相互交流的重要节日,充分体现了土家族人民的生活习俗,也是居住在山地的土家族人们精神生活和沟通情感的需要。但是,随着现代文化和外来文化的不断渗透,尚寨唢呐文化同样受到了强大的冲击,青年一代有更多可供选择的文化娱乐形式,多数青年已不再愿意自觉学习唢呐吹奏技艺,尚寨唢呐文化在现代文化的挑战中艰难生存。

平秋重阳鞍瓦

“鞍瓦”,侗语意为放牛大打,锦屏县平秋镇有重阳“鞍瓦”(斗牛)的习俗。平秋镇地处锦屏县西北部,位于清水江与小江河的分水岭上,距离锦屏县城 22 千米,地形为雷公山脉延伸部分,山高水高,溪河峡谷纵横交错,山清水秀、生态良好,侗族人口占 99.3%。

平秋“鞍瓦”习俗由来已久,据当地族谱和摆古白话手册记载,平秋“鞍瓦”习俗起源于后汉三国时期。相传蜀相诸葛孔明统兵南征,当时云贵川苗侗土王孟获欲保全地方率兵抵御蜀相,孟获驯水牯壮牛,全身裹上铁甲,牛角套上尖刀,牛膝牛脚装上钢锥,交战时神牛冲锋陷阵锐不可当,最后凯旋。是年恰逢卯年,平秋举行隆重的“鞍瓦”活动,邀约附近村寨男女老少牵上自家的水牯斗牛三天,平秋寨家家户户杀猪宰羊款待客人。

平秋重阳“鞍瓦”一般活动时长为三天,即九月初九、初十和初十一日。传说人生于寅、禾生于卯,禾能养人,寅年和卯年为年丰物阜之年,每逢寅年或卯年,平秋六村十八寨(现范围扩大)以其中一寨为东道主,提前 2~3 个月下帖邀请一寨或多寨为宾。作为东道主,每家每户或者每个房族都要喂养一头大水牯牛(主牛),“鞍瓦”时与邀约村寨的牛(客牛)大打。下帖后,家家户户烤米酒、打糍粑、酿甜酒、杀猪宰羊迎接客人的到来。九九重阳节这天,作为被邀约的村寨男女老少换上盛装,牵上自家的壮牛如期赴约。上午十时左右,伴随“嗵!嗵!嗵!”三声炮响,“鞍瓦”开始,人们从四面八方汇集三面环山、四周古树参天的牛塘,“咣!咣!咣!……”一阵如雷贯耳的铜锣声后,一对头戴草墩、腰捆铜铃的“圣牛”(从主客牛中挑选出来最善打的牛)出现在牛塘两端,这时两个“良肖”(侗语,指负责牵斗牛进牛塘的壮年男子)手持黑旗把圣牛拉近,当距离约 10 米时迅速收取遮旗,拉出绳索往牛屁股一抽,两牛奋蹄腾空猛然一碰,这时两旁鞭炮锣鼓齐鸣震天动地。伴随震耳欲聋的锣鼓声、鞭炮声,两牛更是拼死冲杀互不相让,几十回合下来不分胜负,

平秋鞍瓦 （彭泽良 摄）

“良肖”只好拉牛腿停战。这时四周观众群情激奋，欢呼呐喊，众亲友百客拥入牛塘为斗牛披红挂彩。傍晚时分斗牛告一段落，主寨的男女老少堵住路口拦截客人，不论生熟亲疏只要到家就心花怒放，因为他们在互相炫耀，谁家的客多就觉得光彩。入夜，家家户户灯火通明、酒歌阵阵，宾主推杯换盏、纵情高歌。寨中的踩歌堂芦笙阵阵，男女老少随着雄浑的芒筒声，绕着三根柱子顶着的大牛角在这里尽情地唱、跳；寨外的山坡上姑娘与小伙子早已预约在这里说书摆古、对情歌、讲白话，或成群结伙或成双成对，遇到投机的对手唱到通宵达旦，遇到如意的情人双方互表爱慕之情，以至交换信物定下终身。“鞍瓦”三天三夜结束，第四天早上主人留不住客人，“良肖”来到村头鸣放三响铁炮，客人纷纷向主人告别并邀约主人下次到该寨“鞍瓦”作客，主人则打开牛圈把牛完好无恙地交给客人，家家户户燃放鞭炮热烈送行。

“鞍瓦”是以斗牛为主要内容的村寨集体联谊活动，表达人民群众庆贺年丰物阜、国泰民安的思想感情，以及企盼来年风调雨顺，祈求平安吉祥的心愿。2006 年 11 月 1-3 日（农历九月十一日至十三日），锦屏平秋举办了北侗地区有史以来最大的一次民族活动——重阳“鞍瓦”节，节日活动有迎宾仪式、游行活动（民族服饰展演）、斗牛比赛、民歌比赛、篮球比赛等，平秋村近两千名群众参加的民族服饰游行展演活动，场面气势恢宏、壮观，服饰银饰琳琅满目，场面令人震撼。2012 年 10 月 25 日-27 日的平秋“鞍瓦”民族节上，锦屏、剑河、天柱三县交界地区 40 多个侗寨上万名青年男女欢聚平秋侗寨，热闹空前。

“鞍瓦”是九寨平秋侗族社区最大的民族节日之一，是侗族村寨之间的大型联谊活动，整个“鞍瓦”活动前后筹划半年以上，活动期间还有民间自发形成的民歌赛、行歌坐月、说书摆古、歌堂对歌等富有地方特色的民俗活动，是原汁原味、古朴神秘的九寨侗族风情的充分展示。

仫佬年

仫佬族是我国人口较少的一个山地民族，主要分布在贵州、广西等地。贵州省仫佬族共有 2.84 万人，占全国仫佬族总人口的 13.69%，麻江县仫佬族人口近 1.8 万人，占全省仫佬族总人口的 63.3%，主要分布于县境内的基东、翁袍、翁偿、琅琊和中寨等村寨，原称“木佬”。

仫佬年——淘洗水井 （聂凯华 摄）

每年农历十月的第一个兔日为仫佬年，仫佬年是仫佬族最为隆重的传统少数民族节日，类似于苗族的苗年和汉族的春节。仫佬年相传有两方面含意：一是仫佬人敬仰兔子的纯洁，他们的祖先曾以兔子作为定亲礼物，成亲之日正好又是农历十月的第一个兔场天，因此在这一天过年有凭吊祖先、继承传统之意；二是九月秋收结束，十月过年具有庆贺丰收之意。仫佬年这一天是仫佬人心目中最吉利的日子，如成婚选在这天根本不用请先生卜择吉凶。

仫佬族过年时要打糍粑、酿酒、杀鸡、宰鸭、下田捉鱼，几乎家家户户都要杀猪。此外，仫佬年这天仫佬族未婚男女青年梳妆打扮后相约到村寨附近山上聚会，唱歌游玩、谈情说爱，老年人则向孩子们讲故事，介绍祖辈的业绩和仫佬族的古老传说。仫佬人视这一天为良辰吉日，青年男女大多选择在这天举行婚礼。几个寨子这天合在一起举行一些传统的体育比赛，如赛马、对歌、斗鸟等，男女老少穿新衣、放鞭炮，对房前屋后也要整理一番，女人则来到水井边淘洗水井打上新年的第一桶井水，当天雄鸡报晓时家庭主妇立即点上一束香火和火把，挑着水桶来到井边，先插上香向水中投几枚铜钱祭祀水神,然后挑水回家,俗称"买新水",全家大小早已等在大门边抢着喝一碗新水。俗信人们喝了新水能够健康长寿,牛喝了长得健壮而猪喝了膘肥体壮,用新水染布布发亮,用新水洗米煮起饭来特别香,用新水酿酒酒不酸,全村挑到第一担新水的人,最为吉利,能给家庭带来六畜兴旺、五谷丰登。

"打保寨"是过仫佬年中最重要的仪式,也叫"送火星""扫寨",意为扫出村寨里的邪火灾星,"打保寨"仪式通常由德高望重的寨老们主持。在仫佬节的前一天晚上,家家户户要把家里的火全部灭掉,待"打保寨"后再统一取火种。"打保寨"所需物品由各家共同捐助,全寨男女老少均需参加。"打保寨"由一名"鬼师"带领五位徒弟进行,先是在寨子各户门口处插一张画了神符的彩旗,意为防止鬼邪进入,再在寨中某一家大门外杀鸡祭神、烧香点烛并念驱鬼经文;然后"鬼师"一行带着事先用芭茅草扎成船状,上面捆着一只鸭子的"船",以及锣、钹等逐家进行驱鬼邪,察看防火情况。每家门前早已放好一碗水,"鬼师"扫完家后要将那碗水倒于地上,碗翻扣于地,意为已将邪火扑灭。最后,"鬼师"一行来到寨旁一个三岔路口烧香点烛烧掉草船、杀掉鸭子,这时全寨各户都到此取新火种,"鬼师"一行在此煮鸭稀饭吃掉后,"打保寨"仪式正式结束。

仫佬年——"打保寨" (聂凯华 摄)

仫佬族过仫佬年有一种比较特殊的节日食品,即家家户户都做"斗糍粑",富有之家做"斗糍粑"的糯米达一二百斤,一般中、下水平之家也有二三十斤。各家各户的青壮年男子都主动互相帮助,把蒸熟了的糯米饭用舂碓舂溶,再捏成一个个小碗口大的糍粑,盖上红色的圆印,放到通风干燥的地方晾干,吃时放在火炉上烤软即可。

仫佬年是麻江仫佬人在长期的农耕生活中形成的节日,具有广泛的群众性和民间传承性,尤其是"打保寨"仪式中的宣传防火,培养提高人民的消防意识,这在民族节日中是不多见的。但是,仫佬年作为仫佬族的传统节日,只有仫佬人聚居的村寨还存在,传承的文化空间正在逐渐缩小。

瑶族隔冬

祖先祭祀仪式在人类早期社会发展历程中扮演着重要角色,随着历史进程的演进,其社会功能在逐渐减弱,而在贵州省麻江县河坝瑶寨,则较好地保存了这一人类历史时期的社会文化特征。

河坝村是麻江县最大的瑶族聚居地,离县城25千米,村寨散布于河谷两岸,他们自称“绕家”,至今许多活动仍沿用“绕家”的习俗。河坝瑶族村民跨河谷两岸,依山傍水而居,河坝中心村(原为河坝乡,是该地区重要的货物集散地,后撤乡并镇降为河坝中心村,但仍保留乡村集市贸易制度定期赶集)下辖30个自然村寨,每一个村寨都是一个较为典型的干栏式建筑群,居住格局较为简单,基本上是一姓一个村寨,是贵州瑶族的主要聚居地之一。

这里瑶族在每年冬月的第一个虎场天过年,称“河坝瑶年”,又叫“绕家过冬节”,如果在近三年内谁家曾有老人去世,就要在“过冬”之前举行“隔冬”仪式,祭祀去世的老人。“隔”乃阴阳相隔之意,瑶人自称“隔冬”为“哈策”,在家中老人去世后的三年内,每年都要“隔冬”一次,形式和内容均相同,但第三年尤为隆重。

“隔冬”作为祭祀去世老人的传统仪式,体现了瑶家人敬老的美德,其源起已不可考,据《都匀志》记载,瑶族有“居丧不哭、不奠、不戴孝”的习俗,因为颠沛流离的迁徙生活决定了在老人去世的时候只能“薄葬”,但对老人的感恩和思念让人不能释怀,便有了“隔冬”这种隆重的葬后“厚祭”仪式。“隔冬”仪式在“保卦公”的主持下进行,“保卦公”由该寨大姓家族中德高望重、记性好、口才好的男性长者担任,负责本寨所有的祭祀活动。

“隔冬”歌舞

“隔冬”基本上以“房”进行,如这一房三年内有多位老人去世,就在不同的一天分别进行“隔冬”,每天只能祭祀一位老人。“隔冬”这天亲朋好友寨邻、全家族都要到场,就像平常办酒席一样主人要宴请三天,前来参加的人不能送现金,只能送鸡(去世老人是男性的送公鸡,是女性的送母鸡)、酒、糯米饭、肉、香纸、烛等。主要活动仪式有扫墓、杀猪、打糍粑、开田捉鱼等。

"隔冬"仪式由"保卦公"主持。午饭后先将客人送来的鸡全部杀掉,然后整个煮好,取12条鱼煮好并且不能剖开,煮酸菜汤一锅。糍粑打好后捏成桃状,粘在一枝桃树枝上,挂在堂屋左边壁上(第一年7个,第二年9个,第三年11个)。将左右亲友送来的香烛堆放于大门外滴上少许鸡血,由一位老者将其全部烧完。在堂屋内,包括"保卦公"在内的寨中12位男性长者分两边坐好,面前各摆放酒一碗、鱼一条、糍粑一个、豆腐一条和熟糯米饭各一些,分别用采叶盛着,用一大盆将煮好的整只鸡盛于中央,在神龛前放置一双高粱竿做的筷子供祖先使用。

仪式开始"保卦公"点燃香纸烛并念口语,每念完一节就向地上掷卦,要掷出顺卦为止,然后12个人各呼"老人得去了",就各取面前祭物少许丢在地上,如此反复共12次仪式方完毕。"保卦公"所念口语内容大意为:今天我们为您进行"隔冬",请您老来享用丰盛的食物,您在上天之灵要保佑我们远离鬼邪,并为我们送来钱米和子孙……仪式完毕要取祭品各一份送至"保卦公"家中,由"保卦公"事后享用。下午主人宴请宾客,席上亲友们大碗喝酒、大块吃肉,划拳、唱歌、跳板凳舞,闹得越欢主人越高兴。家族中的女性还要依次向客人敬酒,如有人要返家,寨中妇女要一路唱歌敬酒送出寨外。第二天,没了祭祖仪式只是吃喝玩乐,上午吃已出嫁的女儿拿来的东西,下午则吃每户寨邻煮好拿来的酒菜,以示寨邻的团结。第三天上午,主人再次宴请宾客,亲友陆续返家,主人要将一些糯米饭和肉等赠予亲友带回。至此"隔冬"仪式正式结束,人们又恢复到正常的生活秩序。

20世纪80年代以来,国家放宽了对于民族宗教文化的限制,沉寂多时的"隔冬"仪式获得了复苏与发展的机遇,一度兴盛起来。但同时也面临着诸多的挑战:一是主持该仪式的"保卦公"一般是寨中年老有威望的文化精英,主要靠传统的口述援受教育模式传承,这种传承模式已不适应现代社会发展的需要;再者,现代社会一个显著的特点就是社会流动性增强,河坝瑶族青少年多在外打工或求学,对这类民间宗教仪式的学习缺乏兴趣。目前,随着河坝瑶族"枫香印染"民族蜡染工艺被列为国家级非物质文化遗产,河坝瑶寨也越来越多地为外界所知,"隔冬"这一文化资源也已成为正在打造的"河坝瑶族民族风情园"的旅游品牌之一。

"隔冬"宴席

苗族三月坡

三月坡是苗族地区的社交娱乐活动，是黔东南境内苗族春季传统节日集会的高潮，苗语称“游养”“游午”“游子”，意为“游坡”“爬坡”。

在苗族三月坡中以雷山最为典型，据调查，雷山县境内有7个爬坡地点，即望丰乡三角村“五岔路坡”、乌江村“满天星坡”、丹江镇固鲁村“东山坪坡”、西江镇大沟村“送扁富坡”、黄里村“牛角坡”、大塘乡新联村“雄吉坡”以及水乐镇乔桑、草坪和高庄村的“秀龙坡”。

雷山苗寨的爬坡节十分兴盛，时间为农历三月中旬逢“午”“子”日持续至四月中下旬逢“午”“子”日之间的一个月内，连续三次每13天一次，最热闹是中间一次。雷山县境内7个爬坡场的日子分别是：“雄吉坡”“五岔路坡”“满天星坡”“东山坪坡”是在“午”日举行，“牛角坡”“送扁富坡”是在“子”日举行，“秀龙坡”是在四月初八举行。其中，望丰五岔路三月坡集会，是一个苗族男女青年公开社交、自由恋爱的集会，于每年农历三月第一、第二、第三个午日举行，连续三次每次一天，以第二个午日最为热闹，人数多时有5万余人，雷山、丹寨、凯里等地各族男女青年数万人参加。

爬坡节主要是青年男女交往倾吐爱慕之情、追求自由恋爱婚姻的社会表现形式。关于其来历各地传说不一，总体说来是因历史上一些男女青年在争取自由恋爱、婚姻自主过程中，由于受到旧社会传统观念与制度的约束上演了悲剧，他们为摆脱其束缚和实现婚姻自由的精神为后人所怀念，于是以追求自由婚恋的爬坡集会来表示怀念，并代代传承。

三月坡会(一) （杨志勇 摄）

在爬坡节到来的日子里男女青年身穿新衣，姑娘们打花伞，头戴红花、绿花、银梳、银雀，玲珑有致，身穿刺绣花衣和挑花的漂亮衣裙，手腕上戴着成串的银手镯，提着精心缝制的花袋；小伙子们也穿戴整齐，带上芦笙等民族乐器。男女之间以歌探问、以歌表意，其歌词限情歌调，其曲是音响调长的情歌、飞歌调，有的会吹木叶调，一群群男女把对方团团围住，或抢走对方的东西，作为男女赠品，以示日后来往有缘。爬坡节的"游方歌"内容丰富、词汇精炼、语言含蓄、比拟夸张手法恰当，使之唱起来朗朗上口，如《出门为的交朋友》《唱歌要趁此时光》《摆古唱歌才舒心》《我们要唱到天亮》等。在爬坡节中青年男女你唱我答、我唱你答，以歌感人，倾吐心曲，越唱感情越深、许多青年通过爬坡节这种形式互相认识、了解，最后产生爱情结成伴侣。

三月坡会(二) (杨志勇 摄)

三月坡会除雷山外，尚有凯里"香炉山坡"、麻江隆昌"四月八"爬坡、丹寨县兴仁、南皋"养欧豪"坡、施秉县白洗爬坡、镇远县金堡爬坡等，其中黄平白堡坡三月坡集会，每次规模在3万人左右。镇远京堡三月坡会在笙歌踩鼓热闹之时，身穿五彩衣裙，头戴银花凤冠的苗家姑娘将精心制作的花手巾向自己所喜欢的男青年投去，男青年们接到手巾后，将糖果、丝线等物包在花帕里向姑娘们投去，你来我往，引起阵阵欢歌笑语，是地方色彩浓郁的集会之一。

三月坡会年年举行，三月坡会有利于男女自由恋爱及自由婚姻的建立，以实现互敬互爱的和谐美满婚姻，促进社会的稳定。爬坡节中展示的苗族服饰、歌舞艺术及工艺产品，具有较高的学术研究与审美价值。

苗族扫寨

"扫寨"苗语叫"xab vangl"(虾昂)，即防火保寨之意，在中部方言苗族地区，大凡是木楼聚集的地方都有扫寨活动。原因一是苗族为节约耕地依山比邻而建的木质吊脚楼防火功能脆弱，一幢失火殃及全寨，易烧难灭；二是苗族为农耕民族，从早到晚、从春到冬都离不开火，大小火灾难以避免；三是苗族群众粮食均藏于房内，一旦失火多被烧光而危及生计。苗族传统社会中形成的冬月(农历十一月)扫寨习俗之含义即为扫火星逐火魔，警示各家各户男女老少注意防火，谨慎用火避免发生火灾。

黔东南州凯里、雷山、台江三市县交汇地带的巴拉河流域绝大多数苗寨,“扫寨”的时间集中在农历十一月的寅虎、辰龙、酉鸡三日择其一进行,有的苗寨隔数年举行一次,有的苗寨例如雷山县上郎德、猫鼻岭和凯里市季刀苗寨等,则年年举行。如见火星临寨上空则意味着火灾随时发生,需要及时“扫寨”,“扫寨”程序大同小异。

象征河水与旧火分离寨外祭祀场 (陈沛亮 摄)

“扫寨”由寨老商定日期(俗定冬月酉寅天),选12个负责任的勤务人员、2个“灭火”的年轻人(1人到邻寨“买火”取新火的人,1人从祭场取新火种回寨子的人)和5个守住寨子主要路口不让人进出的“拦路人”,加上“鬼师”共21人。“扫寨”祭牲一般用黄牛或肥猪,祭物还有鸭、鱼、香、纸钱、酒,并准备好水桶。

“扫寨”祭场一般在寨子中央上方的大树下,砍12个小竹筒,中间分别插上一根芭茅草和一根削成方块状的木片,并在木片上方涂上红色(据说芭茅草能驱鬼除邪,12支木片代表1年12个月都有人防火灾),将之捆成一把,还用棕扎成狐狸状代表“火灾鬼”。巫师拿七根芭茅草,中间插一根白刺,念巫词。巫师巫词从天上到地下述说鬼的根源,往地下抛撒米粒引鬼前来,用酒、鸭等敬火灾鬼,并向全寨发出灭火的信号。灭火时“拦路人”把守路口,不许人畜进寨(但可出寨)。

灭火是灭掉寨上的所有火种,灭火开始后,凡寨中之人一律不许用火。灭火3人成组,两人抬里面放有鲤鱼和细浮萍的水桶,桶边上吊着一只祭鸭,一人负责用瓢舀水逐户灭火,其职是在每户的火坑、灶口上下泼一些冷水,意为灭旧火。灭火时根据寨子大小和灭火需要的时间,派出一组或数组,为一组时祭师紧随其后走遍全寨,到各户大门口念祛祠,打卦得左扑右翻交叉吉卦,则表明火鬼已从屋内出门,灭火人则入室向炕灶象征性洒水,灭火结束后回到寨中祭祀地念祭祛词;派出多组的祭师无法随去,在寨中间一块空地作道场念祭祛词,道场通常是在地上摆放祭物,摆12碗酒或17碗酒一字排开。事前砍12个或17个小竹筒,每个竹筒里分别插上一根芭茅草和一根削成方块状的杉木片或皮,并在木片上方涂上红色,将其捆成一把放在酒碗右边，还有象征旧火的稻草火把和装着从各户取的旧火灰槽，放在全部酒碗的一头即祭师的右边。

祭物摆齐后，祭师手拿 7 根芭茅草跪地，开始念祭词，祭词从天上念到地下叙述火神的根源，再往地下撒米粒呼唤火神前来，每念到一处有名的地方撒一粒米，诓火神和为火神引路。第一次念毕打卦得左扑右翻交叉吉卦，表示火神已请到，由助手将酒碗里的酒泼于地下，通常二次以示祭神，叫它来接受祭祀的牲畜但不燃香、烧纸钱。祭师接着念祭词恭请火神收去旧火，祛火灾鬼离寨。助手往碗里倒酒后，每人再喝二次表示陪饮。

巫师扫寨 （陈沛亮 摄）

当寨中灭火祛鬼结束后，助手把道场祭品道具收拾，牵牛或抬猪、提鸭、拿着象征旧火的稻草火把和装着旧火灰的灰槽走出寨外，通常是助手拿旧火把、旧火灰槽和拉牲畜走在前面，巫师手拿芭茅草随尾后边念祛词边挥动草标扫路，表示逐邪消灾把火鬼赶送寨外，走时还撒米粒将火神火鬼带到远离寨子的祭场。原已派出到外寨买火种的人，此时才能带新火种火把进寨，在寨中燃烧炭火以备各户取新火种回家，新火种进寨冒烟才能去路口守护，准许人畜进入。

寨外祭祀场地原则选择与寨隔河或隔冲、挨近水源或邻水地，以示有河水与旧火分离。祭祀牲畜拉到祭祀场地后摆道场形同寨中，燃香烧纸，祭师跪诵祭词，交牲与鬼神二次，其中活牲交接一次、牺牲交接一次，活牲交接后即杀，牺牲交接即杀牲取肝脏、肠杂、血和排骨肉掺米煮熟，谓之“煮砂子”。肉类熟后出锅切块，按份穿串放在 12 或 17 个酒碗的一边，每碗边放一坨糯米饭，舀两碗肠杂汤，祭师诵词交接，然后是 12 或 17 个参祭人员陪火神火鬼用餐以示欢送。先喝汤再喝酒、食肉和吃饭，牺牲的心脏和头归祭师，用于接待参加活动的客人，其余按户均分，各户自带在家煮好的饭、酒及锅、碗餐具等到祭祀地分灶煮食，用餐结束后要以清水洗净碗筷餐具，才能带回家中。

“扫寨”是苗族创造的一种护寨防火的男女老少全寨性活动，这种活动能增强民众的防火保寨意识，同时也是苗族以“议榔”形式订立乡规民约的另一种体现。通过灭火、集体宰杀牲畜盟誓，男女老少分牲畜之肉食之，每个人吃了肉就负有防火保寨的义务和责任，体现了苗族社会中习惯法在民众防火保寨方面的运用。

土家族婚庆夜筵

土家族婚庆夜筵是岑巩县境内居住的土家族人民婚嫁喜庆日中的一种文化习俗。岑巩县历史悠久,是贵州最早的开发地之一,也是一个苗、侗、土家、仡佬等多民族杂居县,唐、宋至清末均称为思州,曾是思州安抚司、宣慰司和思州府治所。

据传,土家族人田氏先祖素有勇略,受命收服南蛮边叛寇王贵谦、傅事鲁等,第二十一世祖田谨贤授思州安抚使(公元1278年)奉诏朝参赐荣禄大夫,时逢长子惟庸婚庆,于是大摆筵席载歌载舞以示庆贺直至天明。此后居落龙江河两岸的田氏族人以及钟灵(今羊桥土家族乡)戴氏家族中的文人墨客,便利用婚嫁的喜庆日展现其才华,透过唱(唱酒歌)、对(对对联)、令(行酒令)来增进亲友之间感情的交流和了解,并将其著成文字脚本在家族内广为流传,已历时二十三世。久而久之婚庆夜筵通过多年的发展,已成为当地民众长期以来喜庆交往的一种极具地方特色的传统民俗文化活动。

在结婚喜庆的当天晚饭后八九点钟,便开始摆上筵席吃“夜筵”,家族中的文人墨客,透过唱(唱酒歌)、对(对对联)、令(行酒令)来增进亲友之间感情的交流。每桌筵席上安置一名送亲客坐上席,一桌8人,每桌都挑选家亲内戚好友中懂礼节、有知识、能歌善酒的人相陪,请一名把壶先生坐于席上的右下角为总管,其余陪客座位都有一定规矩,按礼节入座,筵桌上都离不开一个主菜“膀”,菜的数量为双数,16~24个菜不等。

婚庆场面

举行“吃夜筵”的形式和内容讲究礼仪周到、喜庆欢乐又丰富多彩。客人上坐后由红叶公(媒人)邀约恭贺新郎新娘三盅,喝第一盅言:“堂前有对好鸳鸯,一个凤来一个凰,凤都好比周公姒,凰都好比周文王，贺喜你二人姊妹天长地久，地久天长。”第二盅言：“一堂喜气闹沉沉，之子于归宜家人，千载良缘由风缔，百年佳偶自天成，贺喜你二人姊妹鸳鸯并舞鸾凤齐鸣。”第三盅言：“门前喜鹊叫喳喳，昨夜洞房烛生花，关雎且喜今朝咏，麟趾必然异日夸……”新郎新娘谢礼毕，大家互相看（劝）菜饮酒，最先由主方陪客讲令，一盅令：“八人排列坐四方，八个盘子摆中央，一席共酌八盅酒，八人共庆永无疆。”二盅令：“一张桌子四角轮，金杯玉盏摆几层，这桌筵席摆的好，摆的龙肝合凤心。”三盅令：“一张桌子四四方，四根板凳鸳鸯相，玉石盘子当中搁，二位喜尊酒斟上”。三盅过后，宜菜宜酒，总官言：“后园喜鹊叫喳喳，红鸾天喜到主家，众位六亲高台坐，象牙筷子‘膀’（菜名）开花。”主家陪客言：“膀上开花膀脚阴，花开园中自有因，厨官之人费了事，剪花之人费了心，象牙筷子挑开去，众位六亲一齐行。”又言：“青鱼背，鲤鱼鳞，鲤鱼鳞上花层层，象牙筷子挑开去，八洞神仙把菜行。”酒喝至二晕（差不多）时男桌讲令、女桌行酒歌。

吃“夜筵”

吃“夜筵”世代相传于民间，源于生活又借鉴古人智慧，不断汲取精华并加以创新传承至今，传承无固定的形式，唱本以手抄本为主，多为口头传承。岑巩县境内土家婚庆夜筵传承较为规范的当数羊桥土家族乡的戴氏土家族人及注溪乡衙院村的土司后裔田氏家族。

土家婚庆夜筵是古思州治地传承下来的一种民间娱乐表现形式，富有土家族民间艺术特色，同时也是民间艺人集体智慧的结晶，生活气息浓郁且可操作性强。但文本散落民间具有个人传承性，易于流失，许多唱词仅为口头记忆传承极易流失，已完全处于濒危状态。加之受经济大潮的冲击，农村青壮年大多外出打工，婚礼安排夜筵的已逐年减少，年迈的老年歌手因无传承人而使这一艺术活动处于极度濒危状态。

赶 社

岑巩县境内的苗、侗、仡佬等少数民族都有在社日吃社饭的习俗，而没有赶社的习俗，只有位于岑巩县东北部的羊桥、注溪等土家族除了在社日吃社饭外，还有“赶社”的习俗。

赶社吃社饭的渊源可上溯到唐宋，一直流传至今，迄今已有1000多年历史。按文献记载，农历每年立春的第五个戊日为社日，是祭祀土地的日子，但土家族人祭祀的是地藏王傅罗布。相传地藏王傅罗布是人间的大孝子，功德无量，当上大官分管地府，他小的时候家里很穷，身上穿的全是筋筋柳柳像叫花崽一样，吃的多半是汤汤水水，人生得很瘦小，街坊上的人都看不起他家。有一年地藏王傅罗布的母亲被人诬陷，打下了牢狱，这时他已成了亲，生了崽女，家中生活更是贫寒，有上顿无下顿，拿不出钱来赎回母亲，只好让她长期坐牢。为了救活母亲，傅罗布天天四处讨饭，把最好的送给母亲吃，残汤剩水才留把婆娘崽女们吃。崽女们因肚子饿常常等候在大门边，见父亲一讨饭回来都围上去抢着要吃。为了保证牢中母亲不受饿，傅罗布想了个办法，即用带有味道的蒿菜盖在饭上，哄崽女们说：“饭中有毒，吃了肚子痛。”崽女们信以为真便再也不来抢饭吃了，从此保证了母亲用饭。后来，人们为了纪念傅罗布，每年春分季节蒿菜发芽的时候，都去打来掺在饭中用，久而久之就成了今天的“社饭”。

每年逢社日赶社这天，羊桥土家人一早就穿戴一新，从四面八方走到土家人居住较集中的羊桥村街上和一个叫“地漫”（今属铜仁地区）的村子赶社。赶社内容如同赶集，中午时分集市上人山人海，热闹非常。大家把自己带来的山货、土特产等卖出后，又购买自己所需的日用品，下午人们陆续赶回家中，准备做“社饭”。青年男女借一年一度赶社的日子，相互传递信息，谈情说爱。

赶社祭祀

做“社饭”的原料有糯米、籼米、

腊肉、豆腐干、血豆腐、花生仁、野蒿叶菜、椿芽树嫩叶、野葱及大蒜等，土家人吃“社饭”很讲究，饭前要祭祀祖先及火神、灶神等。蒸“社饭”时，在灶边、院坝的土地旁烧三炷香，用来祭祀灶神及土地，保佑全家出入平安、五谷丰登、六畜兴旺、衣食无忧；用三块腊肉丢入火中祭祀火神，保佑房舍免受火灾。“社饭”蒸熟后，先在堂屋神龛前用碗盛半碗“社饭”放在八仙桌上，桌上放 12 个酒杯（代表 12 个月，如果闰月就摆 13 个）及 5 双筷子，并盛适量酒再斟上茶，以祭祀神灵。社日吃“社饭”不能在大堂吃，只能围坐在土家的火铺上吃，土家人在社日吃“社饭”不仅邀请亲朋好友来家共餐，同时将做好的“社饭”当作馈赠佳品送给亲朋好友，取来年顺昌、大家欢庆之意。

赶社是岑巩县羊桥乡一带土家族特有的一年一度集会形式，在每年农历立春的第五个戊日，人们都会聚集在约定俗成的地点赶社，具有广泛的群众性和文化传承性。通过赶社、吃“社饭”、馈赠“社饭”等方式，增进人民群众的交流与合作、团结友爱、相互帮助、和谐相处。

1949 年以前，岑巩县羊桥的土家人比较重视赶社和在社日吃“社饭”，每年社日都聚集在羊桥街上赶社，如今羊桥乡的土家人在羊桥街上赶社的人逐年减少，多到地漫去赶社，因而在地漫赶社的民俗得以保留至今。“社饭”因具有特殊芳香、美味可口、益脾健胃的功能，长期以来深受各族群众的喜爱，在社日吃“社饭”的习俗也随之广为流传。随着经济的发展和妇女外出务工的增加，“社饭”传统的制作手艺只在少数农村老年妇女中传承，目前在羊桥乡的郑杨树、注溪乡的衙院村还保留着传统的制作方法。

小广侗族娶亲节

小广，侗语意为“最大的寨子”，该村是一个有 700 多户 3900 余人的侗族古寨，立寨已有 600 余年的历史，在长期的生产劳动、人际交往和村寨管理中逐渐形成了其独特的民族民间文化，其古老的“十月头卯迎新娘”侗族集体婚礼习俗历经数百年相传至今。剑河小广一带的侗族婚礼统一在农历十月第一个卯日集体举行，形成“十月头卯迎新娘”的“娶亲节”。“娶亲节”接亲当晚新娘要“哭嫁”，其女友都来“伴嫁”唱“陪嫁歌”，哭嫁表示感谢亲友、留恋父母养育之恩和兄弟姐妹别离之情。在新娘哭嫁时，过去“玩山对歌”相识相爱如今却无缘成双的男友悄悄地给姑娘送来礼物,姑娘则暗托女友代之哭嫁,自己悄悄溜出去与之道别。

据当地民间传说,在很早以前小广尽管分有王、文、潘、杨、龚五姓,但男女是不准结亲的,能开亲的地方距几十里甚至上百里之遥,来往极不方便。后来两个德高望重的寨老告峦包和海恋岁召集寨众在傅年隆(地名)仓脚杀猪议约,在荚隆芽(地名)门前宰牛定款,破除远嫁远娶的老规矩,只要不是同姓同宗就可在本寨开亲,最后在简地辣(地名)立岩。当时因为十月天气暖和,第一个卯日又是适宜嫁娶的黄道吉日,当年全寨70多对适婚的青年男女都在这一天完婚,婚后家家有儿有女,大吉大利,从那以后小广侗寨为求吉利,沿用当年立岩改规习俗,将每年农历十月头卯日作为婚嫁良辰吉日。

娶亲路上

在每年的农历十月,剑河小广侗族地区的侗族青年男女凡是到了结婚年龄又选好配偶定了婚约的,都把十月的第一个卯日定为结婚吉日,当地的侗族把这一天称为"嫁女节"。小广地区的侗族青年男女婚前社交自由,在走亲访友或节日集会上,男女青年相识后就可约伴歌唱、互表钟情,如果双方愿意结成伴侣即可告知父母,得到父母同意后便托媒提亲。送彩礼时要准备两副礼担,礼担里装上钱、鲜肉、米酒等,一担送往女方家,一担送往女方舅舅家。礼担送到女方家时,要讨回女方的八字请人推算。如果男方的八字与女方的八字相合,便择定吉日通知女方家做好婚事的准备,男方家还要托请媒人将一只鸡、一壶糯米酒、一只新毛笔、一锭新墨、一张大红纸送到女方家。当十月的头一个卯日渐渐临近时,男方家中早已请好了迎亲客,这些迎亲客都是与男方同辈的年轻人,他们在卯日前一天用新制的枫木扁担挑一对新箩筐，筐里装糯米、鸭、鲜肉、草烟等作为迎亲的礼物送往女方家，同时去接新娘。入夜时分别具一格的婚宴开始了，男方派去的迎亲客被视为上宾，让在主席的位置就座，女方家的族人和送亲客不断用牛角酒杯敬酒。正当酒酣之时，伴嫁的男女伙伴趁迎亲客没有丝毫防备时用沾了油的锅烟抹黑迎亲客的脸，迎亲客一个个都变成了花脸猫，你看我、我看你，一副副滑稽相，逗得满屋的人哄笑不止。在小广侗族地区，男家的婚礼仪式是报苗单。新娘到达后首先祭男方的祖宗，祖宗的供桌上放一盆糯米饭和一只煮熟的整鸭，新娘在供桌对面稍坐片刻然后撕下鸭腿吃掉，表示吃了婆家的东西从此就是婆家的人了。这一仪式过后，新郎家立即打发一男一女送新娘回转娘家。

婚宴

小广侗寨的婚礼不办嫁妆、不备彩礼，不须花很多钱财，符合“勤俭节约”的要求，但整个婚礼过程充满着隆重的节日气氛。结婚的当天晚上，新郎和新娘是见不到面的，更不能同房，要等到快过年的时候，男方打发人去接女方来洗糯米打粑粑才来住一夜，在来年农忙时又接女方来帮忙，只有等到女方有身孕后才到夫家长住。

瑶白摆古

“摆古”是流传于贵州省锦屏县瑶白村的一种古老习俗，它以姓氏、宗支文化交流为出发点，融歌、舞、戏、演说等表演艺术于一体，具有“载道”、议事、表演的功能，在我国少数民族文化中是绝无仅有的。

瑶白在古侗语中称“镇押金”，人称“高镇”，当时一支苗族先民最先落脚此地，清代称“苗白”，1944 年改名为“瑶白”，寨上有龙、滚、杨、范、龚、耿、万、胡、宋、彭 10 个姓氏。瑶白最早是龙姓侗族先民开寨定居，接着滚姓、杨姓等陆续迁入，不久龚姓汉人也来此落户，因而这里的民族文化包含侗、汉、苗三个民族的特质，呈现多元化形态。到清代中后期滚姓已成为村里大姓，人口占 60%，为能与滚姓人和谐相处，龙、杨、耿、范、宋、胡、万等人数较少的姓氏先后改从滚姓，改从滚姓后人们仍念念不忘自己的本姓，老人们常常给自己的子孙提及。老人们互相之间也经常谈论自己的姓氏来源。1980年后，原先较为隐秘的姓氏来源谈论渐渐变得公开，原先改从滚姓的姓氏先后改回原姓并举行相应仪式。1996年，村里各姓氏集体决定将每年的农历六月六日作为“摆古节”。

瑶白摆古——迎客酒

“摆古”不只是讲故事，节日、婚宴都要“摆古”，有“辣从”（意为“请人来听我摆谈”）和“或板”（意为“登台说唱”）之分和有小摆与大摆之别，一般一年一小摆、三年一大摆。小摆只是家族与亲戚参加，形式和内容上只有简短的“辣从”和唱歌；大摆则是整个村寨或几个村寨联谊参加的大型活动，要踩芦笙、演大戏，长桌摆古，登台说唱。通常人们所讲的瑶白摆古即为大摆。

每年六月初六，整个瑶白都沉浸在节日的气氛中，在用木竹扎成的寨门前，瑶白人穿着节日盛装组织隆重的“拦路迎宾”仪式。各房族队伍高举姓氏旗号，敲锣打鼓从先祖入村居住之地出发，按各姓迁入瑶白之先后入场，会聚于牛场戏楼前，旗幡招展、银花闪动，阵容庞大、气势恢宏，芦笙、芒筒、长号齐鸣，迎宾酒歌此起彼伏，场面热烈、欢庆，蔚为壮观。

“摆古”活动正式开始时铁炮声震天动地，全寨铜锣齐鸣，“摆古”首先由寨上一位德高望重的老农身披蓑衣、肩扛锄头缓缓走进“摆古”场，虔诚地焚香烧纸、跪拜天地祖宗，这一幕让人觉得时光倒流，似乎回到远古时代。接着另一位老农扶着犁耙，牵着披红的水牛入堂踩堂三周，再现瑶白先民迁徙定居、开始农耕时代的原始情景。在歌堂的古树下几位侗族妇女唱起了古歌，用歌“摆”着开寨历史和过去的苦情辛酸及艰苦创业的艰难，告诫人们勿忘过去、珍惜现在并展望未来。歌声一停“摆古”场上大旗飘扬，一片欢腾，十大姓氏的“摆古”队伍从四周入场，以顺时针方向绕圈后男女老少齐踩歌堂。

“长桌摆古”为活动中最重要的部分，由“引子”“辣从”“或板”三部曲构成。下午3点长桌摆古正式开始，20多米的长桌一头是寨老、古师、艺人，一头是重要宾客，两边分别是主人与客人，长桌上摆满酒菜、糖糕、水果、碗筷与牛角，阵势摆好。时辰一到只见那摆古的古师捋捋长长的胡子摇头晃脑、眼睑微启微闭，以洪钟

瑶白摆古——芦笙表演

般的声音用侗语说起开场白，将本地发生的重大历史事件、姓氏来历、婚嫁习俗、人文景观等一一说唱开来。晚上所有的客人都到亲戚朋友或特意安排的农户家参加晚宴，席上又是摆古、喝酒、唱歌。而在村外，青年男女则行歌坐月、互诉衷肠，以至交换信物订下终身。

“摆古”一般进行三天，每天每轮都有不同的主角和配角，是一种反映九寨侗乡民族迁徙历史的口头文学，其特点是在叙事主体结构较一致的前提下，需要参加者能够随机应变应答或提出问题，以达到对某些问题进行探讨并达成共识（决议）的目的。

瑶白摆古——谈昔叙今

摆古结束以后的次日清晨，主客和宾朋都云集牛塘举行“闭幕式”，主人向客人们赠送纪念品，宾客感谢主人的盛情款待，宾主互道珍重后依依惜别，这时炮声四起，笙芒齐奏，鼓角相闻。各路宾客踏上回归的路途，主人们则扛着姓氏族旗，踏歌作别，直送至寨门之外、凉亭道旁。

瑶白摆古节有大山深处的“寻根文化”之誉，体现了古老的侗族人的信仰文化和社祭文化，承载着侗族许多重大历史文化信息和原始记忆，是侗族独有的娱神、娱人的民间狂欢节，集中展示了侗族音乐歌舞艺术，是侗族人民情感自由交流的场所。“摆古”作为一个在时间上和空间上稳定的民间文化活动，也是侗族文化传统得以保持和延续的重要因素，有着重要的研究价值。

甘囊香苗族芦笙节

甘囊香系苗语 Ghangb ghad hangb，意为一个神灵居住河流下方的仙境。凯里甘囊香苗族芦笙节，又称舟溪甘囊香芦笙会，主要活动在贵州省黔东南苗族侗族自治州首府凯里市南17千米处的舟溪镇屯上村寨脚河沙滩上。

根据《苗族史志》记载，古代苗族历经迁徙进入贵州，在进入贵州的苗族中，有一支进入荒蛮的“长洋方西”（苗语音译，即今贵州省榕江县）繁衍生息，在开发榕江的同时建立了苗王庙（如今榕江中学仍有苗王庙遗址）。后来由于外族的进入，为争夺生存空间，苗族的“方”和“皋”两个部落除了留一部分在榕江外，他们在“养衣”地方商议把带来的祖鼓（系木鼓）砸在石头上，鼓破成九块，人们便分九支（史上称九股苗），分别迁徙丹寨、凯里、麻江、雷山、黄平、施秉、镇远、台江、剑河等县辖地，然后将鼓片重新加入制新鼓以资祭祖。皋氏族经雷山县到舟溪落脚，繁衍生息并站稳脚跟，学公是当时的首领，他把带来的鼓片重新制鼓祭祖，逢三、六、九、十三年祭祖一次，节日周期近而频繁。每次祭祖以请客送礼作为人与人之间友好或情谊的手段。之后祭祖联谊演变成一年一度以芦笙舞曲为主的芦笙会，并在舟溪“丢哪”（现屯上村）寨脚的河沙滩上建立永久芦笙堂，即舟溪甘囊香芦笙堂。在这里，芦笙会的起堂自古由吴姓笙主来主持，定制距今已有400余年。

起堂开节祭祖活动 （宋正丽 摄）

凯里甘囊香苗族芦笙节规模宏大，特别是各种芦笙曲与之相协的各种苗族舞蹈，表现形式既丰富又多姿多彩。舟溪芦笙节历代仪程有：①雄鸡祭碑，正月十五日晚上月亮出来之时，由吴姓家族有威望的老歌师杀只大公鸡，鸡血淋碑并扒鸡毛帖在堂碑上，同时连唱带念祭碑词、烧香烧纸，摆上酒肉鸣放鞭炮，后生和姑娘们也都来陪喝祭碑酒、吟唱祭碑歌。②笙舞起堂，祭碑当天，吴姓子孙上百人烧起篝火围成一大圈,吹起芦笙曲跳起芦笙舞,绕笙堂一周以祭祖,由吴姓笙主宣布凯里甘囊香苗族芦笙节开始。③宾主共舞,凯里甘囊香苗族芦笙节从每年正月十五起至二十一止,为期七天。

甘囊香芦笙会拦门酒 (李辉 摄)

芦笙节期间,除了吹芦笙曲、跳苗族舞蹈这一极富苗族特色文化内容外,还举行斗牛、赛歌、赛马、斗鸟、爬山、拔河、篮球等活动,其中,斗牛是芦笙节的铁定规矩和重头戏之一,现也成为中国苗族东方斗牛与西班牙西方斗牛相媲美的国际品牌。此外,舟溪苗族民间的服饰、银饰、挑花、刺绣和织锦的艺术品位也得到了充分的展示,并以此促进了舟溪苗族服饰、银饰、挑花、刺绣、织锦和芦笙手工艺制作发展和提高。

甘囊香芦笙会 (李辉 摄)

值得一提的是,为使甘囊香苗族芦笙文化传承不断,吴姓第十五代世孙于1942年农历壬午年正月十五日,组织“虎场坡全寨人士同立”一块“永垂不朽”的石碑在笙堂东侧龙井的岩壁下。碑文刻楷书:“窃维吹笙跳月,乃我苗族数千年来盛传之正当娱乐。每逢新年正月,各地纷纷循序渐举,以资娱乐而更为我苗族自由婚配佳期,其意义之大良有以也。我寨先人吴乜灵建立笙堂于此,名曰甘囊香笙堂。东抵余、张二姓田,南抵余姓田及王姓田,西抵屯上寨脚,北抵桥。每年正月十五起至二十一日止,各寨均得参加,毫无限制。笙堂一切秩序,均由我寨维持,禁吹鼓笙。特此碑铭永昭后世。”此碑已于1983年被列为省级文物保护单位。

如今,在“百节之乡”凯里众多的民族节日中,中国·凯里甘囊香国际芦笙节规模最大、民族特色最为鲜明,已经成为凯里市的民族文化品牌。从 1999 年至今已经连续成功举行了十二届,每届芦笙节都盛况空前,呈现出“百牛争霸”“千对银角”“万把芦笙”的壮观场面,成了融民族文化、体育、饮食、工艺为一体的中外芦笙文化交流盛会和招商引资、发展经济的大舞台。2010 年,凯里市把“中国·凯里国际芦笙节”更名为“中国·凯里甘囊香国际芦笙节”,将举办时间固定为每年农历正月十八至二十。2013“中国·凯里甘囊香国际芦笙节”如期成功举行,更使甘囊香苗族芦笙节扬名海外。

苗族吃新节

苗族吃新节(苗语“脑戛列”或“脑戛先”)为雷山县一带的苗族民众一年一度欢庆的重大传统节日,该节日具有祭祀性、生产性和娱乐性的性质,是苗族历史和文化的载体,其热闹与重视程度不亚于过苗年。

关于吃新节的来历,当地民间流传着这样一个传说:在很久很久以前,有一年接连下了七七四十九天暴雨,汹涌的洪水冲毁了人们的家园,大地变成一片汪洋,逃难的人们被围困在高高的武功山上,靠吃草根、啃树皮艰难地生存下来,然而,最令人痛心的是所有的稻种都被洪水席卷而去了。一天从汪洋中游来一条大花狗,它奔到人们身边,从大尾巴上抖落下几十粒稻种,解救了人们的大难,给人们带来了新的希望。为了纪念这次劫后逢生,人们在每年开镰收割之前,都要合家共聚举宴“吃新”,以庆贺丰收并祈祷神明,祝愿来年五谷丰登、百业兴旺。

“吃新”又叫“尝新”,雷山苗族吃新节约在农历“小暑”到“大暑”之间,以早稻成熟为标志,因为各村水土、气候条件不尽一致,早稻成熟往往会相差几天,所以即便在同一个乡里各村的“吃新”也会有先有后。

节日前,人们都会精心把自己的牛和马喂得膘肥体壮;姑娘们绣好美丽的衣裙、飘带,备好银花首饰;小伙子们忙于修整和添置芦笙;老人邀约到亲朋好友;主妇们则到田间收来新谷为吃新作准备。节日这天,被邀请的客人都穿上盛装,担着礼品(鸡、鸭或米酒),有的还扛着芦笙、牵着斗牛来到主人村寨。次日破晓霞光初放,各家的主妇已蒸好了新米饭,煮好了鲜鱼,户主即邀请年老的客人带着儿孙,挑着鸡鸭鱼肉和酒饭来到田埂上,祭祀祖先并央告祖先在天之灵保佑谷粒归仓。祭毕返家主妇饭菜就绪,人们按照长幼辈分依次入座就餐,餐席丰盛却不铺张,以新

回娘家过吃新节的新娘们 (李玉仪 摄)

米饭、米粉蒸肉为主,还有鲜嫩的茄子、辣椒、黄瓜、南瓜、豆荚等时令蔬菜及鸡、鸭、鱼、肉等。

千户苗寨西江每年过两次吃新节,第一次“开秧门”满 50 天后,稻谷抽穗,逢卯即过;第二次是再过 50 天后,谷穗快成熟时,卯日即过。过节前家家户户打扫卫生、筹办食物,邀请亲朋好友前来过节。第一天,男家长带着孩子、提着公鸡到田边祭祀“天神”和“地神”,邀请祖先神灵归来过节,祭毕扯 3～5 棵秧苞回家,有的还敬桥、敬岩妈、敬花树等,目的是盼望和祝贺丰收,保佑全家人及朋友幸福安康。下午新出嫁的姑娘挑着鱼、肉、酒等礼品回娘家过节,未过节的苗寨甚至异族亲朋好友也被邀请来同庆。傍晚,青年男女相邀到相应的游方场上和可开亲的青年游方。整个村寨飞歌声、酒歌声、情歌声此起彼伏,沉浸在节日的氛围中。第二天,青年男女成群结队到游方地点游方,其他人则参与斗牛、斗雀、赛马等活动,尤以斗牛为盛。第三天,人们唱着一首又一首惜别飞歌,将客人们送了一程又一程,直至客人消失在对面山路上,有的青年男女则在山坳上唱着情歌依依惜别。

吃新节祭祖 (张希成 摄)

吃新节一方面是祈求、祝贺农作物的丰收,一方面是在劳作闲暇里给青年男女创造一个谈情说爱、寻觅未来意中伴侣的机会,同时也为亲朋好友互相交流生产经验和情感提供了平台。除雷山外,吃新节在黔东南多数县的苗族和其他民族中至今流行,其贡奉新谷、祭拜谷神、祭祀祖先,对歌斗牛,按长幼辈分依次入席尝新等礼仪程序大同小异。资料证实,“吃新”习俗最早可追溯至黄河流域的周部落先民,并且在我国早期的古籍《诗经》《淮南子》中均有记述。历经 3000 余年的沧桑岁月,在黔东南一带仍然流行“吃新节”,尚能基本完整地保持其特有的古风古韵,确为一大奇迹。

谷陇九月芦笙会

黄平县谷陇九月芦笙会于每年的九月二十七至二十九在大寨村侧的大坪坳举行,是黔东南苗族侗族自治州规模最大,影响最深的民族传统节日集会之一,每逢农历九月二十七,谷陇小镇街上张灯结彩、车水马龙、人头攒动,一派祥和、欢乐的气氛,有吹笙、舞笙、赛马、斗牛、斗鸟以及篮球比赛等,前来参加集会的主要是黄平、施秉、镇远、凯里、余庆、瓮安、福泉、台江等县市的各民族同胞,还有远方的客人,人数均在 3 万左右。

九月芦笙会——芦笙比赛 (陈兴夫 摄)

据说，古时苗人旺保垢雄和水龙大战并同归于尽后，恶龙变成黑烟遮住天空，大地一片漆黑，苗家人制作并吹响芦笙驱散黑烟，才重见光明，为使天空永放光明，苗家人决定每年都要举行齐奏芦笙的“芦笙会”。俗语讲：“苗家不吹笙，众人不安心，芦笙不响，五谷不长。”

谷陇九月芦笙会到来前夕，大寨村和附近的苗族村寨早已是一派节日的景象，家家户户都把屋前屋后打扫得干干净净，准备迎接赶会的客人。身着民族服装的男男女女熙来攘往忙个不停，中年人忙着准备待客的肉食佳肴，老年人精心地为自己的画眉鸟、斗牛、赛马调料，小伙子们则忙着修整和添置芦笙，姑娘们更是忙碌，她们熬更守夜赶制节日的盛装。

芦笙会斗牛　（陈兴夫　摄）

谷陇九月芦笙会是黄平苗族群众继四月八之后的又一次隆重集会。节日期间，斗牛场内几对斗牛同时拼斗，围观的群众欢呼雀跃；赛马道上几十匹高头大马同时飞奔，卷起漫天尘土；芦笙场内几十组、几百只芦笙同时欢奏，声浪响彻几里，成百上千的身穿银衣、头戴银冠的苗家姑娘同时起舞，远远望去只见一片银色的旋涡。谷陇九月芦笙会最引人注目的还是那些表演的女子芦笙队，她们身着盛装、头戴银花银冠，吹奏着各种芦笙曲调，自吹自跳，时而内聚时而外散，时而轻吹慢跳，犹如彩蝶恋花，时而猛吹狂舞，好似猛士拓边。悠扬的乐曲时如“高山流水”，表现了苗家少女温柔、深情的形象，时而好像“十面埋伏”，表现了苗家后生粗犷、豪放的气质。

谷陇九月芦笙会既是富裕的展览又是才智的竞赛，那些仪表堂堂、举止端庄又能歌善舞的苗家小伙们深受人们尊敬，那些心灵手巧、服饰精美的苗家姑娘总被人们赞誉。白天的芦笙场上，各式民族服务应有尽有，各种芦笙曲调此起彼伏，入夜的苗寨里，芦笙声、酒歌声、飞歌声、情歌声组成一台台交响音乐会。近几年来，芦笙会还增加了篮球、拔河、民族服饰展示、文艺表演、赛跑等现代体育和文艺项目，使传统的民族节日集会成为社会主义精神文明建设的重要组成部分。

芦笙会不仅是当地苗族同胞的盛会，同时也是苗族青年男女谈情说爱、寻求佳侣的盛会。夜晚，在芦笙场周边的苗族村寨，每家每户都摆着待客长桌，长桌上摆

芦笙会跑马 （陈兴夫 摄）

满了具有苗乡家常风味的各种美味佳肴，好客的主人抬出土坛盛装的自酿米酒，热情地款待初识或不相识的远方客人。酒宴上，主人端着酒碗唱起待客歌频频向客人敬酒，而会唱歌的客人也回歌饮酒，情景热闹非凡。

谷陇九月芦笙会时间长、地域广、规模大且内容多，是民族地区极具影响力的民俗盛会，在国内外闻名遐迩。

镇远元宵龙灯会

镇远元宵龙灯会俗称玩龙灯，起源于明末清初，延续至今四百余年。《镇远府志》记载，俗有所谓“三十夜火，十五日灯”，又曰：“火烧门前纸，各人寻生理。市人始择吉日开张，经营生意，童稚始择吉日入学读书。自正月初三日以后，城乡酬资备鼓乐，制龙灯，城扎故事，择日游行，谓之玩龙灯。龙灯游行时，灯烛辉煌，观者填街充巷，甚为热闹。”至今，镇远元宵龙灯会是镇远正月里最热闹的民俗文化活动，观众可达数万人。

镇远龙灯分为彩龙、滚龙两种，而以滚龙最具地域特色。滚龙又叫硬龙，龙身用精选的楠竹划成大小篾条编扎捆绑而成，龙头、龙身、龙尾连成一个整体，不同于其他地区的布龙、脱节龙和草把龙，其制作技艺十分讲究，包括选竹、破竹、划篾、锯料、扎筋、上节、编圈、围布、涂彩、扎龙头、安龙尾等十多道工序。用竹条捆扎龙身、外围彩绫，涂上各色（以黄、红、绿、青为主）印记作为各街道龙灯队的标识。龙灯有龙头、龙身、龙宝、龙尾等几大部分。所制龙灯长短不一，短的有一二十节长，最长的有三十多节，龙身直径有大有小，经

古城灯会(一) （冯四方 摄）

济实力雄厚,人口众多的街道,编扎的龙灯要长大一些。镇远龙灯的特点是:龙头雄俊昂扬;龙身浑圆强壮;龙尾翘立飘逸;龙身披彩色布绫;龙腹点草纸拌油蜡特制而成的油灯(民间俗称"草鞋板烛"或"纸捻子")。

镇远元宵龙灯会从每年正月初八开始,十五元宵午夜结束,十六、十七夜晚接龙入宅闹寨,祈求龙王赐福,历时共10天。

古城灯会(二) (冯四方 摄)

龙灯会地点设在镇远府卫两城街道和广场,龙灯会民间传统艺术形式有亮牌灯、招生肖、举鱼虾、挑花篮、舞龙、耍狮、踩高跷、跑彩船、玩蚌壳、跳花灯、抬故事等20余种,可谓精美纷呈,尤其是舞龙、耍狮、抬故事最为精彩,参与玩灯的人少则300多人,多则1000多人。各龙灯队牌灯在前开路,龙灯扫尾压阵,各街的龙色不同,有红龙、白龙、青龙、黄龙、紫龙、皂龙等。各龙灯队初八晚七时出灯,陆续出龙亮灯,灯头提灯率队,依次为横幅旗幡、竹编鸟兽牌灯、纸扎造型花灯、鼓乐演奏、踩高跷、划旱船、耍蚌壳、舞狮子、玩龙灯、歌舞表演等十多项民间传统艺术。正月十二各队亮灯后,手举若干灯笼火把开始玩龙灯,不少单位及家庭在门前摆上烟酒糖果并鸣放鞭炮热情接灯,应邀队接受馈赠便在接灯处围成圆圈,纵情展演各种技艺和节目。随后是舞龙表演,舞龙壮士身着古装头系布巾,英姿矫健、动作敏捷,举柄挥舞起来,龙口衔宝上下翻腾形同真龙,栩栩如生。观灯者此时兴起,用爆竹礼花射龙助威,只见龙身在火海云涛中时隐时现抗争拼搏,场面壮观精彩、震撼心灵。玩龙结束父母带着幼儿穿过龙身,祈求龙王爷保佑孩子健康成长。正月十五入夜各龙灯队到达街道指定地点,这晚镇远古城家家门前挂红灯,幢幢高楼飘彩旗,人山人海,大街小巷喜盈盈。八时整元宵灯会开始,上千人的龙灯队同时表演,各施其艺大显其能,锣鼓声、音乐声、鞭炮声、喝彩声此起彼伏回荡夜空,整个镇远城火树银花一片沸腾,沉浸在无限欢乐的海洋之中……午夜时

古城灯会(三) (冯四方 摄)

分,春节龙灯会民间艺术节在涌动迭起的高潮中落下帷幕。

元宵节过后各街道社区汇聚而来的龙灯会行将结束,还会举行一个特殊的祭祀仪式就是将龙灯烧掉,俗称“化龙”,作为元宵龙灯会的最后一项龙灯文化活动。

自改革开放以来,镇远龙灯会民间艺术形式愈益丰富,表演更为精彩,深受国内外游客赞誉,每年都能吸引数万外地游人在元宵龙灯节期间观赏和参与。镇远龙灯文化之所以富有魅力、长盛不衰,其原因有三:一是群众基础深厚,参与人员众多;二是有着大帮善于运筹帷幄的热心人;三是镇远藏有大批优秀民间文化艺人。正是这“三驾马车”的齐心协力,再加上天时地利人和,才使镇远龙灯会是那样的热闹隆重、瑰丽多彩。

岜沙苗族成人礼

岜沙苗族成人礼是黔东南从江县岜沙这支苗族分支独有的人生礼仪习俗。岜沙位于从江县丙妹镇境内的西南面,距县城 7.5 千米,全村由老寨、宰戈新寨、王家寨、大榕坡新寨和宰庄寨五个自然村寨组成,土地面积 18.28 平方千米,16 个村民小组,454 户 2200 余人,岜沙有植树造林和禁止乱砍滥伐的优良传统,四季箐黑岭翠,树竹幽深。

岜沙人过去祖祖辈辈缺医少药,相信万物有灵,对大自然、祖宗神灵非常崇拜和信赖,他们把孩子拜寄给一棵苗语称为“杜久”(汉译为“和树”)的长绿乔木,小孩一旦生病,父母就抱孩子到树脚下的石板上,拿来糯米饭、腌鱼和米酒祭树,祈求树神保佑孩子健康平安,祭毕打上一个草标。

岜沙男孩 3 岁就开始蓄发,到虚岁的 15 岁都要进行“补荡”(苗语成人仪式之意)。“补荡”仪式一般定在当年的秋末或初冬季节,当男孩年龄跨入 15 岁的那一年春季,其父在家中杀鸡,备上米酒、鱼等食物,特请本姓家族中的“鬼师”到家中做客,商定为男孩举行“成人仪式”的具体时间和相关事宜。一旦日期确定后,母亲便开始为男孩特缝制一套用于举行“成年仪式”那天穿的新服饰。当日期到来的头一天中午,父亲在家中烧起旺火,请“鬼师”来到家中,用腌鱼、糯米饭、米酒在火塘边敬祖先。祭毕,用一把磨得锋利的镰刀(也可用摘禾刀或其他刀具,但岜沙人习惯用镰刀)为男孩剃头,剃完头将男孩头顶中部所留的头发挽成“户棍”(鬏鬏),并用黑底白花包头帕子包成一圈,给男孩换上新装。次日为举行“成人仪式”

的正式日子，请来房族中所有已经举行过“成人仪式”的兄弟，早饭后一起到宰庄（地名）坡脚的小河里拦河捕鱼，而后由男孩亲自将所有捕到的鱼集中装入竹鱼篓带回家，除选出三条生鱼留敬祖先外，其余全部用酸汤煮熟。这天晚上，每个参加“仪式”的成员都必须穿上本民族传统服饰，挽着“户棍”，从自家带一筒米来到男孩家，以示为男孩添粮添寿增健康。晚上当“鬼师”算定的时辰到达后，“鬼师”点上火把带路前行，男孩抱上甜糯米酒一坛，“鬼师”助手带着鸡和鸭，其余人员挑糯米饭、糯禾、酸汤鱼以及炊具依次紧跟其后，走到坡上一块“鬼师”早已选定为男孩举行“成人仪式”的平地。到达后根据分工各自挑水、找木柴、立锅头、备饭菜，“鬼师”和助手则在朝东方的位置用石块砌成一个简易神台摆上祭品，所有人面向东方，鬼师念道：“远在东边的祖公，远在东方的祖太，今天是个难得的好日子，今夜是个难忘的好时辰，我们来祭祖公，我们来请祖太，我们送饭来给公，我们送菜来给太，告诉祖宗知晓，我们家族又长大一个英俊的儿郎。忆想从前，我族翻山越岭，一路人妖猛兽，一路病魔缠身，人丁逐渐减少。今日请求祖宗，保佑我们不再翻山越岭，护佑儿郎长大成人，一生一世都平安……”念毕把鸡鸭全部杀死，将血滴在神台的四周，最后将鸡鸭煮熟。“鬼师”组织在平地上另燃起一堆篝火，大家拥着举行“仪式”的男孩从出生到现在的成长历程默念一遍，并让男孩念诵：“上山同路，下水同趟，有苦同担……”等誓言，庄严宣布：小男孩已长大成人。“鬼师”助手将煮熟的鸡鸭用剪刀剪开，带头的半只鸭、一条生鱼和一卡糯禾留给鬼师，带头的半只鸡及一条生鱼留给“鬼师”的助手，另一只鸡头、一条生鱼由男孩带回家，剩余部分按参加仪式的人员户数平均分给各自带回家，预示着告知全村人该男孩已举办“成人仪式”，其身份已由小孩变成了大人。晚餐吃由家煮好带去的酸汤鱼、糯米饭、米酒，这些食物亦由“鬼师”助手平均分给在场人员，饭后所有人员在“鬼师”先回家后才陆续回家，所带去的炊具、碗筷要全部留在坡上，过三天后才能拿回。做了成人礼后，男孩至此开始了人生新的旅程：享受和承担起作为成年男人的权利和义务，可以谈婚论嫁、“入堂”议事，参加村寨的各种重大事务活动等。

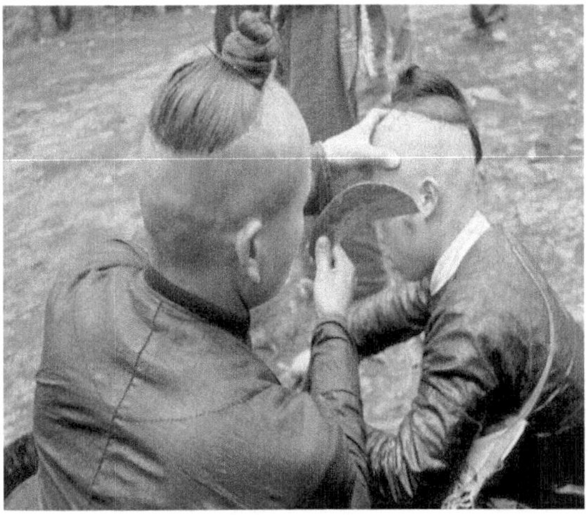

成人礼——剃头

岜沙苗族男子成年礼后保留的“户棍”发式，表明了岜沙少年身份角色的转换。岜沙苗族所遵循的不留“户棍”不是真正岜沙人,死后就不能同祖先在一起。岜沙苗族的成人礼俗集中体现了这个苗族分支传统文化,涉及他们的衣、食、住、行、精神信仰,以及审美观念,他们通过这种“户棍”的形式来维系这支苗族的传统文化,是岜沙人的情感纽带,也是他们的精神寄托。

随着社会的前进、科学技术的进步和外来文化的渗透,“岜沙苗族成人礼”这种特有的文化事项同其他地区民族文化一样面临受外来文化的冲击。同时,由于教育、卫生事业的不断发展,年轻一代在外面接受教育、外出打工,留有“户棍”(鬏鬏)容易被人耻笑,因而采取逃避的思想,不愿意再蓄留“户棍”已成为欲走出大山的年轻人的想法和企求。因此,“岜沙苗族成人礼”的传承与保护已成了岜沙苗族弃之不忍、留之欲丢的艰难抉择,也引起了民族社会的广泛关注。

苗族翻鼓节

苗族翻鼓节流传于丹寨县南皋乡清江、偿卡、乌皋、乌毕、大寨、竹溜、脚开、仰丫、四方山村寨;兴仁镇龙坡、翻仰、翻杠、排佐等村寨及凯里市舟溪镇的情郎等村寨,因这些地区妇女穿的裙子长短适中,故称为“中短裙苗族”地区,区域面积为300多平方千米,3万余人。

据传在很久以前,每年正月丹寨中短裙苗族人们都要上九重天和祖宗一起过节,玩上12天才回来,这样祖宗们才快乐,后来出现了很多妖魔鬼怪和害虫作恶,人们被灾祸病疫、饥荒闹得不得安生,还发生了虎妖趁大人上天踩鼓时吃掉小孩的悲剧。氏族长老向祖宗诉说请求帮助,祖公就将威力无比的木制天鼓送给他带回凡间镇妖驱邪。天鼓有九庹长、七抱粗,苗族人民扛也扛不起,拉也拉不动,最后在众多鸟兽帮助下,想方设法把天鼓移到天河里慢慢拉回家乡,等拉到寨边的河滩上时已是农历二月第一个猪(亥)日了,乡亲们架起天鼓咚咚咚地敲起来,妖魔鬼怪害虫们立即死的死逃的逃。人们高兴得接连跳鼓唱歌

出鼓 (黄晓海 摄)

欢庆了 12 天，还把祖公也从天上请下来与子孙后代们一起饮宴同乐。祖公临走时，吩咐把鼓藏进山洞中，每年二月都要翻出来敲一回、跳一天木鼓舞，这样全年就会吉祥平安、风调雨顺、万物繁荣、五谷丰登、人畜兴旺。这年九月秋收，全寨的庄稼果然获得了丰收，乡亲们为了感谢祖宗保佑他们，又隆重祭祀祖宗过节一天，从此开始了每年二月和九月的翻鼓节。由于天鼓太大太重，翻鼓进出山洞很不方便，后来人们就改制为小木鼓，也不再藏于山洞而是放在家中。

苗族翻鼓节的主要内容为祭鼓、宴亲友、跳踩鼓舞、斗牛、斗鸟、唱情歌等，时间为三天。

第一天：祭祖。节日第一天即猪（亥）日清晨，各家蒸糯米饭、杀公鸡、煮鱼炒肉，在桌上或簸箕内摆上糯米饭、甜酒、鱼、鸡、肉等祭品，烧香纸，酹酒掐食祭祖。鼓头家里把同样的祭品摆在木鼓前，鼓头身穿花缎长衫，头戴已抽掉粽粑叶只剩竹篾骨架的斗笠（象征四季如春、风调雨顺），率领参加祭鼓的人站立在木鼓前。鼓头念祭祷词，烧香纸酹酒掐食祭木鼓（祖宗），然后用鼓棒敲鼓数下，仪式结束，接着各家与来客共同饮宴。下午 4 时再次祭鼓之后，一群盛装男女在鼓头的带领下把木鼓抬到踩鼓场架起，咚咚嗒嗒地敲起来。

第二天：踩鼓。第二天中午起踩鼓场上人山人海，热闹非凡。在深沉悠远、连绵不绝的木鼓声中，来自四面八方的苗家姑娘和小伙子们围起一层层的舞圈，热情奔放地翩翩起舞。木鼓舞有三步舞和五步舞两种跳法，动作粗犷简洁、古朴典雅容易掌握，即使是初来乍到的客人也能看一看就会，参与联欢。随着鼓点和节奏的变化人们亦跟着变换舞步，动作时而舒缓、时而激烈，表达出苗家人对祖先的追念、对艰难的抗争、对幸福的向往和对胜利的喜悦。大多数男人则在另一块河滩上围成半圆圈观看斗牛，日暮方散。

舞蹈 （黄晓海 摄）

第三天：对歌。年轻人们在村寨附近的山坡上成群结伙、成双结对地对唱山歌交朋结友、谈情说爱，让友情、爱情之花伴随着春天的到来而成长、开放。

据苗族老人用口碑家谱推算，苗族翻鼓节从古到今的主要传承人有鸟到、勾鸟到、纳勾鸟、虾纳勾、扬虾纳、宜斗扬、舍宜斗、记舍宜、啥记舍、秀啥记、留秀啥、替留秀、宜替留、留宜替、里留宜、田国朝、田井明、田如胜等。

侗族婚俗

侗族男女青年谈情说爱的社交活动各地有不同形式。天柱、锦屏、剑河一带，青年男女在农闲或赶场路上，三五成群地约会于山坡上对情歌倾吐爱慕之情，当地称“玩山”。盛大的赶歌坪集会是青年们选择伴侣的最佳时期，他们以歌为媒，从唱歌而相识、相爱，许许多多情人就是在这种活动中结成了美满的姻缘。“行歌坐月”是黎平、从江、榕江、锦屏等地侗族青年自由交往的方式。晚上几个要好的姑娘聚集在一家堂屋里纺纱、绣花，等待男青年的到来，有的后生虽不相识，但姑娘们总是脚手不停，一面纺纱绣花一面热情接待，以歌相问、以歌相答、以歌传情，往往玩唱到深夜才离开，经过多次接触、唱歌，相互了解，终成眷属。

侗族婚姻不论是自由恋爱还是他人说合，都得由男方请媒人到女方家说亲，得到女方父母的应允，才择日完娶。也有些青年摒弃“父母之命、媒妁之言”的古规而自由结合，婚后再给女方父母道歉认亲，个别甚至与家庭决裂。黎平、从江、榕江等县的侗族婚礼简朴，迎亲的傍晚由“接亲婆”手提灯笼、背一床铺盖把新娘接到新郎家。新娘进门时全家回避，新娘进门后坐在火塘边的新凳上，由一位德高望重的老人念新婚词向新婚夫妇祝福，接着新娘动手架锅作炊事仪式，表示她从此成为这家主妇。宴席只宰杀一两只鸭合家吃饭，所请亲友十几个人。邻寨的新娘子饭后即归，外村来的新媳妇，住上三天即回，这种习俗视夫妻感情和年龄大小而定，感情好年龄大的，一年半载即可到夫家落户，包办说合或年龄小者，两三年甚至七八年才上夫家共同生活。

侗族大部分地区结婚多在春节期间举行，春节前后许多新婚夫妇双方家庭都要举行隆重的婚庆活动，这种活动称为“吃糯米饭”。婚庆这天男青年穿着一新，挑着青、红、黄、绿等各色糯米饭和猪肉、米酒，拥着新郎往岳父母家走去，途中被新娘的同伴们拦住，以草标、用具或其他农作物为障碍堵住路口，同小伙子对起《拦路歌》，一道道关卡靠唱歌打开。到了大门前响起迎客礼炮，众亲友出门把新郎和同伴迎进房中一起吃饭，饭毕新郎一行在炮声中担着新娘的衣服、头帕、侗锦和尖顶船形绣花鞋，在喜气洋洋的气氛中告辞，姑娘组织群体送别，依依而别。但是，新娘没有跟新郎走，只算举行了结婚仪式。以后逢年过节，才到夫家小住几天。

三穗、天柱、锦屏、剑河等县部分村寨的婚俗，无论是自由恋爱或父母包办均得

侗族婚俗

请媒人说亲三次方成。婚姻的程序一般分放篮、定亲、结婚三个阶段。结婚时新娘多“哭嫁”,女友“伴嫁”并唱《伴嫁歌》,在新娘哭嫁时男友悄悄送来礼物,新娘暗托女友代之哭嫁,自己溜出后门与情友话别。凌晨新娘出嫁时鞭炮响、唢呐吹,堂屋里摆起分离酒,合家同饮后父母赠送嫁妆,新娘由亲兄弟或党兄弟背出大门,兄弟姐妹组成一支数十及上百人的送亲队伍,浩浩荡荡地送到郎家,这批送亲客称为“皇客”。新娘由“引亲娘”领经堂屋时全家人回避不照面,然后把新娘引入洞房,“皇客”在新郎家住吃1~3天后,和新娘一起回娘家。

黎平“四十八寨”侗族的婚姻习俗,不仅仅只表现为“结婚”的单一内容,简单概括起来它集中体现了六大文化内容:行歌坐月(侗语 ngaoh wungh)、说亲(侗语 jais maix)、定亲(侗语 sogx maix)、迎亲(侗语 sebs maix)、新娘回门(侗语 zonv oux yous)、打三朝(侗语 dos kegs lagx)等。黎平“四十八寨”侗族婚俗是侗族地区婚俗文化的典型代表,近年来不少民俗、民族、人类、社会等学科的专家学者来此考察、采风,多有收获。

瑶族婚俗

瑶族实行一夫一妻制,中华人民共和国成立前普遍实行族内婚,严格禁止血缘内婚,通婚的范围较窄,中华人民共和国成立后族内通婚解禁,与汉、壮民族或瑶族不同地域不同支系之间相互通婚者日益见多,婚后离婚、再婚及寡妇再嫁不受歧视。

瑶族人多通过夜晚吹芦笙“跳月”或“游山”等活动择偶,如姑娘选中某小伙则会设宴款待他,并赠送糯米粑,俗称“背粑”,男方则回赠丝线作谢礼。每当农闲或节日的夜晚,未婚男子便翻山越岭跑到自己爱慕的姑娘家的窗下唱情歌,如果女方不喜欢来者就默不作声，任由求爱者自行表白不作任何答唱，或从窗台递出竹枝或松明火把将男方打发；如果相中登门求爱的小伙子便会起床对歌，隔窗递烟送茶以示相许，待爱情成熟时还互相交换手镯或挂袋等为定情信物。麻江瑶族男女青年自对歌相识后及结婚之前，男女双方亦交换定情信物，如手镯、头巾等，家庭不富裕的交换一条手帕亦算定情。

瑶族婚俗——拜堂

瑶族男女青年自由恋爱定情后，男方要托媒人去向女方的父母提亲，如果应允便举行一次订婚仪式，商定正式的婚期。青年男女经恋爱双方同意成婚，由父母出面请寨中老人作证人，双方家长签订“婚书”（婚约），摆明家庭经济状况、赡养父母情况及婚礼钱物等内容，协商妥当即定佳期，也有一些地区的瑶族青年男女的婚姻几乎由父母包办，如“童婚”联姻。“童婚”即从小由父母定下小亲，孩童约在6岁开始择偶，8~10岁的少年最为普遍，定下小亲后即行“订婚礼”，长至18岁以后才正式完婚。若子女长大后不满意配偶可提出解除婚约，届时作一定的退婚赔偿即可。也有的由父母包办完婚，但在订婚以前，男家要上女家见面相亲，男女双方有一定时间的接触和相互了解。一般而言婚姻决定权在于女方的父母，有的女方父母要求男青年到家参加劳动一段时间，以考察其劳动态度和为人，满意了才会同意子女的订婚。

在麻江过去曾盛行招郎入赘婚姻，有的汉族男青年也入赘瑶家。入赘婚姻有几种形式：一是叫“卖断”，男子入赘到女家后完全脱离自己父母的家庭，从女方家的姓氏更改名字，所生子女从母姓。二是“两边顶”，若女家只有女孩而无男孩，男子上门入赘后所生男孩第一个随母姓，以示女家不断香火，第二个随父姓，其余的由双方协商跟谁姓都可以，以继嗣夫妻双方家中“香火”，其子女可继承两家的祖业和遗产。三是“两边走”，若男女双方的父母都年迈体弱又无其他劳动力，男子上门入赘后，则采取“两边走”的形式，即每年夫妻俩都要在双方父母家中劳动半年或数月，赡养双方父母公平合理。中华人民共和国成立后仍盛行男到女家的婚俗，但婚后子女随父姓者日见增多。

瑶族婚宴上

婚礼：瑶族人结婚日期旧时统一称“过冬节”，即农历十一月第一个卯日或春节的第二天，现已随意择日。至婚期男方家请两人送 12 斤猪肉和一把伞到女方家，女方家邀家族男子 12 人和 3 名未婚姑娘为“舅爷客”和“姨娘客”送亲。此时女方家不送嫁妆、不办酒席待客、不点灯引路，新娘只拿一把伞和一块毛巾出门上路，至男方家“舅爷客”要吃“拦门酒”方可进屋，新娘不拜堂也不与新郎同房，3 天后与送亲客一同返回娘家。婚后次年二月男方家请两个女青年携一篮糯米饭和红蛋到女方家接新娘，俗称“喊二月”，此后新娘可随时去夫家，待怀孕后新娘方定居男家，此时女家才将嫁妆送至男家。

麻江瑶族人很少有离婚现象，若发生婚姻纠纷就请乡老裁决，理负一方要给予一定赔偿，离婚判词是固定的，最后还要剖竹筒为契并各拿半边以为存据。瑶族男女双方都有提出离婚的自由，如果男方先提出离婚，女方便不用退回聘金聘礼；如果女方先提离婚，则要退一部分身价银（聘礼）给男方。瑶族夫妇一经离婚，双方都有再婚的自由，男女任何一方不得干涉。

麻江瑶族过去有抢婚习俗，如青年男女双方有情有恋但父母或娘家舅父不同意，或女方家中要彩礼太重或男家太穷无法操办婚礼就会出现抢婚，但是抢婚对象主要限于离婚或丧夫的女性。一些定“童婚”的青年男女，长大后不愿按“定亲”成婚则可解除婚约，只是解除婚约后的女性亦成“再婚”对象，是为“抢婚”的目标。抢婚在黄昏进行，某男子有意与某女子成婚，便选择女方外出做工傍晚归家经过的路段，相约几位好友躲在路旁草丛埋伏，等女子经过便拥出来围着女子推推搡搡抬到男家，当晚请来亲朋好友并请女方父母来家共聚晚餐，而后便可同居，过后一段时间再举行正式结婚仪式，若被抢女子不愿意便不同居。在瑶族地区，男性不能强迫女性做任何事，不然会引起女方娘家兴师问罪，女性在社会上受尊重，舅父有一定的权威。

苗族斗牛习俗

苗族斗牛节是苗族传统的民俗活动，是指两头水牯牛以角相抵斗以争胜论负的活动，被称为“东方式斗牛”。古往今来的苗族斗牛，特别是黔东南苗族斗牛，以惊心动魄的牛牛相斗区别于西班牙的牛人相斗而闻名世界。有位民俗专家到贵州实地考察后说：“世界最精彩的斗牛在中国，中国的斗牛在西部，西部最神奇的在黔东南苗族斗牛文化！”苗族斗牛这一古老的民间习俗主要流传于施秉、凯里、台江、雷山、丹寨、麻江、黄平等地。

斗牛的程序主要由以下几个方面组成。

斗牛(一)

相牛：苗族人选择斗牛是很有讲究的，千百年来形成了一整套完备的选牛标准——相牛“十二看”理论。这“十二看”分别是看体形、胆识、鼻梁、牛头、舌头及鼻沟、牙齿、牛眼、皮毛、牛蹄、尾巴、角和旋，只要能满足“十二看”中的二三项即是狠斗之牛。比如“看牛眼”是这样说的：眼皮要厚，眼水要浓，呈蛤蟆状则更好，若牛眼的位置离牛脚稍近，必是狠牛。

养牛：黔东南苗族所养斗牛可以分为专门性斗牛（只为了参加斗牛比赛）和业余斗牛（忙时耕地、闲时偶尔参加比赛）。苗族人饲养斗牛有一家饲养和多家甚至全寨饲养之分，但都将斗牛视为宝贝来精心饲养。比如，“迎牛入寨”的习俗就说明了苗族人对斗牛的珍爱：牛来进圈前，牛主人要先在牛圈门边烧香焚纸，作三个揖，表示敬神祭祖宗，让祖宗和牛神保佑牯牛，直到通宵达旦。

驯牛：业余性斗牛一般比较雄健，农忙时节耕田犁地，节日拉去打架。专门性斗牛平时不耕作，为一个寨子或一个家族共有，由一个或几个选定的具有丰富养牛经验的能手饲养，节日期间拉去参加各种比赛。因此，在日常饲养斗牛时，牛主人会刻意训练斗牛的好斗性情，如给斗牛配备壮阳性质的中草药；刻意将牛关进四周密闭的牛圈里,激发牛的暴躁脾气;在日常的放养中训练斗牛的冲撞能力和技巧等。

斗牛:斗牛比赛前,在斗牛活动的一周内,牛主人除了按照平时饲养斗牛的办法外,还要煮糯米稀饭或糯米饭给牛吃,用最好的草料喂养斗牛。斗牛前一天牛主人们要给斗牛用清水洗刷一遍,第二天早上舀自家酿制的米酒给牛喝几口,以示欢送"英雄壮士"出征。苗族斗牛比赛以前,全寨的男女老少都身着节日的盛装,带着节日的喜悦来送行,亲朋好友提着鸭、鹅给斗牛主人,以示对主人家的祝贺。

斗牛(二)

斗牛比赛中,待一切准备就绪,由几个德高望重、办事公平的寨主做中间人(裁判员),宣布斗牛有关事项,分别对参加斗牛比赛的年龄、牛角进行测试,划分出嫩牛组、宽角组、老牛组等,按来参加的牛的多少进行拈抓阄"抽签",拈到相同的号码,便是参加斗牛比赛的一对。在双方放牛比赛前,由双方的牛主决定斗牛的方式,斗牛比赛正式开始。

斗牛比赛后,斗赢的牛像胜利者一样,此时的苗族人会牵着牛大声地叫唤,那粗犷的声音和着阵阵鞭炮声在牛堂里回荡,牛绕牛堂转上一圈后,村寨的寨老会在牛角上挂一腿肉以表示奖励。千百年来苗家人斗牛以娱乐为主,无论谁胜谁败都会受到当地三亲六戚的欢迎,年轻的小伙子和姑娘看斗牛则是借助斗牛的机会寻找意中人。

苗族人民在长期的农耕文化生活中,把牛作为生活中不可缺少的一部分,有牛就有了希望,一头牛代表着家庭的富有,所以苗族自古以来与牛结下了独特的情感,视牛为"宝"、为"神",这在中国乃至于全世界任何一个民族都是难以比拟的。

黔东南苗族斗牛习俗是苗族山区农耕文化的体现,凝聚着苗族人民对水牛的图腾情结,同时展示了苗家人的民俗活动。首先,牛的优劣是村寨贫富的标志,因此斗牛过程是双方较量财力的过程;其次,人们养牛技术的高低,可以通过斗牛反映出来;再次,斗牛能体现苗族的尚武精神,还能促进村寨团结繁荣。

随着现代化的迅猛发展,现代农业生产水平不断提高,农村产业结构和人们的生活方式发生了较大改变,加上大众传播媒介的普及,社会成员流动性的增强,使得长期以来,维护和支撑苗族传统方式的价值观念正发生急剧变化,苗族传统社会的农耕文化日益衰弱,苗族传统的斗牛文化正在处于淡化之中。

侗族鼓楼习俗

侗族鼓楼是侗族特有的建筑，广泛分布于黔东南黎平、从江、榕江一带的侗族传统村寨，其上半部为重檐的宝塔形，顶部既有悬山式、歇山式，又有多面坡攒尖顶式，而在攒尖顶式中又有双叠顶和双层暗顶之分。鼓楼有用一根粗大的杉木做主承柱的，也有用四根或六根杉木做主承柱的；檐柱一般为十二根杉木的较多，也有用八根、十四根或十六根杉木的。鼓楼建筑的地点多选择在寨子的中间，与侗族的民居相比犹如鹤立鸡群，是侗寨的标志。人们的物质生活和精神生活与鼓楼关系密切，因此有的研究者将侗族鼓楼及其与人们所形成的关系称为“鼓楼文化”或鼓楼习俗。

鼓楼是侗族家族的标志。侗族村寨是以“兜”这个具有血缘联系的单位构成的，较大的村寨一般由几个“兜”组成，每个“兜”都会有自己的鼓楼，如果一个寨子只有一座鼓楼，那么就说明这个寨子当中生活的都是同一姓的人，或者很大一部分是同一姓的族人，当寨子中出现大量不同姓的人时，则要各自修建本家族的鼓楼以示区别。侗寨中有“腊卡”“腊更”寨的区别，“腊卡”寨指的是较先定居某地的群体，而“腊更”则是后来迁入或者投靠在“腊卡”寨的人群，他们得到了“腊卡”寨的容留和无偿的接济，所以履行各种义务，给“腊卡”世代送礼并且永尊“腊卡”为长辈。鼓楼的外在形式，以及规模则表现出这种等级关系，处于“腊更”地位的寨子，其鼓楼的规模大小、鼓楼的层数，以及装饰程度都受到不同程度的限制，如贵州从江县往洞乡的牙现寨，其鼓楼形式就受到信地寨鼓楼的限制。牙现寨鼓楼是六边形九重檐攒尖顶，各层翼角均无起翘和装饰，信地鼓楼则是八边形十三重攒尖顶，飞檐翘壁。侗族鼓楼不仅是村寨的象征，在一定程度上还是家族或者村寨的地位的象征。家族或者村寨的很多具体事情都与鼓楼相联系，如侗族人生礼仪中的婴儿取奶名和 11 岁或 13 岁时的“鼓楼名”都要在鼓楼举行，这样才能被“兜”内人所承认，鼓楼取名表示他被社会正式接纳。又如凡是 60 岁以上正常去世，或者有名望但未到 60 岁的正常死亡，按照习俗都可以享受灵柩摆设在鼓楼和在鼓楼坪上举行隆重葬礼的待遇。再如，在侗寨中鼓楼的主要部件主承柱是村寨人的荣辱标志，如代表村寨胜利的斗牛牛角被挂在主承柱上，表达一种喜悦与自豪的情绪，斗输了的斗牛牛角也被挂在主承柱上，是一种悲惨与荣辱的标志。主承柱上钉入的大铁钉则表示兜与兜、寨与寨之间的重大事情已被决定永不反悔。

村中鼓楼

侗族有个习俗,一般居民(即使是有钱有势的富户居民)其房子不能高过鼓楼,因此鼓楼是侗寨里最高的建筑物,楼内放一面大鼓作为传讯报警的工具,如遇到急事、大事,登楼击鼓,寨民闻声而至。击鼓报信根据鼓点的轻重缓急不同有警报和喜报之分,村民可以通过鼓声分辨是警报还是喜报。

鼓楼大歌

自古以来鼓楼是侗族社会重要的议事场所,也是整个寨子经济、行政乃至政治、军事的决策中心,大事小事都在鼓楼里议定。大事有:制定“乡规民约”,即大家共同遵守的大小“款规”,整顿村寨治安、振兴村寨事业等政治性的大事;兴修水利、修筑道路、桥梁以及开秧门、限物价等经济性的大事;有战事时鼓楼既是报警哨所,又是“款军”集结之地,同时担任军事指挥所。小事主要指的是民事纠纷，诸如婚姻纠葛、邻里之争、家庭矛盾等，均由寨老们在鼓楼里当众调解，公开、公正、公平地评判是非曲直，断案处理。

鼓楼议事

同时鼓楼又是进行文化娱乐的场所和文化传播的媒介。侗族被誉称为“音乐的民族”，“饭养身，歌养心”是侗家的口头语，他们把唱歌与吃饭看得同等重要。每逢盛大节日，村里的小伙与姑娘们就到附近村寨邀来歌伴，在鼓楼里对唱闻名遐迩的多声部合唱侗族大歌，分男左女右隔着火塘就坐在两根长凳上，对望而歌，这就是著名的“鼓楼对歌”。鼓楼也是老人摆古、讲故事和传播侗族历史、文化习俗的好地方，有的老艺人手抚琵琶或牛腿琴，边弹、边唱、边说，用音乐感染听众，用劝事语教育听众，效果极佳。具有全寨性的祭祀活动都要在鼓楼举行，一般采用“多耶”即踩歌堂形式，杀猪宰羊在鼓楼坪里举寨共餐，边歌边舞。重要的迎宾送客仪式也在鼓楼举行，一般采用拦路对歌的形式，既风趣又庄重。

此外，鼓楼还具有公益与休闲的功能，村民们如果捡到失物不知主人是谁，就会将物品放在鼓楼以便于失者认领，村民们还会在鼓楼柱上挂上草鞋，供过路需要之人使用。闲暇之时村民们便会聚在鼓楼，夏天休憩纳凉，冬天烤火取暖，谈古叙今。

在从江、黎平、榕江一带侗族传统社会中，鼓楼通常为男人活动场所，女人只有祭祖、集会、迎宾或对歌时才能进鼓楼（侗族村寨中，一般建有两座公共建筑：一为鼓楼，一为堂萨。堂萨是供奉萨神之所，反映了侗民对女性的崇拜，是母权的象征）。如今各地保存下来的较为古老的鼓楼，门楼的门槛一般为1米高左右，这门槛就隐含有“女人不入楼”的意思。每逢重大节日村民在鼓楼坪举行对歌，女歌队所占的位置通常靠近堂萨的方向，男歌队则靠近鼓楼，由此也可以看出侗族社会中母权和父权的对立和共存。

人类的智慧和力量随着文化的积累和进步而不断增长，鼓楼习俗是一种独特的文化，这种文化内涵十分丰富，对侗族社会的制度和行为都有重大意义，当然这种文化必然夹杂着糟粕，应以科学态度予以扬弃。

苗族招龙(榕江县)

招龙节是榕江县平阳乡小丹江一带的苗族村寨关于祖先迁徙的一项祭祖活动,苗语称“斗翁欧”。

招龙节木雕龙

小丹江位于榕江县平阳乡西北部,距县城92千米,坐落在国家级雷公山自然保护区南麓。寨边小河绕寨而过,寨子依山而坐,傍水而落,四面环山,青山竹林苍翠环抱村寨。榕江至台江县道穿境而过,有公路与州府凯里、雷山、台江、剑河等县连通,是一个苗族、侗族聚居的少数民族村寨。

招龙祭祀仪式的目的是接龙和祖先的灵魂进寨,以保佑村寨消灾免难、人畜平安、风调雨顺、五谷丰登,一般每隔13年举行一次,而小丹江苗族招龙节则是一年一次。

招龙进寨

小丹江苗族招龙节源于一个古老的传说。很早以前苗族因战乱被迫迁徙,其中有兄弟两人率领子女逃往今湘黔交界一带而陷入困境时,龙王托梦两兄弟,在行程中会遇见一只白狗,只要跟其带的路走便能找到水源清凉、浮萍很多的安家生息宝地。在龙王的梦引下,逃难兄弟及其家人终于找到了梦中龙王说的风水宝地——小丹江,于是便居住下来,生活渐以稳定、富足。为了感谢龙王的引路恩德,小丹江苗家在每年的农历二月都要择日招龙谢土,举行祭祖仪式。

苗族招龙之龙具有多态性,包括动物龙、植物龙、非生物龙等,苗族的龙多种多样,但全是与苗族人民生活息息相关的动物、植物等。小丹江以农耕养殖为主,生产的丰歉取决于雨水的多少,于是当地苗族实际把龙当成了水神,招龙即是招“水龙”。

小丹江招龙节期为三天三夜,在节前需用符合要求的新伐木料雕刻成雌雄两条“龙”,龙形为牛头鱼身蛇尾,把蚩尤当作神龙,同时用纸剪成若干小人儿,象征蚩尤统率的兵卒,然后夹在竹签或小木棍尖上。在选定的节日的深夜,全寨出动将小纸人从寨子周围的每一条路上往回插,直线时稍疏,转弯时稍密,以做接龙迎祖的准备。

招龙仪式

招龙节凌晨在主祭师的带领下,20 名苗家男子赤上身、披蓑衣、戴斗笠、扛鸟枪、打着火把组成护卫队,护送 21 名衣着盛装、挑着木桶的苗家少女随祭师到一千米外的“龙塘”取水引龙到寨中祭坛。其中有三只木桶盛有清水,“三”即“山水”之意。当前来观看的宾客步入寨门时,祭师手持万年青树枝,沾上桶中清水洒向客人,表示幸福吉祥之意。在祭坛上分别摆上各种畜、禽祭品,其中有五坛上好的醇香的米酒,有五谷丰登之意。主祭师两旁分别站立 6 位副祭师,然后由主祭师念祭文一个时辰,以“招龙”进寨。

招龙进寨后,全寨男女老少在祭坪上举行跳芦笙、跳鼓舞,随之按苗族习俗摆长街龙宴。其长街龙宴摆设在丹江寨街心,龙宴分排两行,龙头设在原街上的老石桥,龙尾设在公路的桥头,中间空出人行道 3~4 米,长达 500~600 米,其中第一行龙宴桌上整行铺满红布,第二行铺绿布象征着两条犀牛长龙,红的是雄,绿的是雌。布面上摆些酒、饭及猪、牛、羊、鸡、鸭、鹅等熟食,邀请亲朋好友入席,对唱酒歌。晚上即为篝火晚会,全寨男女共邀宾客围着通红的篝火,跳起古朴、欢乐的芦笙,庆祝招龙节的圆满成功。即日期间还有斗鸡、斗牛、斗鸟等活动。

现小丹江掌握招龙祭祀词的主祭师为 60 岁老人余兴华,副祭师有杨老发、张登前等人。

苗族卧堆习俗

新田卧堆 （王杰 摄）

卧堆是苗族古老的祭祖文化，卧堆是苗名，“卧”是婆或奶，“堆”是风水，合起来讲，卧堆就是祖母居住的地方。苗族每迁到一地，必先在寨内用石头砌好卧堆神坛（里面安葬的是祖宗所穿过的衣裙及戴过的头饰等），苗族将卧堆视为至高无上的女性祖宗，认为她能给予苗族人以力量去战胜一切困难，保寨并护佑子孙平安。

卧堆在榕江苗族村寨中广为流传，其主要分布在古州镇、八开乡、计划乡、兴华乡和栽麻乡的苗族村寨，卧堆以女神的形象活在苗族人民心中。有的卧堆，如吴家寨卧堆为神坛状，高 1~2 米，圆形，周长有 3~4 米，大小不等，旁边有个小石门，石门按规定朝东方。有的卧堆建成个小木屋，如三盘卧堆，木屋面向东方制有小门，屋内安置着神坛。有的卧堆，神坛顶上栽有四季常青“千年矮”树，如新田卧堆，以象征女神力量永在。不管何种类型的卧堆，都是苗族祭祀祖母的场所。

逢年过节苗家人都要到卧堆坛去祭祀，祭祀由寨老主持，寨老对卧堆献上祭品后，念诵祭词祈祷，在众人吹奏“嘎铃表”纪念卧堆后，先由开辟此地的姓氏祭拜，然后其他姓氏按序进行乞求卧堆保佑。这天去卧堆祭祀的人不分男女老少，都要吃卧堆饭以祈平安吉祥。在这日中，只要找到同伴就可尽情饮酒作乐、抒怀欢畅，以排除烦恼和忘却一切不愉快的事情。

祭祀卧堆 （朱法智 杨成利 摄）

卧堆以女神的形象活在苗族人民心中，据苗族古歌的记载，卧堆的来历有多种说法：一是开疆拓土的祖母；二是掌握人类生死的神婆。祭祀卧堆是苗族集体性活动，对增强民族凝聚力、促进民族内部团结和维护社会治安等有着很大的意义。

记间习俗

"记间"节所在区域是在黔东南的黎平县和榕江县接壤地带侗族的一种特殊的祭祖习俗。侗语"记间"(jil jaenh)，"记"可译为"过"或"吃"，"间"有"箍紧""团结"之意，也有"发"之意。侗族人通过"记间"改良社会风气，促进社会进步发展，增进区域内本民族间和各民族间的团结和友谊，祈求风调雨顺、五谷丰登、人丁兴旺。

"记间"为黔东南侗区的洞款所创造，一般按十二地支对宫的两年为一个片区的"记间"年。黎平县和榕江县接壤地带"记间"区域分为6个小区域，"记间"时间安排按子、丑、寅、卯、辰、巳、午、未、申、酉、戌、亥十二地支排序而定，以十二地支对宫的两年为一个小区域"记间"年。

过"记间"节所属的区域内均属山区地带，海拔在300～1500米，民居大都依山傍水或在半山腰居住，村寨小至几十户，大至千余户，建筑以吊脚木楼为主。这里植被浓郁、空气新鲜，杉木青翠漫山遍野，这里的人民大多以耕作为主，生活古朴，保留有浓厚的民族风格。

"记间"节主要有三个组成部分：一是斗牛，在"记间"年的头三年完成，各房聚银购买水牛喂养，每隔三五月择日斗牛。择日要用亥日，禁忌辛亥、丁亥两日，每逢斗牛日男女老少、四方寨朋齐来观看，锣鼓喧天、铁炮惊天动地、旌旗招展，场地十分热闹。斗牛既是一种文娱活动，也对左右乡邻的和谐交往起到促进作用。二是祭萨活动，祭萨活动是在"记间"年的农历十月间举行。侗族祖先十分崇拜保佑一方平安的女神"萨"即祖

请萨祭萨

母,每个寨子都设有供奉女神的地方,一般用泥土和石头砌成高 1 米,直径 3 米的圆形土丘,请来阴阳师为祖母摆设供品祭祀,祈求祖母保佑本寨男女老少年年兴旺、岁岁平安、六畜兴旺、五谷丰登。三是踩歌堂活动,踩歌堂是"记间"节的一个重要部分,活动期为 7 天,在歌堂中男女歌师各一人,在歌堂里带领身穿民族盛装的男女青年,围着歌堂徐步前行,边走边对唱琵琶歌。歌的内容有三大类:第一是大众歌,包括社会、历史、交际、耕种、婚嫁、丧葬等充满生活经验的知识;第二是情歌,包括男女青年在行歌坐月、谈情说爱时所唱的歌,使人有美的向往和近求;第三是段歌,其歌词语言精练、风趣、斗骂、幽默,让听众笑口常开。

踩歌堂

"记间"是侗族祖宗传下来的节日,有悠久的历史。清代同治年间以前"记间"以娱神为主,到了光绪年间高孖地方有个叫固岚的人,家里富有且读过多年书,知书达理,成年后没有去考功名而潜心在家编创侗歌。他借用汉字来记录侗语,花了几年时间编出了十多"端"(套)男女对唱的歌。歌编成后找来嗓子好的两位后生和两位姑娘,由他亲自向他们传授歌词,并请会弹琵琶唱歌的歌师教他们弹琵琶和拉嗓子,吃住都在他家。经他精心培养,四位歌手把十多"端"(套)歌都学会,并对答如流。那年"记间"固岚就在他的家乡开歌堂,请四位歌手进歌堂对歌,周围村寨的人都赶去观看,人们赞声不绝。从此"记间"成了歌堂对歌新风,以娱神为主的节日活动也变成以娱人为主,并演变成包括侗、苗、水等族的共同文化习俗。

"记间"节里让勤劳善良的人们沉浸在节日的喜庆、歌的海洋里,美妙动听的歌声能使人消除疲劳,经典精练的歌词能教育人。通过节日的喜庆,人们享受到劳动之余的安逸与快乐,调节身心怀着饱满的精神迎接新一年的工作。

造林习俗

侗族人民具有植树造林的优良传统,人工造林已有300多年的悠久历史,不仅成功栽培了驰名中外的“十八年杉”“八年杉”,还掌握了先进的“林粮间作”技术。数百年来,侗寨山岭青山常在,条条江河绿水长流。天籁般的侗族大歌日夜缭绕在鼓楼高耸的侗寨,形成人与自然和谐相处、和谐共存的生态格局,造林习俗对民族地区的生态环境建设发挥了积极的促进作用。

生态黔东南

侗族民间谚语说:“要想富,多栽树”“少年栽树,老来享福”“栽有千兜杉,穷人变富家”。历史上天柱、锦屏一带有侗家生育子女后便到山上栽树的习俗。所栽的杉树通常十八年左右即可成材,这时他们的子女也已长大成人,结婚时除留一根做百年“老木”(寿枋木)之外,其余便砍来给子女做家具和嫁妆,民间把这些生命的象征树叫做“十八年杉”。据康熙《天柱县志》记载,早在康熙二十一年(1682年),天柱农民就开始在县城四郊“为木植之役”,即人工造林。至道光年间,植树造林在侗乡普遍推广,清水江支流洪州河沿岸侗族群众造林活动开展得如火如荼,黎平、锦屏等地侗家由此形成了“竞树木”的良好风尚,造林的成绩非常显著。据《黎平府志》记载,当时仅由茅坪、王寨、挂治每年输出的杉木,就价值白银二三百万两。湖南、湖北、安徽、江西、陕西、浙江等省的木商组成“三帮”“五勷”等帮会纷纷进入清水江流域采购木材,运至汉口、南京、上海一带高价销售。在各地木商的推动下,清水江沿岸各水埠、码头,商贾云集,贸易盛极一时,涌现出“内三江”(茅坪、王寨、挂治)和“外三江”(坌处、清浪、三门塘)等全国闻名的木材市场中心。1916年据瓮洞饷捐局统计,是年过税木码总值高达300万银圆,足见木材购销之旺。

锦屏自古就有“杉木之乡”的美称,至今仍是全国杉木最佳中心产区之一。锦屏县冬无严寒、夏无酷暑,雨量充沛又雨热同季的气候条件,加上肥沃的土壤,非常

人工造林

适宜各种林木尤其是杉木生长。据《姜氏家谱》记载，锦屏林农自古“只知开坎砌田，挖山栽杉，不肯迎师就读，搬子求名，问之四礼，皆昧然罔觉”。这是黔东南少数民族人工造林的最早记载，也是我国人工造商品用材林的较早记载。到清朝中期，随着木材贸易的发展，人工造林已成为民众仅次于田间的生产活动。

在长期的造林过程中，林农们通过不断总结和提高，找到了更加科学实用的造林技术，并很快普及而被其他林农所用，人工造林习俗就这样代代相传至今。采种上，民谚说：“有树得有苗，有苗得有种，种优则苗良，苗茁则树壮。”要选阳光充足、空气流通、树身壮实且不空不破的杉树作为树种，每年霜降前后上山采种。传统的采种方法有“伐倒法”“砍枝法”“摇树法”三种。杉球采回家后，一般放在通风条件较好的楼板上“阴晒”或利用晒席和晒谷坪摊晒，经常翻动使其种子脱落，再经筛子簸去劣种杂物，专取颗粒饱满的优质品种。民国以前，林农采种多是自采自用，只有桐籽和茶籽等品种由“行户”和商贾收购经营。从中华人民共和国成立到20世纪90年代，天柱、锦屏等县一直承担杉种外调任务，主要调往广东、湖北、四川、河南、江苏、陕西、山东、广西、福建等地，尤其是调往广东、福建的天柱杉种，当年育苗生长1米以上，所以特别受调种单位的欢迎。

育苗与移栽上，育苗地应选在向阳之处，先把土挖翻，在土里堆放柴草放火把土烧透，以灭草籽、草根和虫卵，同时利用烧成的草木灰作为杉苗的肥料，然后再挖一遍将草木灰拌进泥土里，平整成畦播上种子再盖上一层细泥土，以免种子被雨水冲走或鸟类啄食。播种时宜稀不宜密，移栽时要挑选“毛秧”，植树的节气选在惊蛰和春分之间，这个时候草木开始发芽，栽植的成活率最高。

砍伐上，侗族林农采用的伐木方式主要有“倒山砍”和“挑砍”两种。倒山砍，即将山上的所有林木不论大小全部砍伐，这种方式便于清理山场、更新还林，多为林农采用。“挑砍”分为间伐行（或列）和间伐株，其缺点是容易摧残中幼林，不便更新还林。伐木最佳季节多选择在夏、秋两季，冬季次之，因为夏、秋水分重，树浆多便于剥皮，所形成的“白皮材”材面光滑不遭虫蛀，易晒干而重量轻便于搬运，而且材质硬卖样好，极受客商欢迎。冬季砍的木头剥皮困难，需用刀子刮掉木皮，俗称“花皮”。为了不浪费木材，砍树方法上是小树按平土平面砍伐，大树多采取挖翻树兜砍，做到寸木不丢。砍倒之树只剥皮暂不修枝，待树叶把树干的水分慢慢吸干，如此可防止木材经太阳曝晒而产生大的裂缝。

人工林

抚林上，一是利用夏秋农闲，对林地进行锄抚薅修，锄掉杂草、荆棘；二是在林地里套种作物，通过薅修作物，施肥培土。一方面增加粮食收入，另一方面增加了养料，抚育了幼林，使林木生长茂盛，达到以农促林、以短养长的目的。与此同时侗族人民还以同样的方法，对荒芜多年或者老化的油桐、油茶林进行复垦薅修、消除病虫害，使其生长更旺、发育更好、结实更多、产油更丰。

侗族植树造林的优良传统一直保持到当代。1958 年 10 月，天柱县国有林场与织云乡分别被国家林业局表彰为“林业模范”和“林业模范乡”；1959 年，织云公社红旗林场被表彰为“全国绿化先进单位”，周恩来总理亲自授予奖旗；1964 年，远口区凯寨大队培植成功的“八年杉”，树高 16 米、胸径 24 厘米，单株材积 0.3613 平方米，8 年成材，当年 7 月 29 日被选送到北京中央民族文化宫展出；1958 年和 1984 年两次全国林业会议在锦屏召开。

作为我国南方著名的人工林区，锦屏、天柱一带的人工造林历史已有 500 年之久，期间为维护造林各方（如佃山造林、雇工造林等）的切身利益，“造林习俗”还为侗族地区留下了大量的林契文化、碑刻文化和封山育林的乡规民约等非物质文化遗产。特别是遗存在清水江流域的林业契约文书，深刻地反映侗族地区经济、社会历史状况，极有史学价值、文化价值和经济学价值，已经引起中外专家学者的极大关注。

苗族祭桥节

祭桥是黔东南三穗、台江、剑河一带苗族在每年二月初二举行的习俗活动。

据《剑河苗族古歌·礼仪歌》所传，古时候苗寨有一位漂亮的姑娘名叫仰欧瑟，她与天上的美男子略那（月亮）结为夫妻，他俩婚后两年没有生儿育女，于是在二月初二那天去架桥才生儿育女。有歌唱道："回头看古时，是谁先架桥？是谁先祭桥？仰欧瑟和略那，他俩配成双，他俩配成对。过了九重河，遇着一神仙，神仙劝他俩，你俩莫要愁，坳上三根杉，是固央栽的，回去把它砍，用它来架桥，三根排排架，一头靠那山，一头靠水龙，当天就架好，儿女过得来。看那仰欧瑟，砍倒三根杉，架好那座桥。说来也凑巧，正逢二月二，生出一男孩，杀猪来祭桥，杀鸡鸭祭桥，还煮鸭蛋祭，米酒一大坛，烧香烧纸祭。就从那时起，苗家代代传，每逢二月二，家家来架桥，户户来祭桥。"

祭桥的程序和细节有很多讲究，不同层次的桥所需要的祭物和祭品是不同的。一般家庭架的桥用鸡、鸭、猪肉、鱼等物品祭；房族架的桥用猪头来祭；全寨架的桥用水牛或生猪、生羊等活的牲畜来祭，祭祀的隆重程度区别很大。主要的流程是：架桥前主人先选好架桥地点，然后请人上山砍杉木。取木的方法有一定的讲究，必须选三棵长在一起的树梢一样齐的不断尖的杉树，砍其中一棵。照此法砍三棵，每砍一棵都要把留下的树桩用五色纱线和一根棉条捆上，以为敬祭。在苗族民间，传说杉树是苗族始祖固央栽的，用它来架桥祖先才认子。杉树的株数只取单数不取双数，这一规定有其功利性，因为民间常有"男单女双"之说，认为单数象征男孩，象征多子多孙和吉祥。架桥时须请一位巫师主持举行敬桥仪式，时间为农历二月初二的寅时清晨的五六点。祭品为公鸡或鸭一只、鸭蛋三个、刀头一个、鲤鱼三尾、酒一壶、米一升、粑粑、糯米饭一团、一元钱，加备香、纸、鞭炮、纸娃娃、棉条及五色彩线。祭桥时将祭品摆在桥的两头，宰杀雄鸡将鸡血淋在桥上，并扯少许鸡毛粘于桥身，将剪的许多纸娃娃用木棒插在桥的四角，用五色纱线将棉条三根捆于桥的中间。巫师一边烧香纸一边口中念道"桥是我架，桥归我祭。桥供人走，桥给友过。可走西方，可下东方。客人过桥，我家得富，朋友过桥，我家繁衍。兴旺发达，万代千年。"念完咒语，选一兄弟多的男孩从新架的桥上走过，意为主家今后有子女。仪式完成后，全家在桥头野炊，并与过桥的路人共餐，返家时由主人用一根五色线从

祭桥仪式

桥头一直牵到自家堂屋中，意为将子孙引到了家，同时将剩余的祭物拎回家中，让主妇吃或全家会餐，据说这样即可生子。

在苗族二月初二祭桥节的活动中，表现得最为突出的是苗族人民对生殖的崇拜。苗族作为一个以农业为主的农耕型民族，经历了世间罕见的战争和迁徙，成为旷古以来灾难深重的一个部落和民族。由于社会历史等原因，他们大都居住在自然条件较差的环境中，生产力极其低下，因此人们要生存，必须通过增加人口的数量来提高整个社会的生产力。祭桥习俗就是通过这样一些富有深刻寓意的行为把苗族人民求取子孙繁荣兴旺和健康成长的强烈愿望充分地表达出来。这一愿望具体表现在:①架桥用杉木，除了因为对杉木的崇拜是苗族原始宗教信仰之一外，还因为苗族人民经过长期的观察后认为，杉树发得快、长得快，树叶繁茂象征多子多孙，也象征子孙快快长大，正如歌中所唱“从前的老人，用杉木架桥，杉木树好尖，杉木多子女”。②祭桥的各种祭品的象征意义也十分地明显，寄托了苗族人民对生殖强烈的渴望。首先，架桥祭品不能少蛋，蛋在苗族的社会生活中除了食用外，还有特殊的民俗功能。据当地人说，蛋能把孩子引到桥上来，能把娃娃引到家里，这其实反映了原始先民对蛋的崇敬，原始苗族先民将蛋视为一种生殖力量的象征，对其加以崇拜。这种古老的原始的蛋生人观念在苗族许多的神话故事中留下了痕迹。例如，在《苗族古歌》中，人、兽、神的祖先妹榜妹留即蝴蝶妈妈生下了十二个蛋，其中一个蛋变成了人。其次，祭桥需要鱼，在苗族的各种祭祀活动中，鱼是主要的祭品之一，因为鱼一直与苗族人民的生活息息相关，在祭桥习俗中，主要取其“生殖力强，一次产卵极多”的特征，象征多子多福。再次，祭桥时需剪上许多纸娃娃，用木棒穿上插于桥的四角，意为多子多孙、家族兴旺。最后，祭桥所用的五色线与棉条也是苗族认为的吉祥之物。棉条，象征引来的娃娃长得如棉条一样又白又胖，还象征五谷丰登;五色线则象征多子多孙。

祭桥节除了表现出苗族人民浓郁的生育崇拜和祈求生儿育女的强烈愿望外，还间接地体现了苗族人民对财产权利的保护意识。祭桥活动通过对土地、路基或者田土的个人权属的强调(如祭堂屋桥、门口桥、屋基桥、土头桥)，从而达到明确个人或家族私有财产与外界财产分界的目的。随着时代的变化及科学文化的进

祭祀场面

步,苗族当今的祭桥活动也赋予了新的意义。祭桥活动不仅能提倡人们勤于架桥修桥和爱护桥梁的习惯,也教育人们要多服务于别人,多行善事,积公积德,发扬中华助人为乐的优良传统。

求雨祭典

求雨祭典,又称“祭天节”或“求雨节”,是黎平县双江、肇兴等乡镇侗族村寨的传统节日,又名“喊天节”。

“喊天节”,侗语“谢萨向”,意为祭雷婆。该节以黎平县双江镇黄冈侗寨最为典型。黄冈侗寨聚落在一道山坳上,两条小溪交汇于寨中,然后蜿蜒地注入下游的双江。当地的老人说,黄冈有山有水,冈上起平地,犹如金盆,是块宝地。约在800年前,黄冈侗族的祖先就已经迁居此地。黄冈寨内有四座鼓楼、一座花桥,寨子四周古木环抱,寨边立着一排排的禾晾,每到金秋摘禾的时节,黄灿灿的禾晾,形成一层层金色的屏障,黄冈以此而得名。

“喊天节”的传说为:雷婆巡游人间,农历六月十五日到黄冈时,人们争相顾看雷婆衣着的怪异,不小心弄脏了她的衣服,雷婆为此一气回到了天上。雷婆在离开黄冈时,发下狠话,如不祭祀她,她就会发怒不降雨,黄冈一带的田地就会干裂,劳作就无收成,生活就会贫穷,秩序将不得安宁。黄冈侗族人民忏悔于弄脏雷婆衣服,同时为祈求雷婆的保佑,便定于每年农历六月十五这天都要祭祀雷婆,以保六畜兴旺,五谷丰登,人人平安。由于在祭祀的时候人人都要仰面朝天大声呼喊,喊天节因此得名。

求雨祭典(一)

其步骤大致为:先由寨老牵一头60千克左右的黑毛猪到河边宰杀,烧香烧纸祭祀一番后,全寨才开始大规模杀猪,有的一家杀一头,有的两三家共杀一头,也有十家八家共杀一头。宰杀完后,每家挑选一块好肉煮熟制成"刀头",集中摆放到寨子中间的坪子里,在祭师的主持下,大家对天跪拜,高声呼喊。请求"萨向"保佑村寨风调雨顺,五谷丰登,人畜平安。喊天仪式一般持续两三个小时。

求雨祭典(二)

每年喊天节,各家各户根据自家的情况邀请客人前来参加,活动规模少则千人,多则上万人。喊天结束后,黄冈的主家按照房族分别摆起长桌酒席,与前来参加活动的客人一道共享特色美餐,互唱敬酒歌,气氛祥和、热烈。下午活动为水塘捞鱼。晚上,还有鼓楼行歌坐夜,对唱大歌等活动。

近年来的喊天节上,黄冈人还把传统的"抬官人"、踩歌堂、侗族大歌、侗族敬酒歌等节目展演上场,让来自国内外的万余宾朋尽情分享,并将其文化传播四方。

瑶族度戒

度戒，普通的说法是成人礼。在瑶族地区，凡年龄满十三四岁的男孩，都要经过一次受戒仪式，举行过仪式的男孩表示已经成人。度戒有许多宗教仪式(具有原始宗教色彩的道教仪式)。度戒时，师父传给弟子许多戒律，实际上也就是道教的戒律。

度戒场景

在汉以前，瑶族人信奉原始宗教。魏晋南北朝隋唐时期，道教沿南岭走廊传入瑶族，衍化为具有民族特色的瑶族道教。在中国西南少数民族中，瑶族受道教的影响最深。

瑶族文书《圣经喃词》中列举了一百多位神明。受不同历史时期道教影响，瑶族的宗教分为道公和师公两个系统，道公、师公尊奉的道教神祇有所不同。道公尊奉“三清”为最高神。在瑶族道公经典《度戒科》中记载了道教诸神，有三清、玉皇上帝、三元真君、四帅、城隍、土地、诸天星君几十位，囊括天界、地界、水府各路神仙。师公则尊奉“三元”为最高神。

教化仪式

从江瑶族主要分布在翠里、西山、雍里、大塘、加榜、斗里、秀塘等乡镇。度戒必须在丰收之年举行，以五代以内的房族为单位，“度戒”选定村里一家作法坛之后，在法堂挂玉皇大帝、赵元帅和张、李天师等神像。供品是猪头、鸡、米等，道具有锣、鼓、镲、铜铃、铜剑等。

从江瑶族度戒时主要有十二个师傅，分别是师表(度戒中最大，负责指挥)、纸元师(负责纸人纸马之类的，编、剪之类)，正元师、同坛师、接香师、茶酒师、吹笛师、鼓锣师、前副总坛、后副主本、开轿师和符状师，而且每个师傅都有一个以上的助手。在度戒中有过阴曹、过水曹、上刀山、下火海、祭盘王、跳长鼓舞等一些带有宗教性质的神秘仪式，还吹奏笛子、打鼓、锣等乐器伴奏。

跳长鼓舞

受戒仪式前前后后要举行好几天，一般依照受戒者家庭的经济条件来定。时间短的叫“小办”，时间长的称“大办”。但其中有一条，不论时间长短，度戒中的规矩是不能违背的。度戒中，受戒者要每天洗瑶族药浴，严禁会客、社交、唱歌等，只能低头修身养性，吃清淡无油的饭和水。

度戒仪式中师父通过牒文戒律训诫徒弟不偷盗、不抢劫、不赌博、不淫乱、不欺凌弱小、不隐瞒欺骗，要尊师重教、尊老爱幼，诚实做人、助人为乐。

度戒是瑶族人民一生中最重要、最隆重的人生礼俗，具有广泛的群众性和民间传承性。度戒多以“亲子传承”方式进行传承，至今已有几百年的传承历史。但由于传承时代久远，瑶族也没有文字记载，度戒传承谱系断续不清，目前著名的度戒师傅有从江县西山镇高脚村赵元旺、赵金敏等。

瑶族嫁郎

瑶族有着“男嫁女娶”的习俗，他们称这种“上门”的婚俗为“嫁郎”。在瑶家，上门入赘被视为忠孝仁义、尊敬同族老人、顾及民族兴衰的美德，所以上门之风在瑶族十分盛行。

瑶族“嫁郎”最主要是为“接香炉”，它跟瑶族历史上艰难的迁徙历程有关，有“传宗接代”的意思，但更多的是一种精神寄托，一种对祖先、神灵的承诺。瑶族“嫁郎”讲的是男女平等、婚姻自由，女方家的人在心理和生活中都完全接纳“嫁郎”，所以这种习俗能一直流传到现在。

从江瑶家“嫁郎”婚礼中，新郎的主角分量重于新娘。由女方迎娶男方，类似“招婿上门”。但瑶家“嫁郎”与“招婿上门”所不同的是，当“新郎”嫁到女方家之后，改成女方家的姓，另外取名，成为女方家的儿子，更加牢固地确定孝敬长辈、赡

嫁郎由近亲用手帕牵着出亲

养父母的责任。

从江瑶族"嫁郎"的时间是由男女双方协商后择时而定，双方办酒席的烟、酒、肉、米等都由女方出，男方要置办陪嫁嫁妆，接亲时女方要亲自来接，陪亲团要11人以上，但必须是结婚了的人。陪亲团到女方家后，女方家才开始正式办为期3天的喜酒，3天过后陪亲团回来，男方家才开始办正式为期3天的结婚酒，整个"嫁郎"婚礼持续一周左右。新娘、新郎则要一个月后才能"回门"，不满一个月的来了也不让进男方家屋子住，嫁妆也是一个月后才送到。整个婚礼过程还伴随着很多祭祀活动，男方到女方家后，要改名换姓，逐渐成为一家之主，婚后的孩子也随女方姓。

在汉族的社会中，男方作为上门女婿嫁到女方家，是一件难以启齿的事，更不用说准备嫁妆等事宜。而在瑶族社会中，他们对待上门的女婿就如同自己亲生的儿子。"嫁郎"为瑶族社会结构中的"时尚"事情。在"瑶浴之乡"从江翠里摆翁村，目前共有"嫁郎"26人。这里的"嫁郎"都是自由恋爱自愿出嫁，瑶族村民对此保持着平常心，没有受外界世俗影响产生歧视心理。女方家庭成员在心理上和生活中都完全接纳"嫁郎"，父母都把"嫁郎"当作自家的亲儿子看待。这26名"嫁郎"人人婚姻幸福美满，儿孙满堂，年龄最大的已近80高龄。因此，该村生男生女一样好的观念深入人心。全村双女户13户，全部主动做了绝育手术，没有一户超生，甚至有很多家庭主动放弃生育二胎，成为独生子女户。因双女户都是招婿上门，全村没有一户五保户。有人认为，计生政策在摆翁瑶寨能如此完好顺利地执行，与他们"生男生女一个样，女儿也是传后人"的观念和"嫁郎"婚俗不无关系。

嫁郎与新娘拜堂

总体来看，从江瑶族由于长期生活在大山里，很少与外界进行交流。因此"嫁郎"这一习俗保存得相对完好。

壮 年

壮年祭祖

壮年，即壮族新年，是我国少数民族壮族人民一年中最为古老而隆重的节日之一，是一种集民间音乐、饮食文化、宗教信仰等于一体的传统性年节。过节时间从春节的前一个月开始持续到农历的十二月十日，具有持续时间长、参与群体多、内容广、包容性强等特征。

贵州省壮族人口约 5.3 万人，其中从江县境内就有约 2.3 万人，主要聚居在加榜、宰便、秀塘、刚边、雍里、西山、翠里等乡镇，除刚边乡的壮族沿河两边居住以外，其余的都居住在半山腰。

从江壮族，历史上是从广西迁来。传说祖公在迁来前，广西祖公曾要求他们以后每逢春节要回老家看看，此后由于人口增多，每年往返很难周全，而且会影响到第二年的春耕生产，便决定提前一个月过年，一方面便于分散在两地的亲人团聚，另一方面便于第二年的春耕生产，这就形成了“壮年”。

壮年祭社王，相传社王原系孤儿，自幼在壮乡乞讨长大，力大无穷，能除邪降魔。后来妖魔作祟，壮乡遭难，人们四处逃散。社王不忘壮人养育之恩，驱魔消灾，护田守寨，使壮人重返家园安居乐业。当人们欢庆丰收之日，社王才在寨边大树下依棚栖息，时值农历十一月三十日。后来人们为了纪念社王，便在农历十一月三十日祭祀社王，把十二月初一定为开年旦日。

祭社王

从江壮族以农历十二月为岁首，十一月末为除夕。过壮年时，家家户户都杀猪宰羊、合家祭祖、联寨拜社、唱壮族古歌等，节日期间人们盛装打扮，村寨之间进行规模盛大的集体互访,会亲饮宴,对歌作乐……但整个活动必经遵守严格的程序。

农历十一月二十七至二十八,家家户户清洗炊具,打扫卫生,给牛割年草;二十九清早杀年猪,下午翻盖、维修社王堂;三十祭社王堂;十二月初一是祭祀祖宗的日子,以房族为单位进行,也有的村寨举办芦笙会等活动,庆祝丰收,祈求来年平安。初二歌师们组织唱壮歌;初三以自然寨为单位,祭寨门后开始接待外来访客;初四到初九“吃相思”,即壮族村寨之间进行集体互访做客,单身青年男女则开展社交活动对歌择偶;初十家家户户打年粑,一房族人集中起来吃糯米糍粑,壮年落下帷幕。从时间安排来看,过壮年是在农闲季节,不会与第二年的春耕生产时间相冲突,有利于农业生产的发展,也便于春节有时间进行走亲访友。

祭寨门

巴冶土王戊

戊日忌动土,一直是我国农耕文化的民间信仰之一。一年当中有多个戊日,但不是每个戊日都能成为节日。三穗巴冶的“土王戊”为清明节过后的第十三天,传说这一天是土地的生日,不能动土,农事上要停工一天,并举行隆重的祭山祭土活动,成为当地苗民一年中重要的传统农事节日。

巴冶是三穗县良上乡的一个苗族主要聚居地,位于贵州省黔东南苗族侗族自治州东部,西南与剑河县的观么乡,其北部和东北部分别与三穗县的台烈镇、八弓镇接壤,境内山地起伏,溪流纵横交错,低山、丘陵、河谷、盆地等形成美丽的自然风光和浓郁的民族风情。

巴冶土王戊就是三穗一个重要民族节日。这一天也是巴冶地区各苗族村寨青年男女集中在一起游方唱歌、物色意中情人的时期。届时,方圆数里的苗族男女老少结伴而行,青年人打扮得花枝招展,万余人从四面八方汇集到祭祀山神地点。上午举行杀牛祭祀山神、踩芦笙等祭祀活动,中午过后中老年人渐次离去,青年人则留下来唱情歌,直到月落星稀才放归。祭祀山神:相传很久以前,巴冶地区闹虫灾,

杀牛祭祀山神

占卜师认为是戊日干农活，惊动了“山神土地”，山神土地发怒才将虫灾降临于此，后来寨人每逢戊日都不再动土，虫灾也没有了。为了纪念先祖除虫害之功，后人每年从立春以后逢戊日就忌动土，每十三天为一忌，一直忌到清明节过后十三天逢“戊”日，称此祭为“土王戊”。需砍牛用牛头择地祭祖，集体唱诵古歌，怀念山神和祖先。

唱诵古歌

踩芦笙：踩芦笙是“土王戊”的重要内容，踩芦笙活动的规模宏伟，场面壮观。芦笙场上，多为男女青年，吹芦笙的小伙子轮流为姑娘们领舞，姑娘们着盛装，里三层外三层地围成大圈，随着芦笙的旋律踏步摆手起舞。

唱情歌：苗族情歌是苗族青年男女谈情说爱、互倾衷肠的一种方式。苗族青年男女通过唱情歌来表达感情，在唱情歌的过程中互相了解，建立感情，最终喜结良缘。

巴冶“土王戊”节较好地保留了原始的土地崇拜习俗，是当地苗族传统文化的综合展示。

圣德山歌节

圣德山位于贵州省三穗县、天柱县和湖南省新晃县相交的两省三县交界地带，又称岑楼山、岑坝山（岭），山体庞大，方圆数百平方千米。主峰位于三穗县桐林镇、款场乡和天柱县坪地镇三乡镇交汇处。山上建有佛堂，圣婆庙。在民间的口头传承中，圣德山是与梵净山、雷公山齐名的贵州东部三大名山之一。

祭拜圣婆大典

圣德山歌节是圣德山周边地区北部侗族的传统节日，圣德山歌节在三穗县主要分布在桐林镇和款场乡。据《黔东南民族传统节日概览——侗族篇》记载：“侗族传统赶歌会的歌场很多，其中最为热闹和隆重的歌场有每年农历七月十五剑河、天柱、新晃、玉屏和镇远等地交界的‘圣德山’歌会，前来聚会的侗族青年数以万计。歌会上的青年男女通过对歌来寻找意中的情侣或再续情缘。”清康熙《思州府志》记载：“圣德山，府南九十里，地名岑坝，土人祈祷于上。”《黔东南苗族侗族自治州志名胜志》记载：“相传洪武三年(1370)，天柱金凤山道乾和尚来开辟此(圣德)山，修建寺庙供奉圣婆……定每年农历七月十五为朝山日。每年农历七月十五，侗族和其他各族人民从三穗、剑河、天柱、新晃……云集这里，开展一年一度朝山的盛大赛歌活动。”

圣德山歌节的内容由三大部分组成：一是朝山祭圣婆唱拜忏歌、祝佑歌；二是青年男女玩山赶坳唱山歌、唱情歌；三是各寨组织歌队举行赛歌。据唐仁斌、李光厚《圣德山上歌连歌》中载：“农历七月十五，圣德山上人山人海，热闹非凡，满坡满岭都是歌，有唱佛歌的、有唱侗歌的，还有说‘白话’(侗语 songp bagx)的，简直就是一片歌的海洋。歌节期间，人们成群结队，一伙伙，一对对，各唱各的……”圣德山歌节是当地老百姓自发组织的民间活动，时间为两天，人数数万，是侗族北部方言区规模最大、影响力最大的歌节。一年一度的圣德山歌节既能让悠久的侗族历史文化得到传承延续，同时也为当地侗族男女青年相互认识、恋爱结婚提供了机缘。

圣德山歌节体现了古老的侗族人对“本主”的崇拜，它承载着侗族许多重大历史文化信息和原始记忆，使一些原始农耕祭祀的礼仪在活动中得以保留。

圣德山歌节具有广泛的群众参与性和举办的制度性，其传承主要靠“师徒式”的传承方式进行，也有个别以家庭代际传承方式进行。

歌节祭祀活动

苗族舞龙嘘花习俗

苗族舞龙嘘花习俗,又号称“勇敢者的游戏”“勇敢者的狂欢之夜”,是苗疆腹地台江千年来不变的传统习俗。

该习俗历史源远流长,据民间传说可以追溯到唐朝,是外来文化与当地苗族文化相结合的产物,并在台江苗族地区发扬光大。

舞龙嘘花(一)

每年从农历正月初五开始,台江市民群众准备着手编扎龙灯。龙灯分为“草龙”“亮龙”“硬龙”三种。草龙,当地俗称草靶龙,用稻草编制而成;亮龙,俗称节节龙,用彩绘布编制而成,民间认为是汉族的龙;硬龙,用篾条扎制而成,民间认为是当地苗族的龙。舞龙嘘花主要有以下几个环节。

出龙:每年出龙(初五、初七、初九都可以,但台江一直保持着完整的古规仪式,须在初九出龙。)都要举行庄严的开光仪式,进行三拜,即一拜祭水井(或河流),祈求风调雨顺,五谷丰登;二拜祭庙宇,祈求吉祥幸福;三拜宫署衙门,祈求官与民同乐,天下太平。

拜年:三拜之后龙就进村入户拜年,拜年活动时间长,可达十日。

舞龙嘘花:在元宵节当夜,四方村寨的龙云集台拱镇(台江县城),有的商家还会专门在大门用嘘花迎接龙的到来(接龙),接的龙越多越吉利,接的龙越多新的一年里越是鸿运当头,之后才进行舞龙嘘花,将活动推向高潮。

舞龙嘘花时,锣鼓喧天,万人空巷,各寨龙灯舞龙者是舞龙嘘花中的最勇敢者,大多赤裸上身,在街上狂舞接受疯狂的嘘花,不怕火花烫伤;嘘者也是勇敢者,不怕追逐的劳累和艰险;观者也是勇敢者,不怕花筒四射,紧追围观;无论男女老幼都可舞、可嘘、可观,场面精彩火爆。由于苗族舞龙嘘花习俗燃起众人内心的情感之火,活动往往通宵达旦,切实体现了苗疆儿女龙腾虎跃的勇敢和智慧。

化龙:正月十六、十七开始化龙,即把龙带到河边举行巫事仪式,把龙烧掉,俗称化龙,最后把每条龙拜年所得的钱财买肉或杀猪会餐,当地俗称“吃龙肉”。至此,舞龙嘘花活动遂宣告结束。

舞龙虚花(二)

舞龙嘘花在台江具有广泛的群众性,从古而今全民参与意识都十分强烈。现在每年舞龙嘘花活动都会吸引来自海内外上万游客前来观赏。

畲族凤凰装制作

凤凰装是畲族妇女最主要的装束,也是畲族服饰的精华,蕴含着丰富的畲族文化内涵,现主要分布在麻江县杏山镇的六堡、营山、中山、坝寨、茅坪及宣威镇的岩莺和碧波乡的偿班、石板等村寨。麻江县位于贵州省中部、清水江上游,全县有畲族人口 3 万余人,占其总人口的 16.66%,占贵州省畲族总人口的 77.92%。

畲族入黔前,居住在江西赣江流域及赣东、赣东北一带,大多是元末和明朝洪武年间,奉旨征讨、迁徙或避祸而迁入贵州,由于统治阶级残酷镇压,一部分畲族人被迫融合于其他民族,余下的畲族人居住的区域,以麻江县为中心及周边县市。畲族居住的地理条件较差,有高山、半山、山谷、河谷等,社会生产力低下、商品经济不发达,穿衣主要靠种棉而自纺、自织、自染。对于畲族服饰,明、清史志多有记载。明弘治《贵州图经新志》载:“服红花衣,头插白鸡毛。”“妇人盘髻,贯以长簪,衣用土锦,无襟,当幅巾作孔,以首纳而服之,另作两袖,作事则去之,杂缀海贝、铜铃,青、白、绿珠为饰。”清乾隆《贵州通志》载:“妇女衣花衣,无袖,唯两幅遮前覆后,细褶短裙。”民国《麻江县志》载:“妇以花布蒙首,项带银环,束青带,着青裤。”

关于凤凰装的由来,畲族《开路径》作了这样的描述:开天辟地之后,龙、虎、雷公等为争夺天下展开激战,龙发大水淹没低处,雷击电闪,引燃大火焚烧陆地山冈,风狂火猛、水势汹涌,百物逃无所逃、遁无所遁,霎时陷入毁灭绝境。正当危急时

畲族凤凰装(一)

刻,凤凰鸟长声高叫,振翅冲天,突出了火的重围,然后迫使龙潜于渊、雷藏于天,百物才得以和谐相安。为感谢和纪念凤凰对畲族的再生之德和翼护之恩,畲族就将凤凰图案作为女性饰物,故女盛装也称“凤凰衣”“凤凰装”。

畲族凤凰装是麻江县境内畲族妇女在出嫁、节日、隆重场合及去世时穿戴的盛装。凤凰装分为上衣、下装、头式、银饰。上衣:又称“花袖衣”,无领、右衽,衣长过臂,袖长约26厘米,由蜡染和刺绣两段组成,蜡染段为白底蓝花,花纹分上、中、下三部分,上下两边多为“寿”字纹、梅花纹,呈对称分布;中部为花纹主体,多以牡丹、月季为图案,刺绣段以红底为主,配以蓝、绿、紫、黄、棕五色丝线绣制的花鸟,衣料质地为藏青色家织布,每件衣服的下摆和衣角均有红、白色刺绣花边装饰,盛装花袖衣须用一根丝织的靛蓝色的腰带系上,腰带长二尺,两端留有五寸长的流苏,腰系一个用于装钱币和梳妆物品的腰包。下装:着大裤脚的大裆裤,藏青色,并镶有一道宽约6.6厘米长、彩色挑花纹样的花边,小腿裹白底蜡染绑腿,脚穿绣花船形翘鼻鞋;头式:已婚妇女盘头发于脑后插上银簪,未婚女子梳甩独辫子于脑后,用丝绸线捆扎两端,均盖白底蓝花的蜡染头帕,头帕长200厘米、宽33.3厘米,两端镶红、绿两道花边,垂红缨须,头帕正中约尺许贯以绿色珠子,以头帕正中位置盖于头顶。畲族妇女较为看重头式装扮,整个头式有10多种造型,头式上的银饰品造型多达几十种。银饰:畲族银饰品主要有大银花、小银花、银耳坠、银项链、银手镯、银戒指等,颈上挂一月亮形银牌于胸前,挂链与银牌间各有一个银蝶,银牌上是半凸凤凰图案。

凤凰装制作工艺独特,仅“刺绣”就分为“插花”和“挑花”两种。“插花”是在

畲族凤凰装(二)

描好图案的衬底布上,用绣花针穿引彩色线,穿插出半凸的各种实体形象;“挑花”是根据图案的颜色,用丝线编织成彩色图案,这些图案具有构图严密、配色协调、手工精巧等特点。

凤凰装银饰分为头饰、项饰、服饰、手饰四大类,其中,头饰最为精致。就色彩而言,凤凰装袖口刺绣以红底为主,衣服下摆、衣角均有红色刺绣花边装饰,头帕两端镶红、绿两道花边,垂红缨须,头帕正中缀以绿色珠子,整个服饰大红大绿,显得艳丽、热烈、隆重。

凤凰装体现了畲族古代的图腾崇拜,承载了畲族许多历史文化信息和原始记忆,其鲜艳夺目而不俗气,刺绣和银饰图案巧夺天工而极为夸张,体现了畲族人民的艺术审美观和高超的工艺水平和创作才能。

畲族凤凰装在麻江县内大多数畲族聚居村寨均已失传,现仅在杏山镇六堡村得以传承,且只有少数人会制作,已处濒危状态。现主要代表性传承人有王正书、王天芬、潘礼翠、王凤香、杨义芝、王佳兰、王凤奎、吴万珍、王莉、赵通香、赵通海等。

新化舞狮

2011 年 6 月 22 日《贵州日报》报道:新化舞狮是贵州省黔东南苗族侗族自治州锦屏县民族瑰宝中的一朵奇葩,蕴含着丰富的历史、人文内涵。作为一种民俗文化活动在新化已传承 600 多年,贵州省政府于 2007 年授予新化乡“舞狮文化艺术之乡”称号。

舞狮俗称玩狮子,古时称“太平乐”,是中国优秀的传统民间艺术。新化是古代军屯之地,明永乐十一年(1413 年)设新化府。新化的军屯士兵把中原地区流行的玩龙灯、舞狮、唱汉戏等文化娱乐带到了这片乡土,军人的阳刚之气使然,新化所屯堡军人对粗犷勇武、刚毅剽悍、腾挪飞旋的北派舞狮情有独钟。如今在新化,但凡添丁、嫁娶及各种节日等,百姓都会舞狮庆贺,特别是每年春节期间的正月初一至十五元宵节，新化所村东南西北四门的居民都会组织自己的舞狮队进行表演庆贺。舞狮已成新化人的一种文化标志。

新化舞狮（一）

新化舞狮（二）

新化舞狮（三）

新化舞狮的造型为圆大的狮头、宽阔隆起的前额、黑亮有神的眼睛、前伸而突起的鼻子、张闭有度的阔嘴、微微颤动的双耳，五官起伏有致，加之头顶用彩绸扎成的彩球的映衬，更显得狮子的威武雄壮、憨态可掬，狮脖上安一圈响铃，随着狮子摇头晃脑的动作而叮当作响，煞是惹人喜爱。舞者配合默契，能模仿真狮子的看、站、走、跑、跳、滚、睡、抖毛等动作，形态逼真。

新化狮舞具有惊、险、奇、绝、美的艺术特征，表演时桌子塔台高高耸立，动作大起大落，令人惊叹。雄狮所登的高台呈“品”字形，用21张大方桌叠成5层，约5米高，第一层列成“一”字形摆开，为6张方桌，向上排列的桌子逐层叠减，直至最高层的一张为止。舞狮时，表演狮子以左右两侧同时起步往上攀登台顶，当登到台顶时，狮子突然口吐对联或祝语。随后，双狮窄路相让通行，并在上面作直立、拱腰、腾跃之式，表演过程中没有任何保护措施，全靠平衡、力量和技巧，在力量中融入技巧，在特技中渗透文化，堪称一绝。高台表演空中造型优美，显示出动人的魅力。每遇逢年过节，都有舞狮表演，寄托着人们祈盼风调雨顺、五谷丰登、吉庆平安、消灾降福、求吉纳福的美好愿望。

新化舞狮独有的文化价值体现在两个方面：一是具有浓厚的汉文化色彩，是一株扎根生长在广袤的少数民族地区的文化奇葩。新化舞狮习俗属于“引进”“移来”的外来文化，经过600余年的风雨同沐，逐渐为当地人所认同、接受，并与当地民族民风融合，从而形成独树一帜的“新化特色”。二是虽地处中国南方，但其舞狮形式属于中国舞狮流派中的北方狮系列。中国舞狮以“北狮”起源得最早，表演以“武狮”为主，动作难度高。新化舞狮形象逼真、动作矫健活泼，其表演内容纷繁复杂、精彩纷呈,舞狮主要的形式有狮子旋角、抢登高楼、狮子吐对联、狮子跑堂、狮子抢花炮、狮子抢宝、狮子打滚、狮子旋背、狮子拜案等。

新化舞狮经新化所村几百年的演化、积累和创造,具有强大的生命力和艺术感染力,几百年来已演化成新化所村人民热爱家乡、弘扬优秀传统文化、激励人们奋发向上的精神力量。

新化舞狮一般在传统节日、重大庆典活动时进行,场面热闹、壮观,洋溢着喜庆、祥和的气氛,中华人民共和国成立以后,新化所村舞狮作为当地重大的欢庆活动,每年春节都要举办。目前,新化舞狮有表演队员 100 余人,其中幼狮表演队员 10 人,传承状况呈良性之态。

附录

附录一 贵州省国家级非物质文化遗产名录

第一批

项目名称	申报地区或单位
民间文学	
苗族古歌	贵州省台江县、黄平县
刻道	贵州省施秉县
传统音乐	
侗族大歌	贵州省黎平县
侗族琵琶歌	贵州省榕江县、黎平县
铜鼓十二调	贵州省镇宁布依族自治县、贞丰县
传统舞蹈	
苗族芦笙舞(锦鸡舞、鼓龙鼓虎—长衫龙、滚山珠)	贵州省丹寨县、贵定县、纳雍县
木鼓舞(反排苗族木鼓舞)	贵州省台江县
传统戏剧	
花灯戏(思南花灯戏)	贵州省思南县
侗戏	贵州省黎平县
布依戏	贵州省册亨县
彝族撮泰吉	贵州省威宁彝族回族苗族自治县
傩戏(德江傩堂戏)	贵州省德江县
安顺地戏	贵州省安顺市
木偶戏	贵州省石阡县
曲艺	
布依族八音坐唱	贵州省兴义市
传统美术	
苗绣(雷山苗绣、花溪苗绣、剑河苗绣)	贵州省雷山县、贵阳市、剑河县
水族马尾绣	贵州省三都水族自治县
传统技艺	
苗族蜡染技艺	贵州省丹寨县
苗寨吊脚楼营造技艺	贵州省雷山县
苗族芦笙制作技艺	贵州省雷山县
玉屏箫笛制作技艺	贵州省玉屏侗族自治县
苗族银饰锻制技艺	贵州省雷山县
茅台酒酿制技艺	贵州省
皮纸制作技艺	贵州省贵阳市、贞丰县、丹寨县

民俗	
苗族鼓藏节	贵州省雷山县
水族端节	贵州省三都水族自治县
布依族查白歌节	贵州省兴义市
苗族姊妹节	贵州省台江县
侗族萨玛节	贵州省榕江县
仡佬族毛龙节	贵州省石阡县
水书习俗	贵州省黔南苗族布依族自治州

第二批

项目名称	申报地区或单位
民间文学	
仰阿莎	贵州省黔东南苗族侗族自治州
布依族盘歌	贵州省盘县
珠郎娘美	贵州省榕江县、从江县
苗族贾理	贵州省黔东南苗族侗族自治州
传统音乐	
苗族民歌(苗族飞歌)	贵州省雷山县
布依族民歌(好花红调)	贵州省惠水县
芦笙音乐(苗族芒筒芦笙)	贵州省丹寨县
布依族勒尤	贵州省贞丰县、兴义市、镇宁布依族苗族自治县
传统舞蹈	
毛南族打猴鼓舞	贵州省平塘县
瑶族猴鼓舞	贵州省荔波县
彝族铃铛舞	贵州省赫章县
传统戏剧	
黔剧	贵州省黔剧团
传统技艺	
陶器烧制技艺(牙舟陶器烧制技艺)	贵州省平塘县
苗族织锦技艺	贵州省麻江县、雷山县
枫香印染技艺	贵州省惠水县、麻江县
彝族漆器髹饰技艺	贵州省大方县
传统医药	
传统中医药文化(同济堂传统中药文化)	贵州省同济堂制药有限公司
瑶族医药(药浴疗法)	贵州省从江县
苗医药(骨伤蛇伤疗法、九节茶药制作工艺)	贵州省雷山县、黔东南苗族侗族自治州
侗医药(过路黄药制作工艺)	贵州省黔东南苗族侗族自治州
民俗	
苗族独木龙舟节	贵州省台江县
苗族跳花节	贵州省安顺市
苗年	贵州省丹寨县、雷山县

扩展项目

传统音乐	
多声部民歌(苗族多声部民歌)	贵州省台江县、剑河县
侗族大歌	贵州省从江县、榕江县
传统舞蹈(2 项 2 处)	
狮舞(布依族高台狮灯舞)	贵州省兴义市
铜鼓舞(雷山苗族铜鼓舞)	贵州省雷山县
苗族芦笙舞	贵州省雷山县、关岭布依族苗族自治县、榕江县、水城县
传统戏剧	
花灯戏	贵州省独山县
傩戏(仡佬族傩戏)	贵州省道真仡佬族苗族自治县
传统美术	
剪纸(苗族剪纸)	贵州省剑河县
苗绣	贵州省凯里市
泥塑(苗族泥哨)	贵州省黄平县
传统技艺	
侗族木构建筑营造技艺	贵州省黎平县、从江县
蜡染技艺	贵州省安顺市
银饰制作技艺(苗族银饰制作技艺)	贵州省黄平县
传统医药	
中医传统制剂方法(廖氏化风丹制作技艺)	贵州省遵义市红花岗区、汇川区
民俗	
苗族服饰	贵州省桐梓县、安顺市西秀区、关岭布依族苗族自治县、纳雍县、剑河县、台江县、榕江县、六盘水市六枝特区、丹寨县
侗族萨玛节	贵州省黎平县

第三批

项目名称	申报地区或单位
民间文学	
亚鲁王	贵州省紫云县
传统美术	
侗族刺绣	贵州省锦屏县
传统体育、游艺与杂技	
赛龙舟	贵州省铜仁市、镇远县
民俗	
布依族“三月三”	贵州省贞丰县、望谟县
侗年	贵州省榕江县
歌会(四十八寨歌节)	贵州省天柱县
月也	贵州省黎平县
苗族栽岩习俗	贵州省榕江县

扩展项目

传统音乐	
侗族琵琶歌	贵州省从江县
苗族民歌(苗族飞歌)	贵州省剑河县
彝族民歌(彝族山歌)	贵州省盘县
传统戏剧	
花灯剧	贵州省花灯剧团
傩戏(荔波布依族傩戏)	贵州省荔波县
传统美术	
苗绣	贵州省台江县
传统技艺	
蜡染技艺(黄平蜡染技艺)	贵州省黄平县
银饰锻制技艺(苗族银饰锻制技艺)	贵州省剑河县、台江县
苗族织锦技艺	贵州省台江县、凯里市
民族乐器制作技艺(苗族芦笙制作技艺)	贵州省凯里市
民俗	
火把节(彝族火把节)	贵州省赫章县
农历二四节气(石阡说春)	贵州省石阡县

第四批

项目名称	申报地区或单位
传统音乐	
土家族民歌	贵州省沿河土家族自治县
传统舞蹈	
布依族转场舞	贵州省册亨县
阿妹戚托	贵州省晴隆县
传统医药	
布依族医药(益肝草制作技艺)	贵州省贵定县
民俗	
仡佬族三幺台习俗	贵州省道真仡佬族苗族自治县
布依族服饰	贵州省
侗族服饰	贵州省黔东南苗族侗族自治州

扩展项目

传统舞蹈	
苗族芦笙舞	贵州省普安县
传统戏剧	
傩戏(庆坛)	贵州省金沙县
传统美术	
剪纸(水族剪纸)	贵州省黔南布依族苗族自治州
传统技艺	
都匀毛尖茶制作技艺	贵州省都匀市

民俗

三月三(报京三月三)	贵州省镇远县
苗族鼓藏节	贵州省榕江县
民间信俗(屯堡抬亭子)	贵州省安顺市西秀区
规约习俗(侗族款约)	贵州省黎平县

附录二　贵州省省级非物质文化遗产名录

第一批

项目名称	申报地区或单位
民间文学	
苗族“刻道”	施秉县
苗族“古歌古词”神话	黄平县
苗族古歌与古歌文化	台江县
中国水书——水族信仰记忆纲文化	黔南州
传统音乐	
侗族琵琶歌	榕江县
侗族大歌	黎平县
洪州琵琶歌	黎平县
布依铜鼓十二则	贞丰县
盘江小调	关岭县
铜鼓十二调	镇宁县
双倍嘎	从江县
传统舞蹈	
苗族格哈	丹寨县
锦鸡舞	丹寨县
畲族粑槽舞	麻江县
反排木鼓舞	台江县
鼓龙鼓舞长杉龙	贵定县
布依族“雯当姆”	荔波县
瑶族打猎舞	荔波县
松桃瓦窑四面花鼓	松桃县
莲花十八响	沿河县
苗族板凳舞	安龙县
彝族撮泰吉	威宁县
苗族芦笙技巧舞“滚山珠”	纳雍县
苗族大迁徙舞	赫章县
彝族铃铛舞	赫章县
采月亮	仁怀县
传统戏剧	
侗戏	黎平县
思州傩戏傩技	岑巩县

福泉阳戏	福泉市
思南花灯	思南县
德江傩堂戏	德江县
石阡木偶戏	石阡县
布依戏	册亨县
安顺地戏	安顺市
曲艺	
布依族“八音座唱”	兴义市
传统体育、游艺与杂技	
勾林	天柱县
侗族月牙铛	天柱县
侗族摔跤	黎平县
隆里花脸龙	锦屏县
传统技艺	
苗族蜡染	丹寨县
石桥古法造纸	丹寨县
剑河锡绣制作工艺	剑河县
苗族服饰文化	雷山县
苗族银饰工艺	雷山县
苗族芦笙文化	雷山县
思州石砚制作工艺	岑巩县
布依族土布制作、扎染工艺	罗甸县
水族马尾绣	三都县
牙舟陶器制作技艺	平塘县
玉屏箫笛制作工艺	玉屏县
小屯白棉造纸工艺	贞丰县
乌当手工土纸制作工艺	贵阳市乌当区
花溪苗族挑花制作工艺	贵阳市花溪区
彝族赶毡制作工艺	威宁县
马场乡苗族大筒箫的制作与演奏	盘县
茅台酒传统酿造工艺	贵州茅台酒股份有限公司
千户苗寨建筑工艺	雷山县
德江土家舞龙	德江县
民俗	
六枝梭嘎箐苗文化空间	六枝特区
占里侗族生育习俗	从江县
平秋北侗婚恋习俗	锦屏县
水族婚俗	都匀市
茅坪花苗婚俗	湄潭县
四十八寨歌节	天柱县
社节	天柱县
报京三月三	镇远县
苗族姊妹节	台江县

思南上元沙洲节	思南县
仡佬族敬雀节	石阡县
安顺屯堡文化	安顺市
苗族茅人节	榕江县
稿午苗族水鼓节	剑河县
苗族牯藏节	雷山县
注溪娃娃场	岑巩县
清水江杀鱼节	福泉市
水族端节	三都县
水族卯节	三都县
查白歌节	兴义市
赶毛杉树	安龙县
大狗场吃新节	平坝县
水城南开三口塘苗族跳花节	水城县
侗族萨玛节	榕江县
哥蒙的“哈冲”	黄平县
独山愿灯	独山县
布依族扫寨	都匀市
仡佬族毛龙节	石阡县
盘县地坪乡彝族毕摩祭祀文化	盘县
月也	黎平县
苗族弄嘎讲略	黄平县
古思州“屯锣”	岑巩县
锣	万山特区

第二批

项目名称	申报地区或单位
民间文学	
苗族神话叙事歌《仰阿莎》	剑河县
苗族《古歌》	施秉县、普定县、龙里县
苗族口头经典“贾”	丹寨县
侗族民间文学《珠郎娘美》	榕江县、从江县
布依族摩经	贞丰县、关岭县
苗族历法	丹寨县
苗族民间文学《阿蓉》	榕江县
布依族口传史诗“布依族盘歌”	六盘水市
传统音乐	
苗族多声部情歌	台江县、剑河县
苗族飞歌	雷山县
苗族芒筒芦笙祭祀乐	丹寨县
侗族大歌	从江县小黄乡、榕江县
布依族民歌《好花红》	惠水县
布依族勒尤	贞丰县、兴义市、镇宁县

侗族河边腔	黎平县
河边腔苗歌	锦屏县
十二诗腔苗歌	锦屏县
侗族歌鼟	锦屏县平秋镇
土家族打镏子	沿河县
龙灯钹	铜仁市
布依族婚俗音乐	贞丰县
薅秧歌	金沙县、红花岗区
船工号子	思南县、赤水市
苗族阿江	普定县
凤冈吹打乐	凤冈县
黔北打闹歌	余庆县
布依山歌十八调	贵定县
绕家呃嘣	都匀市
高腔大山歌	桐梓县
仡佬族哭嫁歌	道真县
苗族“游方歌”	施秉县
屯堡山歌	安顺市
传统舞蹈	
苗族铜鼓舞	雷山县
苗族芦笙舞	雷山县、关岭县、凯里市、榕江县、水城县、乌当区
苗族长鼓舞	贵定县
苗族猴鼓舞	花溪区
毛南族打猴鼓舞	平塘县
瑶族猴鼓舞	荔波县
苗族板凳舞	凯里市
苗族踩鼓舞	镇远县
土家族摆手舞	沿河县
金钱杆	江口县
阿妹戚托	晴隆县、兴仁县
苗族烧灵舞	兴仁县
彝族酒礼舞	威宁县
彝族铃铛舞“恳合呗”	钟山区
苗族花鼓舞	乌当区
卡堡花棍舞	乌当区
矮人舞	余庆县
响蒿舞	独山县
苗族夜乐舞	罗甸县
素朴金钱棍	黔西县
四桐鼓舞	威宁县
仡佬族踩堂舞	遵义县
传统戏剧	
阳戏	天柱县

文琴戏	黔西县、铜仁市、遵义市、乌当区
花灯戏	普定县、独山县、黔西县、福泉市、花溪区、遵义市、余庆县、石阡县、印江县
仡佬族傩戏	道真县
黔剧	贵州省黔剧团
思州喜傩神	岑巩县
镇远土家族傩戏	镇远县
蓬莱布依地戏	白云区
马路屯堡地戏	长顺县
曲艺	
嘎百福	剑河县、台江县、榕江县、雷山县
君琵琶	黎平县
安顺唱书	安顺市
水族双歌	三都县
传统体育、游艺与杂技	
麻山绝技	望谟县
布依族高台狮灯	兴义市
仡佬族高台舞狮	务川县、道真县
寨英滚龙	松桃县
瑶族民间陀螺竞技	荔波县
仡佬族打篾鸡蛋	平坝县、道真县
苗族射弩	织金县、普定县
古典戏法	贵州省杂剧团
传统美术	
苗族剪纸	剑河县
苗族百鸟衣艺术	丹寨县
梭嘎箐苗彩染服饰艺术	六盘水市
石氏面塑	兴仁县
通草堆画	遵义市
苗族“嘎闹”支系服饰艺术	丹寨县
传统技艺	
苗族织锦	麻江县、雷山县
苗族泥哨	黄平县
苗族银饰	黄平县
侗族鼓楼花桥建造技艺	黎平县
造林习俗	锦屏县
侗族鼓楼营造技艺	从江县
苗族马尾斗笠制作技艺	凯里市
苗族堆花绣	凯里市
大方漆器制作技艺	大方县
屯堡石头建筑技艺	平坝县、西秀区
枫香染制作技艺	惠水县、麻江县
蓝靛靛染工艺	册亨县、贞丰县、黎平县

水族石雕	榕江县
土法造纸工艺	三穗县、盘县、惠水县、长顺县
傩面具制作工艺	德江县
竹编工艺	三穗县
木雕工艺	镇远县
印染工艺	印江县
故央——传统手工水磨制香技艺	安龙县
窑上古法制陶	贞丰县
砂陶制作工艺	织金县
安顺蜡染	安顺市
高坡苗族银饰制作技艺	花溪区
布依族纸染绣花制作技艺	花溪区
罗吏目布依族龙制作技艺	乌当区
绥阳旺草竹编技艺	绥阳县
长安布依族土布扎染制作技艺	惠水县
布依族土布制作技艺	关岭县
民间火纸制作技艺	岑巩县
烟火	金沙县
董酒酿制技艺	遵义市
洞藏青酒酿造工艺	镇远县
传统医药	
瑶族医药	从江县
廖氏化风丹制作技艺	红花岗区、汇川区
苗族医药	雷山县、黔东南州民族医药研究所
侗族医药	黔东南州民族医药研究所
布依族防治肝病益肝草秘方	贵定县
水族医药	三都县
同济堂医药文化	贵州同济堂制药有限公司
民俗	
苗族“四月八”	贵阳市
苗族独木龙舟节	台江县、施秉县
苗族祭尤节	丹寨县
河灯节	习水县
赶苗场	习水县
谷陇九月芦笙会	黄平县
布依族丧葬礼俗	贞丰县
仡佬族婚俗	务川县
杜寨布依族丧葬砍牛习俗	贵阳市
新化舞狮	锦屏县
仡佬族吃新节	金沙县、平坝县
土家族过赶年	印江县
下洞祭风神	印江县
余庆龙灯	余庆县

镇远元宵龙灯会	镇远县
瑶族服饰	麻江县
桐梓苗族服饰	桐梓县
安顺苗族服饰	西秀区、关岭县
布依族服饰	贞丰县、册亨县
箐苗服饰	纳雍县
黔东南苗族服饰	剑河县、台江县、三穗县
屯堡服饰	平坝县
榕江侗族服饰	榕江县
贵阳苗族服饰	花溪区、乌当区
摆贝苗族服饰	榕江县
四十八寨侗族服饰	黎平县
黄平 僅家服饰	黄平县
偏坡布依族服饰	贵阳市
水族服饰	三都县
土家族婚庆夜筵	岑巩县
屯堡“抬亭子”	西秀区
仡佬族宝王祭拜	务川县
青山界四十八寨歌会	锦屏县
土家族“八月八”唢呐节	镇远县
仡佬族丧葬习俗	石阡县
水族婚礼	三都县
平秋重阳鞍瓦	锦屏县
起房造屋习俗	遵义市
苗族招龙	雷山县
仫佬年	麻江县
彝族婚嫁习俗	盘县
瑶族隔冬	麻江县
苗族三月坡	雷山县
苗族扫寨	雷山县
苗族吃鼓藏	从江县
侗族民俗“悄悄年”	石阡县
凤冈茶饮习俗	凤冈县
玉屏赶坳	玉屏县
赶社	岑巩县
彝族年	赫章县
高坡苗族射背牌	花溪区
苗族跳场	花溪区
化屋苗族文化空间	黔西县
小广侗族娶亲节	剑河县
龙鳌祭祀	岑巩县
新场苗族祭天神	都匀市
“6.24”民族传统节——二郎歌会	福泉市

布依族“六月六”	关岭县、贞丰县
“划筷奠祖”苗俗	纳雍县
侗族款约	黎平县
仡佬族三幺台习俗	道真县、务川县
瑶白摆古	锦屏县
彝族咪古	毕节地区文化局
仡佬族吃新祭祖习俗	遵义县
天柱宗祠文化习俗	天柱县
苗族采花节	盘县
大屯三官寨彝族祭祀	毕节市
说春	石阡县
水族祭祖	三都县
甘囊香苗族芦笙节	凯里市
畲族凤凰装	麻江县
苗族苗年	丹寨县、雷山县
苗族吃新节	雷山县
苗族跳花节	安顺市
从江侗族老人节	从江县
侗族祭萨	黎平县
都柳江苗族鼓藏节	榕江县
侗年	锦屏县
岜沙苗族成人礼	从江县
侗族北部方言歌会	天柱县
苗族翻鼓节	丹寨县
竹王崇拜	镇宁县

第三批

项目名称	申报地区或单位
民间文学	
《苗族史诗—亚鲁王》英雄史诗	紫云苗族布依族自治县
布依竹筒歌	关岭布依族苗族自治县
彝族古歌	盘县
苗族十二路酒歌	施秉县
苗族民间故事	水城县
布依族民间故事	望谟县
金汉列美	黎平县、从江县
丁郎龙女	榕江县
布依族叙事诗	望谟县
传统音乐	
土家族高腔山歌	印江土家族苗族自治县、沿河土家族自治县
仡佬族情歌	石阡县
苗族三眼箫音乐艺术	织金县、六盘水市六枝特区
彝族《莫蒿亩》	赫章县、六盘水市钟山区

布依族吹打乐	关岭布依族苗族自治县、惠水县、水城县、兴仁县
姊妹箫	关岭布依族苗族自治县、长顺县、六盘水市六枝特区
侗族哆耶——踩歌堂	黎平县
侗族芦笙谱	榕江县
侗族牛腿琴歌	从江县
苗笛	从江县
苗族酒礼歌	雷山县
彝族山歌	盘县
布依族小打音乐	普安县
布依勒浪	册亨县、贞丰县
布依族“谷温”	贞丰县
布依族十二部古歌	望谟县
哥蒙芦笙乐	黄平县
苗族直箫乐	盘县
传统舞蹈	
瑶族长鼓舞	从江县
苗族芦笙蹉步舞	毕节市
苗族斗脚舞	习水县
苗族斗角舞	修文县
彝族嗨马舞	普安县
苗族芦笙棒舞	普安县
围鼓舞	兴义市
布依族转场舞	册亨县
水族铜鼓舞	三都水族自治县
水族弦鼓舞	三都水族自治县
苗族斗鸡舞	黔西县
羊皮鼓舞	盘县
苗族夫妻舞	平坝县
传统戏剧	
丝弦灯	凤冈县
仡佬族滚龙戏	正安县
端公戏	金沙县
曲艺	
布依族说唱“削肖贯”	望谟县
围鼓	正安县
传统体育、游艺与杂技	
傩技—上刀山	松桃苗族自治县
赛龙舟	铜仁市、镇远县
赤水独竹漂	赤水市
长坝狮灯	金沙县
布依族铁链械	贵阳市花溪区
抵杠	平坝县

攀崖技艺	紫云苗族布依族自治县
苗族武术	麻江县
游氏武术	赤水市
布依族棍术	贞丰县
布依族器乐演奏绝技	平塘县
民间棋艺	正安县、望谟县
岩鹰高跷	黄平县
传统美术	
水族剪纸	都匀市
布依族刺绣	兴义市、望谟县
侗族刺绣	锦屏县
布依族织锦	关岭布依族苗族自治县
传统技艺	
黄平蜡染	黄平县
水族九阡酒酿酒技艺	三都水族自治县、荔波县
都匀毛尖茶制作技艺	都匀市
云雾贡茶手工制作技艺	贵定县
油茶制作技艺	正安县、玉屏侗族自治县
西山虫茶制作技艺	息烽县
苗族酸汤鱼制作技艺	麻江县、凯里市
独山盐酸菜制作技艺	独山县
豆制品制作技艺	大方县、习水县
布依族糯食制作技艺	望谟县、贵定县
荞酥传统制作技艺	威宁彝族回族苗族自治县
青岩玫瑰糖制作技艺	贵阳市花溪区
晒醋制作技艺	赤水市
龙溪石砚制作技艺	普安县
鸟笼制作技艺	丹寨县、贞丰县、黔西县
焰火架制作技艺	印江土家族苗族自治县
粮仓建造技艺	望谟县
安顺木雕	安顺市西秀区
传统医药	
火龙丹	金沙县
罗氏瘰疱疗法	关岭布依族苗族自治县
民俗	
布依族服饰	安顺市西秀区、水城县、兴义市
苗族二月二	兴仁县、贞丰县、松桃苗族自治县、黔东南州
布依族三月三	册亨县、贞丰县、望谟县、安龙县、贵阳市乌当区、惠水县、开阳县
苗族婚俗	丹寨县、习水县
侗族婚俗	黎平县、榕江县
瑶族婚俗	麻江县
苗族斗牛习俗	施秉县、凯里市、开阳县

苗族栽岩习俗	榕江县
苗族卧堆习俗	榕江县
苗族命名习俗	平坝县
侗族鼓楼习俗	从江县
布依族“报笨”习俗	兴义市
布依族铜鼓习俗	兴仁县
彝族毕摩习俗	赫章县
彝族丧葬习俗	金沙县
记间习俗	黎平县、榕江县
稻鱼并作习俗	天柱县
造林习俗	天柱县
苗族祭桥节	三穗县、台江县、黄平县
彝族火把节	大方县、赫章县
求雨祭典	黎平县
侗族芦笙会	黎平县
水族敬霞节	三都县
清镇瓜灯节	清镇市
玩水龙	施秉县
布依族坐夜筵	开阳县

扩展项目

民间文学	
苗族刻道	黄平县
珠郎娘美	黎平县
苗族古歌	凯里市、兴仁县
布依族摩经	兴仁县
传统音乐	
布依族铜鼓乐	关岭布依族苗族自治县
侗族琵琶歌	从江县
苗族民歌(苗族飞歌)	剑河县、纳雍县
传统舞蹈	
苗族芦笙舞	罗甸县
木鼓舞	榕江县
传统戏剧	
花灯戏	贵州省花灯剧团、开阳县、镇远县、金沙县
傩戏(印江土家族傩戏)	印江土家族苗族自治县
荔波布依族傩戏	荔波县
织金穿青人傩戏	织金县
江口傩戏	江口县
阳戏	沿河土家族自治县、息烽县、黔西县、罗甸县、开阳县
地戏	开阳县
侗戏	榕江县、从江县

黔剧	安龙县
曲艺	
布依八音	平塘县
传统美术	
苗族剪纸	台江县
苗绣	黄平县、台江县、紫云苗族布依族自治县、水城县
苗族织锦	凯里市、台江县
传统技艺	
皮纸制作技艺	务川仡佬族苗族自治县、印江土家族苗族自治县、安龙县
竹编技艺	铜仁地区万山特区
苗族芦笙制作技艺	贵阳市花溪区、丹寨县、凯里市
苗族蜡染	紫云苗族布依族自治县
苗族银饰制作技艺	剑河县、关岭布依族苗族自治县、台江县
砂陶制作技艺	盘县
布依族土布制作技艺	望谟县
民俗	
侗年	榕江县
苗族跳花节	赫章县、大方县、金沙县
鼓藏节	台江县
社节	黎平县
侗族萨玛节	从江县
仡佬族“吃新节”	六盘水市六枝特区
苗族杀鱼节	开阳县
苗族四月八	息烽县
依族六月六	开阳县
竹王崇拜	紫云苗族布依族自治县
苗族服饰	习水县、开阳县、修文县、纳雍县、金沙县、黄平县、从江县、凯里市、水城县、兴仁县
屯堡服饰	平坝县、安顺市西秀区
侗族北部方言歌会	三穗县、锦屏县

第四批

项目名称	申报地区或单位
民间文学	
簪汪古歌	清镇市、修文县
播州杨应龙传说	汇川区
布依族浪哨歌	册亨县
苗族“巴狄熊”口传经典	松桃苗族自治县
传统音乐	
布依族土歌	南明区
花山布依古歌	紫云苗族布依族自治县

水族“夺咚”	都匀市
布依族莫歌	独山县
侗族笛子歌	黎平县
注溪山歌	天柱县
启蒙侗歌	锦屏县
瓦寨锣鼓	江口县
薅草锣鼓	石阡县
普宜乐都莫轰	七星关区
苗族山歌	望谟县

传统舞蹈

布依族铜鼓舞	关岭布依族苗族自治县
苗族雷公舞	贵定县
苗族搓梗仔采阿诗舞	瓮安县
苗族古瓢舞	雷山县
苗族水鼓舞	剑河县
踩亲舞	黄平县
布依竹鼓舞	册亨县
布依族展稍	望谟县
布依族板凳龙舞	兴义市

传统戏剧

马马灯	正安县
茶灯	松桃苗族自治县
布依族“丫面”	册亨县
苗族武教戏	普安县
灯夹戏	瓮安县

传统体育、游艺与杂技

土家族高台狮灯	沿河土家族自治县
布依族武术	安龙县
温水小手拳	习水县

传统技艺

雷家豆腐圆子制作技艺	云岩区
民间纸扎技艺	正安县
墨石雕刻技艺	正安县
湄潭翠芽茶制作技艺	湄潭县
“遵义红”茶制作技艺	湄潭县
湄潭手筑黑茶制作技艺	湄潭县
空心面制作技艺	绥阳县
水族银饰制作技艺	都匀市
水族豆浆染制作技艺	三都水族自治县
苗族谷蔺布制作技艺	惠水县
苗族古瓢琴制作技艺	雷山县
天柱宗祠浮雕彩绘技艺	天柱县
道菜制作工艺	镇远县

烧酒酿造技艺	从江县
石阡苔茶制作技艺	石阡县
土家熬熬茶制作技艺	德江县
花烛制作技艺	思南县
金沙酱香型白酒酿造技艺	金沙县
清池贡茶制作技艺	金沙县
彝族彩布贴花	水城县
古方红糖制作工艺	兴义市
传统医药	
遵义王氏中医推拿	遵义市
胡三帖	贵定县
半枫荷熏浴疗法	凯里市
黔西王氏食痟医药	黔西县
民俗	
龙泉推推灯	凤冈县
铁水冲龙	普定县
苗族跳洞—数芭	龙里县
草塘火龙	瓮安县
水族历法	三都水族自治县
苗族舞龙嘘花习俗	台江县
圣德山歌节	三穗县
巴冶土王戊	三穗县
壮年	从江县
瑶族度戒	从江县
瑶族嫁郎	从江县
羌历年	江口县
布依族婚俗	册亨县、贞丰县
庆坛	晴隆县
布依族二月二铜鼓节	兴仁县
布依族火箭节	兴仁县
彝族服饰	赫章县
苗族祭鼓节	清镇市

扩展项目

民间文学	
布依族摩经	册亨县、望谟县
传统音乐	
高腔大山歌	正安县
侗族牛腿琴歌	黎平县
苗族民歌（苗族飞歌）	台江县
苗族多声部情歌	黄平县
布依族铜鼓乐	六枝特区
布依族勒尤	册亨县

布依族小打音乐	晴隆县
传统舞蹈	
苗族板凳舞	黄平县
金钱棍	岑巩县
传统戏剧	
花灯戏	息烽县、沿河土家族自治县
阳戏	正安县
傩戏	湄潭县、石阡县、纳雍县
地戏	关岭布依族苗族自治县
曲艺	
君琵琶	榕江县
布依八音	册亨县
传统体育、游艺与杂技	
苗族武术	剑河县、松桃苗族自治县
赛龙舟	沿河土家族自治县
布依族高台狮灯	贞丰县、册亨县
传统美术	
苗族剪纸	施秉县
侗族刺绣	镇远县
苗绣	丹寨县、松桃苗族自治县
布依族刺绣	册亨县
传统技艺	
竹编工艺	赤水市
苗族蜡染	平坝县、纳雍县、织金县
水族石雕	荔波县
苗族银饰锻制技艺	丹寨县
豆制品制作技艺	江口县
印染工艺	石阡县
砂陶制作工艺	印江土家族苗族自治县
布依族土布制作技艺	册亨县
蓝靛靛染工艺	望谟县
布依族糯食制作技艺	贞丰县
传统医药	
苗医药骨髓骨伤药膏	麻江县
民俗	
苗族跳场	乌当区
苗族服饰	清镇市、息烽县、龙里县、贞丰县、晴隆县、普安县
苗族跳花节	绥阳县、兴仁县
水书习俗	榕江县
苗族招龙	榕江县、剑河县
月也	榕江县、从江县
苗族姊妹节	剑河县

彝族婚嫁习俗	赫章县
苗族芦笙节	从江县
苗族翻鼓节	凯里市
仡佬族吃新节	务川仡佬族苗族自治县
苗族婚俗	贞丰县

参考文献

[1]联合国教科文组织.《保护非物质文化遗产公约》基础文件汇编[M].北京:外文出版社,2012.

[2]牟延林,谭宏,刘壮.非物质文化遗产概论[M].北京:北京师范大学出版社,2011.

[3]康保成.中国非物质文化遗产保护发展报告(2012)[M].北京:社会科学文献出版社,2012.

[4]贵州省侗学会.侗学研究(1~10辑)[M].贵阳:贵州民族出版社,1990-2013.

[5]黔东南苗族侗族自治州文化局.黔东南非物质文化遗产集锦[M].贵阳:贵州民族出版社,2007.

[6]黔东南苗族侗族自治州文化局.古朴神秘家园:黔东南民族文化村镇[M].贵阳:贵州民族出版社,2007.

[7]黔东南苗族侗族自治州文化局. 黔东南非物质文化遗产集锦(二)[M].贵阳:贵州民族出版社,2008.

[8]黔东南苗族侗族自治州文化局.神奇的节俗:黔东南民族传统节日[M]. 贵阳:贵州民族出版社,2008.

[9]石开忠.侗族款组织及其变迁研究[M].北京:民族出版社,2009.

[10]黄才贵.贵州民族文化论丛[M].贵阳:贵州人民出版社,2009.

[11]蓝东兴.贵州少数民族口述传播史研究[M].贵阳:民族出版社,2010.

[12]黔东南苗族侗族自治州文化体育局.苗岭山区雷公山麓苗族村寨[M].贵阳:贵州民族出版社,2011.

[13]贵州省文化厅,贵州省非物质文化遗产保护中心.山地文明的典藏:贵州非物质文化遗产名录图典[M].贵阳:贵州人民出版社,2011.

[14]贵州省苗学会.苗族文化保护与利用研究[M].北京:中国言实出版社,2011.

[15]林芊.明清时期贵州民族地区社会历史发展研究:以清水江为中心、历史地理视角[M].北京:知识产权出版社,2012.

[16]杨军昌.传统与跨域:贵州民族人口文化研究[M].知识产权出版社,2014.

[17]喜农. 黔东南苗族“议榔”考[J]. 贵州民族研究,1983(3).

[18]杨鹇. “摇马郎”和“游方”[J]. 辞书研究,1984(3).

[19]吴培华. 略述黔东南苗族习俗与两个文明建设[J]. 贵州民族研究,1986(3).

[20]潘定智. 黔东南苗族节日简论[J]. 贵州民族学院学报(社会科学版),1988(2).

[21]彭礼福. 黔东南苗、侗民居建筑探析[J]. 贵州民族研究,1990(4).

[22]杨学军. 清水江流域苗族龙舟节[J]. 民族论坛,1990(5).

[23]吴建伟. 黔东南苗族民间剪纸[J]. 民族艺术,1991(4).

[24]范明三. 黔东南苗族刺绣艺术[J]. 苏州丝绸工学院学报,1993(6).

[25]丁强.《苗族古歌》的价值[J]. 华夏文化,1998(3).

[26]文毅. 试论黔东南苗族情歌[J]. 黔南民族师专学报,1999(2).

[27]古宗智,赵永山. 侗族“踩歌堂”调查报告[J]. 贵州大学学报·艺术版,2001(1).

[28]沈文嘉.清代清水江流域侗、苗族杉木造林方法初探[J]. 北京林业大学学报(社会科学版),2004(6).

[29]刘亚虎.黔东南苗族神话古歌的独特价值[J]. 凯里学院学报, 2008(2).

[30]杜小书.黔东南非物质文化遗产的保护与利用[J]. 凯里学院学报,2008(4).

[31]余勇.最美丽的歌——解读苗族长篇叙事诗《仰阿莎》[J]. 时代文学(下半月),2008(14).

[32]梅军. 黔东南苗族传统农林生产中的生态智慧浅析[J]. 贵州民族学院学报(哲学社会科学版),2009(1).

[33]吴丽云.侗族大歌的文化表现空间、艺术特色及社会作用初探[J]. 艺术探索,2009(3).

[34]冉婧. 黔东南苗族侗族靛染工艺研究[J]. 凯里学院学报,2009(3).

[35]甘明. 我国非物质文化遗产知识产权保护模式研究——以黔东南苗族侗族自治州为例[J]. 贵图学刊,2009(4).

[36]姚作舟. 黔东南苗族刺绣的基本特征[J]. 贵州大学学报(艺术版),2009(4).

[37]丁成成. 黔东南少数民族村寨村规民约研究[J]. 凯里学院学报,2009(5).

[38]吴萍.试论黔东南苗族鼓舞文化的体育功能[J]. 黔南民族师范学院学报,2009(6).

[39]田红. 侗族稻鱼共生生计方式与非物质文化传承与发展:以贵州省黎平县黄岗村为例[J]. 柳州师专学报,2009(6).

[40]王清敏.论黔东南苗族传统节日的文化精神[J]. 贵州文史丛,2010(3).

[41]张厚良.黔东南州苗侗医药研究与产业开发[J]. 凯里学院学报,2010(6).

[42]陈祖燕. 黔东南侗戏《金汉列美》流传版本比较及文化意义重勘[J]. 贵州民族学院学报(哲学社会科学版),2010(6).

[43]李景繁. 黔东南剑河县大稿午村苗族原生态水鼓舞探考[J]. 黔南民族师范学院学报,2010(6).

[44]粟坪.清水江下游宗祠的修建探析:以三门塘刘氏宗祠为中心的考察[J]. 教育文化论坛,2011(2).

[45]周梦.从辅助服饰看黔东南地区苗族、侗族女性服饰的相似性[J]. 中央民族大学学报(哲学社会科学版),2011(3).

[46]曹端波. 苗族古歌中的婚姻伦理与规则:以黔东南清水江苗族为例[J]. 贵州大学学报(社会科学版),2011(4).

[47]孙奕. 黔东南传统侗族村寨建筑文化分析[J]. 建筑与文化,2011(4).

[48]张晓玲. 黔东南的苗族“吃新节”[J]. 今日南国(理论创新版),2011(4).

[49]刘礼国. 黔东南苗族、侗族传统体育习惯法研究[J]. 中国体育科技,2011(4).

[50]阿土. 黔东南苗族水鼓节[J]. 贵州民族研究,2011(5).

[51]杨晓琼. 黔东南地区侗族药物研究[J]. 中国民族医药杂志,2011(5).

[52]曾祥慧. 与“文化生境”竟合的“文化符号”:黔东南苗族服饰文化探析[J]. 贵州民族研究,2011(6).

[53]龙令洌.青山界古老苗寨婚俗改革的见证:己得婚俗改革碑[J]. 中国民族宗教,2011(6).

[54]董成家. 黔东南侗族婚恋习俗[J]. 今日民族,2011(7).

[55]欧阳开松.武术月牙镗引进校园的创编与研究[J].中国中学物理教学,2012(5).

[56]潘定发.动听的苗族古歌[J].民族民间文化,2013(1).

[57]车博. 黔东南苗族乐器制作技术传承及影响因素探析[D]. 重庆:西南大

学,2011.

[58]曾志. 鼓楼下的天籁之音:侗族大歌的传承与发展研究[D]. 武汉:中南民族大学,2011.

[59]胡南. 贵州黔东南地区苗族银饰艺术研究[D]. 昆明:昆明理工大学,2013.

[60]郎雅娟.侗族“君”体文学的叙事传统及生成[J].民族文学研究,2011(4).

后　　记

2012年,由知识产权出版社资助出版、贵州省高校人文社科研究基地——贵州大学人口·社会·法制研究中心和贵州省非物质文化遗产保护中心合作实施的《贵州省非物质文化遗产田野调查丛书》项目全面启动。为保证该项目的顺利进行,在贵州大学人文社科处、省教育厅社政处的支持下,同年,贵州大学人口·社会·法制研究中心组织专、兼职研究员分别以其中的7个市、州的非遗田野调查为题,集体申报该年度教育厅基地项目,且获准立项资助,使田野调查有了一定的经费支持。其中,本人作为黔东南卷的项目主持人,与课题组成员李小毛、杨蕴希一道系统地开始了长达两年有余的田野调查与丛书撰稿工作。

黔东南州是贵州乃至全国著名的民族文化资源富集地,是全国苗侗文化的中心区域,是享誉世界的"人类心灵疲惫的最后家园"。就非遗而言,这里是当之无愧的全国、全省"富矿区"。就已公布的非遗项目数量而言,黔东南有世界级非遗项目1项,有国家级非遗名录41项,占全省国家级非遗总数的48.24%;有贵州省级非遗名录175项,占省级非遗名录总数的39.77%。数量众多的非物质文化遗产,是黔东南多姿多彩民族文化的重要组成部分,体现着黔东南各族人民的精神价值、思维方式、文化意识和想象力、创造力,是民族文化大花园中光彩夺目的美丽花簇。

在项目实施之前,编著者杨军昌、李小毛二人均长期在黔东南一带从事民族文化的田野工作,积累了一定的非遗文字与图像资料。项目批准后,项目组成员杨军昌、李小毛、杨蕴希等在《贵州省非物质文化遗产田野调查丛书》编辑委员会的指导下,又反复多次专程到黔东南的县市进行非遗的调研。但数量庞大的非遗资料工程,实非我们几人的能力与精力可完成的,在这过程中,我们得到了贵州省非遗保护中心、黔东南州非遗办、凯里学院、黔东南州委党校、凯里市烟草局、锦屏县委党校、黎平高镇镇政府、从江县侗学会等单位龙佑铭、粟周榕、李楠、李斌、陆桂林、彭德乔、龙跃俊、杨昌英、许文斌、王忠勋、梁定修等领导、教授和地方学人在资料、图片及写作方面的帮助和指导。在写作中,我们参考了刘必强编著的《神奇的节俗——黔东南民族传统节日》(2008)、杨政权主编的《黔东南非物质文化遗产集锦》(2007)、王平主编的《黔东南非物质文化遗产集锦(二)》(2008)、贵州省非遗保护中心编的《山地文明的典藏——贵州非物质文化遗产名录图典(一)》(2011)等图书文献及"黔东南丰富多彩的非物质文化遗产"(粟周榕,2010)、"越是民族的,越是世界的——贵州黔东南苗族侗族自治州非物质文化遗产保护经验"(郜磊,2013)、"黎(平)从(江)榕(江)地区侗族音乐整体性保护探索"(龙佑铭,2013)、"从牯脏节看苗族的民族认同"(吴大旬,2013)、"侗族非物质文化遗产的社会功能与传承保护"(杨军昌,2014)等期刊论文,还从中国网、贵州非物质文化遗产网、贵州民族民间文化资源信息网、黔东南州及各县政府网、文化网等中得到了大量的资料信息和图片资料。尤其要说明的是,源于上述网站的图片中有的因信息原因未曾标注作者姓名,在此谨向相关网站和图片作者致以深深的歉意并恳请谅解、海涵。肯定地说,这本书稿,凝聚着不少单位的工作业绩和不少文化学者的心血,是集体耕耘和集体智慧的成果。

鉴于黔东南非遗量大而又内容丰富的实际,根据《丛书编写例则》每册篇幅尽可能相对平衡而不致畸轻畸重的要求,我们在写作中作了如下处理:一是集中叙述同名项目以避重复。如并台江、剑河两县苗族多声部民歌,黎平、从江、榕江三县侗族琵琶歌,雷山、凯里、剑河、台江四县苗绣等于一目叙述;二是项目暗分结构而不分段立目;三是图片选用图随文走,重数量轻幅维。尽管如此,该卷篇幅仍超出其他卷 1/4 以上,在此特以说明。

鉴于非遗项体系的 10 项类别划分,本卷中原贵州省非物质文化遗产第一批"文化空间"类的双倍嘎、隆里花脸龙、月也、古思州"屯锣"、社节五个项目划入相近的"传统音乐""传统体育、游艺与杂技""民俗"类,特此说明。

最后,藉本卷出版之际,谨对支持我们的政府部门、非遗实体、文化网站及帮助过我们的每一个人由衷地致以真诚的谢意!也恳请读者、识者对本卷批评指正,不吝赐教。

编著者于贵州大学谨记